KB265690

현대 국어 축소어형의 사용 양상 연구

현대 국어 축소어형의 사용 양상 연구

현대 국어 축소어형의 사용 양상 연구

이 재 현

역락

머리말

글쓴이가 국어학의 길에 들어서기로 마음먹은 것은 고등학교 3학년 때 대학과 학과를 선택하는 과정에서였다. 훈민정음을 창제한 세종의 큰 뜻을 흠모하고 최현배 선생님의 한글 사랑의 정신을 이어받고자 하는 치기어린 생각으로 무작정 이 길에 들어선 것이 어느 결에 30년이 되었다. 그러나 애초의 마음이 학문적 열매를 맺기까지는 참으로 어려움이 많았다. 머리의 부족도 부족이려니와 노력의 부족으로 이제야 겨우 부족한 책 한 권을 내놓게 된 것이다.

이 책은 글쓴이의 박사학위 논문인 『현대 국어의 축소어형 연구』에서 내용을 조금 다듬고 제목을 바꾼 것이다. 축소어형은 1990년대 초반 박사 과정에 들어서면서부터 관심을 가진 연구 주제이다. 일반적으로 '준말'이라고 불리는 국어의 축소어형에 관한 연구는 국어학계에서 드문드문 연구가 이루어져 왔다. 선행 연구 논문들을 하나하나 살피면서 연구자들의 노력에 존경의 마음을 보내는 한편, 현대 국어에서 사용되는 축소어형의 다양한 양상들을 아우르고 온전하게 정리한 연구 성과를 찾기에는 무언가 풀리지 않는 아쉬움이 계속되어 왔다. 그러한 아쉬움 속에서 답을 찾기 위해 뛰어든 축소어형의 연구는 오히려 축소어형의 바다에 빠져 헤매고 있는 글쓴이 자신을 발견하고 돌아보게 하였고, 이 허우적거림은 지금까지도 현재진행형이다.

이 책은 축소어형의 연구사적 검토를 기초로 하여 축소어형의 목록을 만들고 이에 따른 말뭉치를 구성하여 현대 국어에서의 사용 양상을 말뭉치 자료의 특성에 따라 살펴보고 분석하는 데에 중점을 두고 있다. 또한 축소어형의 유형을 분류하고 축소어형의 형성 및 제약 현상도 일부 살펴봄과 동시에 축소어형과 '준말'의 관계를 규정하여 축소어형의 조어론적인 검토를 시도하였다. 따라서 이 연구의 토대는 형태론에 있으며 자료 처리에 있어서는 국어정보학의 방법론을 취하여 축소어형을 다루었다. 축소어형 혹은 '준말'이 입말과 글말을 가리지 않고 광범위하게 사용되고 있는 현대 국어의 현실에서 이 책은 나름대로의 가치를 지닐 수 있을 것이라고 자평한다.

아직까지도 글쓴이가 국어학 연구에서 갈 길은 멀다. 이 먼 길을 가는 데에 글쓴이를 이끌어주고 채찍질하고 보듬어 주신 분들의 사랑을 밝히지 않을 수 없다. 자상한 아버님같이 늘 미소로 부족한 저를 이끌어 주신 김석득 교수님, 언어의 참맛과 국어 연구의 재미를 느끼게 해 주신 남기심 교수님, 사랑어린 관심으로 늘 지켜보시고 격려해 주신 임용기 교수님, 박사학위 과정 가운데 부족한 논문을 끝까지 챙기시고 지도해 주신 김하수 교수님, 때론 형님과 누님으로, 때론 엄격한 선생으로 글쓴이의 게으름을 꾸짖고 애정 어린 충고를 아끼지 않으신 서상규 교수님과 유현경 교수님께 책머리를 빌어 감사의 말씀을 올린다.

지도교수 한영균 교수님의 지도는 연구의 여정에 새로운 빛이었다. 마지막까지 하나하나 살펴 이끌어 주시지 않았다면 학위 논문과 이 책은 나오기 힘들었을 것이다. 다시 한 번 머리 숙여 깊은 감사를 드린다.

학문의 길에 들어서도록 이끌어 주신 큰형 명지대학교 이재명 교수님, 연세대학교의 학문적 동지와 선후배들, 마음으로 성원하고 끝까지 힘을 보태 주신 동덕여대의 교수님들께도 감사를 드린다.

어머니와 장인어른, 장모님, 사랑하는 아내 선미의 기도는 글쓴이를 이만큼이나마 오게 하였다. 함께 기도해 준 한아래와 한울 두 아이들에게는 자랑스런 아버지로 일어서야겠다.

이 책은 축소어형 연구의 시작이다. 앞으로 현대 국어의 축소어형에 관한 연구에 매진하여 '축소어형의 문법'을 세워 볼 작정이다. 학문의 길을 함께 걸어가는 여러 선생님들의 질책은 글쓴이에게 꼭 필요한 사랑과 채찍이 될 것이다. 관심어린 조언을 부탁드린다. 끝으로 이 책의 출판을 기꺼운 마음으로 맡아주신 도서출판 역락의 이대현 사장님과 편집부 여러분들께 감사드린다.

2010년 3월, 달골짜기에서 뒷산을 바라보며

이 재 현

차 례

제1장

어휘의 확장과 축소어형

1. 새 말 만들기와 축소어형

현대는 그 어느 시대보다도 수많은 개념과 사상(事象)들이 새로이 나타나고 있다. 이에 따라 이들을 나타낼 어휘의 생성과 소멸 또한 빠르게 일어나고 있다. 특히 기존 어휘의 소멸은 그 특성상 소멸 양상을 쉬 파악하기 어렵다. 그러나 새로운 개념들을 나타내기 위한 새로운 어휘는 그 생성 양상을 상대적으로 쉽게 파악할 수 있다. 이러한 어휘의 생성 과정에서 전혀 존재하지 않던 형태를 만들어내고 이를 이용하여 새로운 단어 혹은 어휘 단위를 만드는 경우는 찾아보기 힘들고 이미 사용하고 있던 형태소와 단어 등 문법 형태를 이용하여 새로운 어휘 단위를 만들어내는 것이 보편적이다. 바꾸어 말하면 이미 존재하는 형태소나 단어를 활용하여 파생 또는 합성의 단어 형성법을 활용하여 새로운 어휘 단위로서 신어[1]를 만들어내는 것이다. 이때 파생과 합성을 여러 차

---

1) 신어라 함은 새롭게 만들어진 단어 또는 단어 형태를 띤 모든 어형을 일컫는다. 단어의

례 반복하여 새로운 어휘 단위를 생성해 내는 경우가 있다. 이렇게 반복의 횟수가 거듭될수록 어휘 단위의 길이는 길어지고 구조 역시 복잡해질 수밖에 없다. 이러한 문제점을 극복하기 위해서는 의미를 유지시킨 채로 어휘 단위의 길이를 줄이게 된다. 즉 축소어형[2]을 만드는 것은 새로운 어휘 단위를 생성하는 또 하나의 유용한 방식이 되는 것이다.

새롭게 만들어진 축소어형은 처음에는 일부 특수 집단 내지 언중 사이에서 제한적이고 부분적으로 사용되다가, 일부는 기존 어휘 목록에 편입이 되지 못한 채 빠른 소멸의 길을 걷고 일부는 정착하여 새로운 어휘 목록으로 추가되고 어휘부에 등재되게 된다.

이렇게 형태를 축소해 새 말을 만드는 것은 사람들이 말을 부려 쓰

형태를 띠고 있지만 사전적으로 단어로 확정되지 않았거나 문법적으로 단어로 보기 어려운 어형을 단어형이라고 하고 새로운 단어와 단어형을 모두 신어에 포함시키기로 한다.

2) 일반적이고 일상적으로 쓰이고 있는 기존의 '준말'이라고 용어가 학술적 용어로 정리되고 정착되어 있다고 보이지 않기 때문에 본래의 언어 형태에서 줄어든 언어 형태를 전반적으로 지칭하는 말로 이 책에서는 '축소어형'이라는 용어를 사용하기로 한다.
'준말'이라는 용어는 일반적으로는 때로 줄어든 언어형태 전반을 지칭하기도 하지만 학문적 논의에서 사용될 때는 단어의 차원에서만 한정하려는 경향이 있다. 그러나 축소어형들 가운데 단어의 단위 차원을 넘어서는 것들이 많이 있다. 단어의 차원으로만 국한하게 되면 국어의 모든 줄어든 언어 형태를 '준말'이란 용어로 포괄할 수 없다. 그런데 '준말'을 단어의 차원으로 한정시키려는 시도가 있는 한편, 일반적으로 통사적인 문장 성분의 생략을 제외한 국어의 다양한 축소어형을 모두 '준말'로 부르기도 한다. 즉, 어미가 줄어든 것에서부터 조사를 포함한 단어를 비롯해서 어절, 구, 단어군 등이 줄어든 것에 이르기까지의 모든 줄어든 언어 형태가 '준말'이라는 용어로 사용되고 있는 것이다. 이렇게 볼 때, '준말'이라는 용어는 음운론, 형태론, 통사론 등 언어학의 여러 연구 분야에 걸쳐 사용되고 있다고 할 수 있는데, 어떤 분야에서도 '준말'에 대한 개념이 분명하게 정립되어 있지 않은 상태이다. 앞으로 논의를 진행하여 가면서 축소어형으로부터 갈라진 하위 분류 개념으로서의 '준말'을 밝히고 그 정의와 개념을 새롭게 할 것이다.
따라서 '준말'의 개념을 확정하기 전까지 이 책에서 사용하는 '준말'이라는 용어는 기존 연구자들의 논의에서 그대로 인용한 것이거나 또 때로는 줄어든 언어 형태 전반을 가리키는 통상적인 용어임을 밝히고 낫표(「 」) 안에 넣어서 「준말」과 같이 표시하기로 한다. 그 까닭은 필자가 이 책을 통해서 새롭게 정의하게 될 '준말'과 차이가 있기 때문이다. 필자가 새롭게 정의하는 '준말'은, 기존 논의에서의 '준말' 즉 「준말」과 구별하기 위해 <준말>로 표시할 것이다. 축소어형과 새롭게 정의되는 <준말>의 관계는 제7장에서 자세히 다루기로 한다.

는 과정에서 매우 빈번하게 나타나는 현상 가운데 하나이다. 이것은 국어뿐만 아니라 세계 대부분의 언어들에 나타나는 언어 보편적인 현상이다. 이러한 언어 형태의 축소 현상은 기본적으로 언어 사용에 있어서의 경제성, 즉 노력 절감의 원리에서 비롯된다고 할 수 있다. 일정한 분량의 생각 또는 감정, 의미를 전달하는 데에 가능하면 노력을 덜 들이고 짧은 형식으로 표현하고자 하는 화자의 심리가 의식·무의식적으로 깔려 있는 것이다. 물론 언어 경제적인 필요성만으로 언어 형태가 축소되는 원인을 충분히 설명할 수는 없다. 형식을 달리함으로써 표현을 풍부하게 하려는 의도나 강조, 희화화(戱畵化) 외에도 신문과 같은 언론 매체에서의 한정된 지면의 제약과 관련된 문제 등, 언어 사용자들 사이의 필요에 의한 다른 요인들도 언어 형태의 축소 현상에 복합적으로 작용을 한다.

이 책에서는 현대 국어의 주요한 언어 현상 중 하나인 축소 현상에 주목하여 현대 국어에서 축소어형이 어떻게 사용되고 있는가를 신문과 잡지, 뉴스 스크립트, 영화와 드라마의 대본 등에서 추출한 말뭉치를 기반으로 하여 그 모습을 살피고 분석하여, 축소어형의 사용 양상을 통계적으로 명확히 밝히게 될 것이다. 축소어형에 관해 다양한 국어학적 시각에서 논의가 이루어졌다고는 하지만, 축소의 방법에 관심을 기울인 연구가 대부분이었고 실제 언어 사용 환경에서의 축소어형의 사용 실태를 다룬 연구는 전무한 상태이다.

이 연구는 특히 어휘 단위의 축소 현상에 주목하여, 일반적으로 「준말」이라고 불리는 모든 축소어형들을 대상으로 하여 이들을 조어론적 관점에서 살펴 이들이 생성되는 과정과 유형별 특징을 분석하고 정리하기로 한다. 축소어형이 어떠한 형성 원리에 따라 만들어지는가를 밝히고 여러 유형의 축소어형이 지니고 있는 문법적 기능을 정리하여 언어학적인 가치와 위상을 부여하는 일은 현대 국어의 한 특징을 밝히는 데에 일정 부분 기여하는 작업이 될 것이라고 판단된다. 다양한 유형의 축소어형이 늘어나고 그 사용이 급격히 증가하는 것은 20세기 후반 이전과 이후3)의 언어생활의 차이를 확연히 보여주는 현대 국어의 중요한 언어 사용 양상의 하나이기 때문이다. 축소어형에 관한 연구 가운데서 축소어형의 전반적인 목록을 작성하고 이를 토대로 한 분석을 시도한 방법론적 연구는 이 책에서 처음으로 이루어지는 작업이다.

따라서 이 책에서는 현대 국어의 실제 사용 환경에서 사용되는 축소어형의 목록을 구축하고 이렇게 구축된 축소어형 전반의 사용 양상을 말뭉치 자료를 통해 살펴보고, 축소어형의 유형을 생성 방식에 따라 구분하고 방식에 따른 출현 양상도 함께 살핀다. 이와 더불어 지금까지 연구들에 따라 각기 다르게 적용하고 있는 축소어형에 관련된 용어들을 정리하여 「준말」의 개념을 정립하고, 「준말」 만들기의 방법을 조어법의 한 영역으로 세우게 될 것이다.

어형이 줄어드는 현상에 대하여 「준말」, 약어, 머리글자말(두문자어), 혼효형(혼성어), 융합형 등의 용어를 사용하여 언어학적인 설명을 시도한 논의들이 있었다. 그러나 이러한 설명들은 몇몇의 예를 제시한 후 대부분 그것에 대한 단순 기술에 그치는 경우가 많았고, 다양한 모양을 보이는 축소어형의 유형별 특성, 조어 과정 등을 충분히 설명하지는 못

---

3) '20세기 후반 이전과 이후'라는 다소 막연한 표현을 쓴 까닭은 구체적인 시대별 축소어형 사용 양상과 추이에 관한 연구가 아직까지 이루어지지 않고 있기 때문이다. 그러나, 신문 방송 등의 언론 매체와 인터넷 등 언어 사용 환경의 급격한 변화가 축소어형의 증가와 사용 확대에 커다란 영향을 미쳤음은 명확한 통계 수치로 제시되고 있지는 않다고 하더라도 충분히 인지할 수 있는 사실이다.

하고 있다. 논자에 따라서는 축소어형의 출현을 규칙적 문법의 영역에서 벗어나는 예외적인 현상으로 보려는 경향까지도 보이고 있다.

그러나 모든 언어 형태와 언어 행위에는 그 나름대로의 원리와 규칙성이 내재되어 있다. 어떠한 현상을 예외적인 것이라고 다루는 경우, 대부분 그 현상에 내재된 원리나 규칙성을 제대로 밝힐 수 없었거나, 말하기 어려운 경우가 적지 않다. 이 책에서는 그동안 국어학의 조어 연구 영역에서 본격적인 연구 대상이 되지 못하고 예외적 현상으로 처리되어 왔던 축소어형들의 생성과 관련된 제 양상을 밝히고 그 생성 방식이나 과정을 규칙화할 가능성을 찾아보려고 하였다.

본래의 어떠한 언어 형태가 줄어서 만들어진 새로운 어형은 형태적으로 본래의 것과는 이미 다른 '새 말'4)이다. 새로운 말을 만들어 내는 현상은 조어론의 영역에 속하는 것이다. 따라서 축소어형에 관한 연구는 조어론적인 접근이 필요하며, 이 책에서의 논의는 조어론의 영역을 보다 정밀하게 하고 확대시키는 일련의 작업 가운데 하나가 되리라고 믿는다.

2. 축소어형 연구의 범위와 방법

언어 형태의 축소는 여러 가지 모습으로 나타난다. 한 단어 안에서의

---

4) 여기서 '새 말'은 주 1)에서 제시한 '신어'와 유사 개념을 가진 용어이다. 즉 '신어'와 마찬가지로 '새 말'이 반드시 새 단어를 의미하지는 않는다. 본래의 어형에서 변화된 형태를 보이는 새로운 말이라는 의미로 '새 말'을 사용한 것이다. '새 말'에는 단어의 형태를 띠고 있는 '새 말'뿐만 아니라 어절의 형태를 띠는 '새 말', 구의 형태를 띠는 '새 말'이 있을 수 있다. '신어'가 단어형에 한정되는 데 비하여 '새 말'은 단어형을 포함한 모든 새로운 말을 지칭하는 더 폭넓은 용어라고 할 수 있다.

음운 탈락에서부터 문장에서의 성분 생략에 이르기까지 축소의 범위와 유형은 모든 언어 단위에 걸쳐 있다. 음운의 탈락이나 축약과 같은 현상은 기본적으로 음운론의 영역에서 다루어지며, 문장 성분의 생략은 통사 규칙에 의해 설명된다. 그런데 단어나 구적 구조(phrasal construction)를 지닌 '다어기 어휘소'[5])에서 하나의 음운이나 음절이 축약되거나 탈락되는 경우도 있지만, 다어기 어휘소를 이루는 단어들에서 몇 개의 음절을 떼어내어 어휘 단위의 길이를 줄이는 현상이 현대 국어에서 점점 많아지고 있다.

국어의 여러 언어 단위들 가운데 단어에서부터 다어기 어휘소에 이르기까지 그 본래의 언어 형태[6])가 줄어들어 형성된 축소어형을 중심으로 이 책의 논의는 진행이 된다. 이러한 논의에 있어서 통사 구조나 의미의 변화를 일으키지 않으면서 본어형에서 단순히 음운만 탈락된 것으로부터 시작하여 통사 구조와 의미의 변화를 수반하는 축소어형도 다루게 될 것이다.[7]) 축소어형을 유형별로 분류하고 축소어형의 형성에 관여하는 규칙성을 찾아내는 일도 빼 놓을 수 없는 작업이다. 그리고 각각의 유형을 살피고 규칙성을 찾아내게 된다면 축소어형 만들기를

---

5) '다어기 어휘소'(multiword lexical unit, MWLU)는 둘 이상의 단어로 어루어진 어휘 단위를 가리킨다. 예를 들어 '우리농업지키기범국민운동본부, 한국예술문화단체총연합, 갑종 근로소득세'와 같은 것들은 구성 단어들을 붙여 쓸 수도 있지만 '우리 농업 지키기 범국민 운동 본부, 한국 예술 문화 단체 총연합, 갑종 근로 소득세'처럼 띄어쓸 수도 있다. 이러한 형태를 가지고 있는 것들을 복합어로 볼 것인가 아니면 단어의 연결체로 볼 것인가는 논의가 더 이루어져야 할 것이다. 필자는 이렇게 여러 개의 단어로 이루어진 단체명이나 법률명 등과 같은 것을 다어기 어휘소라고 부르기로 한다.
6) 축소어형에 대응하는 본래의 모든 언어 형태를 '본어형'이라는 용어로 부르기로 한다.
7) 한 문장 안에서 일부 성분이 생략되면 문장의 형태가 줄어든다. 따라서 이것 역시 넓은 의미에서 문장의 줄어든 형식이라 할 수 있다. 그러나 문장 성분의 생략으로 그 문장의 크기가 줄어드는 것을 「준말」이라고 부르지는 않는다. 이 책에서도 문장 성분의 생략으로 문장이 줄어드는 형태의 것은 다루지 않는다. 문장 성분의 생략은 통사 규칙과 관련해서 통사론의 영역에서 다루어질 문제이기 때문이다.

조어법의 범주 안에 넣을 수 있는 계기를 삼을 수 있을 것이다. 즉 본어형이 단어인 것과 구적 구조인 것을 모두 포괄하여 축소어형이 보여 주는 단어적 구성에 대하여 조어론적 접근을 시도한 연구 성과를 보이고자 한다. 이러한 목적을 가지고 논의의 대상은 단어 이상의 단위만으로 제한하고, 문법 형태소의 축소어형은 원칙적으로 연구에서 제외하기로 한다.[8]

이 책의 모든 기술은 공시적 관점에서 이루어진다. 축소어형은 기본적으로 줄기 이전의 어형, 즉 본어형을 전제한다. 일반적으로 「준말」이라고 할 때에도 이것은 줄어들기 이전의 본어형을 뜻하는 '본말'[9]을 전제로 하고 있다. 본어형과 축소어형이 공시적으로 어떤 관계를 가지며 나타나는가 하는 것이 이 연구의 관심사이다. 본어형이 과거의 어느 시점에 형태의 변화를 일으키어 그 형태가 축소되었지만 현재 그 본어형이 존재하지 않거나, 본어형이 축소어형과 함께 나타난다고 하더라도 전혀 다른 의미를 가지고 공존할 수 있다. 이때 본어형과 축소어형은 통시적으로는 어원적인 관련을 가지지만, 공시적으로는 서로 관련이 없는 별개의 것이 된다.

그런데 한때는 의미나 통사에 있어 아무런 차이가 없이 공시적으로 본어형과 공존하던 축소어형이 시간이 흐름에 따라 형태의 변화를 일

---

8) 어미가 줄어들거나, 앞 어절의 어미 부분과 뒤의 어절이 결합하여 줄어든 어미복합형태는 특별한 경우 제한적으로만 다루게 될 것이다. '어미복합형태'란 '-단다, -래도, -자기에'와 같은 형태를 말한다. 이들은 '-다고 한다, -라고 하여도, -자고 하기에'와 같이 내포문의 어미에 인용조사가 붙고 다시 용언의 어간 '하-'와 어미가 결합한 형태가 줄어든 것이다. 이러한 형태를 이희자(1996)에서는 '어미형태류'라는 개념 속에 모두 포함시키고 있다.

9) 「준말」에 대응하는 본래의 형태를 이르는 용어로 '본말', '본딧말', '원어', '밑말' 등과 같은 것들이 사용되고 있다. 여기서는 맞춤법 규정에 의거하여 「준말」의 대응형으로 '본말'이라는 용어를 사용하기로 한다.

으키면서 통사적으로나 의미적으로 변화를 수반하는 경우도 나타난다. 이처럼 형태의 변화가 통사나 의미의 변화를 수반하는 것은 언어 변화에서 흔히 나타나는 일이다. 그런데 본어형에서 줄어든 축소어형이 형태와 통사, 그리고 의미 세 면에서 모두 변화를 입어 달라진다면 이는 새로운 단어가 된 것으로 보아야 한다. 따라서 축소어형에 관한 연구에서 통시적인 접근을 완전히 배제하기는 어렵다. 그러므로 통시적인 설명을 필요로 하는 부분에서는 이를 수용하는 자세가 축소어형의 연구에서는 타당하다.

현대 국어에서 축소어형이 어떻게 사용되고 있는가를 살펴보기 위해서는 기초 작업으로 먼저 축소어형의 목록이 만들어져야 한다. 그동안 우리나라에서 나온 축소어형의 목록으로는 국립국어원에서 1994년 편찬한 『현대 국어의 약어 목록』과 2003년에 나온 『현대 국어의 준말 목록』이 있다.10) 또한 2000년 이후 국립국어원에서 매년 펴내고 있는 『신어 목록』 가운데도 축소어형이 상당수 수록되어 있다. 축소어형의 사용 양상을 살피기 위한 이 연구의 1차 기초 자료로 <국어의 축소어형 목록>을 구축하였다. <국어의 축소어형 목록>은 기존의 사전과 축소어형 목록을 일일이 비교 검토하여 만든 것이다. 이 목록은 다음과 같은 자료를 이용하여 작성한 것이다.11)

---

10) 약 10년의 간격을 가지고 나온 두 목록 사이에는 숫자의 증가는 있었지만 내용면에서는 차이가 없다. 목록의 나열만 보일 뿐 수록 어휘의 분석과 검토는 전혀 이루어지지 않았다.

11) 매년 만들어지고 있는 『신어 목록』에 들어있는 축소어형 가운데 그 이전의 것과 비교하여 형태적 양상이 뚜렷이 다른 것을 거의 찾아 볼 수 없다. 하지만 2003년부터 2005년까지 발행된 신어 목록에서 축소어형을 가려 뽑아 목록에 함께 실었다. 목록의 숫자만을 늘리는 것은 별다른 의미를 가지지 않지만 축소어형이 만들어지는 모습에서 시간적 추이가 어떠한가를 살펴보고자 하였기 때문이다.

위에 제시한 사전이나 목록에서 뽑은 축소어형의 숫자를 모두 합하면 23,759개이지만

1. 『우리말큰사전』(1992, 한글학회)에서 「준말」로 분류한 표제어 6,242개.
2. 『연세한국어사전』(1998, 연세대 언어정보개발연구원)에 실린 「준말」과 '준꼴' 1,065개.
3. 『표준국어대사전』(2002, 국립국어연구원, 전자사전)의 풀이에 「준말」과 '줄어든 말'로 되어 있는 표제어 2,063개.
4. 『현대 국어의 약어 목록』(1994, 국립국어연구원)과 『현대 국어의 준말 목록』(2003, 국립국어연구원) 가운데서 영어 약어(예 : GATT＝General Agreement on Trafics and Trade)를 제외한 '약어' 6,944개와 「준말」 7,021개.
5. 『2003년 신어』, 『2004년 신어』, 『2005년 신어』 목록 중 국어의 축소어형으로 보이는 '신어' 359개.

  이렇게 하여 만든 <국어의 축소어형 목록>에는 모두 13,467개의 축소어형이 수록되어 있다.[12]

중복된 것을 빼면 13,467개가 된다. 또, 실제 사전 또는 목록의 '「준말」, 약어, 준꼴' 들의 숫자와 여기서 제시되고 있는 숫자 사이에는 차이가 드러난다. 이는 각각의 사전이나 목록에서 취하고 있는 「준말」 선정 방식과 상관 없이 여기서는 본어형과 축소어형이 각각 동일한 형태를 가질 경우 하나로 처리하고, 축소어형이 같더라도 본어형이 다를 경우는 각각 따로 올리고 숫자를 세는 것을 원칙으로 하였기 때문이다.
앞으로의 논의 전개에서 필요시 언급할 경우, 『우리말 큰사전』은 『큰사전』, 『연세한국어사전』은 『연세사전』, 『표준국어대사전』은 『표준사전』으로 줄여 부르기로 한다. 또한 『현대 국어의 약어 목록』은 『약어 목록』, 『현대 국어의 준말 목록』은 『준말 목록』, 그리고 <국어의 축소어형 목록>은 <축소어형 목록>으로 줄여 부를 것이다.

12) <국어의 축소어형 목록>에는 '중추부사(중추원부사), 지관사(지춘추관사), 영가집언해(선종영가집언해)'와 같은 조선시대 이전의 벼슬 이름, 서적 이름 등 현대 국어에서 사용되지 않는 것들도 다수 포함되어 있다. 물론 역사소설이나 사극에서 이러한 축소어형이 나올 수 있겠지만, 이와 같은 사용을 현대 국어의 양상으로 보기는 어렵다. 이 연구는 축소어형의 공시적 양상을 살피는 데에 목적을 두고 있기 때문에 이와 같은 것들은 현대 국어의 말뭉치를 통한 사용 양상 분석에서는 제외시키는 2차 작업이 필요하다. 이와 같은 목록 선정을 위한 추가 작업을 거쳐 최종적으로 현대 국어의 축소어형 사용 양상 분석에 사용한 목록의 어휘수는 8,306개이다. 13,476개의 축소어형 목록 중에서 8,306개의 어휘가 추려진 이유와 과정에 대해서는 3장에서 자세히 다루기로 한다.

제 2 장

축소어형의 연구사적 검토

1. 축소어형 연구의 흐름

어형이 줄어드는 모습과 방법이 음운론적인 방법에서부터 형태론적
인 방법에 이르기까지 다양하게 이루어지고 있는 축소어형에 관한 논
의는 용어에 있어서도 「준말」, 약어, 융합형 등 다양한 용어를 사용하
여 연구가 이루어져 왔다. 그런데 축소어형이 한 가지 방식으로만 만들
어지는 것이 아니고 워낙 다양한 형태를 띠고 다양한 방식으로 만들어
지기 때문에 이들을 전부 포괄할 수 있는 개념이나 용어가 마련되어 있
지 않기는 국어의 경우에만 해당된 일은 아니다.[1] 「준말」이나 약어들

---

[1] Bauer(1983)에서는 단어 형성 방식으로 합성과 파생 이외에 conversion, back-formation,
unpredictable formation 등을 제시하고 있다. 특히 음운론적이나 형태론적으로 설명이 되
지 않는 단어 형성 방식을 '예측할 수 없는 어형성'(unpredictable formation)이라 하고 이
러한 형성 방식에 clipping, blends, acronyms, word manufacture, mixed formation을 들고
있는데, 이 다섯 가지 방식은 모두 축소어형을 만드는 방식이다. Bauer(1983)에서 제시된
것 외에도 축소어형과 관련된 논문들에 자주 등장하는 용어들로 abbreviation, contraction,
fusion, portmanteau word, shortening과 같은 것들이 있다. contraction은 음운론적으로 사
용되는 용어이지만, 그 이외의 것들은 음운론적으로도 쓰이고 형태론 또는 의미론적으

과 같이 단일한 하나의 용어로 부르기에는 국어 그리고 여러 언어 전반에서 보이는 축소어형이 그 유형과 생성 방식이 매우 다양하고 복잡한 양상을 띠고 있는 것이다.

이처럼 복잡하고 다양한 양상을 띠고 있음에도 불구하고 국어의 축소어형에 관한 연구는 대부분 「준말」이나 약어라는 용어를 사용하여 이루어져 왔다. 그런데 「준말」이라는 용어를 사용하여 축소어형을 다루고 있는 연구들을 살펴보면 국어의 축소어형 전체를 다룬 체계적이고 종합적인 연구 성과는 찾아보기 힘들고 다양한 축소어형 가운데 일부 유형만을 부분적으로 다루고 있는 것을 알 수 있다. 개념과 범위가 명확히 정립되지 않은 상태에서 편의에 따라서 또는 일반적으로 통용되는 「준말」이라는 용어를 사용하여 다양한 축소어형 중의 일부 유형을 다루어 온 것이다. 그리고 나름대로 정의를 시도한 연구에서도 축소어형의 다양한 측면을 바라보는 관점들이 달랐기 때문에 「준말」의 개념 정의 역시 다양할 수밖에 없었다. 그러나 무엇보다도 축소어형이 만들어지는 양상이 형태소의 차원에서 시작하여 단어나 구, 때로는 절이나 문장 등에 이르기까지 거의 모든 문법 단위에 걸쳐 나타난다는 사실이 그 동안 「준말」의 개념 정의를 명확히 하지 못하게 하였고 체계적이고 종합적인 연구를 어렵게 만들었던 것이다. 따라서 현재까지의 축소어형에 관한 연구는 음운론에서부터 의미론에 이르기까지 언어학의 거의

로 두루 쓰이는 용어들이다(축소어형 관련 용어에 대해서는 다음 장에서 자세히 살펴보기로 한다).
이처럼 외국의 연구 역시 축소어형 전체를 분석하고 다시 종합적으로 다루려는 시도는 찾아보기 힘들고, 축소어형을 몇 가지 유형으로 나누고 이에 대한 각각의 개별적 설명에 머무르는 작업들이 대부분을 이루고 있는 형편이다. 이러한 언어학 전반의 연구 경향도 국어에서의 축소어형을 전체적으로 파악하려는 시도를 어렵게 만든 하나의 이유가 될 수 있을 것이다.

모든 영역을 넘나들면서 이루어지고 있지만, 총체적인 접근은 보이지 않은 채 형태소나 단어 등에서부터 어절이나 구, 심지어 문장이 줄어든 것까지도 모두 「준말」로 처리하면서 기술되고 있다. 그렇기 때문에 「준말」은 학술적 용어로 인정되기보다는 어형이 줄어든 것을 통칭하는 일반적이고 상식적으로 사용되는 용어처럼 인식이 되고 있다.

이처럼 축소어형을 지칭하는 용어인 「준말」과 관련된 영역이 광범위하고 포괄적이기 때문에 이것을 학문적으로 제한할 필요가 있다는 제안이 나타나기도 하였다.[2] 축소어형 또는 「준말」의 범위와 개념을 명확히 설정하는 일은 연구의 기초적인 토대를 다지는 중요한 일이다. 그런데 다른 용어들과 비교해 볼 때 최근에 이르러야 비로소 이에 대한 논의가 이루어지고 있다는 사실은 그동안 축소어형이 국어 연구의 관심 영역 안에 본격적으로 자리 잡지 못하고 있었음을 반증하는 것이라 할 수 있다. 실제로 「준말」이라는 말이 일상생활 가운데서 광범위하게 쓰이고 있음에도 불구하고 논문의 제목으로 「준말」이라는 용어가 쓰인 경우는 몇 편 되지 않는다.[3] 이것은 「준말」이나 약어 등이 아직까지 문법적인 용어로 정착되어 있지 않음을 보여주는 단적인 예라고도 할 수 있다.

축소어형은 음운이나 음절의 축약과 탈락을 통해서 만들어지므로 음운 규칙과 관련된 음운론적 분석과 설명이 기초가 되지만,[4] 어형의 축

---

[2] 이지양(1993)에서는 「준말」의 용어 문제를 제기하여 "준말은 음운의 수효를 줄이는 것이 아니라 음절의 수효를 줄이는 경우에 사용된다."고 하면서, 준말은 단어 내부에서의 활음 형성에 의한 것과 구적 음운론에 해당되는 예들에 이르기까지 폭넓게 사용되는 포괄적인 용어이므로 학문적 목적을 위해서는 제약될 필요가 있다고 보았다.

[3] 김규선(1969)에서 「준말」이 논문의 주제로 다루어지기는 했지만 혼효형에 대한 부분적 연구에 머물렀고, 국어 연구의 전면에 본격적으로 「준말」이라는 이름을 걸고 나타나기 시작한 것은 1980년대 후반에 들어서이다. 김동언(1986), 이승명(1987), 송철의(1993), 강병학(1995), 이희자(1997) 등의 논의가 그것이다. 「준말」의 다른 표현이라 할 수 있는 약어라는 이름으로 이루어진 연구는 1970년대 중반부터 우민섭(1974), 권순열(1975) 등에서 나타나며, 이석주(1988), 김선희(1995a, 1995b)에서도 이어지고 있다.

소라는 점에서 가장 깊은 관련을 가지는 분야는 형태론이다. 대부분의 축소어형이 단어와 어절, 다어기 어휘소(구적 구성을 보이는 단어군) 등의 형태론적 단위들로부터 만들어지기 때문이다.

축소어형에 대한 문법적인 설명을 시도하면서 이들을 형태론의 범주 안에서 다루려는 시도는 김석득(1992)에서 분명해진다. 김석득(1992)에서는 '말만듦법'(조어법)을 뜻의 질적 변화가 있는 것과 뜻의 질적 변화를 일으키지 않는 것의 둘로 나누었다. 뜻의 질적 변화가 있는 말만듦법에는 파생법과 합성법이 있고, 뜻의 질적 변화를 일으키지 않는 말만듦법에는 '자름법'과 '줄임법'이 있는데, 이 두 가지 말만듦법을 축소어형을 만들어 내는 방법으로 본다. 특히 축소어형 가운데, '머리글자말'를 제외한 '가위질말'과 '줄임법에 의한 낱말'만을 「준말」로 처리하고 있다.

축소어형을 만들어 내는 방법이 조어법의 한 갈래를 이룬다고 할 때, 이는 어휘론과도 관련을 가진다.5) 그러나 축소어형에 관한 심도 있는 논의는 어휘론에서 보이지 않는다. 심재기(1982 : 184~186)에서는 어의 변화를 분류한 것 중 하나로 '생략'(ellipsis)을 다루고 있는데, 주로 한자 숙어(漢字熟語)나 성어(成語), 시구(詩句), 문절(文節) 등에서 글자를 뽑아 만드는 것을 생략이라고만 간단히 언급하고 있다. 김광해(1993 : 204)에서는 『유의어 반의어 사전』(김광해, 1987) 편찬에서 채택한 유의 관계에 있는 말들의 분류를 보여주면서 그 가운데 하나로 「준말」을 들어 놓고 있는데, 「준말」을 '한 쪽이 줄어든 말인 경우'라고만 간략히 설명하고,

---

4) 이러한 시도가 김동언(1986)에서 보인다.
5) 김광해(1993 : 21~22)에서는 "어휘론의 연구 대상은 어휘이며 어휘는 어휘소의 집합이다."라고 하였다. 또 "기본적으로 동일한 개념을 지니는 어휘소를 '어떻게' 사용하느냐 하는 시각에서, 관용어, 속담, 완곡어, 약어, 높임말, 낮춤말, 문어, 구어 등의 다양한 양식에 따라 변이된 어휘소들의 분포를 조사, 정리, 해석하는 작업을 어휘의 화용적 변이에 관한 연구라고 부를 수 있다."라고 하였다.

‘보증수표 : 보수, 아파트먼트 : 아파트’를 그 예로 보이고 있다.

　축소어형에 관한 본격적인 논의로 가장 빠르다고 할 수 있는 우민섭 (1974 : 69)에서는 ‘약어(준말)’라는 용어를 사용하면서, 이것을 ‘넓게는 원어(밑말)의 발음이나 형태가 조금이라도 줄었으면 약어(준말)’라 볼 수 있으나, ‘협의의 약어는 같은 시대에 원어와 항시 같이 쓰여질 수 있어야 하며, 원어와 약어는 상호 교체가 가능해야 한다’고 정의한다. 이러한 견해는 이승명(1987)에도 그대로 수용되어 ‘본딧말과 준말이 항상 동일한 문맥에서 같은 의미로 통용되어야 하며 상호 교체・환원이 가능해야 하며, 준말이 이미 본딧말의 자리에 앉아 그 자격을 얻은 것은 준말로 삼을 수 없다’는 두 가지를 「준말」 삼기의 기준으로 삼았다.

　김동언(1986)은 「준말」이라는 용어를 그대로 제목과 주제로 삼은 첫 논문이다. 여기서는 우민섭(1974)와는 달리 현재 원어가 사용되고 있지 않다고 해도 ‘준말에 대한 원어를 분명히 인식할 수 있다면 준말로 인정’한다는 입장을 보이고 있으며, 축소어형의 여러 유형 중 탈락과 축약에 의한 것을 음운론적 측면에서 분류하고 기술하고 있다. 이석주 (1988)에서는 ‘약어형’이라 하여, 이것을 ‘두 음절 이상으로 된 단어나 구문을 줄여서 간략하게 만든 형태’로 정의하고 그 유형으로 축약과 생략의 둘을 들고 있다. 축약(contraction)은 주로 음운 면에서 나타나는데 긴 형태를 보다 짧게 축소시키되 음운 사이에 혼합작용이 나타나는 현상이라고 하였고, 생략(abbreviation)은 구성 요소의 한 부분을 삭제하는 현상인데 단어 내에서는 음운이나 음절을, 구문에서는 토나 성분을 생략하게 된다고 하였다.

　송철의(1993)에서는 「준말」을 ‘단어(파생어나 복합어⁶⁾ 포함)나 혹은 하나의 기식군(氣息群)으로 묶일 수 있는 구에서 인접한 두 음절이 의미 변화를 초래하지 않으면서 한 음절로 줄어들어 형성된 언어형식(단, 본말도 표면음성형으로 실현될 수 있어야 함)'으로 정의하면서 「준말」의 성립 조건을 다섯 가지로 나누어 제시한다.[7] 이러한 견해는 우민섭(1974)의 「준말」 개념과 상당히 근접해 있으며, 「준말」이 될 수 있는 조건과 기준을 세워 「준말」의 개념을 명확하고 정밀하게 정의하였다는 점에서 그 가치를 가진다.

강병학(1996)은 '본딧말이라 생각되는 말이 공시적으로 실존하여 개념의 차이 없이 교체해 쓰이며, 불규칙적이고 수의적인 음절수 줄이기의 관계에 있는 것'으로 「준말」을 한정한다. 그리고 「준말」을 '꼴준말, 뜻바뀜준말, 양면준말'의 세 유형으로 나누고 각각의 통사 의미적 특성과 형태 구조적 특성을 밝히고 있다. 특히 여기서 어휘화의 진행 정도에 따라 「준말」의 유형을 분류한 것은 그 이전의 연구에서 보이지 않던 시도이다. 그러나 정의에서는 본딧말이 공시적으로 실존하고 개념의 차이 없이 교체해 쓰인다고 하면서 다시 유형을 나눌 때는 '뜻바뀜준말'을 설정하는 등 일관성을 보이지 못하고 있다.

이희자(1997)에서는 형태가 줄어든 것들의 구분을 시도하였는데, '준말, 준 꼴, 줄인 꼴'과 '줄어서 된 말, 줄여서 만든 말' 등은 각각 범주의 차이를 보이는 것들로 구별하여야 한다고 하였다. 여기서의 「준말」

---

6) 송철의는 단어의 분류를 단일어와 합성법에 의해 만들어진 복합어, 파생법에 의해 만들어진 파생어로 나누고 있다. 하지만 이 연구에서는 합성법에 의해서 만들어진 단어는 합성어, 파생법에 의해 만들어진 단어는 파생어, 그리고 단일어와 대응되는, 합성어와 파생어를 포괄하는 용어로, 복합어를 설정한다.

7) 송철의(1993)에서 제시하고 있는 「준말」의 다섯 가지 성립 조건은 다음과 같다. 첫째, 본말(원형식)보다 음절수가 적어야 한다. 둘째, 준말에서의 음절수 감소는 음운론적 차원에서의 형식의 감축에 의한 것이어야 한다. 셋째, 준말은 본말과 의미가 같아야 한다. 넷째, 준말은 본말로부터 직접 도출될 수 있는 것이어야 한다. 다섯째, 어떤 언어형식이 준말로 인정되려면 그 본말이 표면음성형으로 실현될 수 있는 것이어야 한다.

은 '단어에서 그 구성 성분의 일부를 줄여서 간략하게 만든 형태'를 뜻하며, '본딧말'[8]과 「준말」의 관계에 있는 것들은 명사면 명사, 어미면 어미와 같이 같은 범주에 속하는 것들이 가지는 관계를 일컫는 것이라고 하고, 본래의 꼴이 통사론적 구성 단위인 것은 이 관계에 속하지 않는다고 본다. 이희자는 형태가 줄어든 것을 다루면서 본래의 꼴이 통사론적 구성 단위인 것은 제외시킴으로써 현대 국어에서 많이 쓰이고 있는 다어기 어휘소(MWLU)의 축소어형이나 '여우사이(여기서 우리 사랑을 이야기 하자)'와 같은 문장 형태의 축소어형을 다루지 못하고 있다.[9]

축소어형과 관련하여 논의가 집중되고 있는 것이 융합 현상이다. 융합에 대하여 안명철(1990 : 125)에서는 '특정한 문법적 환경에서 두 단어 이상이 줄어서 한 단어로 됨과 동시에 문법적, 의미적 기능에 변화가 발생하는 현상'으로 정의하여 한 단어 내부의 축약은 융합에서 제외시키고 있다. 이에 비해 이승재(1992 : 62)에서는 '기원적으로는 여러 형태가 배열되는 문법적 구성이었지만, 언어의 통시적 변화에 따라 이들이 하나의 덩어리로 굳어지는 현상'으로 정의하여 단어 내부에서 일어나는 융합을 형태론 차원의 융합으로, 단어 경계를 사이에 두고 일어나는 융합을 통사론 차원의 융합이라 하여 두 차원을 함께 통시적 관점에 접근하고 있다.

한편, 이지양(1993 : 8~15)에서는 「준말」은 '단어 내부에서의 활음 형성에 의한 것과 구적 음운론에 해당되는 예들에 이르기까지 폭넓게 사

---

8) 이희자(1997)에서는 '본딧말'을 '본디말'로 표기하고 있고, 『연세사전』에서도 같은 입장을 취하고 있다(이 사전에는 '본디말'이 표제어로 나오지 않고 다만 「일러두기」의 준말 관련 편찬 방침에 '본디말'이라는 용어가 나타난다). 이 연구에서는 현행 맞춤법에 따라 본딧말로 쓴다.
9) 이러한 축소어형은 이 연구를 위해 정리한 목록의 약 7%를 차지하고 있으며, 이 수치는 축소어형의 연구에서 제외할 수 없는 유의미한 수치라고 할 수 있다.

용되는 포괄적인 용어이므로 학문적 목적을 위해서는 제약될 필요가 있다'고 보고, 기존에 통용되는 포괄적인 용어로써의 '「준말」되기'의 일부에 해당하는 '연결형에서 완전한 단어(full word)에 음절수 줄이기가 일어나 의존요소로 재구조화되는 현상'을 융합이라고 정의하고 융합 현상을 중심으로 축소어형에 대한 논의를 전개시키고 있다.

2000년대에 들어서면서 축소어형에 관한의 연구가 활발해지고 있는 것은 축소어형의 빈번한 사용에 따른 학술적 정리의 필요성에 대한 인식이 본격적으로 제기된 것이라는 점에서 의미가 있다. 국립국어원에서는 『현대 국어의 준말 목록』(2003)을 펴내면서 목록과 함께 정희창(2003)과 박용찬(2003)의 논문을 함께 실으면서 「준말」의 형성에 대한 정리를 시도하였다. 이후 정희창(2005)에서 「준말」의 유형과 제약을 중심으로 한 본격적인 논의를 보여 주고 있다.

하지만 정희창(2003)에서도 역시 축소어형 가운데 일부만을 다루어서 「준말」을 한정적으로 정의하고 있다. 그는 「준말」을 '단어나 통사론적/심리적인 통합 관계를 이루는 구에서 음운론적·형태론적 삭감이 일어나 음절수가 줄면서 만들어진 단어. 단 입력과 출력은 서로 형태적 유사성을 지녀야 한다'라고 정의하였다. 그리고 「준말」을 형성하기 위해서는 '최소한 2음절 이상의 단어나 구가 입력부가 되어야 하며, 본딧말이 현재 쓰이는 말이어야 하고, 생성된 준말이 기존의 단어와 형태가 다르거나 문맥을 통해서 식별이 가능해야 한다고 들고, 특정위치에서 발생 빈도가 높고 빠른 발화가 나타나는 경우 준말이 형성될 가능성이 높다'는 네 가지의 형성 조건을 들었다. 이에 비해 박용찬(2003)은 「준말」의 개념 정의를 내리지 않은 채, 로마자 두문자어와 한자 두문자어가 어떻게 형성되는가를 중심으로 「준말」의 형성을 다루고 있다. 두문자어가 국어의 단어가 되는지 안 되는지를 채 밝히지 않은 상태에서「준말」이라는 이름으로 이들을 같이 다루고 있는 것이다. 이 두 부류의 두 문자어를「준말」로 본다면 같은 책에서 정희창이 제시한「준말」과는 또 다른「준말」이 정의되지 않은 채로 사용되고 있는 것이다.『준말 목록』에 실린 이 두 편의 논문은 통일성은 물론 관련성을 찾아보기 힘들며 서로 다른 시각에서 가진 것으로 보인다. 이렇게 볼 때 국립국어원의『준말 목록』은「준말」에 대한 정확한 정의 없이 현대 국어의 축소어형 전반을 모아 놓은 것이라고 할 수 있고 따라서 그 수록 분량의 방대함에도 불구하고 학문적 성과를 보이기보다는 현대 국어의 한 현상을 정리해 놓은 것으로서의 가치 이상을 가지기 어렵다.

2. 축소어형 관련 용어

1장에서 본어형이 줄어서 만들어진 언어 형태 전반을 포괄하는 용어로서 축소어형이라는 용어를 제시하였다. 형태가 줄어드는 현상은 매우 다양한 양상을 보인다. 그렇기 때문에 이와 관련된 용어도 여러 가지가 사용되고 있고, 또 때로는 다른 형성 방식으로 만들어진 축소어형에 같은 용어가 사용되기도 한다. 이 장에서는 먼저 축소어형과 관련된 용어와 그 용례들을 살핌으로써 지금까지 축소어형의 연구가 얼마나 체계적이지 못한 논의를 해 왔는가를 지적하고자 한다. 특히 기존 논의에서 이미「준말」이라는 용어가 매우 빈번하게 쓰이고 있지만, 그 정의와 개념은 연구자들에 따라 각기 다르다.

축소어형과 관련하여 기존에 쓰이고 있는 용어로는 가장 보편적으로 쓰이고 있는 「준말」이다. 「준말」 외에 축소어형과 관련된 용어들로는 약어(약어형), 머리글자말(두문자어), 가위질말, 혼성어, 융합형 등이 있다. 이들에 관해서 앞의 1절의 기존 연구의 개관을 통해 간략히 언급한 바 있지만, 여기서 하나하나 좀 더 세밀하게 차이점들을 살펴본 후 「준말」 에 관한 연구자들의 개념차를 도표로 제시한 후 연구의 방향성을 찾아 보기로 한다.

2.1. 약어

약어 또는 약어형은 준말과 더불어 축소어형과 관련된 개념 가운데 서 가장 널리 쓰이는 용어이다. 약어에 대한 정의에는 다음과 같은 것 이 있다.

   (1) 말을 간단하게 하거나 발음을 편하게 하고 속도를 빠르게 하기 위 하여 음이나 음절을 줄인 말이 약어다. 넓게는 원어(밑말)의 발음이 나 형태가 조금이라도 줄었으면 약어(준말)라 볼 수 있다. (우민섭, 1974 : 69)
   (2) 두 음절 이상으로 된 단어나 구문을 줄여 간략하게 만든 형태가 약 어형이다. (이석주, 1988 : 124)
   (3) 어떤 어형의 일부를 생략한 형, 또는 다른 어떤 수단으로 본래 어 형보다 간략하게 한 형으로서 본래 의미를 지니고 있는 것이 약어 이다. 준말이라고도 하며 고유명사에 대해서는 약칭이라고도 한다. (김영석 · 이상억, 1992)

   (1)~(3)의 정의에 따르면 형태가 줄어들어 만들어진 모든 어형은 약 어 또는 약어형이 된다. 그런데 (1)과 (3)에서는 약어를 「준말」이라고도

한다고 정의함으로써, 약어가 준말과 동일한 개념을 가진 용어로 파악하고 있다. 또한 다음에 제시되는 약어의 분류도 여러 유형의 축소어형이 층위의 구분이 없이 단순 나열식으로 이루어지고 있다.[10]

> (4) 약어의 분류[11]
>   ㄱ. 생략 : 점괘>괘, 억새>새, 결단코>결코, 발문>발, 분골쇄신>쇄신, 화사첨족>사족, 옷+고름>고름, 나사+못>나사, 태산+북두>태두, 석유+공사>유공, 나는>난, 무엇을>무얼, -건마는>-건만 -ㄴ다고 하는>-ㄴ다는
>   ㄴ. 탈락 : 거기다가>게다가, 딸님>따님, 나았다>났다, 어두움>어둠, 마음껏>맘껏, 가지고>갖고, 아니하다>않다
>   ㄷ. 변이 : 하였던>했던, 되어>돼, 어연간하다>엔간하다
>   ㄹ. 축약 : 사이>새, 이것이>이게, 오이>외, 가지어>가져, 주어>줘
>   ㅁ. 생략과 변이 : 넷·다섯>너덧, 너댓, 여섯·일곱>예닐곱

이석주(1988)에서의 약어형 분류도 (4)와 같은 우민섭(1974)의 약어 분류를 거의 그대로 따르고 있는데, 이들의 약어 분류는 단어와 단어가 아닌 것, 음운 규칙에 의해서 설명될 수 있는 것과 그렇지 않은 것, 그

---

10) 실제로 언어학 사전에서 약어와 준말을 같은 것으로 다루고 있기도 하다. 『국어학·언어학 용어 사전』(1995)의 다음과 같은 정의가 그러하다.
    약어(略語)=준말 : 형태의 일부를 생략하여 이루어진 어형(語形)을 말한다. 명사의 경우는 '약칭(略稱)'이라고도 한다. 이에는 다음과 같은 유형이 있다. 1) 단어 또는 단어 연결체에서 형태소의 일부를 생략하는 것 : 아니하다→않다, 여기 보오→여보, 2) 단어의 앞이나 뒤 부분을 잘라 버리는 것 : 서울 대학교→서울대, 데몬스트레이션→데모, 플랫폼→폼, 3) 단어 연결체에 있어서, 단어의 한 음절을 취하여 결합하는 것 : 상업 고등 학교→상고, 농업 협동 조합→농협, 한국 교원 단체 총연합회→교총, 4) 영어 이름에서, 각 단어의 첫글자만을 취해 하나씩 읽는 것 : Young Men's Christian Association →YMCA, 5) 영어 이름에서, 각 단어의 한 글자를 취해, 그것들을 결합시켜 단어 형태로 붙여 읽는 것 : United Nations Educational Scientific and Cultural Association →UNESCO (유네스코).
11) 이 약어 분류는 우민섭(1974)에 따른 것으로 보기에 제시된 각종 부호는 원문에 사용된 것을 그대로 옮긴 것이다.

리고 공시적으로 같은 의미를 지니고 있는 것과 그렇지 못한 것이 뒤섞여 있다. 김영석·이상억(1992)에서도 약어를 '단축어'(clipped word)와 '두자어'(acronym)로 나누고, 음의 생략으로 구성된 '축약'도 약어에 포함시키고 있다. 이처럼 약어라는 하나의 개념 안에 여러 가시 유형의 축소어형을 함께 설명하려 하기 때문에 약어의 정의가 추상적이고 포괄적인 정의가 된다.

국어의 논의에서 사용되는 약어는 영어에서의 abbreviation의 개념과 유사하다. abbreviation 역시 initial word, acronym, stump-word를 모두 포함하는 포괄적인 개념을 가진 용어이다.[12]

2.2. 머리글자말

국어의 머리글자말은 두문자어, 두자어 등으로 불리기도 하는데, 이는 영어의 acronym과 유사하다.[13] 머리글자말의 정의로는 다음과 같은 것이 있다.

(5) 첫 글자나 첫 음절만을 따서 만든 단어. (김진우, 1985 : 136)

(6) 낱말의 머리의 닿소리나 홀소리 글자를 잘라서 만든 말. (김석득, 1992 : 314)

(7) 첫 글자 내지 첫 음절만을 따서 부호처럼 이루어지는 것. (이지양, 1993 : 11)

---

12) 그렇지만 음운 규칙으로 설명이 되는 축약 현상에 의한 약어들은 contraction에 의해 만들어지는 contracted form이지 abbreviation은 아니다.

13) 영어 용어와 국어 용어는 일대일로 대응되지 않는다. 연구자의 주관이나 편의에 의해서 영어 용어의 번역이 각각 달리 되기도 한다. 특히, blend의 경우는 한국어 대응 용어가 연구자들 사이에 상당한 차이를 보임을 알 수 있다. 다음 표는 영어를 한국어의 대응 양상을 보인 것이다.

(5)~(7)에서 보이는 머리글자말의 정의는 acronym의 정의를 빌어온 것으로 보인다. 그런데 국어는 영어와는 달리 자음과 모음의 이름을 부르는 방식이 다르고 하나의 자음 글자는 두 음절로 된 이름을 갖고 있다. 또 한 음절을 표기할 때에 늘 자음 글자를 음절의 첫 글자로 취한다. 모음 하나 만으로 음절을 구성할 수는 있지만 표기상으로는 반드시 음가가 없는 자음 글자 'ㅇ'이 있어야 한다. 이 때문에 국어의 정의에서는 '첫 음절'이라는 조건을 덧붙이고 있다.

실제로 국어의 머리글자말과 영어의 acronym은 차이가 있다. 먼저 영어의 예를 들어 본다.

(8) BBC=(Britich Broadcosting Corporation), Y.M.C.A.(=Young Men's Christian Association), VCR(=video cassette recorder)

(9) D.J.(=deejay=disc jackey), M.C.(=emcee=master of ceremonies), O.K.(=okay), V.P.(=veep=vice president)

(10) BASIC(=Beginner's All-purpose Symbolic Instrucion Code), GATT

영 어	한국어	연구자
abbreviation	준말	임지룡(1992)
	약어	김영석 · 이상억(1992)
acronym	머리글자말	임지룡(1992)
	두자어	김영석 · 이상억(1992)
blend	혼효형	이승재(1983)
	뒤섞임(말)	허웅(1985)
	합성어	김진우(1985, 개정판(2004)에서는 혼성어로 용어 바꿈)
	혼성어	임지룡(1992)
clipped word	단축어	김영석 · 이상억(1992)
	가위질말	김석득(1992)
	절단어	김영석(1998)

[표 1] 축소어형 관련 한영 용어 대조표

그런데, 이것은 국어에만 해당하는 것은 아니다. 영어에서도 같은 용어를 다르게 의미 정의하여 사용하기도 한다. acronym의 경우 Adams(1973)과 Bauer(1983)에서 서로 다르게 쓰이고 있다.

(=General Agreement on Tariffs and Trade), SALT(=Strategic Arms Limitation Talks), WASP(=White Anglo-Saxon Protestant)

(8)~(10)은 모두 acronym들이다. (8)의 경우는 첫 글자의 영어 자모 이름을 그대로 발음하는 것으로, 이를 달리 initial word라고 부르기도 한다. (9)도 역시 (8)과 같이 첫 글자의 자모를 그대로 발음하는 것인데, 그 발음을 그대로 철자화(pronunciation-spellings)하여 쓰는 경우이다. 그런데 (10)은 (8)~(9)와는 달리 글자의 자모 이름을 발음하는 것이 아니라, 마치 하나의 단어처럼 음절화시켜 읽는다.

이와 같은 발음의 차이로 인하여 acronym을 학자에 따라서 달리 보기도 한다. Adams(1973)의 경우는 (8)~(10)에 나타난 예를 모두 acronym이라고 보는 반면, Bauer(1983)에서는 (10)에서 든 예만을 acronym이라고 하여 하나의 단어로 보고 있다.14) 그러나 국어의 경우는 이러한 문제가 발생하지는 않는다.

> (11) ㅇ·ㅅ←연세, ㄱ·ㄴ·ㄷ(특정한 사람의 이름)
> (12) 국교(국민학교), 군정(군인 정치), 교보(교육 보험), 옥떨메(옥상에서 떨어진 메주)

(11)은 김석득(1992)에서 머리글자말의 예로 든 것이고, (12)는 이지양

---

14) Bauer(1983 : 237)에서는 "제목이나 구 안에 있는 단어들의 첫 글자들을 취하고 새로운 단어로써 그것들을 사용하게 만들어진 것"을 acronym이라고 정의하였다. 그리고 acronym을 abbreviation에 포함되는 것으로 보았다. 그에 따르면 모든 abbreviation이 acronym이 되는 것은 아니다. 예를 들어 Value Added Tax를 /vi eɪ ti/로 발음하면 abbreviation이 되고 /væt/로 발음하면 acronym이 된다고 하였다. 즉/vi eɪ ti/는 acronym은 될 수 없지만, /væt/는 abbreviation이면서 동시에 acronym이 된다고 본 것이다. 이를 abbreviation≧acronym와 같은 식으로 표시할 수 있을 것이다.

(1993)에서 국어의 머리글자말이라고 예로 든 것이다. 그러나 실제로 (11)의 예와 같은 형태의 머리글자말이 현대 국어에서 문어나 구어를 막론하고 실제로 사용된 예를 찾기는 힘들다.[15] 이러한 축소어형은 영어의 acronym의 개념을 원용하여 이론적으로 만들어낸 것으로 실제의 용례를 찾아보기는 힘들다. 국어에서 이런 축소어형이 나타나기 힘든 까닭은 국어가 음소문자인 한글 자모를 음절 단위로 모아쓰는 언어이기 때문이다. 또한 국어는 자음만으로는 음절을 이룰 수 없을 뿐만 아니라 자음 글자들이 '기역, 니은'과 같이 각각의 이름을 가지고 있다. 그러므로 서양의 언어와 같이 첫 글자만으로 머리글자말을 만들면 철자 표기에 있어서는 축소어형을 만들 수는 있지만 이것을 발음할 때에는 오히려 음절수가 더 늘어난다. (11)에서처럼 '연세'를 'ㅇ·ㅅ'으로 줄여 표현할 수 있고, 문어에서 표시 기호로만 쓰인다면 문제가 안 될 수도 있다. 그렇지만 그 표기를 눈으로만 받아들이는 것이 아니라 발화하여 읽을 경우 '이응시옷'처럼 자모의 이름으로 읽든지 아니면 축소어형 표기가 만들어지기 전의 본어형으로 환원시켜 '연세'라고 읽는 방법밖에는 없다. 어떻게 읽든지 표기의 축소어형은 발음에서는 본어형보다 줄어든 형태를 취하게 되지 않는다. 따라서 이런 방식의 머리글자말은 적어도 발화 상황에서는 축소어형을 만드는 효용가치, 즉 언어 경제적 효과를 누리려는 의도를 만족시킬 수 없기 때문에 만들지 않는다.

이지양(1993)에서는 (12)의 '국교'를 '국민학교'의 머리글자말이라고

---

15) 그러나 인터넷 채팅이나 기사의 댓글 또는 휴대전화의 문자 전송과 같은 경우에는 점차 사용이 늘어나고 있다. 이러한 형태를 두음소형이라고 부를 수 있을 것이다. 'ㅇㅋ(이크), ㅉㅉ(쯧쯧), ㅋㅋㅋ(크크크), ㅎㅎㅎ(하하하)'와 같이 의성어를 축소시킨 두음소형이 댓글 또는 문자에서 많이 보인다. 그런데 'ㅂㅇㅅ(병신), ㅅㅂ(시발)'의 예도 찾을 수 있는데 이러한 것은 주로 비속어를 그대로 사용하기 곤란한 경우 이에 대한 대체형으로 두음소형을 사용한다. 이 외에도 'ㅇㅋ(오케이, ok)' 같은 것도 찾아볼 수 있다.

하여 국어의 한 음절을 한 글자로 간주한 것으로 보인다. 그러나 머리글자말이라는 이름을 붙이기 위해서는 국어에서 한 음절을 하나의 글자로 볼 것인가 아니면 음절을 이루는 낱낱의 자모를 하나의 글자로 볼 것인가 하는 문제가 선결되어야 한다. 뿐만 아니라 이지양에서 제시하고 있는 머리글자말의 예들은 한 글자가 한 음절인지 한 자모인지를 가리기 앞서 또 다른 문제를 가지고 있다. '국-'은 '국민'의 앞 음절을 취했지만, '-교'는 '학교'의 뒤 음절을 취한 것이다. 이를 '군정, 교보' 등과 같이 머리글자말로 함께 분류하여 처리하면 용어의 뜻과는 맞지 않는 문제가 발생한다. 따라서 엄밀한 의미에서 국어에는 머리글자말이 없다고 보아야 한다. 그것은 모음이건 자음이건 단어의 첫 음운만을 취하는 경우가 없고, 음절을 취하는 방식의 경우라도 언제나 구성 단어들의 머리에 오는 음절 즉, 첫 음절만을 취하지는 않기 때문이다.

이와 같은 문제점을 안고 있음에도 영어의 acronym과 같은 개념의 축소어형은 국어에서 중요한 의의를 갖고 있으며, 이때 머리글자말보다는 머리음절말 또는 두음절어라는 용어를 사용하는 것이 적절할 것이다. 머리음절말은 가위질말과 함께 축소어형 생성의 주요 방식이 된다.

2.3. 가위질말

가위질말은 절단어라고도 한다. 영어의 clipped word[16]와 같은 개념의 말이다. 가위질말에 대하여는 다음과 같은 정의가 있다.

---

16) Jespersen(1922 : 169)은 clipped word를 stump-word라고 하였다. clipped word와 stump-word는 가위질말, 절단어라는 동일한 의미를 가지는 서로 다른 이름이다. 이 두 용어는 특별한 의미적 차이 없이 교체되어 쓰이는 것으로 보인다. 조성식(1990 : 1183)에서 재인용.

(13) 이은말이나 합성어에서 첫 부분, 때로는 가운데 부분, 흔히는 끝
부분을 잘라 내어 만드는 말. (김석득, 1992 : 315)

(14) 절단-단어에서 하나 또는 그 이상의 음절을 잘라 내고 남은 일
부로서 전체 의미를 나타내게 하는 것. (김영석, 1998 : 173)

가위질말은 마치 단어의 한 부분을 가위로 잘라내듯이 하여 만든 말
이라서 붙여진 이름이다. (13)의 정의에 따르면 가위질말은 가운데 부
분을 잘라내어 만들어지기도 한다고 하였지만, 인구어의 경우 단어의
앞과 가운데, 그리고 뒤의 세 부분에서 모두 가위질이 되는데 비해, 국
어에서는 가운데 부분이 가위질되는 경우는 찾기 어렵다. 영어와 국어
에서의 가위질말의 예는 다음과 같다.

(15) deli(delicatessen), dorm(dormitory), photo(photograph), perm(permanent
wave), pop(popular music), zoo(zoological gardens)

(16) flu(influenza), fridge(refrigerator), tec(detective)

(17) bus(omnibus), copter(helicopter), loid(celouloid), phone(telephone)

(18) 가마(가마니), 나(나이), 말채(말채찍), 구김(구김새), 아침(아침밥)

(19) 명(무명), 새(억새), 둔패기(아둔패기), 양아치(동냥아치), 고름(옷고
름), 살(화살)

(15)~(17)은 영어의 예로 구성 요소에 대한 가위질이 이루어진 후 각
각 앞부분, 가운데 부분, 뒷부분을 남긴 가위질말이고, (18)~(19)는 국
어의 예로 가위질 후 각각 앞부분과 뒷부분을 남긴 것이다. 위의 예에
서 보듯이 국어에서는 중간 부분을 가위질한 말은 찾을 수 없고, 영어
에서도 (16)의 flu와 같이 앞부분[in-, re-]과 뒷부분[-enza, -fridge]을 잘
라 버리고 가운데 부분만 남는 예는 흔치 않다. Adams(1973)이나 Bauer

(1983)에서도 가운데 부분만을 남기는 clipping을 드문 경우(rare case, a rarer type)라고 언급하고 있다(Bauer, 1983 : 233).

가위질말과 같은 축소어형은 이 연구에서 아주 중요한 개념으로 다루어질 것이다. 국어에서는 단어나 단어군의 앞이나 뒤의 부분을 잘라 내고 만들어지는 말이 많으며, 머리음절말도 실제로는 단어군을 이루는 몇 단어가 선택된 후 가위질이 이루어지고 합쳐지는 과정을 겪기 때문이다.

2.4. 혼성어

영어의 blending에 해당하는 것이 혼성 또는 혼효라고 할 수 있다. blending은 contamination이라고도 하며, 이러한 혼성에 의해서 만들어진 말을 blend 또는 portmanteau word라고 한다. Bauer(1983 : 234)에서는 blend를 "형태(morph)로의 명백한 분석이 아닌 방법으로써 나누어진 두 개(또는 그 이상)의 다른 단어들의 부분으로 형성된 새로운 어휘"라고 정의하고 있다. 국어 연구에서 혼성과 혼성어에 대한 정의로는 다음과 같은 것이 있다.

> (20) 혼효형－① morphological recutting을 전제하는 듯한 비정상적인 형태론적 구성단어 ② 정상적인 형태론적 구성이라고 할지라도 방언접촉 혹은 한 방언 내에서의 두 어사의 접촉의 결과로 뒤섞인 어형(이승재, 1983 : 49)
> (21) 뒤섞임－어떠한 말을 하려 할 때 뜻이 같거나 비슷한 말들 가운데서 선택을 망설이다가, 두 말을 합쳐서 한 말을 만들어내는 일 (허웅, 1985 : 574)

(22) 합성어-두 단어를 각기 쪼개서, 첫 단어의 한 쪽과 뒷 단어의 한
쪽을 붙여서 만든 단어(김진우, 1985 : 134)[17]

(23) 혼성어-음성적, 의미적으로 관련된 두 언어형식의 일부가 결합
되어 이루어진 새 어휘소(임지룡, 1992 : 186)

위의 정의에서 보이듯이 영어로는 blend라는 하나의 이름이 국어에
서는 여러 이름으로 불리고 혼성에 대한 명확한 정의와 연구가 거의 보
이지 않는다. 혼성 또는 혼효의 축소어형 생성 과정을 통해서 만들어지
는 말이 혼성어(또는 혼효형)이다. 다음은 혼성어의 예들이다.

(24) ballute(balloon+parachute), brunch(breakfast+lunch), smog(smok+fog),
shoat(<sheep+goat)

(25) 개살이(개가×후살이), 거렁뱅이(거지×비렁뱅이), 입초(입담배×엽
초), 막배기(막걸리×탁배기) / 틀부다(틀리다+달부다), 저글패(그글
패+저모래)[18]

(26) 경성(ab)×부산(cd)=경부(선)(ac), 여수(ab)×순천(cd)=여천(공단)(ad),
대구(ab)×마산(cd)=구마(고속도로)(bc)[19]

영어에서는 혼성이 현대에 와서는 새로운 단어를 만드는 매우 생산

---

17) 김진우(1985)에서는 blend를 '합성어'라고 하였다. 그런데 '합성어'는 조어법의 한 방법
인 합성법으로 만들어지는 복합어를 이르는 문법상의 용어이므로 사용상의 충돌을 일
으킨다. 따라서 이러한 명명법은 적절치 않다. 또한 김진우는 '합성어'(blend)의 예로
'연대(연세대학교), 군정(군인정치), 옥떨메(옥상에서 떨어진 메주)' 등을 들면서 동시에
'두자어'(acronym)의 예로도 보고 있다. 따라서 김진우의 분류는 문제가 있다. 김진우
(2004)에서는 이를 보완하여 blend를 '혼성어'라고 하였지만, 용어만 바꾸었을 뿐 인식
은 바뀌지 않았다.

18) '개살이, 거렁뱅이, 입초, 막배기'는 허웅(1985 : 574)에서 빌어온 것이고, '틀부다, 저글
패'는 이승재(1983)에서 빌어온 것이다.

19) 임지룡(1992)에서는 (26)의 예처럼, ac형, ad형, bc형은 혼성어라고 하고 '신라(ab)×백제
(cd)=나제'와 같은 bd형은 꼬리글자말이라고 하여 혼성어에서 제외하였는데, 이처럼 구
성요소의 결합 형태를 가지고 혼성어 여부를 결정하는 것은 문제가 있다.

적인 방법이다.[20] 그러나, 국어에서는 (25)의 예와 논란의 소지를 가진 (26)의 예를 빼고는 혼성어라고 할 수 있는 말을 쉽게 찾을 수 없고 더욱이 현대 국어에서는 거의 나타나지는 않는다.

혼성은 두 단어가 합쳐지면서 형태적으로는 축소어형을 만들고 있지만 축소되기 이전과 이후가 형태의 변화와 더불어 시차적인 의미의 변화를 가져온다는 점에서 앞서 언급한 축소어형들과는 다른 양상을 보인다. 이들은 유사한 의미를 가지는 두 단어에서 형태의 일부를 자르고 다시 그것들을 여러 방식으로 섞어서 새로운 형태의 축소어형을 만든다. 이때 새로운 축소어형은 축소 이전에 유사한 의미를 가지고 있던 두 단어와 또 다른 유사한 의미를 가진다.

(25)에서 유사한 의미를 가지고 있는 두 단어 '개가, 후살이'를 잘라 붙여 새로운 축소어형 '개살이'가 만들어졌다. 이렇게 본다면 '개살이'는 축소어형의 원 재료인 '개가, 후살이'와는 또 다른 새로운 단어라고 보는 것이 좋을 것이다. 축소 이전의 개별 원형태라는 측면에서 볼 때, '개가' 쪽에서는 혼성을 통해 축소어형이 만들어진 것이 아니라 음절 수만 놓고 본다면 오히려 확대된 어형이 만들어진 셈이고, '후살이'의 쪽에서 본다면 '후-'가 '개-'와 교체된 것이기 때문에 '개살이'를 축소 어형으로 보기 어렵다.

(26)의 예와 같은 것들을 혼성어로 본 임지룡(1992 : 187)에서는 혼성어를 준말과 구별하고 오히려 축소된 합성어로 보았다. 그 이유는 혼성어는 구성요소(X, Y)가 등위어를 이루고 있는데 비하여 준말의 구성요소 사이에는 등위관계가 형성되지 않기 때문이라고 하였다.[21]

---

20) Bauer(1983 : 237)은 blending을 "현대 영어의 문학적, 과학적 문맥(contexts) 모두에서 단어를 만드는 매우 생산적인 원천이다."라고 적시하고 있다.

이처럼 혼성은 현대 국어의 축소어형을 만드는 한 가지 방법임을 부인하기는 어렵다. 그러나 다른 축소어형 형성 방식과는 차이가 있고, 기존의 논의에서 사용되고 있는 「준말」로 포함시키기에는 문제가 있는 방법이라고 하겠다.

2.5. 융합형

국어의 축소어형과 관련하여 혼성어와 함께 용어상의 문제성을 가지고 있는 것이 융합이다. 융합에 대하여 국어사전에서는 '다른 종류의 것이 녹아서 서로 구별이 없게 하나로 합하여지는 일'로 정의하고 있다. 그런데 축소어형과 관련되어 쓰이는 융합은 이러한 사전적 의미와는 차이가 있다.

이제 이지양(1993)의 정의를 중심으로 융합형을 살펴보기로 한다.

> (27) 연결형에서 완전한 단어(full word)에 음절수 줄이기가 일어나 의존요소로 재구조화되는 현상. (이지양, 1993 : 15)

이지양(1993)은 위의 정의를 통해, 형태소 경계나 단어 경계를 사이에 두고 인접해 있는 두 형태나 형식인 연결형의 단어를 융합의 대상으로 삼고 있다. 또 융합은 형태론적 성격의 음절수 줄이기로 보았고, 융합의 결과 의존요소가 만들어진다고 하였다. 그리고 다음과 같은 것들을

---

21) 그런데, 예 (26)에서 '경부'를 혼성어로 볼 것인가도 문제가 되지만 '경성+부산'으로 보느냐, 아니면 '경성×부산'으로 보느냐에 따라, 즉 경성과 부산의 단순한 연결로 볼 것인가 혹은 두 단어의 결합으로 새로운 의미를 가진 새 말로 볼 것인가에 따라 이 혼성어가 「준말」이 될 수도 있고, 합성어가 될 수도 있다.

융합형으로 다루고 있다.

> (28) 맞서다(마주 서다), 엊저녁(어제 저녁), 암말(아무 말), 대여섯(다섯
>   여섯), 밭사돈(바깥사돈), 박장기(바둑장기), 샌님(생원님), 꼴찌(꼬
>   리찌), 어따(어디다)
> (29) -란다(-라고 한다), 아무래도(아무리 해도), -었/았-(-어/아 있-),
>   -곺(-고 싶-)

이지양(1993)에서는 (28)~(29)와 같은 것들만을 한정하여 융합의 정의를 내린 후 융합 현상을 다루고, 융합을 언어학적 용어로 fusion과 가장 가깝다고 하였다. 그런데 Matthew(1974)에서는 fusion을 연성현상(sandhi) 중의 극단적인 유형으로 보고, 두 연속 되는 모음이나 자음의 연결 과정에서 한 음운의 완전한 탈락으로 형식과 내용의 일치를 상실하는 현상으로 설명하였다(이지양 : 1993에서 재인용). 또한 서양 언어학에서는 어간에 굴절어미가 붙거나 파생어를 만들 때 두 개(이상)의 음성이 서로 영향을 미쳐서 별개의 음성으로 변하는 현상을 fusion으로 정의하고 있다(영어학사전, 1990 : 461). 이렇게 볼 때 이지양(1993)에서의 융합은 서양 언어학의 fusion의 개념과는 동일하지 않으며 이 방식으로 만들어진 융합형 역시 fusion으로 만들어진 형태와는 같은 양상을 띠지 않는다.[22]

이지양의 정의를 그대로 따른다면, 융합형은 음절수 줄이기가 일어나고 의존요소로 재구조화된 형태이다. 즉, 어떤 한 형태가 줄어들어서

---

22) 고대그리스어 문법에서는 축약(contraction)으로 불렸다. 그 예로 영어의 'divide+ion → division, promote → promotion', 불어의 'a+le → le' 등을 들 수 있다. 조성식(1990 : 461) 참조. 한편, 연성현상은 형태소의 음이 특정 음성 환경에서 변화하는 것으로 영어의 과거형 '-ed'의 음이 'glazed'의 [d]에서 'placed'의 [t]로 바뀌는 것을 들 수 있다.

새로운 형태가 만들어진다는 점에서 보면 어형이 축소된 모습을 띠어 축소어형의 한 방식으로 볼 수 있지만, 이렇게 되면 융합 이전의 형태와 융합 이후의 형태는 어형이 달라질 뿐만 아니라 의미도 달라진 것로 보아야 한다. 이렇게 본다면 융합형은 어형이 줄어들었다는 사실을 제외한다면 이 연구에서 다루고자 하는 축소어형과는 상당한 거리가 있는 형식이다. 그러나 한편 (28), (29)의 예를 보면 반드시 본어형와 축소어형 사이에 반드시 의미 차이를 가지는 것만 들어있지 않다. 따라서 기존 국어 연구에서 다루고 있는 융합형은 fusion의 개념과는 차이가 있는 것으로 보이며, 음절수 줄이기를 통해 축소된 어형을 만들고 본어형과 동일하거나 유사한 의미를 가지고 있다는 점에서 축소어형에 관한 연구에서 제외시킬 수 없는 형식과 용어라고 할 수 있다.

2.6. 「준말」

「준말」에 대해서는 앞에서 여러 논자들의 견해를 간략히 소개한 바 있다. 여기서 연구자들이 정의한 「준말」을 정리하여 제시하고 그 차이를 살펴보기로 한다.

> (30) 한쪽이 줄어든 말(김광해, 1993)
> (31) 단어나 혹은 하나의 기식군으로 묶일 수 있는 구에서 인접한 두 음절이 의미 변화를 초래하지 않으면서 한 음절로 줄어들어 형성된 언어 형식(송철의, 1993 : 23)
> (32) 본딧말이라 생각되는 말이 공시적으로 실존하여 개념의 차이 없이 교체해 쓰이며, 불규칙적이고 수의적인 음절수 줄이기의 관계에 있는 것(강병학, 1996 : 7)

(33) 단어에서 그 구성 성분의 일부를 줄여서 간략하게 만든 형태(이희
자, 1997 : 27)

(34) 단어 또는 통합 관계를 이루는 구에서 음운론적 · 형태론적 삭감
이 일어난 결과 음절 수가 줄어 형성된 단어(이지양, 2003 : 293)

(35) 단어나 구, 또는 의존 형식에서 음운론적 · 형태론적 삭감이 일어
나 음절 수가 줄어들면서 만들어진 형식(정희창, 2005 : 22)

이와 같은 「준말」의 정의 내림 없이도 김규선(1969) 이래로 「준말」 연구가 진행되어 왔다. 특히 이승명(1987)은 「준말」의 뜻을 따로 규정하지 않은 채, 사전 등의 뜻매김을 종합하여, "음절 또는 형태의 단축이라는 관점에서 두 음절 이상으로 된 말이 그 이하 단위로 줄어진 말이라고 보는 견해와 머리글자만을 떼어 부호처럼 쓰는 경우로 보는 두 가지 견해로 정리할 수 있다."고 한 후, 「준말」의 갈래를 다음과 같이 나누었다.

(36) 「준말」의 갈래

   ① 머리음절말 : 복합어 등 합성어에서 많이 나타나는 것으로 합성을 이룬 각 요소들의 머리 음절만을 잇대어 기호처럼 쓰는 것.
(예) 연대, 경대(경북대학교), 산은(산업은행), 부여대(부산여자대학)

   ② 음운줄인말 : 2음절 이상의 다음절어에서 음운의 일부를 줄여 본딧말보다 짧게 만든 것.
(예) 갈(가을), 놀(노을), 새(사이), 이게(이것이), 봐(보아), 갔다(가았다)

   ③ 자른말 : 복합 · 합성을 이룬 두 요소 가운데 어느 하나만을 남기고 나머지는 자른 준말.
(예) 꿍꿍이(셈), 보름(날), (암행)어사, (부산)시청, (대한석)유공(사)

> ④ 문준말 : 문을 이루고 있는 어절 이상의 단위의 머리음절을 떼
> 어 만든 준말.
> (예) 대흐약비(대체로 흐리고 (곳에 따라) 약간 비가 오겠다),
> 아더메치유(아니꼽고 더럽고 메스껍고 치사하고 유치하다)

이와 같은 이승명의 접근 방법은 「준말」을 학술적으로 규정하지 않은 채 연구를 진행하여 나간 것으로 그때까지의 「준말」에 대한 인식과 연구 관행을 그대로 보여준다고 하겠다. 이러한 관점과 연구 태도는 사실 김광해(1993)에서도 다르지 않다.

「준말」의 학문적 정의를 내리고 연구를 진행한 것으로는 송철의(1993)이 처음이라고 할 수 있다. 송철의(1993)에서는 (31)과 같은 정의와 함께 「준말」의 예로 다음과 같은 것을 들고 있다

> (37) ① 모음탈락된 준말 : 가을 → 갈 : , 싸움 → 쌈 : , 무우 → 무 : ,
> 그을다 → 글 : 다(장모음화 수반) / 가르치다 → 갈치다, 서투르
> 다 → 서툴다, 가지다 → 갖다, 디디다 → 딛다(장모음화 수반
> 안함)
> ② 모음축약된 준말 : 사이 → 새 : , 아이 → 애 : , 싸이다 → 째 :
> 다, 누이다 → 뉘 : 다, 조심스러이 → 조심스레
> ③ 활음화된 준말 : 이영 → 영 : , 시원하다 → 선 : 하다, 두엄 →
> 뒴 : , 무엇 → 뭣 :

그런데, 이와 같은 송철의의 연구는 「준말」의 범위를 너무 한정하여 형태 · 음운론적인 것들만 「준말」로 보려고 하였다는 한계를 가진다.

이에 비해 「준말」에 대한 가장 최근의 연구라 할 수 있는 정희창(2005)의 정의는 '언어 형식의 삭감이 단어 차원에서만 일어나는 것이

아니라 단어보다 큰 단위와 작은 단위에서 일어날 수 있으며 준말 형성의 결과물 역시 단어보다 작은 단위가 될 수 있다는 점'을 보여준다고 하겠다. 이와 같은 정희창(2005)의 정의는 "단어나 통사론적 / 심리적인 통합 관계를 이루는 구에서 음운론적·형태론적 삭감이 일어나 음절 수가 줄면서 만들어진 단어. 단 입력과 출력은 서로 형태적 유사성을 지녀야 한다."[23]는 앞선 자신의 정의를 수정한 것으로 「준말」을 단어 차원에서 한정하지 않고 확장하였다는 점에서 차이가 있다. 하지만 이러한 수정된 정의가 앞선 정의보다 진일보한 측면이 있다고는 보기 어렵다. 이희자(1997)에서도 '단어에서 그 구성 성분의 일부를 줄여서 만든' 형태를 「준말」이라고 보았는데, 「준말」의 입력부 즉 본어형과 출력부 즉 「준말」을 각각 단어 차원에서 보느냐 아니면 더 확장하여 볼 것이냐에 따라서 정의가 달라지기 때문이다.

이상에서 「준말」을 비롯하여 약어부터 융합형에 이르기까지 축소어형과 관련된 용어를 살펴보았다. 이들은 각각 어형이 줄어드는 방법이나 형태상의 특징에 따라 용어를 특정하여 사용하고 있다. 용어의 다양함만큼이나 축소 현상의 다양성을 보이고 있는데, 이러한 다양한 현상을 보이는 축소어형을 위에서 제시한 어떠한 용어로도 포괄하기 어렵다.

이러한 축소어형 관련 용어들의 정의와 용례들을 검토해 볼 때 축소어형 전반을 아우르는 개념과 이에 상응하는 용어는 아직도 분명하게 드러나고 있지 않음을 알 수 있다. 지금까지 살펴본 축소어형과 관련된 용어들을 다음 쪽의 표로 정리하여 보인다.

---

23) 정희창(2003), 쪽.26.

용 어	연구자	정 의	영어관련표기
약어 (약어형)	우민섭 (1974)	말을 간단하게 하거나 발음을 편하게 하고 속도를 빠르게 하기 위하여 음이나 음절을 줄인 말	abbreviation, initial word, acronym, stump-word
	이석주 (1988)	두 음절 이상으로 된 단어나 구문을 줄여 간략하게 만든 형태	
	김영석 · 이상억 (1992)	어떤 어형의 일부를 생략한 형, 또는 다른 어떤 수단으로 본래 어형보다 간략하게 한 형으로서 본래 의미를 지니고 있는 것	
머리글자말 (두자어)	김진우 (1985)	첫 글자나 첫 음절만을 따서 만든 단어	acronym
	김석득 (1992)	낱말의 머리의 닿소리나 홀소리 글자를 잘라서 만든 말	
	이지양 (1993)	첫 글자 내지 첫 음절만을 따서 부호처럼 이루어지는 것.	
가위질말 (절단어)	김석득 (1992)	이은말이나 합성어에서 첫 부분, 때로는 가운데 부분, 흔히는 끝 부분을 잘라 내어 만드는 말	clipped word, clipping, stump-word
	김영석 (1998)	단어에서 하나 또는 그 이상의 음절을 잘라 내고 남은 일부로서 전체 의미를 나타내게 하는 것	
혼성어 (혼효형)	이승재 (1983)	① morphological recutting을 전제하는 듯한 비정상적인 형태론적 구성단어 ② 정상적인 형태론적 구성이라고 할지라도 방언접촉 혹은 한 방언 내에서의 두 어사의 접촉의 결과로 뒤섞인 어형	blend, blending, contamination, portmanteau word
	허 웅 (1985)	뒤섞임—우리가 어떠한 말을 하려 할 때 뜻이 같거나 비슷한 말들 가운데서 선택을 망설이다가, 두 말을 합쳐서 한 말을 만들어내는 일	
	김진우 (1985, 2004)	합성어(혼성어)—두 단어를 각기 쪼개서, 첫 단어의 한 쪽과 뒷 단어의 한 쪽을 붙여서 만든 단어	

용 어	연구자	정 의	영어관련표기
혼성어 (혼효형)	임지룡 (1992)	혼성어—음성적, 의미적으로 관련된 두 언어형식의 일부가 결합되어 이루어진 새 어휘소	blend, blending, contamination, portmanteau word
융합형	안명철 (1990)	둘 이상의 단어가 하나의 단어, 또는 조사, 어미 등으로 발전해온 것	fusion
	이지양 (1993)	연결형에서 완전한 단어(full word)에 음절수 줄이기가 일어나 의존 요소로 재구조화되는 현상	
「준말」24)	김광해 (1993)	한쪽이 줄어든 말	abbreviation
	송철의 (1993)	단어나 혹은 하나의 기식군으로 묶일 수 있는 구에서 인접한 두 음절이 의미 변화를 초래하지 않으면서 한 음절로 줄어들어 형성된 언어 형식	
	강병학 (1996)	본딧말이라 생각되는 말이 공시적으로 실존하여 개념의 차이 없이 교체해 쓰이며, 불규칙적이고 수의적인 음절수 줄이기의 관계에 있는 것	
	이희자 (1997)	단어에서 그 구성 성분의 일부를 줄여서 간략하게 만든 형태	
	이지양 (2003)	단어 또는 통합 관계를 이루는 구에서 음운론적·형태론적 삭감이 일어난 결과 음절 수가 줄어 형성된 단어	
	정희창 (2005)	단어나 구, 또는 의존 형식에서 음운론적·형태론적 삭감이 일어나 음절 수가 줄어들면서 만들어진 형식	

[표 2] 축소어형과 관련된 용어의 일람표

---

24) 축소어형과 관련하여 가장 폭넓게 사용되고 있는 용어가 「준말」이지만 관련 용어의 서술 차례에 따라 마지막에 싣는다. 또한 정의에 차이가 많이 있기 때문에 이 용어를 특정한다는 뜻에서 준말이 아닌 「준말」로 표기하는 원칙을 그대로 유지하기로 한다.

제3장

축소어형 목록과 말뭉치의 구성

축소어형이 증가하고 사용이 점점 확대되는 양상은 국어뿐만 아니라 세계의 제 언어에서 나타나는 현대적 언어 생활의 특징적 현상 가운데 하나이다. 특히 지면의 제약을 가지고 있는 신문을 중심으로 한 언론에서는 언어 경제적 이유로 주로 하여 축소어형이 빈번히 등장하고 있다. 그리고 인터넷의 등장은 채팅과 댓글이라는 구어와 문어의 혼합형 어체를 만들어냄과 동시에 축소어형의 사용을 증가시키는 데에 기폭제 역할을 하였다.

이러한 축소어형 사용의 확산에도 불구하고 한국에서는 지금까지 축소어형의 사용 빈도나 전체 지면에서 축소어형이 차지하고 있는 비율 등에 관한 조사가 이루어진 바 없이 이론적인 연구에서 맴돌아 왔다.[1]

---

1) 독일에서는 이미 1980년대부터 이러한 조사와 연구가 진행되어 왔다. 김원(2003)은 독일에서의 연구 현황에 대해 "1980년대에 이미 Koblischke(1983 : 5)는 언어적 축소형의 수

즉, 몇몇의 본어형과 축소어형을 대비시켜 특징을 뽑아내고 분류를 하는 등 언어 실생활에서 벗어난 추상적 접근을 하고 있는 것이 대부분이다. 이 연구에서는 지금까지의 이러한 연구 관행에서 탈피하여 실제 언어 사용 현장에서 본어형과 축소어형이 어떻게 쓰이고 있는가를 살펴보고자 한다.

본어형과 축소어형의 실제 사용 양상을 보기 위해서 최근까지 국어정보학에서 축적하여 놓은 말뭉치를 이용하도록 할 것이다. 현대 국어에서 축소어형이 어떻게 나타나고 쓰이는가를 살펴보기 위해서 먼저 이미 구축되어 있는 국어의 말뭉치 자료 중에서 연구에 필요한 말뭉치를 다시 구성할 필요가 있다. 이 장에서는 이 연구에서 사용하는 말뭉치의 구성에 대하여 먼저 기술한다.

1. 기존 축소어형 관련 자료의 문제점과 조사 대상 자료의 정리

1장에서 이 연구를 위한 기초 자료로 13,467개의 축소어형이 수록된 <축소어형 목록>을 제시한 바 있다. 그러나 13,467개의 1차로 선정된 기초 자료 모두가 연구의 대상이 되지는 않는다.[2]

를 50,000에서 60,000개로 평가한 바 있다. 오늘날에는 아마도 최소한 그 두 배는 될 것으로 추정된다. 단축어에 대한 완전한 목록을 작성하거나 그 수를 정확히 계산하는 일은 새로운 단축어들이 끊임없이 만들어지고 게다가 세계적이기 때문에 이미 별 의미가 없게 되었다. 국가, 정당, 협회, 단체, 조직, 기구, 언론기관, 기업들의 이름은 두문자단축어가 90%로 핵심 부위를 점하고 있다. 1989일간지를 대상으로 조사한 한 통계론적 텍스트 연구에 따르면, 텍스트의 모든 낱말형들 가운데서 단축어가 차지하는 몫이 3%까지 이르고 있다(Starke, 1997 : 93)."고 하였다. 김원(2003), 독일어 단축어의 유형과 기능, 독일언어문학 22, 한국독일언어문학회, ㅉ26.

기존의 사전과 자료집들을 망라한 <축소어형 목록>에는 단어 이상의 단위에서 만들어지는 축소어형과 함께 다음과 같은 문법형태소 또는 문법형태소 결합형의 축소어형이 들어 있다.

> (1) ㄱ. 서(에서), 서부터(에서부터), 다가(에다가)
> ㄴ. 느냐며(느냐면서), –는다죠(–는다지요), –답니까(–다고 합니까),
>   –대야(–다고 해야), –래도(–라고 하여도)

(1ㄱ)은 조사의 축소어형이고, (1ㄴ)은 어미결합형의 축소어형이다. 이러한 축소어형들도 현대 국어에서 보이는 축소어형의 한 부류이며 연구할 만한 충분한 가치가 있다. 그러나 이 연구는 단어 이상의 단위로 연구 범위와 대상을 정하였다. 그렇기 때문에 <축소어형 목록>에 포함되어 있는 문법 형태소의 축소어형은 제외하기로 한다.[3]

사전에 실린 「준말」이나 기존의 자료집에 수록된 자료는 시간적 기준을 '현대'로 놓고 수집이 이루어져 있다고는 하지만 현대 국어의 축소어형 실태를 그대로 보여준다고 할 수 없다. 그것은 현재 출간되어 있는 국어사전류들의 문제이기도 하다. 먼저 제기할 수 있는 문제가 통시적 어휘 목록의 처리이다. 예를 들어『큰사전』에 「준말」로 등재되어 있는 것들 가운데는 지금은 쓰이지 않는 조선 시대와 그 이전의 관직명이나 서적명 등이 줄어든 것들도 많이 보인다. 이는『표준사전』도 예외는 아니다.[4]

---

2) <축소어형 목록>에서 연구 대상을 정리한다는 것은 기존 사전이나 목록에서 제시된 자료를 정리하는 것이 된다. 사전에서 「준말」로 처리하고 있는 것들이나 국립국어원에서 나온『약어 목록』이나『준말 목록』에 수록되어 있는 것들이 실제 현대 국어의 축소어형 양상을 제대로 반영하고 있다고 보기 어렵기 때문에 이들에 대한 정리는 반드시 필요한 작업이다.
3) 연구의 방향과 초점은 다르지만 이러한 문법형태의 축소형에 관한 연구는 융합 현상에 관한 연구나 보문 연구에서 많이 다루어지고 있는 주제이기도 하다.

(2) ㄱ. 중추부사(중추원부사[中樞院副使]), 절도사(병마절도사[兵馬節度
　　　使], 수군절도사[水軍節度使], 지관사(지춘추관사[知春秋舘事]),
　　　보국(보국숭록대부[輔國崇祿大夫])
　ㄴ. 여지승람(동국여지승람[東國輿地勝覽]), 영가집언해(선종영가집
　　　언해[禪宗永嘉集諺解])

(3) ㄱ. 관(성균관[成均館], 홍문관[弘文館]), 대삼작(대삼작[大三作]노리
　　　개), 훈지(훈지상화[壎篪相和]), 홍안악(홍안지악[興安之樂])
　ㄴ. 과현인과경(과거 현재 인과경[過去現在因果經]), 금강경(금강반
　　　야바라밀경[金剛般若波羅密經]), 밀관(비밀관정[秘密灌頂]), 염송
　　　(염불송경[念佛誦經])

　(2ㄱ)은 조선시대 관직의 이름, (2ㄴ)은 서적의 이름이고, (3ㄱ)은 조
선시대의 학술 또는 문화 관련 용어, (3ㄴ)은 불교 관련 용어이다. 현재
국어 사전에는 이와 같은 어휘들이 상당수 실려 있다. 이들을 현대 국
어의 축소어형이라고 볼 수는 없다. 따라서 이러한 유형의 것들은 이
연구의 자료처리 대상에서 제외하였다.5)

　통시성을 띠는 자료와 더불어서 문제가 되는 것이 의성어와 의태어
등 음성상징어에 관한 것이다. 음성상징어의 경우 기존 사전들에서는
예외 없이 작은 꼴은 큰 꼴의 축소어형으로 처리하고 있다. 그러나 의
성어 또는 의태어의 큰 꼴과 작은 꼴의 관계가 본어형과 축소어형의 관
계에 있다고 말할 수 있는 근거는 어디에서도 제시하고 있지 않다. 다
만 관행적으로 작은 꼴을 축소어형 곧 「준말」로 처리하여 왔을 뿐이다.
그런데 음성상징어 특히 의성어의 경우는 큰 꼴과 작은 꼴이 일대일 대

---

4) 현재 사용되지 않고 있는 어휘를 과감히 제외시킴으로써 통시성을 띤 어휘와 공시성을
　띤 어휘가 혼재되어 있는 표제어 수록 양태에서 벗어나 있는 사전이 『연세사전』이다.
5) 이 연구의 자료처리 대상에서 제외된 통시성을 띠는 어휘의 숫자는 <축소어형 목록>에
　수록된 13,467개의 축소어형 가운데 670여 개로 전체 목록의 약 5%를 차지한다.

응하는 것이 아니라 여러 개의 형태가 같이 쓰이기도 한다.

> (4) ㄱ. *꼬꼬 – 꼬끼오 – 꼬끼요 – 꼬끼요오 – 꼬끼요꼬꼬꼬꼬*, *꼬꼬댁 – 꼬*
> *꼬댁꼬꼬 – 꼬꼬댁꼬꼬꼬* : 한국어
> 코켁쿄(こけっこ, kokekko) : 일본어
> 코커두들두(cock-a-doodle-doo) : 영어
> 코케리코(coquerico) : 프랑스어
> 키케리키(kikeriki), 키키리키(Kikiriki) : 독일어
> ㄴ. *가랑가랑 – 가르랑가르랑*, *꾸릉 – 꾸르릉*, *꾸릉꾸릉 – 꾸르릉꾸*
> *르릉*, *약죽약죽 – 야기죽야기죽*, *찰칵 – 찰카닥*, *탈캉 – 탈카당*,
> *탈캉탈캉 – 탈카당탈카당*,
> ㄷ. *에구 – 에이구*, *에야디야 – 어기야디야*, *훌부들 – 훌부드르 – 훌*
> *부드르르*

(4ㄱ)은 한국을 포함한 여러 나라의 닭울음소리를 적은 것이다. 닭의
울음소리가 나라에 따라서 다를 뿐 아니라, 한국어에서도 제각각이다.
여기서 어느 것이 본어형이고 어느 것이 축소어형인가를 구분하는 것
은 무의미한 것이다.[6] (4ㄴ), (4ㄷ)의 의성·의태어 경우도 마찬가지이
다. 단형의 음성상징어와 장형의 음성상징어들의 관계를 「준말」과 '본
디말'의 관계로 볼 만한 명확한 근거가 없음에도 기존의 사전이나 목록
에서 이들을 「준말」로 처리하고 있다.[7] 따라서 이 연구에서는 동일한
소리나 모습을 나타내는 이러한 의성어와 의태어의 크고 작은 다양한

---

6) 그럼에도 불구하고 『표준사전』, 『큰사전』, 『약어 목록』에서는 '꼬꼬'를 모두 '꼬끼오'의
 「준말」 또는 약어로 처리하고 있다.
7) 장형과 단형의 음성상징어를 '본디말 – 준말'의 관계로 보려는 경향은 특히 『표준사전』에
 서 두드러진다. (4ㄴ)과 (4ㄷ)에 제시된 예들은 모두 『표준사전』에서 「준말」로 처리하고
 있는 것들이다. 이렇게 준말로 처리되어 있는 음성상징어들은 총 목록에서 850개 가까운
 숫자를 차지하고 있으며 이는 <축소어형 목록>에 수록된 전체 숫자의 6.3%에 이른다.

형태가 설사 본어형과 축소어형의 관계를 가진다는 주장이 있더라도 이를 받아들이지 않고, 음성상징어들을 자료 처리를 위한 축소어형 목록에서 제외하기로 한다.

이와 같이 문법형태소의 축소어형과 통시적 양상을 띠는 축소어형 어휘, 그리고 공시성을 띠고 있더라도 본어형과 축소어형의 대응 관계를 맺기 어려운 음성상징어를 제외하면 13,467개의 자료 목록 가운데서 8,306개의 어휘가 남는다.[8] 바로 이 8,306개의 축소어형 어휘를 설계를 통해서 구성되는 말뭉치에 넣고 자료를 추출함으로써 현대 국어에서 축소어형이 실제 어떠한 사용 양상을 보이는지 파악할 수 있게 된다.

2. 연구 말뭉치의 설계와 구성

2.1. 말뭉치의 분류

말뭉치를 구성하는 데에 있어서 가장 먼저 고려하여야 할 것이, 사용

---

8) 문법형태소와 음성상징어, 그리고 지금은 쓰이지 않는다고 판단되는 역사적 어휘들을 먼저 제거한 다음, 『표준사전』에만 나온 것 190여 개와 『큰사전』에만 나온 것 2,490여 개 등 조사 대상 자료 가운데서 한 사전에만 수록되어 있는 어휘 자료들은 다시 제외하였다. 이들을 제외한 이유는 조선시대 이전의 옛말이 아니더라도 현재는 거의 쓰이지 않거나 사전에 따라서 분류에 오류가 있을 수 있다고 판단하였기 때문이다. 물론 『표준사전』과 『큰사전』에만 나오는 축소어형 어휘 중에서도 현재 쓰이는 것이 있을 수 있지만 단일 사전 등재어 배제라는 원칙을 지키기 위해 이들도 예외 없이 제외하였다. 그러나 『연세사전』의 경우는 현대 국어의 말뭉치에 근거하여 만들어졌기 때문에 제외시키지 않았다. 이렇게 해서 나온 목록의 어휘수가 8,306개다. 이 숫자가 100% 정확한 숫자는 아니다. 계산상의 오류나 누락, 잘못된 분석으로 인해 포함되거나 누락된 것도 있을 수 있고, 계산상의 오류도 있을 수 있기 때문이다. 숫자상의 오류 가능성은 1,3467개의 <축소어형 목록>의 경우도 마찬가지인데, 이러한 숫자의 오차는 연구 수행에 있어 차질을 주고 자료 분석에 심각한 영향을 미치는 정도는 아니라고 판단되어 인정하고 넘어가야 할 것이다.

목적이다. 말뭉치가 어떠한 용도로 쓰일 것인가에 따라서 성격이나 구성 방법, 텍스트의 내용, 규모 등이 달라져야 한다.9)

　말뭉치는 크게 문어 말뭉치(written corpus)와 구어 말뭉치(spoken corpus)로 나누어진다. 말뭉치 구축 초기에는 주로 문헌 자료에 의존한 문어 말뭉치가 주를 이루었다. 문어 말뭉치는 다시 문헌 본래의 특성을 그대로 담고 있는 순수 문어 말뭉치와 함께, 문어 텍스트로 되어 있지만 구어적 특성을 지닌 문어 말뭉치로 나눌 수 있다. 구어적 특성을 지닌 말뭉치를 구어체 말뭉치라고 할 수 있는데, 구어체 말뭉치도 자료 특성상 다시 둘로 나누어진다. 첫째가 구술전사 자료이다. 방언 민속 답사나 삶의 현장에서 일어나는 사건 등을 사람들이 구술한 이야기를 듣고 직접 옮겨 적거나 녹음한 뒤 나중에 전사하는 등의 방식을 취한 구술전사 자료이다. 둘째는 준구어 자료이다. 준구어 자료는 최초에 문어 텍스트로 만들어졌지만 그의 실제 사용에서는 대화나 연설, 발표 등의 구어 형식으로의 전환을 목적으로 하고 있는 자료이다. 드라마 대본, 영화 시나리오, 방송 스크립트 등이 준구어 자료의 대표적인 예이다. 구술전사 자료와 준구어 자료는 같은 구어체 자료이지만, 원자료의 형태와 최종 형태가 서로 구술전사 자료는 구어에서 문어로 바뀌고, 준구어 자료는 문어에서 구어로 바뀐다는 방향성의 역전적 차이를 가진다. 이러한 차이에도 불구하고 구술전사 자료는 실제 구어를 문어로 옮긴 것이고, 준구어 자료는 구어 실행을 목적으로 쓰여진 텍스트라는 점에서 이 둘은 문어 자료보다는 구어 자료의 성격과 특징을 많이 가진다고 할 수 있다.10) 즉 구어체 자료는 최종 형태의 차이에도 불구하고 구어의 특성

---

9) 이익환(2002), 기본어휘 선정 및 사용 실태 조사를 위한 기초 연구, 국립국어원, 쪽.6.
10) 그러나 모든 준구어 자료의 경우가 반드시 구어 자료의 성격과 특성을 더 많이 갖는다

이 많이 드러난다는 공통점을 가진다.

	원자료 형태	최종 활용 형태
구술전사 자료	구어	문어
준구어 자료	문어	구어

[표 3] 구술전사 자료와 준구어 자료의 형태 비교

구어 자료는 생활의 일상적 대화 또는 강연, 강의, 토론 등에서 이루어지는 발화 자료를 녹음한 뒤 그것을 들으면서 문자로 옮기는 방식으로 만들어진다. 즉 발화 음성 자료를 문자 형태로 전환한 것으로 넓게 보면 구어전사 자료도 이 범주에 넣을 수도 있을 것이다.[11] 그런데 자료의 특성상 구어는 음성 자료를 그대로 얻기도 쉽지 않을 뿐 아니라 그것을 문어 자료로 전환하는 작업도 전사의 어려움과 시간 비용 등의 어려움 등으로 말뭉치 구축 초기에는 비율이 높지 않았지만 최근 들어서는 구어 말뭉치의 구축도 활발히 이루어지고 있다.[12]

2.2. 축소어형 말뭉치의 구성

이 연구에서는 위에서 분류한 말뭉치 자료 모두를, 즉 구어 자료와

고 할 수는 없다. 경우에 따라서는 준구어 자료가 문어 자료와 유사하게 특성을 보이기도 한다. 이러한 사실은 이 연구의 분석을 통해서도 나타나고 있다.

11) 이와 같은 기록 방식의 유사성에도 불구하고 구술전사 자료를 구어체 자료라 하여 구어 자료와 구분한 까닭은 구술전사 자료의 경우 채록자의 의도성이 개입이 되고, 또 문자 기록으로 전환할 때에 지문과 설명 등 문어적 특성이 더해지기 때문이다.

12) 구어 말뭉치는 연세대 언어정보연구원의 연세 한국어 말뭉치, 고려대 민족문화연구소의 한국어 말모둠, 국립국어원의 말뭉치 등에서 부분적으로 구축이 되었고, 21세기 세종 계획 말뭉치에서 본격적으로 구축이 되고 있다.

구어체 자료, 문어 자료를 모두 다루기로 한다. 그것은 축소어형이 문어와 구어의 모든 영역에서 광범위하게 나타나고 있기 때문이다. 문어의 경우는 특히 신문이나 잡지 등 한정된 지면에 많은 정보를 담기 위하여 축소어형의 사용이 빈번이 일어나고 있다. 이러한 경향은 구어체 문어라고 할 수 있는 인터넷에서 채팅, 댓글 등의 언어 사용과 휴대전화의 문자 전송에서 더 확산되어 나타나고 있다.

축소어형의 광범위한 사용 양상을 살펴보기 위해 문어와 구어 말뭉치 자료를 모두 활용하는 것이 연구 수행에 있어서 가장 적절한 방법임은 말할 나위가 없다. 그런데, 현재 구축된 구어의 자료가 많지 않고 또 구축된 구어 자료 가운데에서도 정리가 충실하게 이루어져 있지 않기 때문에 실제 구어 말뭉치 자료를 사용하기는 쉽지 않은 상황이다. 따라서 구어의 경우는 구어체 자료를 중심으로 다루도록 할 것이다.[13]

그러면, 축소어형의 사용 양상 연구에 사용될 말뭉치를 어떻게 구성할 것인가를 살펴보자.

말뭉치의 크기가 클수록 신뢰도가 높아지는 것은 당연하다. 그러나 어떤 연구에서든지 연구 대상 말뭉치의 크기를 무한정 크게 할 수도 없을 뿐만 아니라 일정 크기 이상부터 추이가 유사한 양상을 띠게 된다면 추이의 유사성이 시작되고 유지되는 지점에서 말뭉치의 크기를 자르는 것이 연구 효율을 높이는 것이 될 것이다. 그런데, 축소어형에 관한 연구에서 말뭉치를 이용한 예가 없기 때문에 자료 추출 대상 말뭉치의 크기를 경험적 수치로 가늠해 볼 수 있는 기준을 정하기가 어렵다. 말뭉치에서 예를 추출할 축소어형의 목록 또한 8천여 개가 넘는 양이기 때

---

[13] 인터넷 채팅이나 댓글, 휴대전화 문자 전송의 경우는 자료의 구축이 아직 제대로 되어 있지 않기 때문에 본 축소어형의 말뭉치 구성에서는 제외하였다.

문에 말뭉치의 크기를 정하는 데에 어려움이 따른다. 그것은 축소어형 목록 가운데는 말뭉치를 돌려도 추출 용례가 나타나지 않거나 나타나더라도 그 빈도수가 한정되어 있는 것이 있기 때문이다. 따라서 자료추출의 부담이 있더라도 가능한 한 말뭉치의 크기를 일정 수준 이상으로 구성하는 것이 필요하다.

이 연구에서는 3천만 어절 수준의 말뭉치를 구성하여 구체적으로 축소어형의 출현 양상을 검토하기로 한다. 앞서 언급한 바와 같이 축소어형은 문어와 구어의 언어 행위 전 영역에서 나타나고 있는 현상이다. 따라서 문어와 구어의 자료를 모두 살펴볼 필요가 있다. 그런데 문어와 구어에서의 축소어형 출현 양상은 달리 나타날 것이라는 선험적 추정 하에 양쪽의 자료를 모두 살펴보는 것이 옳을 것이기 때문이다.

문어 자료는 신문과 잡지 기사를 중심으로 구성하였다. 신문과 잡지의 경우는 정해진 지면 안에 기사를 최대한 많이 넣어야 하기 때문에 지면의 제약이 많이 있고, 이에 따라 축소어형의 출현이 상대적으로 많을 것으로 예상할 수 있다.

구어체 자료의 경우는 구술전사 자료와 준구어 자료를 구분하여 말뭉치를 구성하였다. 구술전사 자료와 준구어 자료는 자료의 구축과 활용 방향이 서로 반대적 성격을 가지고 있기 때문에 나누어 축소어형의 용례를 추출하게 되면 그 양상이 상이한가 유사한가를 검증할 수 있을 것으로 기대된다.

구어 자료의 경우는 21세기 세종계획 말뭉치를 활용하였다.

축소어형 추출 말뭉치는 문어 자료 55%, 구어체 자료 35%, 구어 자료 10%의 비율로 구성하는 것을 목표로 하였다. 이러한 비율은 말뭉치의 구성이 문어 자료에 치우쳐 있는 것처럼 보인다. 그러나 연구의 기초자료로 만들어진 <축소어형 목록>이 기존의 사전과 단행본, 신문 등 문어 자료에 기반을 두고 있기 때문에 이러한 말뭉치 구성 비율을 유지하는 것은 타당하다고 판단된다. 또한 문어 자료를 주축으로 하여 구어체 자료와 구어 자료를 함께 다룸으로써 문어에서 나타나는 축소어형이 구어에서는 어떠한 양상을 보일 것인가도 확인할 수 있을 것이다.14)

다음의 표는 자료의 속성에 따른 축소어형 추출 말뭉치의 구성 비율을 보인 것이다.

자료의 속성		비 율	영역별 비율
구어 자료	21세기 세종계획 자료	10%	10%
구어체 자료	구술전사 자료	5%	35%
	준구어 자료	30%	
문어 자료	잡지 자료	10%	55%
	신문 자료	45%	
계		100%	100%

[표 4] 자료의 속성에 따른 말뭉치 구성 비율표

그런데 이와 같은 말뭉치 구성 설계에 따라 실제로 구축한 축소어형 예문 추출을 위한 말뭉치를 구성한다고 하더라도 설계에 제시된 비율 그대로 정확하게 맞출 수는 없다. 그것은 실제 구축되어 있는 말뭉치 원자료(raw data)들의 크기가 다양하기 때문인데, 비율을 맞추기 위해 원래의 말뭉치 자료를 임의로 잘라내어서는 안 된다. 원자료를 임의로

---

14) <축소어형 목록>은 주로 사전과 신문 등 문어 텍스트에서 추출된 것이다. 국립국어원에서 뽑은 약어 또는 「준말」 목록이나 신어 목록도 기존 출판물과 신문 자료에 의존하고 있다. 이 연구는 이러한 한계점에서 출발한다는 약점을 인정하지만, 현실적으로 구어로부터 추출한 축소어형의 목록이 아직 마련되지 않은 상황에서는 이러한 한계와 약점에도 불구하고 이를 수용할 수밖에 없다.

공하게 되면 그것은 결과가 달리 나타날 수도 있고, 그렇게 되면 조작
의 혐의까지 불러일으킬 가능성이 있다.

분 류	하위 구분		구축 대상 자료	어절수	비 율	영역별 비율
구 어	21세기 세종 계획 결과물		1999년~2007년 결과물	3,610,232	13.07%	13.07%
구어체	구술자료		민중자서전 1권~19권	455,753	1.65%	34.04%
	대본	영화	100편	1,388,320	5.02%	
		드라마	40편15)	1,068,384	3.86%	
	뉴스 스크립트		KBS 2006년분	1,687,559	6.10%	
			MBC 2006년분	1,079,090	3.90%	
			SBS 2006년분	3,735,425	13.51%	
문 어	잡지		뉴스메이커 기사 2008년분	1,062,205	3.84%	52.89%
			레이디경향 기사 2008년분	914,579	3.31%	
			마이프라이데이 기사 2008년분	158,346	0.57%	
	신문		경향신문 기사 2007년분	12,488,479	45.17%	
합 계				27,648,372	100.00%	100.00%

[표 5] 축소어형 용례 추출용 말뭉치 구성

[표 5]는 말뭉치 구성 설계에 따라 가공하지 않은 말뭉치 자료를 가
지고 실제로 구축한 축소어형 예문 추출을 위한 말뭉치의 구성 비율과
구축대상 자료의 내용을 보여준다.16)

---

15) 말뭉치 구축에 포함된 영화 시나리오와 드라마 대본의 제목은 부록으로 제시한다.
16) 축소어형 예문 추출을 위한 이 말뭉치는 연세대 한영균 교수의 지도로 구축된 것이다.
   따라서 이 말뭉치를 '한영균-이재현 축소어형 추출 말뭉치'(줄이면 '축소어형 추출 말
   뭉치')라고 명명할 수 있을 것이다.

2.3. 용례의 추출과 분석

구성 설계에 따라 실제로 구축된 예문 추출을 위한 말뭉치는 모두 UTF-8로 인코딩한 후, [표 4]의 하위 구분 영역 별로 다시 하나의 파일로 통합하였다. 이는 검색의 편의를 위한 것이었는데, 구체적으로 각 자료별 출현 양상을 확인하고 분석하는 일은 이번 연구의 목적이 아니기 때문에 효율적인 검색을 위해 파일의 통합은 가능하고 필요한 일이었다.

축소어형의 용례를 추출하는 데에는 스크립트 언어(Python)로 작성한 문맥 검색 도구(simple_conc.exe)를 사용하였다.[17] 다음 그림이 simple_conc.exe의 실현 화면이다.

[그림 1] simple_conc.exe의 실현 화면

---

17) simple_conc.exe는 연세대 언어정보학 석사 과정에 재학 중인 이두행 군이 개발한 프로그램으로 문맥 색인 추출 대상어를 텍스트 파일로 구성된 사전형식으로 만들면 파이선 환경 하에서 일괄적으로 문맥색인을 추출해 준다. 이 자리를 빌어 이두행 군에게 감사의 마음을 전한다.

이 프로그램을 사용하기 위해서는 우선 검토 대상이 되는 축소어형을 정리할 필요가 있었는 바, 정리 결과 총 7,704개 어형이 선정되었다.[18) 이를 준말사전.txt로 구성한 후, 파이선 환경에서 각 하위 영역별로 문맥 색인올 작성하였다. 다음 그림은 축소어형 '경기'의 구어 사료에서의 용례 추출 결과이다.

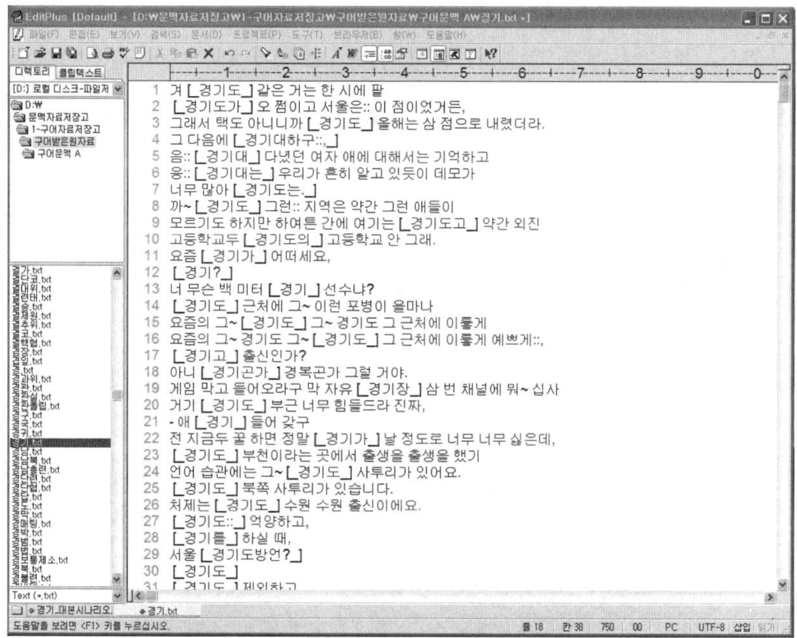

[그림 2] EditPlus를 이용한 용례 추출 결과 화면

물론 이 문맥 색인에는 실제 검토 대상이 될 '경기'와는 형태만 같은

18) 용례 추출을 위한 축소어형 목록은 8,306개이지만 문맥용례 텍스트의 개수가 이보다 적은 7,704개인 이유는 동음어가 분리되어 있지 않다. 그림에 보이는 '경기'라는 추출 텍스트도 <축소어형 목록>에는 '경기관총(輕機關銃), 경기도(京畿道), 경기병(輕騎兵)' 등 세 개의 본어형을 가지는 축소어형이다. 따라서 8,306개의 축소어형 목록이 이 연구 분석 작업의 최종 사용 자료가 된다.

예들이 다수 포함되어 있다.[19) 따라서 문맥색인 결과물을 수작업으로 분석하여 각 영역에서의 축소어형의 사용 양상을 확인하였다. 다음 4장에서는 이러한 도구를 이용하여 추출한 용례의 데이터를 가지고 실제로 축소어형이 현대 국어의 구어 말뭉치와 구어체 말뭉치 그리고 문어 말뭉치에서 어떠한 양상을 띠고 출현하는가를 수치를 통해 제시하고 분석하기로 한다.

19) 용례 추출 과정에서 함께 나타난 다음과 같은 것들은 이 연구의 축소어형과는 관계가 없다. 이러한 것들은 컴퓨터 프로그램 상에서 자동적으로 정리하기 힘들므로 추출된 용례를 확인하면서 하나하나 수작업으로 걸러낼 수밖에 없다.
(1) 요즘 [경기가_] 어떠세요
(2) 너 무슨 백 미터 [경기_] 선수냐?
(3) 전 지금두 꿀 하면 정말 [경기가_] 날 정도로 너무 너무 싫은데,

제4장

말뭉치 자료의 특성에 따른
축소어형의 사용 양상 분석

축소어형이 어떻게 사용되고 있는가를 분석하기 위하여 3장에서 8,306개의 말뭉치용 축소어형 목록을 만들었다.[1] 이것을 축소어형 예문 추출을 위해 구축된 구어와 구어체, 그리고 문어 말뭉치 자료에 입력하고 용례 추출 도구를 통해 사용 빈도를 추출하는 방식으로 조사와 연구를 진행하기로 한다.

3장의 [표 5]는 구축 대상 자료별로 구성 비율을 정하고 이를 다시 구어와 구어체, 문어의 영역별로 자료의 비율을 정한 것이다. 이제 4장에서는 구어체 자료를 구술전사 자료와 대본 자료와 뉴스 자료의 셋으로 나누고 문어 자료는 신문과 잡지 자료로 나누어 분석하기로 한다.

---

1) <축소어형 목록>에서 말뭉치 용례를 뽑기 위해 다시 정리한 8,306개의 목록을 <말뭉치용 축소어형 목록>이라고 부르기로 한다.

따라서 축소어형 예문 추출을 위한 전체 말뭉치를 이 연구에서 비교 분석 대상으로 나눈 구어, 구술전사, 대본, 뉴스, 잡지, 신문 등 6개의 말뭉치로 등 실제 단위 말뭉치별로 다시 구성할 필요가 있다.

　다음의 [표 6]은 실제 축소어형 사용 양상을 알아보기 위해 6개의 단위로 정리한 말뭉치의 구성과 비율표이다.

분 류	말뭉치		어절수	말뭉치별 비율	영역별 비율
구 어	구어 말뭉치		3,610,232	13.07%	13.07%
구어체	구술전사 말뭉치		455,753	1.65%	34.04%
	준구어	대본 말뭉치	2,456,704	8.88%	
		뉴스 말뭉치	6,502,074	23.51%	
문 어	잡지 말뭉치		2,135,130	7.72%	52.89%
	신문 말뭉치		12,488,479	45.17%	
합 계			27,648,372	100.00%	100.00%

[표 6] 축소어형 용례 추출을 위한 단위 말뭉치의 재구성

1. 구어 말뭉치 자료에 나타난 축소어형의 사용 양상

　구어 전사 말뭉치는 문어 말뭉치에 비해서 아직은 걸음마 단계에 있다. 그것은 구어 자료의 수집이 문어 자료의 그것에 비해서 어려울 뿐만 아니라 수집된 구어 자료를 전사하고 자료 텍스트로 전환시키는 것도 어려운 작업이기 때문이다. 구어 자료는 고정된 문자로 되어 있지 않기 때문에 실제 이용 가능한 데이터로 만드는 데에 많은 노력과 시간이 필요하다. 구어 말뭉치 자료는 음성 자료를 문자 형태로 전환한 것(구어 말뭉치 spoken language corpus)과 녹음된 음성 자체로 기록한 것(음성

말뭉치, speech corpus)이 있다.[2] 음성 말뭉치도 국어 음운이나 음성 연구를 목적으로 하는 경우를 제외하고는 결국은 구어 말뭉치로 전사를 하는 과정을 거치게 되므로 여기서는 이 둘을 굳이 나눌 필요가 없다.

이 연구에서 사용한 구어 말뭉치는 21세기 세종 계획[3]에 의해 구축된 구어 전사 말뭉치 뽑은 것이다.

<말뭉치용 축소어형 목록>[4]에 수록된 8,306개의 어휘 가운데 구어 말뭉치에서 한 번이라도 출현한 축소어형의 개수는 모두 1,418개였다. 이 가운데서 1회 이상 10회 이하로 출현한 축소어형은 907개로 한 번도 출현하지 않은 축소어형(6,888개, 82.9%)과 10회 이하로 출현한 축소어형(907개, 10.9%)의 비율은 전체 <목록>의 93.8%[5]가 넘는 수치를 보이고 있다. 11회 이상 100회 이하로 출현한 축소어형은 384개이며, 1회 이상 100회 이하의 출현 빈도를 보이는 축소어형은 모두 1,291개로 비율은 15.5%가 된다.

<목록> 총 수록수 대비 총 출현수의 비율은 17.1%로 이것은 기존의 사전이나 「준말」 목록에 수록된 축소어형 가운데서 일상의 언어 생

---

2) 이익환(2002), 쪽.12~15 참조.
3) 21세기 세종 계획은 국립국어원이 1997년부터 시작한 국어 정보화 사업으로 국어 기초 자료의 구축, 전자 사전 개발, 한민족 언어 정보화 등의 내용을 담고 있다. 구어 말뭉치 자료는 국어 기초 자료 구축의 일환으로 만들어진 것이다. 구어자료는 [세종최종성과물보급판]의 [원시 말뭉치]를 이용한다. 이것은 [세종구어 원시전체 말뭉치] 중 2001년에서 2005년까지의 5년간의 말뭉치를 정리한 것이기에 분석의 정확성을 기할 수 있다는 장점이 있다([세종최종성과물보급판]의 [형태소분석 말뭉치]는 조각이 나 있어서 사용하기에 어려움이 있다).
4) 앞으로는 <말뭉치용 축소어형 목록>을 <목록>으로 줄여 부르기로 한다.
5) 비율(%)은 본문에서는 소수점 두 번째 자리에서, 각주에서는 소수점 세 번째 자리에서, 그리고 표에서는 소수점 네 번째 자리에서 각각 반올림하는 것을 원칙으로 한다. 그러나 수치를 더 자세히 밝힐 필요가 있거나, 개략적인 수치만을 보여줄 필요가 있는 경우에는 소수점 반올림 자리를 일부 바꾸기로 한다.

활 중 구어적 상황에서 쓰이는 것은 다섯 개 중 한 개도 채 되지 않음을 보여주며, 1회 이상 10회 이하의 출현수를 보이는 축소어형은 10%를 겨우 넘어서는 수준을 보인다. 또한 100회를 넘는 출현 빈도를 보이는 축소어형은 전체 8,306개 중 127개로 1.53% 수준을 나타내고 구어 상황에서는 축소어형이 많이 사용되고 있지 않음을 알 수 있다.[6]

다음의 [그림 3]~[그림 4], [표 7]~[표 9]는 구어 말뭉치 자료에서의 축소어형 출현 양상을 구간별로 나누어 보인 것이다.[7]

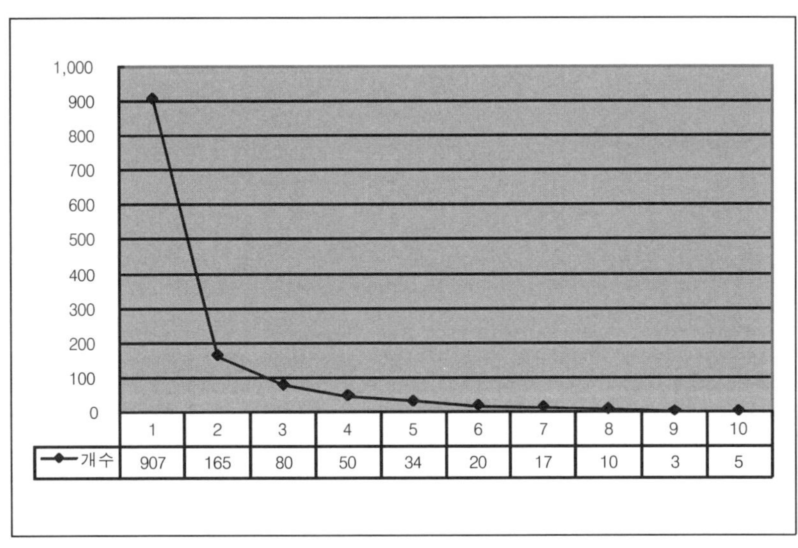

[그림 3] 구어 말뭉치 자료에서 100회 이하로 출현하는 축소어형의 수[8]

---

6) 축소어형 100개 중에서 1.5개 정도만이 사용된다는 사실로 보아, 적어도 축소어형의 목록—그 동안 간행된 준말, 약어 등의 목록을 포함하여—에 수록된 축소어형의 경우에서는 이러한 분석이 타당하다. 한편 이러한 사실은 현재의 축소어형 목록이 가지는 한계를 보여주는 증거가 되기도 한다.

7) 그림은 구어 자료에서 출현 빈도 10단위 구간 중 1회 이상 100회 이하의 출현 빈도를 보이는 구간만을 보여 주기로 한다. 전체 구간을 보여주기에는 지면의 제약도 있거니와 나머지 구간은 전체 구간에서 차지하는 비율의 수치적 위상으로 보아 큰 의미가 없다고 판단되기 때문이다.

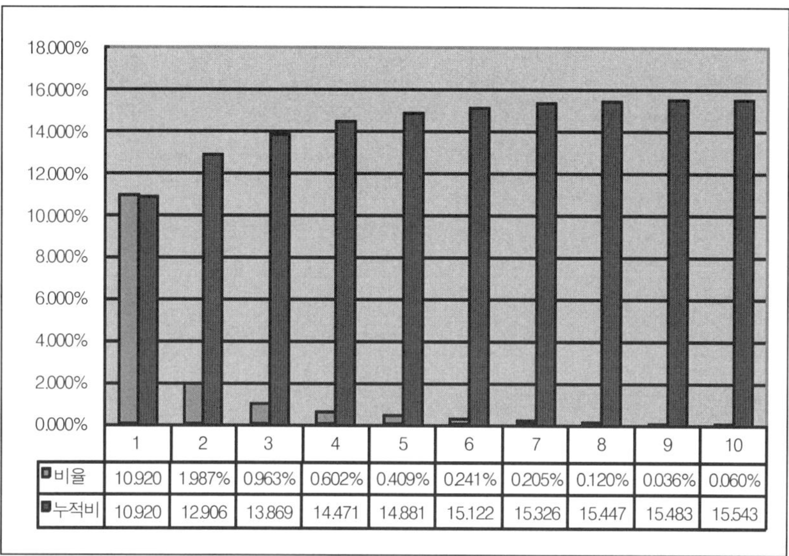

[그림 4] 구어 말뭉치 자료에서 100회 이하로 출현하는 축소어형의 누적 비율

8) 만약에 전체 출현 구간을 보이려면 아래와 같은 그림을 그릴 수 있다. 그러나 이러한 그림은 앞에서 밝힌 바와 같이 그 의미를 찾기가 힘들기 때문에 전체 출현 구간을 보이는 이 그림과 같은 방식은 제시하지 않기로 한다. 이 장에서 제시되는 그림과 표는 모두 동일한 방식과 구간의 그림과 표 형태가 될 것이다.

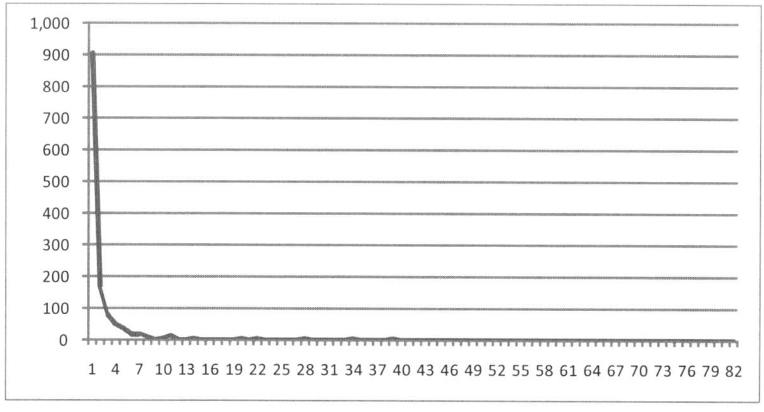

구어 천	개 수	누 계	비 율	누적비
0	6,888		82.928%	82.928%
1	1,385	1,385	16.675%	99.603%
2	6	1,391	0.072%	99.675%
3	1	1,392	0.012%	99.687%
4	5	1,397	0.060%	99.747%
5	3	1,400	0.036%	99.783%
6	1	1,401	0.012%	99.795%
8	3	1,404	0.036%	99.831%
9	1	1,405	0.012%	99.843%
10	2	1,407	0.024%	99.868%
14	1	1,408	0.012%	99.880%
15	2	1,410	0.024%	99.904%
17	2	1,412	0.024%	99.928%
19	1	1,413	0.012%	99.940%
20	1	1,414	0.012%	99.952%
28	1	1,415	0.012%	99.964%
40	2	1,417	0.024%	99.988%
60	1	1,418	0.012%	100.000%
합 계	8,306		100.000%	

[표 7] 구어 말뭉치 자료에서 출현하는 축소어형의 수와 누적 빈도
(1,000 단위 분할 구간)

구어 백	개 수	누 계	비 율	누적비
0	6,888		82.928%	82.928%
1	1,291	1,291	15.543%	98.471%
2	33	1,324	0.397%	98.868%
3	24	1,348	0.289%	99.157%
4	8	1,356	0.096%	99.254%
5	13	1,369	0.157%	99.410%
6	3	1,372	0.036%	99.446%
7	5	1,377	0.060%	99.506%

8	2	1,379	0.024%	99.530%
9	5	1,384	0.060%	99.591%
10	1	1,385	0.012%	99.603%
14	2	1,387	0.024%	99.627%
15	1	1,388	0.012%	99.639%
17	1	1,389	0.012%	99.651%
19	1	1,390	0.012%	99.663%
20	1	1,391	0.012%	99.675%
24	1	1,392	0.012%	99.687%
31	3	1,395	0.036%	99.723%
34	2	1,397	0.024%	99.747%
44	2	1,399	0.024%	99.771%
45	1	1,400	0.012%	99.783%
54	1	1,401	0.012%	99.795%
75	1	1,402	0.012%	99.807%
76	1	1,403	0.012%	99.819%
80	1	1,404	0.012%	99.831%
82	1	1,405	0.012%	99.843%
92	1	1,406	0.012%	99.856%
95	1	1,407	0.012%	99.868%
135	1	1,408	0.012%	99.880%
145	1	1,409	0.012%	99.892%
149	1	1,410	0.012%	99.904%
162	1	1,411	0.012%	99.916%
169	1	1,412	0.012%	99.928%
183	1	1,413	0.012%	99.940%
194	1	1,414	0.012%	99.952%
275	1	1,415	0.012%	99.964%
394	2	1,417	0.024%	99.988%
593	1	1,418	0.012%	100.000%
합 계	8,306		100.000%	

[표 8] 구어 말뭉치 자료에서 출현하는 축소어형의 수와 누적 빈도
(100 단위 분할 구간)

구어 십	개수	누계	비율	누적비	구어 십	개수	누계	비율	누적비
0	6,888		82.928%	82.928%	37	1	1,356	0.012%	99.254%
1	907	907	10.920%	93.848%	41	4	1,360	0.048%	99.302%
2	165	1,072	1.987%	95.834%	42	2	1,362	0.024%	99.326%
3	80	1,152	0.963%	96.797%	45	1	1,363	0.012%	99.338%
4	50	1,202	0.602%	97.399%	46	1	1,364	0.012%	99.350%
5	34	1,236	0.409%	97.809%	48	1	1,365	0.012%	99.362%
6	20	1,256	0.241%	98.050%	49	4	1,369	0.048%	99.410%
7	17	1,273	0.205%	98.254%	52	1	1,370	0.012%	99.422%
8	10	1,283	0.120%	98.375%	53	1	1,371	0.012%	99.434%
9	3	1,286	0.036%	98.411%	58	1	1,372	0.012%	99.446%
10	5	1,291	0.060%	98.471%	61	2	1,374	0.024%	99.470%
11	12	1,303	0.144%	98.615%	62	1	1,375	0.012%	99.482%
12	3	1,306	0.036%	98.652%	63	2	1,377	0.024%	99.506%
13	3	1,309	0.036%	98.688%	77	1	1,378	0.012%	99.518%
14	5	1,314	0.060%	98.748%	80	1	1,379	0.012%	99.530%
15	3	1,317	0.036%	98.784%	83	2	1,381	0.024%	99.555%
17	2	1,319	0.024%	98.808%	84	1	1,382	0.012%	99.567%
19	2	1,321	0.024%	98.832%	89	1	1,384	0.012%	99.591%
20	3	1,324	0.036%	98.868%	94	1	1,385	0.012%	99.603%
21	3	1,327	0.036%	98.904%	131	1	1,386	0.012%	99.615%
22	4	1,331	0.048%	98.953%	140	1	1,387	0.012%	99.627%
23	2	1,333	0.024%	98.977%	146	1	1,388	0.012%	99.639%
24	4	1,337	0.048%	99.025%	169	1	1,389	0.012%	99.651%
25	1	1,338	0.012%	99.037%	189	1	1,390	0.012%	99.663%
26	1	1,339	0.012%	99.049%	191	1	1,391	0.012%	99.675%
27	3	1,342	0.036%	99.085%	234	1	1,392	0.012%	99.687%
28	1	1,343	0.012%	99.097%	307	2	1,394	0.024%	99.711%
29	1	1,344	0.012%	99.109%	309	1	1,395	0.012%	99.723%
30	4	1,348	0.048%	99.157%	337	2	1,397	0.024%	99.747%
31	1	1,349	0.012%	99.169%	437	1	1,398	0.012%	99.759%
33	1	1,350	0.012%	99.181%	438	1	1,399	0.012%	99.771%
34	3	1,353	0.036%	99.217%	447	1	1,400	0.012%	99.783%
36	2	1,355	0.024%	99.242%	538	1	1,401	0.012%	99.795%

741	1	1,402	0.012%	99.807%	1,489	1	1,410	0.012%	99.904%
758	1	1,403	0.012%	99.819%	1,615	1	1,411	0.012%	99.916%
800	1	1,404	0.012%	99.831%	1,690	1	1,412	0.012%	99.928%
811	1	1,405	0.012%	99.843%	1,826	1	1,413	0.012%	99.940%
914	1	1,406	0.012%	99.856%	1,936	1	1,414	0.012%	99.952%
949	1	1,407	0.012%	99.868%	2,745	1	1,415	0.012%	99.964%
1,344	1	1,408	0.012%	99.880%	3,935	2	1,417	0.024%	99.988%
1,446	1	1,409	0.012%	99.892%	5,922	1	1,418	0.012%	100.000%
					합계	8,306		100.000%	

[표 9] 구어 말뭉치 자료에서 출현하는 축소어형의 수와 누적 빈도
(10 단위 분할 구간)

2. 구어체 말뭉치 자료에 나타난 축소어형의 사용 양상

구어체 말뭉치는 구어적 양상과 문어적 양상을 함께 보인다. 발화 상황을 전제로 하지만 사전에 문어 텍스트 작성이 되기 때문에 조작된 발화 상황을 상정하고 있고, 이것이 실제 일상 생활의 언어와 유사하지만 조작되지 않은 혹은 계획되지 않은 구어 상황과 다를 것이라는 예상을 할 수 있다.

구어체 말뭉치도 다시 구술전사 자료와 준구어 자료로 나눌 수 있다. 이 연구에서 다루는 구술전사 자료는 우리나라 각 지역의 촌로들을 만나 평생의 삶에 대한 이야기를 담은 민중자서전을 기초로 하였다.[9] 원칙적으로 구술전사 자료는 구어 전사 자료와 유사성을 가장 많이 가지고 있지만 이 연구에서 취한 자료는 채록 작업은 현대에 이루어졌지만 현대 일상 언어를 반영한다고 보기 어렵다.

---

9) 민중자서전의 구체적인 목록은 부록으로 제시한다.

준구어 자료는 영화 시나리오와 방송극 대본, 그리고 뉴스 스크립트를 대상으로 하였다. 구술전사 자료에 비하면 현대 국어를 더 잘 반영하고 있다고 보이지만, 조작된 혹은 계획된 발화 상황을 전제로 하기 때문에 정제된 언어의 사용 모습을 보이기 십상이고, 특히 이러한 경향은 뉴스 스크립트 자료에서 더욱 심하다.

이 연구에서는 원자료의 유형이 다른 것들이 모인 구어체 말뭉치가 동일한 특성을 보이지 않는다는 점을 고려하여서 먼저 구술전사 자료와 준구어 자료로 나누어 살펴보기로 한다. 또한 준구어 자료도 대본 자료와 뉴스스크립트 자료로 다시 나누어 분석한다. 구술전사 자료와 준구어 자료의 차이만큼 큰 차이는 보이지 않지만, 대본 자료와 뉴스 스크립트 자료도 사용 양상이 다를 것으로 기대되기 때문이다. 분석의 자료로 삼은 대본 자료는 영화 시나리오 100편과 드라마 대본 40편으로 구성하였고, 방송뉴스 스크립트 자료는 공중파 3개 방송인 KBS, MBC, SBS의 2006년도 1년치 뉴스로 구성하였다.

2.1. 구술전사 자료에서의 사용 양상

<목록>에 수록된 8,306개의 어휘 가운데 구술전사 말뭉치에서 한 번이라도 출현한 축소어형의 어휘수는 모두 926개였다. 구어 자료 대비 구술전사 자료의 축소어형 출현수는 65.3% 수준에 머무르고 있다. 이것은 구술전사 자료가 말뭉치 구성에서 차지하는 비율이 1.65% 밖에 되지 않기 때문일 수도 있지만, 그보다는 구술전사 자료의 특성에 기인한다고 보인다.[10] 즉 구어 자료가 지금 세대 언중들의 말을 전사한 것인데 비하여 구술전사 자료는 이전 세대 언중들의 말을 전사한 데 따른

결과로 보는 것이 더 타당하다.

<목록>의 88.9%에 이르는 7,380개는 한 번도 용례로 나타나지 않아 구어 말뭉치 자료 대비 5.9% 높은 수치를 보이고 있다. 출현 빈도 1회 이상을 보이는 구어 자료의 축소어형이 1,418개로 <목록>의 17.1%이고 구술전사 자료의 축소어형은 926개로 <목록>의 11.2%인데, 이 둘을 단순 비교를 하면 구술전사 자료가 5.9% 정도 낮은 수치를 가리키는 것처럼 보인다. 그러나 구술전사 자료에서의 축소어형의 출현 통계 수치가 구어 자료 대비 65.3% 수준 즉 2/3에 불과하다는 사실은 두 자료 사이에서 축소어형의 사용(출현)이 크게 차이가 남을 보여주는 것이다. 이것은 지금 세대의 언중들보다 전 세대의 언중들은 축소어형을 훨씬 덜 사용하였다는 것을 알려주는 수치라고 할 수 있다.

<목록> 총 수록수 대비 총 출현수의 비율은 11.1%이고 1회 이상 100회 이하의 출현 빈도를 보이는 축소어형의 비율은 10.5%로, 구술전사 말뭉치 자료에서의 추출 작업을 통해 목록에 수록된 축소어형 10개 중에서 1개 정도만이 사용되고 있는 것을 알 수 있으며 이것은 우리나라 각 지방의 촌로들이나 이전 세대의 언중들은 일상의 언어 생활에서 축소어형을 거의 사용하지 않았음을 다시 확인시켜 준다.

다음의 [그림 5]~[그림 6], [표 10]~[표 12]는 구술전사 말뭉치 자료에서의 축소어형 출현 양상을 구간별로 나누어 보인 것이다.

---

10) 민중자서전과 같은 이전 세대 언중들의 언어를 다룬 구술전사 자료가 더 많이 확보가 되면 이러한 주장에 신뢰도를 더 높일 수 있겠지만, 현재로서는 지금 가지고 있는 자료로써 이와 같은 추론을 뒷받침할 다른 방도가 없다.

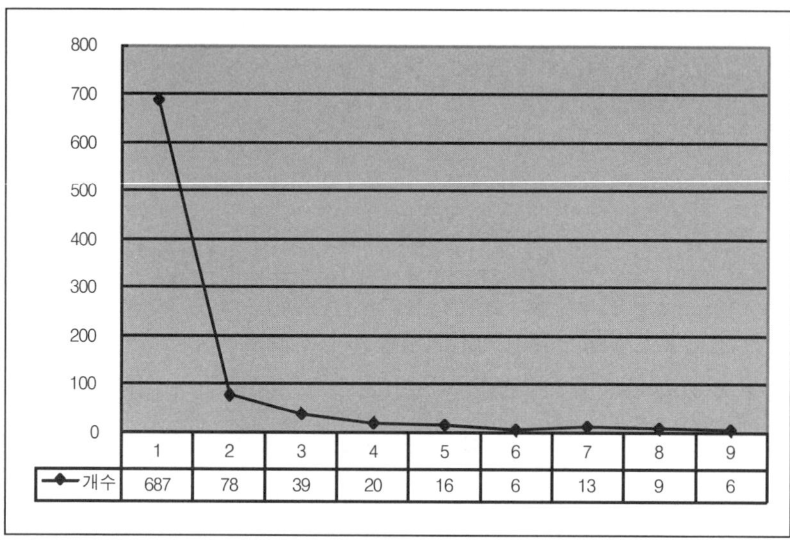

[그림 5] 구술전사 말뭉치 자료에서 100회 이하로 출현하는 축소어형의 수

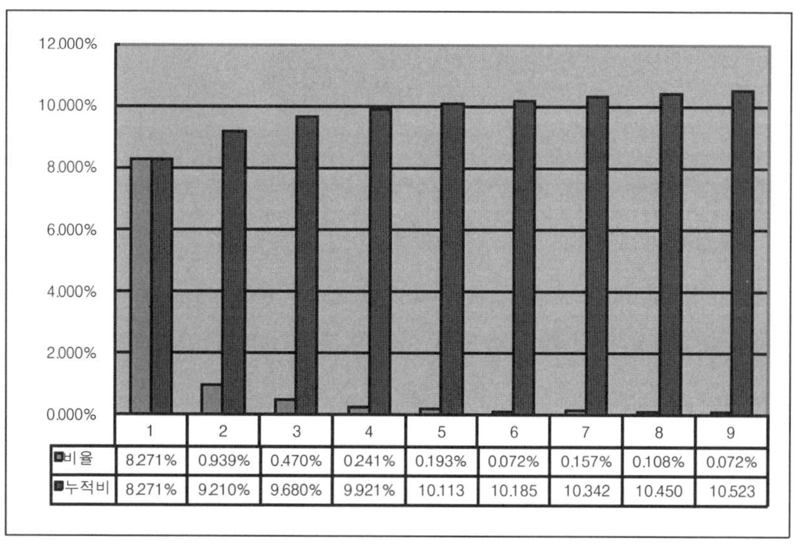

[그림 6] 구술전사 말뭉치 자료에서 100회 이하로 출현하는 축소어형의 누적 비율

구술 천	개 수	누 계	비 율	누적비
0	7,380		88.851%	88.851%
1	919	919	11.064%	99.916%
2	2	921	0.024%	99.940%
3	3	924	0.036%	99.976%
6	2	926	0.024%	100.000%
합 계	8,306		100.000%	

[표 10] 구술전사 말뭉치 자료에서 출현하는 축소어형의 수와 누적 빈도
(1,000 단위 분할 구간)

구술 백	개 수	누 계	비 율	누적비
0	7,380		88.851%	88.851%
1	873	873	10.510%	99.362%
2	20	893	0.241%	99.603%
3	10	903	0.120%	99.723%
4	3	906	0.036%	99.759%
5	5	911	0.060%	99.819%
7	3	914	0.036%	99.856%
8	2	916	0.024%	99.880%
9	2	918	0.024%	99.904%
10	1	919	0.012%	99.916%
11	1	920	0.012%	99.928%
12	1	921	0.012%	99.940%
24	1	922	0.012%	99.952%
27	2	924	0.024%	99.976%
55	1	925	0.012%	99.988%
60	1	926	0.012%	100.000%
합 계	8,306		100.000%	

[표 11] 구술전사 말뭉치 자료에서 출현하는 축소어형의 수와 누적 빈도
(100 단위 분할 구간)

구술 십	개 수	누 계	비 율	누적비
0	7,380		88.851%	88.851%
1	687	687	8.271%	97.123%
2	78	765	0.939%	98.062%
3	39	804	0.470%	98.531%
4	20	824	0.241%	98.772%
5	16	840	0.193%	98.965%
6	6	846	0.072%	99.037%
7	13	859	0.157%	99.193%
8	9	868	0.108%	99.302%
9	6	874	0.072%	99.374%
11	2	876	0.024%	99.398%
12	4	880	0.048%	99.446%
13	5	885	0.060%	99.506%
15	1	886	0.012%	99.518%
16	3	889	0.036%	99.555%
17	1	890	0.012%	99.567%
18	2	892	0.024%	99.591%
19	2	894	0.024%	99.615%
21	2	896	0.024%	99.639%
22	1	897	0.012%	99.651%
23	1	898	0.012%	99.663%
24	2	900	0.024%	99.687%
26	2	902	0.024%	99.711%
30	2	904	0.024%	99.735%
34	1	905	0.012%	99.747%
37	2	907	0.024%	99.771%
45	1	908	0.012%	99.783%
46	3	911	0.036%	99.819%
50	1	912	0.012%	99.831%
62	1	913	0.012%	99.843%
66	1	914	0.012%	99.856%

67	1	915	0.012%	99.868%
77	1	916	0.012%	99.880%
82	1	917	0.012%	99.892%
86	1	918	0.012%	99.904%
98	1	919	0.012%	99.916%
108	1	920	0.012%	99.928%
117	1	921	0.012%	99.940%
233	1	922	0.012%	99.952%
263	2	924	0.024%	99.976%
550	1	925	0.012%	99.988%
600	1	926	0.012%	100.000%
합 계	8,306		100.000%	

[표 12] 구술전사 말뭉치 자료에서 출현하는 축소어형의 수와 누적 빈도
(10 단위 분할 구간)

2.2. 대본 준구어 자료에서의 사용 양상

<목록>에 수록된 8,306개의 어휘 가운데 시나리오와 대본[11] 말뭉치에서 한 번이라도 출현한 축소어형의 어휘수는 모두 1,335개였다. 이 가운데서 1회 이상 10회 이하로 출현한 축소어형은 794개로 한 번도 출현하지 않은 축소어형(6,971개, 83.9%)과 10회 이하로 출현한 축소어형(794개, 9.6%)의 비율은 전체 <목록>의 93.5%에 이르는 수치를 보이고 있다. 11회 이상 100회 이하로 출현한 축소어형은 374개이며, 1회 이상 100회 이하의 출현 빈도를 보이는 축소어형의 비율은 14.1%였다. <목록> 총 수록수 대비 총 출현수의 비율은 16.1%이다.

구술전사 자료와 준구어 자료를 구어체 자료로 분류하여 하나의 범

---

11) 앞으로는 '시나리오와 대본'을 합하여 '대본'이라고 부르기로 한다.

주 아래 두었지만, 같은 구어체 자료라고 하더라도 이 둘의 양상은 상당히 다르게 나타난다. 자료 분석을 통해 보듯이 구술전사 자료에 비하여 대본 준구어 자료에서 축소어형의 출현이 약 44% 정도 높다.12) 이것은 구술전사 자료와 준구어 자료의 특성이 서로 다름을 보여주는 증거라고 할 수 있다. 구술전사 자료는 특성상 구어 자료에 더 가깝다고 할 수 있지만, 이 연구에서 사용한 구술전사 말뭉치 자료는 지금보다 한 두 세대 이전의, 그리고 지역적 특색을 가지는 언중들의 언어 사용 양상을 보이기 때문에 현대 국어의 축소어형이 많이 나타나지 않고 있음을 앞절에서 지적한 바 있다. 보여주지 못하고 있는 것이다. 다음 절의 뉴스 스크립트 준구어 자료와도 비교를 하겠지만, 대본 준구어 자료는 문어 자료보다 구어 자료와 더 유사한 출현 양상을 보이며, 이는 구술전사 자료와도 많은 차이를 가지는 양상을 보여주고 있다.

다음의 [그림 7]~[그림 8], [표 13]~[표 15]는 대본 준구어 말뭉치 자료에서의 축소어형 출현 양상을 구간별로 나누어 보인 것이다.

---

12) 1,335(대본 준구어 자료에서의 축소어형 총출현수)÷926(구술전사 자료에서의 축소어형 총출현수)=1.4395

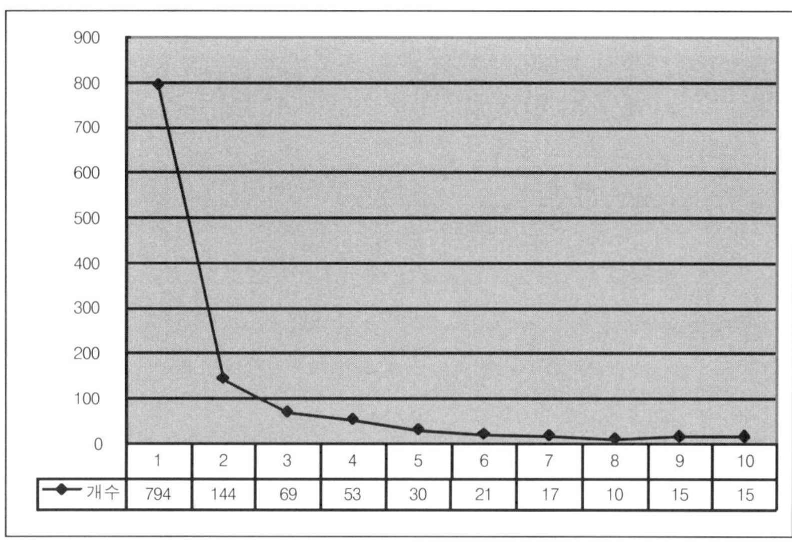

[그림 7] 대본 준구어 말뭉치 자료에서 100회 이하로 출현하는 축소어형의 수

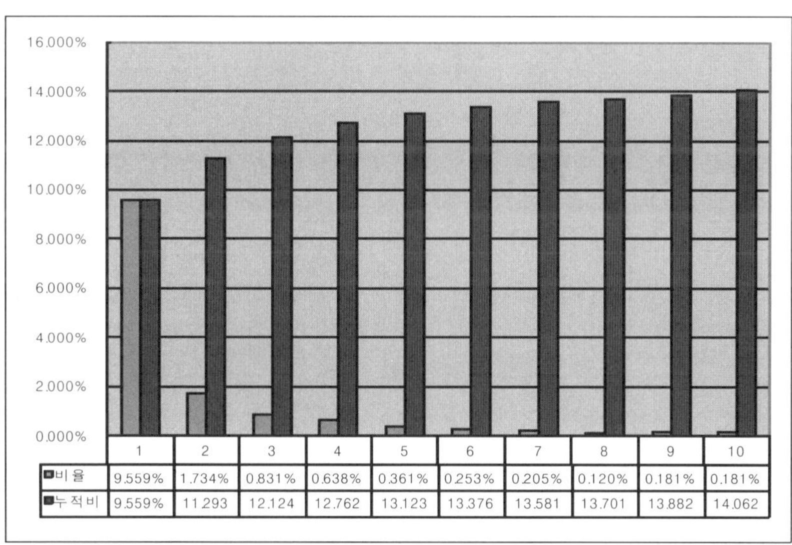

[그림 8] 대본 준구어 말뭉치 자료에서 100회 이하로 출현하는 축소어형의 누적 비율

대본 천	개 수	누 계	비 율	누적비
0	6,971		83.927%	83.927%
1	1,297	1,297	15.615%	99.542%
2	14	1,311	0.169%	99.711%
3	6	1,317	0.072%	99.783%
4	4	1,321	0.048%	99.831%
5	3	1,324	0.036%	99.868%
7	1	1,325	0.012%	99.880%
8	1	1,326	0.012%	99.892%
10	1	1,328	0.012%	99.904%
11	1	1,329	0.012%	99.916%
14	2	1,330	0.024%	99.940%
20	1	1,331	0.012%	99.952%
23	2	1,333	0.024%	99.976%
26	2	1,335	0.024%	100.000%
합 계	8,306		100.000%	

[표 13] 대본 준구어 말뭉치 자료에서 출현하는 축소어형의 수와 누적 빈도
(1,000 단위 분할 구간)

대본 백	개 수	누 계	비 율	누적비
0	6,971		83.927%	83.927%
1	1,168	1,168	14.062%	97.989%
2	57	1,225	0.686%	98.676%
3	26	1,251	0.313%	98.989%
4	11	1,262	0.132%	99.121%
5	8	1,270	0.096%	99.217%
6	9	1,279	0.108%	99.326%
7	6	1,285	0.072%	99.398%
8	5	1,290	0.060%	99.458%
9	6	1,296	0.072%	99.530%
10	1	1,297	0.012%	99.542%
12	3	1,300	0.036%	99.579%

13	1	1,301	0.012%	99.591%
14	2	1,303	0.024%	99.615%
15	4	1,307	0.048%	99.663%
16	1	1,308	0.012%	99.675%
17	1	1,309	0.012%	99.687%
18	1	1,310	0.012%	99.699%
19	1	1,311	0.012%	99.711%
22	2	1,313	0.024%	99.735%
26	3	1,316	0.036%	99.771%
27	1	1,317	0.012%	99.783%
35	2	1,319	0.024%	99.807%
37	2	1,321	0.024%	99.831%
41	1	1,322	0.012%	99.843%
45	1	1,323	0.012%	99.856%
47	1	1,324	0.012%	99.868%
67	1	1,325	0.012%	99.880%
76	1	1,326	0.012%	99.892%
94	1	1,327	0.012%	99.904%
104	1	1,328	0.012%	99.916%
132	1	1,329	0.012%	99.928%
137	1	1,330	0.012%	99.940%
195	1	1,331	0.012%	99.952%
223	1	1,332	0.012%	99.964%
228	1	1,333	0.012%	99.976%
258	2	1,335	0.024%	100.000%
합 계	8,306		100.000%	

[표 14] 대본 준구어 말뭉치 자료에서 출현하는 축소어형의 수와 누적 빈도
(100 단위 분할 구간)

대본 십	개수	누계	비율	누적비	대본 십	개수	누계	비율	누적비
0	6,971		83.927%	83.927%	39	1	1,258	0.012%	99.073%
1	794	794	9.559%	93.487%	40	4	1,262	0.048%	99.121%
2	144	938	1.734%	95.220%	41	1	1,263	0.012%	99.133%
3	69	1,007	0.831%	96.051%	43	1	1,264	0.012%	99.145%
4	53	1,060	0.638%	96.689%	46	2	1,266	0.024%	99.169%
5	30	1,090	0.361%	97.050%	47	2	1,268	0.024%	99.193%
6	21	1,111	0.253%	97.303%	48	1	1,269	0.012%	99.205%
7	17	1,128	0.205%	97.508%	50	1	1,270	0.012%	99.217%
8	10	1,138	0.120%	97.628%	52	4	1,274	0.048%	99.266%
9	15	1,153	0.181%	97.809%	54	1	1,275	0.012%	99.278%
10	15	1,168	0.181%	97.989%	56	1	1,276	0.012%	99.290%
11	8	1,176	0.096%	98.086%	57	1	1,277	0.012%	99.302%
12	11	1,187	0.132%	98.218%	58	1	1,278	0.012%	99.314%
13	4	1,191	0.048%	98.266%	60	1	1,279	0.012%	99.326%
14	5	1,196	0.060%	98.327%	63	4	1,283	0.012%	99.374%
15	1	1,197	0.012%	98.339%	67	1	1,284	0.012%	99.386%
16	3	1,200	0.036%	98.375%	70	1	1,285	0.012%	99.398%
17	6	1,206	0.072%	98.447%	71	2	1,287	0.024%	99.422%
18	7	1,213	0.084%	98.531%	72	1	1,288	0.012%	99.434%
19	6	1,219	0.072%	98.603%	73	1	1,289	0.012%	99.446%
20	6	1,225	0.072%	98.676%	79	1	1,290	0.012%	99.458%
21	6	1,231	0.072%	98.748%	84	1	1,291	0.012%	99.470%
22	3	1,234	0.036%	98.784%	85	1	1,292	0.012%	99.482%
23	1	1,235	0.012%	98.796%	86	2	1,294	0.024%	99.506%
24	3	1,238	0.036%	98.832%	87	1	1,295	0.012%	99.518%
25	3	1,241	0.036%	98.868%	89	1	1,296	0.012%	99.530%
26	2	1,243	0.024%	98.892%	97	1	1,297	0.012%	99.542%
27	6	1,249	0.072%	98.965%	111	2	1,299	0.024%	99.567%
29	2	1,251	0.024%	98.989%	113	1	1,300	0.012%	99.579%
31	1	1,252	0.012%	99.001%	129	1	1,301	0.012%	99.591%
33	2	1,254	0.024%	99.025%	133	1	1,302	0.012%	99.603%
36	1	1,255	0.012%	99.037%	137	1	1,303	0.012%	99.615%
37	2	1,257	0.024%	99.061%	141	2	1,305	0.024%	99.639%

142	1	1,306	0.012%	99.651%	369	1	1,321	0.012%	99.831%
146	1	1,307	0.012%	99.663%	404	1	1,322	0.012%	99.843%
154	1	1,308	0.012%	99.675%	443	1	1,323	0.012%	99.856%
161	1	1,309	0.012%	99.687%	466	1	1,324	0.012%	99.868%
178	1	1,310	0.012%	99.699%	663	1	1,325	0.012%	99.880%
185	1	1,311	0.012%	99.711%	760	1	1,326	0.012%	99.892%
214	1	1,312	0.012%	99.723%	940	1	1,327	0.012%	99.904%
220	1	1,313	0.012%	99.735%	1,038	1	1,328	0.012%	99.916%
252	1	1,314	0.012%	99.747%	1,316	1	1,329	0.012%	99.928%
255	1	1,315	0.012%	99.759%	1,362	1	1,330	0.012%	99.940%
260	1	1,316	0.012%	99.771%	1,941	1	1,331	0.012%	99.952%
261	1	1,317	0.012%	99.783%	2,227	1	1,332	0.012%	99.964%
344	1	1,318	0.012%	99.795%	2,277	1	1,332	0.012%	99.976%
348	1	1,319	0.012%	99.807%	2576	2	1,335	0.024%	100.000%
364	1	1,320	0.012%	99.819%	합 계	8,306		100.000%	

[표 15] 대본 준구어 말뭉치 자료에서 출현하는 축소어형의 수와 누적 빈도
(10 단위 분할 구간)

2.3. 뉴스 스크립트 준구어 자료에서의 사용 양상

<목록>에 수록된 8,306개의 어휘 가운데 뉴스 스크립트 준구어 자료[13] 말뭉치에서 한 번이라도 출현한 축소어형의 어휘수는 모두 1,827개였다. 이 가운데서 1회 이상 10회 이하로 출현한 축소어형은 954개로 한 번도 출현하지 않은 축소어형(6,479개, 78.0%)과 10회 이하로 출현한 축소어형(954개, 11.5%)의 비율은 전체 <목록>의 89.5%이다. 11회 이상 100회 이하로 출현한 축소어형은 590개로, 1회 이상 100회 이하의 출현 빈도를 보이는 축소어형의 숫자는 1,544개이고 비율은 18.6%였다. <목록> 총 수록수 대비 총 출현수의 비율은 22.0%로 구어체 자

---

13) 앞으로는 '뉴스 스크립트 준구어 자료'를 '뉴스 준구어 자료'로 줄여 부르기로 한다.

료 가운데서는 가장 높은 수치를 보이고 있다.

뉴스 준구어 자료도 대본 준구어 자료와 마찬가지로 구술전사 자료보다 축소어형 목록 대비 출현수가 상당히 높은 수치를 보여주고 있다. <목록>에 수록된 숫자 대비 총 출현 축소어형의 숫자는 구술전사 자료보다 약 두 배 가까운 정도의 높은 비율(197%)을 나타내고 있다.[14]

한편 대본 준구어 자료와 뉴스 준구어 자료에서의 축소어형 출현수를 비교하여 보면 1회 이상 100회 이하의 출현 빈도를 보이는 축소어형은 뉴스 준구어 자료의 출현수 비율이 32.2% 높고,[15] 한 번이라도 나타난 축소어형의 숫자 역시 뉴스 준구어 자료가 36.9%가 더 높게 나타나고 있다.[16] 같은 준구어 자료로 분류되지만 대본 준구어 자료보다 뉴스 준구어 자료에서 축소어형의 출현수와 빈도가 더 높은 까닭은 3장에서 이미 언급한 바와 같이 이 연구의 <축소어형 목록>뿐만 아니라 지금까지 나온 모든 「준말」 또는 축소어형의 목록이 주로 신문 잡지 등 문어 텍스트에 의존하여 만들어지고 있다는 데에 기인하고 있다. 뉴스 준구어 자료는 구어체 자료 가운데서 가장 문어적인 특성을 보여준다. 이는 뉴스의 진행이 기자의 기사문을 읽거나 뉴스 진행자가 기사문을 정리하여 프롬프트 상에 올린 것을 읽는 방식을 취하고 있기 때문에 뉴스 스크립트는 구어적 특성보다는 문어적 특성을 훨씬 많이 드러낸다고 할 수 있다.

---

14) 22.00(총 수록수 대비 뉴스 준구어 자료에서의 총 출현수 비율)÷11.15(총 수록수 대비 구술전사 자료에서의 총 출현수 비율)=1.973
15) 18.59(총 수록수 대비 뉴스 준구어 자료에서 1회 이상 100회 이하의 출현 빈도를 보이는 축소어형의 비율)÷14.06(총 수록수 대비 대본 준구어 자료에서 1회 이상 100회 이하의 출현 빈도를 보이는 축소어형의 비율)=1.322
16) 22.00(총 수록수 대비 뉴스 자료에서의 총 출현수 비율)÷16.07(총 수록수 대비 대본 준구어 자료에서의 총 출현수 비율)=1.369

다음의 [그림 9]~[그림 10]과 [표 16]~[표 18]은 뉴스 준구어 말뭉치 자료에서의 축소어형 출현 양상을 구간별로 나누어 보인 것이다.

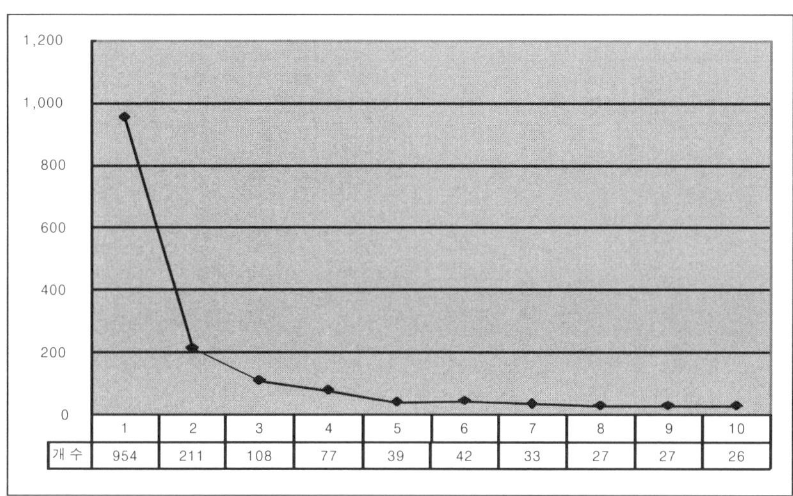

[그림 9] 뉴스 준구어 말뭉치 자료에서 100회 이하로 출현하는 축소어형의 수

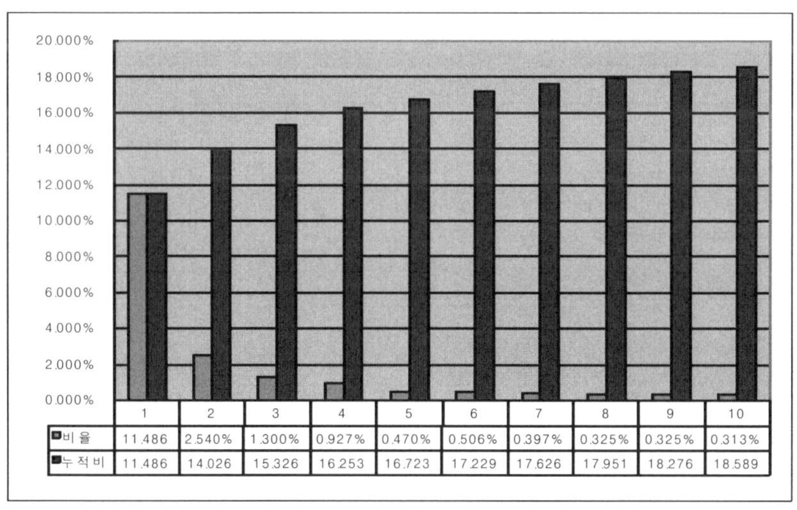

[그림 10] 뉴스 준구어 말뭉치 자료에서 100회 이하로 출현하는 축소어형의 누적 비율

뉴스 천	개 수	누 계	비 율	누적비
0	6,479		78.004%	78.004%
1	1,776	1,776	21.382%	99.386%
2	22	1,798	0.265%	99.651%
3	11	1,809	0.132%	99.783%
4	7	1,816	0.084%	99.868%
5	6	1,822	0.072%	99.940%
6	1	1,823	0.012%	99.952%
7	1	1,824	0.012%	99.964%
9	1	1,825	0.012%	99.976%
11	1	1,826	0.012%	99.988%
30	1	1,827	0.012%	100.000%
합 계	8,306		100.000%	

[표 16] 뉴스 준구어 말뭉치 자료에서 출현하는 축소어형의 수와 누적 빈도
(1,000 단위 분할 구간)

뉴스 백	개 수	누 계	비 율	누적비
0	6,479		78.004%	78.004%
1	1,544	1,544	18.589%	96.593%
2	113	1,657	1.360%	97.953%
3	36	1,693	0.433%	98.387%
4	22	1,715	0.265%	98.652%
5	16	1,731	0.193%	98.844%
6	11	1,742	0.132%	98.977%
7	2	1,744	0.024%	99.001%
8	12	1,756	0.144%	99.145%
9	11	1,767	0.132%	99.278%
10	9	1,776	0.108%	99.386%
11	2	1,778	0.024%	99.410%
12	4	1,782	0.048%	99.458%
13	4	1,786	0.048%	99.506%
14	1	1,787	0.012%	99.518%

16	7	1,794	0.084%	99.603%
17	3	1,797	0.036%	99.639%
19	1	1,798	0.012%	99.651%
21	2	1,800	0.024%	99.675%
22	5	1,805	0.060%	99.735%
24	2	1,807	0.024%	99.759%
25	1	1,808	0.012%	99.771%
30	1	1,809	0.012%	99.783%
31	1	1,810	0.012%	99.795%
32	1	1,811	0.012%	99.807%
33	1	1,812	0.012%	99.819%
34	1	1,813	0.012%	99.831%
39	1	1,814	0.012%	99.843%
40	2	1,816	0.024%	99.868%
41	1	1,817	0.012%	99.880%
44	2	1,819	0.024%	99.904%
46	2	1,821	0.024%	99.928%
49	1	1,822	0.012%	99.940%
59	1	1,823	0.012%	99.952%
69	1	1,824	0.012%	99.964%
86	1	1,825	0.012%	99.976%
110	1	1,826	0.012%	99.988%
295	1	1,827	0.012%	100.000%
합 계	8,306		100.000%	

[표 17] 뉴스 준구어 말뭉치 자료에서 출현하는 축소어형의 수와 누적 빈도
(100 단위 분할 구간)

뉴스 십	개수	누계	비율	누적비	뉴스 십	개수	누계	비율	누적비
0	6,479		78.004%	78.004%	33	1	1,698	0.012%	98.447%
1	954	954	11.486%	89.490%	34	2	1,700	0.024%	98.471%
2	211	1,165	2.540%	92.030%	35	2	1,702	0.024%	98.495%
3	108	1,273	1.300%	93.330%	36	4	1,706	0.048%	98.543%
4	77	1,350	0.927%	94.257%	37	2	1,708	0.024%	98.567%
5	39	1,389	0.470%	94.727%	38	3	1,711	0.036%	98.603%
6	42	1,431	0.506%	95.232%	39	1	1,712	0.012%	98.615%
7	33	1,464	0.397%	95.630%	40	3	1,715	0.036%	98.652%
8	27	1,491	0.325%	95.955%	41	2	1,717	0.024%	98.676%
9	27	1,518	0.325%	96.280%	42	3	1,720	0.036%	98.712%
10	26	1,544	0.313%	96.593%	43	1	1,721	0.012%	98.724%
11	19	1,563	0.229%	96.822%	44	5	1,726	0.060%	98.784%
12	15	1,578	0.181%	97.002%	46	2	1,728	0.024%	98.808%
13	14	1,592	0.169%	97.171%	47	1	1,729	0.012%	98.820%
14	11	1,603	0.132%	97.303%	48	1	1,730	0.012%	98.832%
15	12	1,615	0.144%	97.448%	50	1	1,731	0.012%	98.844%
16	6	1,621	0.072%	97.520%	51	4	1,735	0.048%	98.892%
17	9	1,630	0.108%	97.628%	52	1	1,736	0.012%	98.904%
18	15	1,645	0.181%	97.809%	55	1	1,737	0.012%	98.916%
19	7	1,652	0.084%	97.893%	57	1	1,738	0.012%	98.928%
20	5	1,657	0.060%	97.953%	58	1	1,739	0.012%	98.941%
21	9	1,666	0.108%	98.062%	59	1	1,740	0.012%	98.953%
22	1	1,667	0.012%	98.074%	60	2	1,742	0.024%	98.977%
23	3	1,670	0.036%	98.110%	63	2	1,744	0.024%	99.001%
24	2	1,672	0.024%	98.134%	71	1	1,745	0.012%	99.013%
25	4	1,676	0.048%	98.182%	72	3	1,748	0.036%	99.049%
26	2	1,678	0.024%	98.206%	73	2	1,750	0.024%	99.073%
27	5	1,683	0.060%	98.266%	75	3	1,753	0.036%	99.109%
28	3	1,686	0.036%	98.302%	76	1	1,754	0.012%	99.121%
29	1	1,687	0.012%	98.314%	78	1	1,755	0.012%	99.133%
30	6	1,693	0.072%	98.387%	80	1	1,756	0.012%	99.145%
31	2	1,695	0.024%	98.411%	83	3	1,759	0.036%	99.181%
32	2	1,697	0.024%	98.435%	84	2	1,761	0.024%	99.205%

86	2	1,763	0.024%	99.229%	211	1	1,801	0.012%	99.687%
88	2	1,765	0.024%	99.254%	212	1	1,802	0.012%	99.699%
90	2	1,767	0.024%	99.278%	216	1	1,803	0.012%	99.711%
91	1	1,768	0.012%	99.290%	217	1	1,804	0.012%	99.723%
94	3	1,771	0.036%	99.326%	219	1	1,805	0.012%	99.735%
96	1	1,772	0.012%	99.338%	233	1	1,806	0.012%	99.747%
98	4	1,776	0.048%	99.386%	234	1	1,807	0.012%	99.759%
104	2	1,778	0.024%	99.410%	242	1	1,808	0.012%	99.771%
111	2	1,780	0.024%	99.434%	293	1	1,809	0.012%	99.783%
112	1	1,781	0.012%	99.446%	305	1	1,810	0.012%	99.795%
113	1	1,782	0.012%	99.458%	315	1	1,811	0.012%	99.807%
122	1	1,783	0.012%	99.470%	323	1	1,812	0.012%	99.819%
124	1	1,784	0.012%	99.482%	340	1	1,813	0.012%	99.831%
127	1	1,785	0.012%	99.494%	384	1	1,814	0.012%	99.843%
129	1	1,786	0.012%	99.506%	396	2	1,816	0.024%	99.868%
138	1	1,787	0.012%	99.518%	408	1	1,817	0.012%	99.880%
151	1	1,788	0.012%	99.530%	431	1	1,818	0.012%	99.892%
153	3	1,791	0.036%	99.567%	435	1	1,819	0.012%	99.904%
154	2	1,793	0.024%	99.591%	458	2	1,821	0.024%	99.928%
155	1	1,794	0.012%	99.603%	485	1	1,822	0.012%	99.940%
165	1	1,795	0.012%	99.615%	586	1	1,823	0.012%	99.952%
166	1	1,796	0.012%	99.627%	683	1	1,824	0.012%	99.964%
169	1	1,797	0.012%	99.639%	855	1	1,825	0.012%	99.976%
189	1	1,798	0.012%	99.651%	1,097	1	1,826	0.012%	99.988%
206	1	1,799	0.012%	99.663%	2,946	1	1,827	0.012%	100.000%
209	1	1,800	0.012%	99.675%	합계	8,306		100.000%	

[표 18] 뉴스 준구어 말뭉치 자료에서 출현하는 축소어형의 수와 누적 빈도
(10 단위 분할 구간)

3. 문어 말뭉치 자료에 나타난 축소어형의 사용 양상

문어 자료는 현재 국립국어원을 비롯하여 많은 연구기관 또는 학술 단체에서 말뭉치로 가장 많이 구축되어 있다. 이 연구를 위해 만든 <축소어형 목록>은 기본적으로 국립국어원에서 발행한 『약어 목록』과 『준말 목록』을 비롯하여 사전에서 추출한 것이기 때문에 문어 말뭉치에서의 출현 빈도가 구어 말뭉치나 구어체 말뭉치에서의 출현 빈도보다 더 높을 것으로 예측할 수 있었다.

이와 같은 예측을 근거로 하여 축소어형 예문 추출을 위한 말뭉치의 구성 비율도 전체 말뭉치 가운데 문어 말뭉치 자료의 비율을 55%로 절반 이상을 차지하도록 하였고, 이러한 설계에 따라 실제로 구축된 문어 말뭉치 자료는 53% 가까운 비율이 되었다.[17]

이 연구에서 사용한 문어 말뭉치 자료는 신문 말뭉치 자료와 잡지 말뭉치 자료이다. 문어 말뭉치 자료 가운데 소설이나 교과서와 같은 단행본 텍스트에서 구축된 말뭉치가 많이 있지만 이와 같은 문어 말뭉치 자료는 이 연구를 위한 분석의 자료에서 제외시켰다. 그 까닭은 일반적으로 쓰이는 소설 등의 문학 작품은 현대 문학 작품이라고 하더라도 시간의 폭이 넓을 뿐 아니라 역사 소설과 같은 부류는 현대 작가에 의해 쓰여졌다고 하더라도 옛말투를 사용할 가능성을 배제할 수 없는 등의 문제점이 있음을 간과할 수 없기 때문이다. 또한 교과서나 교양 서석과 같은 문어 텍스트들 역시 가능한 한 축소어형보다는 본어형과 같은 표준적이고 규범적인 어휘들을 사용하는 경향이 많이 있음을 고려하여

---

17) 3장의 [표 4]와 [표 5] 참조.

제외하였다.

이와 같은 사항들을 고려하여 문어 자료 가운데서 현대라는 공시적인 언어상을 가장 잘 반영하고 있다고 판단되는 신문과 잡지를 이 연구의 문어 자료 텍스트로 선정하였다. 이와 같은 구성 기준에 따라 신문과 잡지 말뭉치 자료를 구축하였는데, 신문 말뭉치 자료는 2007년도 경향신문 1년치를 담아 구축한 것이고 잡지 말뭉치 자료는 2008년도 뉴스메이커, 레이디경향, 마이프라이데이 1년치를 담은 것이다.[18] 잡지 말뭉치 자료는 전체 예문 추출 말뭉치의 7.7%, 신문 말뭉치 자료는 전체 예문 추출 말뭉치의 45.2%의 비중을 가진다.

3.1. 잡지 자료에서의 사용 양상

<목록>에 수록된 8,306개의 어휘 가운데 잡지 말뭉치 자료에서 한 번도 출현하지 않은 축소어형의 수는 6,372개로 비율은 76.7%이고, 한 번이라도 출현한 축소어형의 수는 모두 1,934개로 비율은 23.3%이다. 이 가운데서 1회 이상 10회 이하로 출현한 축소어형은 1,181개이고, 11회 이상 100회 이하로 출현한 축소어형은 550개로, 1회 이상 100회 이하의 출현 빈도를 보이는 축소어형의 수는 1,731개이고 비율은 20.8%가 된다. <목록> 총 수록수 대비 총 출현수의 비율(23.3%)과 100회 이

---

18) 뉴스 스크립트는 2006년, 신문은 2007년, 잡지는 2008년으로 약간의 시차가 있다. 이는 말뭉치 자료 접근의 편의성에 기인한 것인데 공시 언어 현상을 분석함에 있어서 현대라는 관점에서 10년 안팎의 시차는 동 시대의 언어라고 보는 데에 큰 문제가 없지만 축소어형의 빠른 증가와 사용의 확대라는 측면에서 구축 자료의 시간적 간격을 가능한 한 줄이는 것이 좋다. 여기서 채택한 말뭉치 자료 사이에서 보이는 3년의 시차는 국어 언어 사용 환경에 급격한 변화가 일어나지 않았다는 전제 하에서 용인 가능한 시차라고 판단된다.

하의 출현수의 비율(20.8%) 모두가 앞에서 보인 구어 말뭉치 자료와 구어체 말뭉치 자료를 비교하여 볼 때 높은 수치를 보이고 있음을 알 수 있다.19)

이처럼 구어 또는 구어체 자료보다 높은 출현 비율을 보이는 것은 이 연구를 위하여 구축한 <축소어형 목록>뿐만 아니라 기존의 축소어형 목록들이 문어 자료 위주로 만들어졌다는 사실을 다시 한 번 확인시켜준다.

다음의 [그림 11]~[그림 12]와 [표 19]~[표 21]은 잡지 말뭉치 자료에서의 축소어형 출현 양상을 구간별로 나누어 보인 것이다.

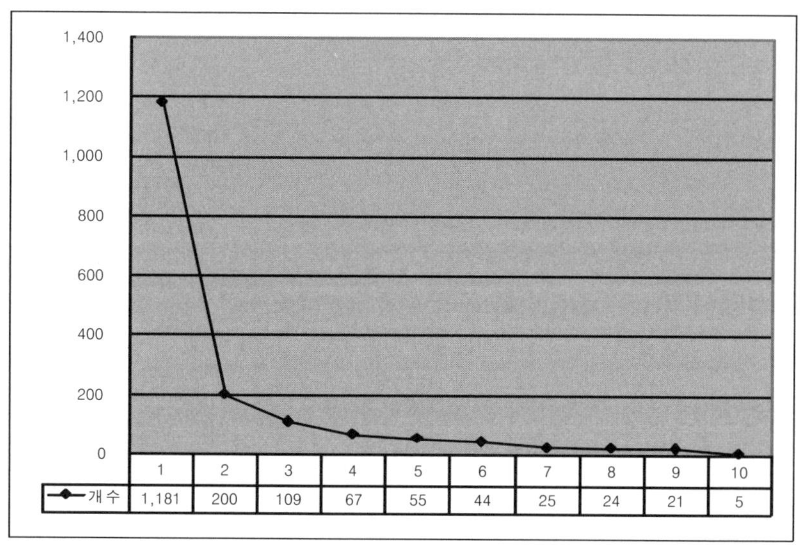

[그림 11] 잡지 말뭉치 자료에서 100회 이하로 출현하는 축소어형의 수

---

19) 출현 빈도 1 이상인 축소어형의 출현수의 비율은 구술(11.15%) < 대본(16.07%) < 구어 (17.07%) < 뉴스(22.00%) < 잡지(23.28%)의 순으로 늘어나고 있다. 각 자료별 수치의 비교는 4.1절을 참고할 것.

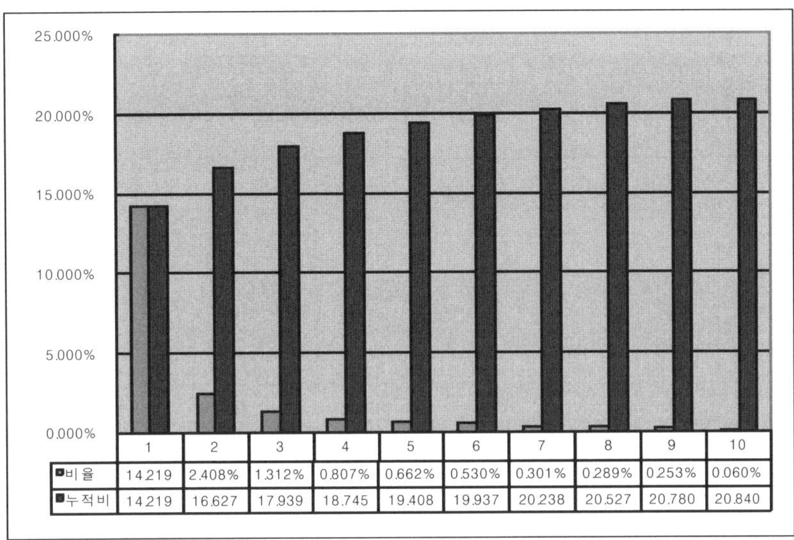

	1	2	3	4	5	6	7	8	9	10
■비율	14.219	2.408%	1.312%	0.807%	0.662%	0.530%	0.301%	0.289%	0.253%	0.060%
■누적비	14.219	16.627	17.939	18.745	19.408	19.937	20.238	20.527	20.780	20.840

[그림 12] 잡지 말뭉치 자료에서 100회 이하로 출현하는 축소어형의 누적 비율

잡지 천	개 수	누 계	비 율	누적비
0	6,372		76.716%	76.716%
1	1,908	1,908	22.971%	99.687%
2	14	1,922	0.169%	99.856%
3	6	1,928	0.072%	99.928%
4	2	1,930	0.024%	99.952%
5	2	1,932	0.024%	99.976%
6	1	1,933	0.012%	99.988%
27	1	1,934	0.012%	100.000%
합 계	8,306		100.000%	

[표 19] 잡지 말뭉치 자료에서 출현하는 축소어형의 수와 누적 빈도
(1,000 단위 분할 구간)

잡지 백	개 수	누 계	비 율	누적비
0	6,372		76.716%	76.716%
1	1,731	1,731	20.840%	97.556%
2	93	1,824	1.120%	98.676%
3	36	1,860	0.433%	99.109%
4	19	1,879	0.229%	99.338%
5	9	1,888	0.108%	99.446%
6	7	1,895	0.084%	99.530%
7	4	1,899	0.048%	99.579%
8	2	1,901	0.024%	99.603%
9	5	1,906	0.060%	99.663%
10	2	1,908	0.024%	99.687%
11	1	1,909	0.012%	99.699%
12	2	1,911	0.024%	99.723%
13	2	1,913	0.024%	99.747%
14	3	1,916	0.036%	99.783%
15	1	1,917	0.012%	99.795%
16	3	1,920	0.036%	99.831%
17	1	1,921	0.012%	99.843%
19	1	1,922	0.012%	99.856%
21	1	1,923	0.012%	99.868%
23	1	1,924	0.012%	99.880%
26	1	1,925	0.012%	99.892%
27	1	1,926	0.012%	99.904%
28	1	1,927	0.012%	99.916%
29	1	1,928	0.012%	99.928%
32	1	1,929	0.012%	99.940%
37	1	1,930	0.012%	99.952%
42	1	1,931	0.012%	99.964%
47	1	1,932	0.012%	99.976%
57	1	1,933	0.012%	99.988%
270	1	1,934	0.012%	100.000%
합 계	8,306		100.000%	

[표 20] 잡지 말뭉치 자료에서 출현하는 축소어형의 수와 누적 빈도
(100 단위 분할 구간)

잡지 십	개수	누계	비율	누적비	잡지 십	개수	누계	비율	누적비
0	6,372		76.716%	76.716%	33	1	1,866	0.012%	99.181%
1	1,181	1,181	14.219%	90.934%	34	2	1,868	0.024%	99.205%
2	200	1,381	2.408%	93.342%	35	1	1,869	0.012%	99.217%
3	109	1,490	1.312%	94.654%	36	1	1,870	0.012%	99.229%
4	67	1,557	0.807%	95.461%	37	3	1,873	0.036%	99.266%
5	55	1,612	0.662%	96.123%	38	3	1,876	0.036%	99.302%
6	44	1,656	0.530%	96.653%	39	1	1,877	0.012%	99.314%
7	25	1,681	0.301%	96.954%	40	2	1,879	0.024%	99.338%
8	24	1,705	0.289%	97.243%	44	1	1,880	0.012%	99.350%
9	21	1,726	0.253%	97.496%	45	1	1,881	0.012%	99.362%
10	5	1,731	0.060%	97.556%	46	3	1,884	0.036%	99.398%
11	11	1,742	0.132%	97.688%	47	4	1,888	0.048%	99.446%
12	12	1,754	0.144%	97.833%	51	1	1,889	0.012%	99.458%
13	10	1,764	0.120%	97.953%	53	1	1,890	0.012%	99.470%
14	11	1,775	0.132%	98.086%	54	1	1,891	0.012%	99.482%
15	14	1,789	0.169%	98.254%	55	2	1,893	0.024%	99.506%
16	8	1,797	0.096%	98.351%	56	1	1,894	0.012%	99.518%
17	4	1,801	0.048%	98.399%	60	1	1,895	0.012%	99.530%
18	7	1,808	0.084%	98.483%	61	2	1,897	0.024%	99.555%
19	4	1,812	0.048%	98.531%	66	1	1,898	0.012%	99.567%
20	12	1,824	0.144%	98.676%	68	1	1,899	0.012%	99.579%
21	3	1,827	0.036%	98.712%	75	1	1,900	0.012%	99.591%
22	6	1,833	0.072%	98.784%	77	1	1,901	0.012%	99.603%
23	1	1,834	0.012%	98.796%	83	1	1,902	0.012%	99.615%
24	3	1,837	0.036%	98.832%	86	1	1,903	0.012%	99.627%
25	2	1,839	0.024%	98.856%	87	1	1,904	0.012%	99.639%
26	4	1,843	0.048%	98.904%	89	1	1,905	0.012%	99.651%
27	3	1,846	0.036%	98.941%	90	1	1,906	0.012%	99.663%
28	5	1,851	0.060%	99.001%	97	1	1,907	0.012%	99.675%
29	4	1,855	0.048%	99.049%	100	1	1,908	0.012%	99.687%
30	5	1,860	0.060%	99.109%	104	1	1,909	0.012%	99.699%
31	3	1,863	0.036%	99.145%	114	1	1,910	0.012%	99.711%
32	2	1,865	0.024%	99.169%	119	1	1,911	0.012%	99.723%

121	2	1,913	0.024%	99.747%	259	1	1,925	0.012%	99.892%
134	1	1,914	0.012%	99.759%	261	1	1,926	0.012%	99.904%
140	2	1,916	0.024%	99.783%	279	1	1,927	0.012%	99.916%
144	1	1,917	0.012%	99.795%	281	1	1,928	0.012%	99.928%
155	1	1,918	0.012%	99.807%	313	1	1,929	0.012%	99.940%
159	2	1,920	0.024%	99.831%	363	1	1,930	0.012%	99.952%
166	1	1,921	0.012%	99.843%	412	1	1,931	0.012%	99.964%
183	1	1,922	0.012%	99.856%	461	1	1,932	0.012%	99.976%
207	1	1,923	0.012%	99.868%	566	1	1,933	0.012%	99.988%
229	1	1,924	0.012%	99.880%	2,698	1	1,934	0.012%	
					합 계	8,306		100.000%	

[표 21] 잡지 말뭉치 자료에서 출현하는 축소어형의 수와 누적 빈도
(10 단위 분할 구간)

3.2. 신문 자료에서의 사용 양상

<목록>에 수록된 8,306개의 어휘 가운데 신문 말뭉치 자료에서 한 번이라도 출현한 축소어형의 수는 모두 2,377개였다. <목록> 총 수록 수 대비 총 출현수의 비율은 28.6%이다. 신문 말뭉치 자료에서 한 번도 출현하지 않은 축소어형(5,929개, 71.4%)은 지금까지 다룬 말뭉치 가운데서 가장 낮은 수치를 보이며, 반대로 <목록> 총 수록수 대비 총 출현수의 비율인 28.6%라는 수치는 가장 낮은 총 출현수 비율을 보이는 구술전사 자료와 비교해 보면 2.6배 가까이 높은 것이다.[20] 또 구어 자료에서의 출현수 비율과 비교하면 1.7배,[21] 그리고 구어체 자료에서 가장 높은 출현수 비율을 보이는 뉴스 자료에서의 출현수와 비교하여

---

20) 28.62(총 수록수 대비 신문 자료에서의 총 출현수 비율)÷11.15(총 수록수 대비 구술전사 자료에서의 총 출현수 비율)=2.567
21) 28.62(총 수록수 대비 신문 자료에서의 총 출현수 비율)÷17.07(총 수록수 대비 구어 자료에서의 총 출현수 비율)=1.681

도 1.3배가 높은 수치이다.[22]

출현 빈도 1~10회 이하는 1,178개로 총 수록수 대비 14.2%, 출현 빈도 11회에서 100회 이하는 766개로 총 수록수 대비 9.2%가 되어 1회에서 100회 이하의 출현 빈도를 보이는 축소어형의 출현수는 1,944개로 총 수록수 대비 23.4%가 된다.

출현 빈도가 높은 축소어형 역시 신문 말뭉치 자료에서 가장 많은 출현수를 보이고 있다. 출현 빈도 11회 이상 100회 이하의 축소어형 출현수 766개(총수록수 대비 9.2%)는 가장 적은 출현수를 보이는 구술 자료에서의 출현수 187개(총수록수 대비 2.26%)보다 무려 4.1배 높은 수치를 보인다. 또한 101회 이상의 매우 높은 출현 빈도를 보이는 축소어형도 433개(총수록수 대비 5.2%)로 구술 자료에서의 52개(총수록수 대비 0.6%)보다 8.3배 이상 많은 출현수를 나타내고 있다. 이는 현대 국어에서 축소어형의 출현이 가장 많이 보이는 것이 신문 자료라는 사실을 보여준다. 3.1절에서도 지적한 바와 같이 구어 또는 구어체 자료에서보다 문어 자료에서 축소어형의 실제 출현 비율이 높게 나타난다는 사실은 축소어형 관련 여러 목록들이 문어 자료 위주로 만들어졌다는 사실을 확인시켜줌과 동시에 지면의 제약을 가진 신문에서 축소어형의 사용이 두드러짐을 증명하여 준다.

다음의 [그림 13]~[그림 14]와 [표 22]~[표 24]는 신문 말뭉치 자료에서의 축소어형 출현 양상을 구간별로 나누어 보인 것이다.

---

22) 28.62(총 수록수 대비 신문 자료에서의 총 출현수 비율)÷22.00(총 수록수 대비 뉴스 준구어 자료에서의 총 출현수 비율)=1.301

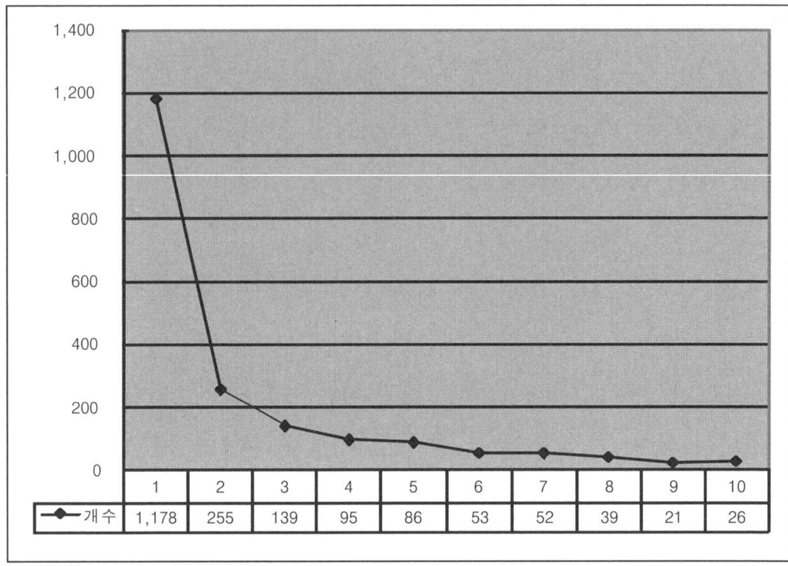

[그림 13] 신문 말뭉치 자료에서 100회 이하로 출현하는 축소어형의 수

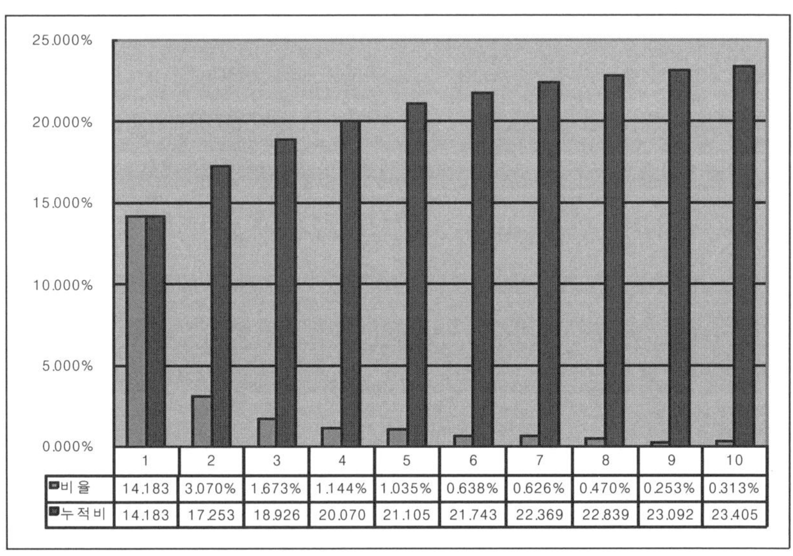

[그림 14] 신문 말뭉치 자료에서 100회 이하로 출현하는 축소어형의 누적 비율

신문 천	개 수	누 계	비 율	누적비
0	5,929		71.382%	71.382%
1	2,306	2,306	27.763%	99.145%
2	38	2,344	0.458%	99.603%
3	9	2,353	0.108%	99.711%
4	6	2,359	0.072%	99.783%
5	10	2,369	0.120%	99.904%
7	3	2,372	0.036%	99.940%
8	1	2,373	0.012%	99.952%
9	2	2,375	0.024%	99.976%
10	1	2,376	0.012%	99.988%
61	1	2,377	0.012%	100.000%
합 계	8,306		100.000%	

[표 22] 신문 말뭉치 자료에서 출현하는 축소어형의 수와 누적 빈도
(1,000 단위 분할 구간)

신문 백	개 수	누 계	비 율	누적비
0	5,929		71.382%	71.382%
1	1,944	1,944	23.405%	94.787%
2	165	2,109	1.987%	96.773%
3	75	2,184	0.903%	97.676%
4	40	2,224	0.482%	98.158%
5	21	2,245	0.253%	98.411%
6	17	2,262	0.205%	98.615%
7	19	2,281	0.229%	98.844%
8	12	2,293	0.144%	98.989%
9	11	2,304	0.132%	99.121%
10	2	2,306	0.024%	99.145%
11	6	2,312	0.072%	99.217%
12	5	2,317	0.060%	99.278%
13	5	2,322	0.060%	99.338%
14	8	2,330	0.096%	99.434%

15	2	2,332	0.024%	99.458%
16	2	2,334	0.024%	99.482%
17	3	2,337	0.036%	99.518%
18	3	2,340	0.036%	99.555%
19	4	2,344	0.048%	99.603%
23	1	2,345	0.012%	99.615%
24	1	2,346	0.012%	99.627%
26	3	2,349	0.036%	99.663%
28	2	2,351	0.024%	99.687%
30	2	2,353	0.024%	99.711%
32	1	2,354	0.012%	99.723%
36	1	2,355	0.012%	99.735%
37	1	2,356	0.012%	99.747%
40	3	2,359	0.036%	99.783%
41	1	2,360	0.012%	99.795%
42	1	2,361	0.012%	99.807%
43	2	2,363	0.024%	99.831%
44	1	2,364	0.012%	99.843%
46	1	2,365	0.012%	99.856%
48	2	2,367	0.024%	99.880%
49	1	2,368	0.012%	99.892%
50	1	2,369	0.012%	99.904%
61	1	2,370	0.012%	99.916%
62	1	2,371	0.012%	99.928%
68	1	2,372	0.012%	99.940%
71	1	2,373	0.012%	99.952%
81	1	2,374	0.012%	99.964%
87	1	2,375	0.012%	99.976%
93	1	2,376	0.012%	99.988%
606	1	2,377	0.012%	100.000%
합 계	8,306		100.000%	

[표 23] 신문 말뭉치 자료에서 출현하는 축소어형의 수와 누적 빈도
(100 단위 분할 구간)

신문 십	개수	누계	비율	누적비	신문 십	개수	누계	비율	누적비
0	5,929		71.382%	71.382%	33	7	2,204	0.084%	97.917%
1	1,178	1,178	14.183%	85.565%	34	2	2,206	0.024%	97.941%
2	255	1,433	3.070%	88.635%	35	3	2,209	0.036%	97.977%
3	139	1,572	1.673%	90.308%	36	1	2,210	0.012%	97.989%
4	95	1,667	1.144%	91.452%	37	8	2,218	0.096%	98.086%
5	86	1,753	1.035%	92.487%	38	2	2,220	0.024%	98.110%
6	53	1,806	0.638%	93.125%	39	4	2,224	0.048%	98.158%
7	52	1,858	0.626%	93.752%	41	2	2,226	0.024%	98.182%
8	39	1,897	0.470%	94.221%	42	1	2,227	0.012%	98.194%
9	21	1,918	0.253%	94.474%	43	5	2,232	0.060%	98.254%
10	26	1,944	0.313%	94.787%	44	1	2,233	0.012%	98.266%
11	14	1,958	0.169%	94.955%	45	1	2,234	0.012%	98.278%
12	20	1,978	0.241%	95.196%	46	1	2,235	0.012%	98.290%
13	18	1,996	0.217%	95.413%	47	3	2,238	0.036%	98.327%
14	20	2,016	0.241%	95.654%	48	1	2,239	0.012%	98.339%
15	21	2,037	0.253%	95.907%	49	3	2,242	0.036%	98.375%
16	16	2,053	0.193%	96.099%	50	3	2,245	0.036%	98.411%
17	18	2,071	0.217%	96.316%	51	1	2,246	0.012%	98.423%
18	13	2,084	0.157%	96.472%	52	3	2,249	0.036%	98.459%
19	13	2,097	0.157%	96.629%	53	2	2,251	0.024%	98.483%
20	12	2,109	0.144%	96.773%	54	3	2,254	0.036%	98.519%
21	11	2,120	0.132%	96.906%	56	3	2,257	0.036%	98.555%
22	7	2,127	0.084%	96.990%	57	2	2,259	0.024%	98.579%
23	13	2,140	0.157%	97.147%	58	2	2,261	0.024%	98.603%
24	9	2,149	0.108%	97.255%	60	1	2,262	0.012%	98.615%
25	5	2,154	0.060%	97.315%	61	1	2,263	0.012%	98.627%
26	9	2,163	0.108%	97.424%	62	2	2,265	0.024%	98.652%
27	7	2,170	0.084%	97.508%	63	1	2,266	0.012%	98.664%
28	5	2,175	0.060%	97.568%	64	2	2,268	0.024%	98.688%
29	3	2,178	0.036%	97.604%	65	1	2,269	0.012%	98.700%
30	6	2,184	0.072%	97.676%	66	4	2,273	0.048%	98.748%
31	5	2,189	0.060%	97.737%	67	3	2,276	0.036%	98.784%
32	8	2,197	0.096%	97.833%	68	1	2,277	0.012%	98.796%

69	2	2,279	0.024%	98.820%	142	1	2,331	0.012%	99.446%
70	2	2,281	0.024%	98.844%	150	1	2,332	0.012%	99.458%
71	3	2,284	0.036%	98.880%	153	1	2,333	0.012%	99.470%
72	2	2,286	0.024%	98.904%	154	1	2,334	0.012%	99.482%
73	1	2,287	0.012%	98.916%	162	1	2,335	0.012%	99.494%
74	1	2,288	0.012%	98.928%	168	1	2,336	0.012%	99.506%
75	1	2,289	0.012%	98.941%	170	1	2,337	0.012%	99.518%
76	2	2,291	0.024%	98.965%	173	1	2,338	0.012%	99.530%
78	2	2,293	0.024%	98.989%	174	1	2,339	0.012%	99.542%
81	2	2,295	0.024%	99.013%	177	1	2,340	0.012%	99.555%
82	2	2,297	0.024%	99.037%	183	3	2,343	0.036%	99.591%
87	2	2,299	0.024%	99.061%	190	1	2,344	0.012%	99.603%
88	3	2,302	0.036%	99.097%	223	1	2,345	0.012%	99.615%
89	1	2,303	0.012%	99.109%	240	1	2,346	0.012%	99.627%
90	1	2,304	0.012%	99.121%	251	1	2,347	0.012%	99.639%
91	1	2,305	0.012%	99.133%	256	2	2,349	0.024%	99.663%
93	1	2,306	0.012%	99.145%	276	1	2,350	0.012%	99.675%
101	1	2,307	0.012%	99.157%	279	1	2,351	0.012%	99.687%
105	2	2,309	0.024%	99.181%	295	1	2,352	0.012%	99.699%
107	1	2,310	0.012%	99.193%	300	1	2,353	0.012%	99.711%
108	2	2,312	0.024%	99.217%	313	1	2,354	0.012%	99.723%
112	1	2,313	0.012%	99.229%	351	1	2,355	0.012%	99.735%
116	2	2,315	0.024%	99.254%	365	1	2,356	0.012%	99.747%
118	1	2,316	0.012%	99.266%	395	2	2,358	0.024%	99.771%
119	1	2,317	0.012%	99.278%	398	1	2,359	0.012%	99.783%
122	2	2,319	0.024%	99.302%	405	1	2,360	0.012%	99.795%
123	2	2,321	0.024%	99.326%	417	1	2,361	0.012%	99.807%
129	1	2,322	0.012%	99.338%	422	1	2,362	0.012%	99.819%
132	2	2,324	0.024%	99.362%	425	1	2,363	0.012%	99.831%
135	2	2,326	0.024%	99.386%	438	1	2,364	0.012%	99.843%
136	1	2,327	0.012%	99.398%	454	1	2,365	0.012%	99.856%
137	1	2,328	0.012%	99.410%	475	1	2,366	0.012%	99.868%
138	1	2,329	0.012%	99.422%	479	1	2,367	0.012%	99.880%
139	1	2,330	0.012%	99.434%	490	1	2,368	0.012%	99.892%

498	1	2,369	0.012%	99.904%	808	1	2,374	0.012%	99.964%
604	1	2,370	0.012%	99.916%	869	1	2,375	0.012%	99.976%
619	1	2,371	0.012%	99.928%	923	1	2,376	0.012%	99.988%
678	1	2,372	0.012%	99.940%	6055	1	2,377	0.012%	100.000%
704	1	2,373	0.012%	99.952%	합 계	8,306		100.000%	

[표 24] 신문 말뭉치 자료에서 출현하는 축소어형의 수와 누적 빈도
(10 단위 분할 구간)

4. 말뭉치 자료에 나타난 축소어형 사용 양상의 종합 검토

구어와 구어체, 그리고 문어 말뭉치 자료를 통해 축소어형의 용례를 추출하고 조사 분석함으로써 <목록>에 있는 어휘들이 실제 국어의 사용 현장에서 어떻게 나타나고 있는가를 살펴보았다. 이를 위한 사전 작업으로 3장에서 축소어형 용례 추출용 말뭉치 구성표([표 5])를 만들었다. 그리고 이를 다시 구어체 자료는 구술전사 말뭉치와 대본 말뭉치, 뉴스 말뭉치의 셋으로 나누었고, 문어 자료는 잡지 말뭉치와 신문 말뭉치의 둘로 나누어 [표 6]과 같이 모두 6개의 단위로 말뭉치를 재구성한 후, 각 단위 말뭉치별로 축소어형의 출현수와 빈도를 조사하는 방식을 택하였다.[23] 이제는 각 단위 말뭉치별 통계자료를 비교 검토하여 축소어형의 사용 양상이 말뭉치별로 어떠한 차이를 보이는가를 알아보고 또 단위 말뭉치 사이의 관련성과 유사성을 찾아보기로 한다.

---

23) 기술의 편의를 위해 3장에서 만든 단위 말뭉치 구성표를 다시 제시한다.

4.1. 단위 말뭉치의 크기와 사용 양상 비교

[표 6]에서 보듯이 용례 추출을 위한 전체 말뭉치 자료의 45%를 차지하고 있는 신문 말뭉치 자료부터 1.65%로 아주 작은 구축 비율을 보이는 구술전사 말뭉치 자료에 이르기까지 비교 분석을 위한 단위 말뭉치별 크기는 상당한 차이가 있다. 그렇지만 용례 추출의 결과치, 즉 <목록>에 나오는 축소어형의 출현수와 빈도가 반드시 말뭉치 크기와 비례하여 늘어나는 것은 아니다.

(1) 분석 단위 말뭉치의 크기(%는 전체 말뭉치 대비 비율)
    구술전사 < 잡지 < 대본 < 구어 < 뉴스 < 신문
    1.65%   7.72%   8.88%   13.07%   23.51%   45.17%

(2) 빈도 1 이상의 출현수를 보이는 축소어형 어휘의 단위 말뭉치별 순위(%는 <목록> 총 수록수 대비 총 출현수의 비율)
    구술전사 < 대본 < 구어 < 뉴스 < 잡지 < 신문
    11.15%   16.07%   17.07%   22.00%   23.28%   28.62%

말뭉치 크기의 순위를 나타내는 (1)과 축소어형 출현 어휘의 비율 순

분 류	말뭉치		어절수	말뭉치별 비율	영역별 비율
구 어	구어 말뭉치		3,610,232	13.07%	13.07%
구어체	구술전사 말뭉치		455,753	1.65%	34.04%
	준구어	대본 말뭉치	2,456,704	8.88%	
		뉴스 말뭉치	6,502,074	23.51%	
문 어	잡지 말뭉치		2,135,130	7.72%	52.89%
	신문 말뭉치		12,488,479	45.17%	
합 계			27,648,372	100.00%	100.00%

[표 6] 축소어형 용례 추출을 위한 단위 말뭉치의 재구성

위를 나타내는 (2)는 그 순서가 일치하지 않는다. 말뭉치의 크기가 가장 작은 구술전사 말뭉치와 가장 큰 신문 말뭉치는 출현 어휘수에서 각각 처음과 마지막으로 같은 자리를 차지하고 있지만, 구어, 대본, 뉴스, 잡지 말뭉치의 경우는 말뭉치의 크기나 자료 특성상의 구분(구어−구어체−문어)과는 관계없이 순위의 변동이 일어나고 있다. 따라서 단위 말뭉치 사이에 구축된 어절의 크기가 비교 분석에 장애 요인이 된다고는 보기 어렵다.

또한 말뭉치의 크기와 관계없이 <목록>에 수록되어 있는 축소어형 어휘의 출현수를 나타내는 따른 그래프의 추이도 6개의 단위 말뭉치가 비슷한 모양을 띠고 있다. 다음 [그림 15]~[그림 18]을 보면 이러한 추이를 확인할 수 있다.[24]

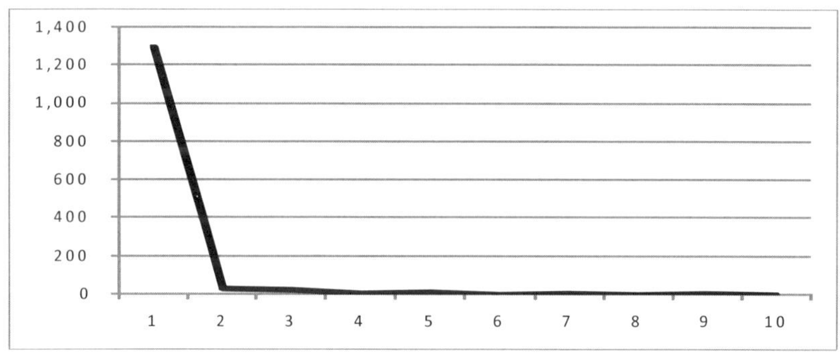

[그림 15] 구어 말뭉치 자료의 10개 구간 그래프 추이(100 출현 단위 분할)

---

24) 대본 말뭉치, 잡지 말뭉치의 그래프는 보이지 않았지만 이들도 [그림 15]~[그림 18]의 구어, 구술전사, 뉴스, 신문 말뭉치 그래프와 같은 양상을 띠고 있다.

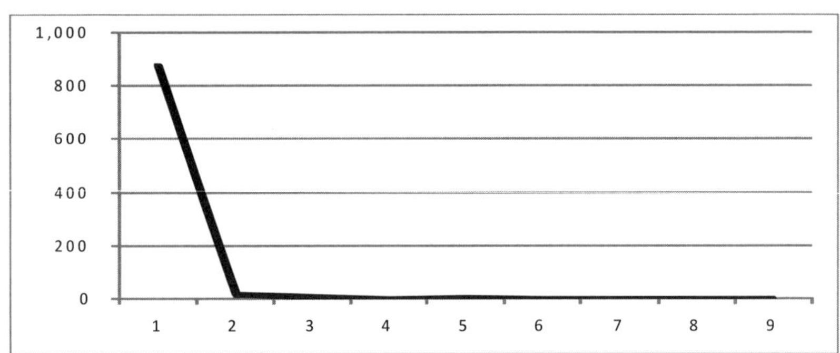

[그림 16] 구술전사 말뭉치 자료의 10개 구간 그래프 추이(100 출현 단위 분할)

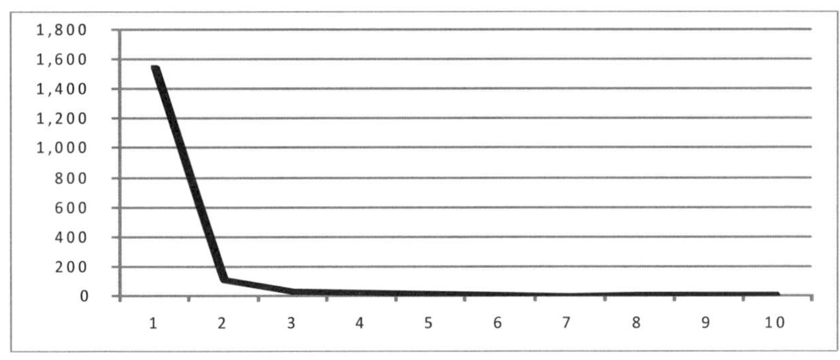

[그림 17] 뉴스 말뭉치 자료의 10개 구간 그래프 추이(100 출현 단위 분할)

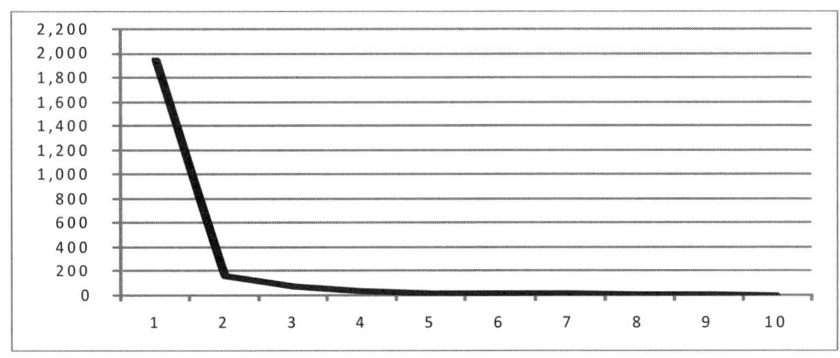

[그림 18] 신문 말뭉치 자료의 10개 구간 그래프 추이(100 출현 단위 분할)

[그림 15]~[그림 18]은 구어, 구술전사, 뉴스, 신문 말뭉치에서의 축소어형의 출현 빈도를 그래프로 보인 것이다. 그림에서 보듯이 축소어형 어휘의 출현수는 각각의 말뭉치별로 차이가 있지만 그래프의 추이는 말뭉치의 크기에 관계없이 유사한 선형을 그리고 있음 볼 수 있다.

또한 구술전사 말뭉치 자료가 다른 단위 말뭉치 자료와 비교할 때 전체 자료에서 적은 비율을 차지하고 있다 하더라도 구축된 455,753어절이라는 말뭉치의 크기는 신뢰할 만한 수준의 크기라고 판단할 수 있다. 따라서 말뭉치별 사용 양상을 분석하는 데 있어서 모든 단위 말뭉치를 같은 비중을 두고 비교하는 것 역시 큰 무리가 없고 적절하다고 하겠다.

4.2. 축소어형 어휘의 말뭉치별 출현수와 출현 빈도의 비교 분석

말뭉치의 특성을 무시하고 개별 말뭉치를 모두 합하여 계산을 하였을 때, 출현 빈도 1회 이상을 보이는 어휘의 수는 평균적으로 1,636개로 19.7%의 출현 비율을 보이고 있다. 즉 <목록>에 수록된 축소어형 어휘 중에서 현실의 국어 사용 환경에서 실제로 쓰이는 것은 10개 중 2개 정도이다. 이러한 수치에 가장 근접한 것은 뉴스 자료이다. 뉴스 자료는 출현어휘 수 1,827개, 비율 22.0%를 나타내고 있다.

다음은 출현 빈도 1회 이상을 보이는 축소어형 어휘수와 비율의 말뭉치별 차례를 보인 것이다.

(3) 말뭉치별 출현 빈도 1회 이상을 보이는 어휘수와 비율 순위
　　말뭉치 : 구술전사 ＜ 대본 ＜ 구어 ＜ 뉴스 ＜ 잡지 ＜ 신문
　　출현수 : 926개　　1,335개　1,418개　1,827개　1,934개　2,377개
　　출현비 : 11.15%　　16.07%　17.07%　22.00%　23.28%　28.62%

　　(3)에서 보듯이 출현수가 가장 적은 말뭉치 자료는 구술전사 자료로 8,306개의 ＜목록＞ 중 926개의 출현수와 11.2%가 안 되는 출현비율을 보이는 반면에, 가장 높은 축소어형 어휘 출현수를 보인 것은 신문 말뭉치 자료로 출현수 2,377개, 출현 비율 28.6%를 나타냈다. 가장 낮은 출현비율과 가장 높은 출현비율을 보이는 구술전사 말뭉치와 신문 말뭉치는 거의 3배 가까운 차이를 보이고 있다. 구술전사 자료의 경우는 말뭉치의 크기가 커질 경우 출현수가 어느 정도는 늘어날 수도 있지만 축소어형 어휘의 출현수가 반드시 말뭉치 크기와 비례하지는 않는다는 통계를 고려할 때, 말뭉치의 크기 때문이 아닌 말뭉치의 특성에 기인한 결과라고 보는 것이 좋겠다. 또한 가장 많은 출현수를 보인 신문 자료의 경우는 앞서 여러 차례 지적한 바와 같이 ＜목록＞의 구성상 특징, 즉 축소어형과 관련된 여러 목록들이 구어 자료보다 문어 자료에 의존하고 있다는 특성을 그대로 반영하고 있음을 통계적으로 증명하고 있다.

(4) 말뭉치별 출현 빈도 101회 이상을 보이는 어휘수와 비율 순위
　　말뭉치 : 구술전사 ＜ 구어 ＜ 대본 ＜ 잡지 ＜ 뉴스 ＜ 신문
　　출현수 : 52개　　　127개　　167개　　203개　　283개　　433개
　　출현비 : 0.63%　　　1.53%　　2.01%　　2.44%　　3.41%　　5.21%

(5) 말뭉치별 출현 빈도 1,001회 이상을 보이는 어휘수와 비율 순위

말뭉치 :	구술전사 <	잡지 <	구어 <	대본 <	뉴스 <	신문
출현수 :	7개	26개	33개	38개	51개	71개
출현비 :	0.084%	0.313%	0.397%	0.458%	0.614%	0.855%

　(4)의 말뭉치별 출현 빈도 101회 이상을 보이는 어휘수와 비율 순위는 출현 빈도 1회 이상의 순위와 별 차이를 보이지 않는다. 구어 말뭉치와 대본 말뭉치의 순위가 바뀌었을 뿐이다. (3)의 출현 빈도 1회 이상을 보이는 어휘수와 비율 순위와 (4)의 순위에서 보듯이 구어 말뭉치와 구어체 자료 가운데서 대본 준구어 말뭉치는 축소어형의 사용에 있어서 매우 유사한 양상을 띠고 있음을 알 수 있다.

　(5)는 말뭉치별 출현 빈도 1,001회 이상을 보이는 어휘수와 비율 순위를 나타낸 것이다. 여기서는 특이하게 문어 자료로 하위 분류한 잡지 말뭉치 자료에서 높은 출현 비율을 보이는 축소어형 어휘수가 구어 말뭉치 자료와 구어체 말뭉치 자료보다 작다는 것이다. 이것은 용례추출용 말뭉치 전체 비율 중 잡지 말뭉치의 크기가 작은데도 일부 이유가 있을 수 있지만 그보다는 잡지 말뭉치 자료의 특성에 기인하는 것으로 보인다.[25] 즉, 같은 문어 말뭉치이지만 신문의 경우는 지면의 제약을 크게 받는데 비하여 잡지는 상대적으로 지면의 제약으로부터 어느 어느 정도 자유로울 수 있기 때문이다.[26]

---

25) 잡지 말뭉치는 2,135,130어절로 전체 용례추출용 말뭉치의 7.72%의 비율을 점하고 있으며, 이 비율은 구술전사 말뭉치 다음으로 적다. 그러나 이러한 비율이 출현 빈도 1,001회 이상 출현 어휘수가 적은 이유가 된다고는 보기 어렵다. 대본 말뭉치의 경우 2,456,704어절로 전체 말뭉치 대비 8.88%의 비율을 점하고 있지만 3,610,232어절에 13.07%의 구성비를 가지는 구어 말뭉치보다 높은 출현 어휘수를 보이고 있기 때문이다.
26) 이런 점에서 잡지 말뭉치 자료는 이 연구에서는 다루지 않은 단행본 말뭉치 자료와 유사성을 띨 것으로 기대할 수 있다.

4.3. 말뭉치별 축소어형 출현 양상의 종합 검토

앞절에서 출현 빈도 1회 이상, 101회 이상, 1,001회 이상을 보이는 축소어형의 어휘를 말뭉치별로 비교하여 보았다. 그 결과 1회 이상의 출현 빈도를 보이는 축소어형 어휘나 1,001회 이상의 높은 출현 빈도를 보이는 어휘 모두에서 구어체 자료의 구술전사 말뭉치 자료가 가장 낮은 출현율을 보였고, 문어 자료의 신문 말뭉치 자료에서 가장 높은 출현율을 보이고 있음을 확인하였다. 이것은 구축된 말뭉치의 크기의 차이가 있기는 하더라도 그 보다는 단위 말뭉치의 특성에 따른 결과였다.

구술전사 말뭉치는 채록 당시 생존하고 있는 사람의 언어를 채록한 것이기는 하지만, 그것은 1990년대부터 현재에 이르기까지의 현대 국어의 양상을 반영한다기보다는 현재의 언어 사용자보다 한 두 세대 이전의 언어 양상을 보이고 있다. 그렇기 때문에 축소어형 역시 현재보다는 덜 사용되었던 것으로 보인다.

구어와 구어체, 그리고 문어 자료의 세 특성별 말뭉치를 비교할 때, 구어 자료에서 축소어형의 사용이 더욱 빈번할 것이라는 예상과는 달리 말뭉치를 통해 드러난 실제 사용 양상은 구어 말뭉치 자료보다는 문어 말뭉치 자료에서 더욱 많이 사용되고 있음을 확인하였다. 이것은 아직까지 현실의 다양한 발화 상황을 구어 말뭉치 자료가 반영하고 있지 못한 까닭도 있지만, <목록>이 주로 문어로 된 텍스트에서 만들어졌기 때문이다. 따라서 지금까지 나온 축소어형 관련 여러 목록들은 현대 국어 전반의 축소어형 목록이라기보다는 현대 국어 문어적 상황에서의 축소어형 목록이라고 하는 것이 더 타당할 것이다.

같은 구어체(준구어)라고 하더라도 대본 준구어 말뭉치 자료와 뉴스 스크립트 준구어 말뭉치 자료는 차이를 보이고 있다. 구어체 자료 가운데 대본 말뭉치 자료는 구어 말뭉치 자료와 출현수의 모든 영역에서 비슷한 수치를 보이고 있음에 반하여 뉴스 스크립트 말뭉치 자료는 문어 자료와 더 유사한 사용 양상을 보이고 있음을 통계를 통해 확인할 수 있었다.

한편, 1,001회 이상의 높은 출현 빈도를 보이는 축소어형 어휘는 각 단위 말뭉치별로 차이가 큼도 확인하였다. 신문 말뭉치 자료에서 1,001회이상의 고출현 빈도 어휘는 구술전사 말뭉치 자료에서보다 무려 10배 이상의 출현수(71 : 7)를 보이고 있고, 구어 말뭉치 자료와 비교할 때도 2배 이상의 차이(71 : 33)를 보임을 알 수 있었다. 이것은 신문 말뭉치 자료에서 특정 어휘들이 반복적으로 사용되고 있기 때문이었음을 자료를 통해 확인할 수 있었다. 또한 고출현 빈도 어휘들은 말뭉치별로 차이가 있었는데, 이것은 각각의 말뭉치의 특성에 따른 것으로 보인다.

단위 말뭉치 자료별로 1,001회 이상의 출현 빈도를 보이는 축소어형 어휘는 다음과 같다.[27]

> (6) 구어(33개) : 제(저의), 재밌다(재미있다), 아이(아이고), 아냐(아니야),
> 대학(대학교), 누가(누구가), 요즘(요즈음), 애(이 애), 애(이 아이), 머
> (무엇), 머(무어), 그걸(그것을), 얘기하다(이야기하다), 내(나), 걔(그
> 아이), 갖다(가지다), 애(아이), 막(마구), 그게(그것이), 어떻다(어떠하
> 다), 이거(이것), 그거(그것), 게(거기), 좀(조금), 않다(아니하다), 이렇
> 다(이러하다), 얘기(이야기), 그렇다(그러하다), 근데(그런데), 안(아

---

27) 말뭉치 분석에 있어서 축소어형과 본어형의 연결에 오류가 있을 수 있다. 이러한 오류는 사용 양상 통계수치에 약간의 오차를 가져올 수 있다. 그러나 사용 양상 전체를 살피는 데에는 큰 영향을 미치지 못한다고 판단하여, 오류 가능성이 있더라도 여기서는 통계수치로 드러난 출현 빈도 1,001회 이상의 어휘를 그대로 제시한다.

니), 뭐(무엇), 뭐(무어), 거(것)

(7) 구술전사(7개) : 않다(아니하다), 그거(그것), 뭐(무엇), 뭐(무어), 그렇
    다(그러하다), 안(아니), 거(것)

(8) 대본(38개) : 해주다(하여주다), 커피(커피차), 중전(중궁전), 제(저의),
    잔(술잔), 요즘(요즈음), 어때(어떠해), 아파트(아파트먼트 하우스),
    밑(밑바닥), 그렇다(그러하다), 그걸(그것을), 경찰(경찰관), 걔(그 아
    이), 갖다(가지다), 직(직업), 얘기하다(이야기하다), 사내(사나이), 누
    가(누구가), 그거(그것), 거리(길거리), 창(창문), 잠시(잠시간), 뭐하다
    (무엇하다), 맘(마음), 애(아이), 근데(그런데), 그게(그것이), 얘기(이
    야기), 어떻다(어떠하다), 이거(이것), 이렇다(이러하다), 좀(조금), 나
    가다(나아가다), 않다(아니하다), 안(아니), 거(것), 뭐(무엇), 뭐(무어)

(9) 뉴스(51개) : 후(추후), 현대차(현대 자동차), 파업(동맹 파업), 전남
    (전라남도), 일정(일정표), 이거(이것), 외교(외교 통상부), 여야(여
    권·야권), 언론(언론 기관), 안보리(국제 연합 안전 보장 이사회),
    쌀(입쌀), 서울대(서울 대학교), 버스(옴니버스), 민주당(통일 민주
    당), 민주(통일 민주당), 뭐(무어), 노조(노동조합), 남북(남한·북한),
    그렇다(그러하다), 고속도로(고속도도로), 거리(길거리), 강원(강원
    도), 한미(한국·미국), 즐(즐겁다, 즐겁게), 주택(단독 주택), 제주(제
    주도), 요즘(요즈음), 외환(외국환), 올(올해), 얘기(이야기), 비(비례),
    남(남한), 끌다(이끌다), 한(한국), 좀(조금), 앵커(앵커우먼), 앵커(앵
    커맨), 북(북한), 대학(대학교), 갖다(가지다), 핵(핵무기), 하루(하룻
    날), 총리(국무총리), 아파트(아파트먼트 하우스), 미(미국), 거(것),
    경찰(경찰관), 의원(국회의원), 안(아니), 이렇다(이러하다), 않다(아
    니하다)

(10) 잡지(26개) : 한(한국), 한(대한민국), 총선(총선거), 총리(국무총리),
    좀(조금), 요즘(요즈음), 아파트(아파트먼트 하우스), 민주당(통일

민주당), 미(미주), 미(미국), 뭐(무엇), 뭐(무어), 남북(남한·북한), 끌다(이끌다), 직(직업), 언론(언론 기관), 어떻다(어떠하다), 얘기(이야기), 거(것), 갖다(가지다), 대학(대학교), 그렇다(그러하다), 이렇다(이러하다), 대선(대통령 선거), 의원(국회의원), 않다(아니하다)

(11) 신문(71개) : 황(황색), 호주(호태리아주), 현대차(현대 자동차), 해주다(하여주다), 특검(특별 검사), 총선(총선거), 증시(증권 시장), 증(증권), 제주(제주도), 정(정치), 전북(전라북도), 전남(전라남도), 저자(저작자), 잠시(잠시간), 입시(입학시험), 아프간(아프가니스탄), 수능(수학 능력 평가), 수능(대학 수학 능력 시험), 소설(소설책), 새로(새로이), 불만(불만족), 북핵(북한 핵), 북(북쪽), 바뀌다(바꾸이다), 민주당(통일 민주당), 대한(대한민국), 누가(누구가), 노조(노동조합), 노사(근로자·사용자), 네티즌(네트워크 시티즌), 교육부(교육 인적 자원부), 공정위(공정 거래 위원회), 고교(고등학교), 경찰(경찰관), 경남(경상남도), 경기(경기도), 결승(결승전), 거리(길거리), 핵(핵무기), 총리(국무총리), 주(주식), 요즘(요즈음), 서울대(서울 대학교), 민주(민주주의), 뭐(무엇), 뭐(무어), 노(노동자), 주택(일반 주택), 좀(조금), 아파트(아파트먼트 하우스), 미(미주), 미(미국), 노(노무현), 직(직업), 올(올해), 언론(언론 기관), 어떻다(어떠하다), 얘기(이야기), 북(북한), 남북(남한·북한), 나가다(나아가다), 끌다(이끌다), 거(것), 한(한국), 이렇다(이러하다), 그렇다(그러하다), 의원(국회의원), 대학(대학교), 갖다(가지다), 대선(대통령 선거), 않다(아니하다)

이제 지금까지 살펴본 단위 말뭉치별 축소어형의 출현수와 출현 빈도를 종합하여 다음의 [표 25]로 보인다.

분 류		출현 빈도	0	1 이상	1~100	1~10	11~100	101 이상	0~10	총목록수
구 어	세종계획 결과물	출현수	6,888	1,418	1,291	907	384	127	7,795	8,306
		%	82.93	17.07	15.54	10.92	4.62	1.53	93.85	100.00
구 어 체	구술전사	출현수	7,380	926	874	687	187	52	8,067	8,306
		%	88.85	11.15	10.52	8.27	2.25	0.63	97.12	100.00
	준구어 대본	출현수	6,971	1,335	1,168	794	374	167	7,765	8,306
		%	83.93	16.07	14.06	9.56	4.50	2.01	93.49	100.00
	준구어 뉴스	출현수	6,479	1,827	1,544	954	590	283	7,433	8,306
		%	78.00	22.00	18.59	11.49	7.10	3.41	89.49	100.00
문 어	잡지	출현수	6,372	1,934	1,731	1,181	550	203	7,553	8,306
		%	76.72	23.28	20.84	14.22	6.62%	2.44	90.93	100.00
	신문	출현수	5,929	2,377	1,944	1,178	766	433	7,107	8,306
		%	71.38	28.62	23.40	14.18	9.22	5.21	85.56	100.00

[표 25] 말뭉치별 축소어형의 출현수와 출현 빈도 종합

제 5 장

축소어형의 유형 분류

축소어형은 그 분포가 언어 단위의 여러 층위에 걸쳐 있다. 작게는 어미가 줄어들어 만들어지는 것에서부터 한 단어가 줄어든 것, 체언과 조사나 용언의 어간과 어미로 이루어진 어절이 줄어들어 만들어지는 것, 그리고 몇 개의 단어들이 결합되어 구적 구조를 이루는 단어군이 줄어들어 만들어지는 경우도 있다. 물론 축소어형 가운데서 가장 많은 비율을 차지하고 있는 것은 본어형이 단어나 단어군의 모습을 띠고 있는 것들이다. 축소어형이 단어적 개념을 지닌 「준말」이라는 이름으로 불리는 이유도 단어로부터 만들어진 것들이 많은 비율을 차지하고 있기 때문이다.

이 장에서는 먼저 다양한 모습을 보이는 국어의 축소어형들이 어떠한 방식으로 만들어지는가를 체계적으로 분류하고, 축소어형을 만드는 본어형이 어떠한 언어 단위들과 관련을 맺고 있는가를 살펴보기로 한다.

형태적 연구에 앞서서 분석의 자료로 쓰인 <목록>에 실린 축소어형이 만들어지기 이전의 본어형이 어떠한 종류의 언어형태로 되어 있는가를 표와 그래프로 보이면 다음과 같다.

[표 26]과 [그림 19]에서 보듯이 전체 축소어형 가운데서 한자어의 축소어형이 약 66.7%로 가장 높은 비율을 차지하고 있고, 그 다음이 순우리말 축소어형으로 약 18%를 차지하고 있다. 그리고 본어형이 순우리말과 한자어의 결합형인 경우가 그 다음으로 약 6.1%의 비율을 보인다. 이는 현대 국어에서 축소어형이 빈번하게 만들어지는 것이 한자어류라는 것을 알 수 있다. 한자어는 단어와 단어를 연결시켜서 새로운 개념의 말을 만들어내기 쉽기 때문에 현대 국어에서 많이 사용되고 있는데, 한 편으로는 여러 번에 걸친 연결 또는 결합으로 어형이 길어지는 것을 축소어형을 만듦으로써 막아보려는 의도를 가지고 있는 것으로 보인다.

종 류	개 수	비 율
〈A〉 순우리말	1,491	17.95%
〈B〉 한자어	5,541	66.71%
〈C〉 외국어	411	4.95%
〈D〉 순우리말+한자어	506	6.09%
〈E〉 순우리말+외국어	50	0.60%
〈F〉 한자어+외국어	281	3.38%
〈G〉 순우리말+한자어+외국어	26	0.31%
합 계	8,306	100.00%

[표 26] 〈목록〉의 본어형 종류별 분류

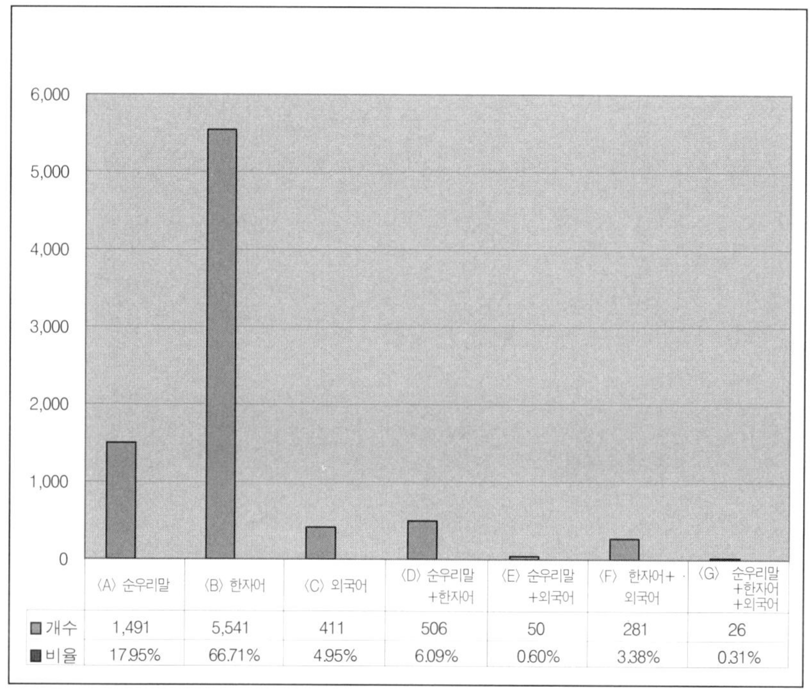

[그림 19] 〈목록〉의 본어형 종류별 분류 그래프

1. 형성 방식에 따른 축소어형의 분류

축소어형을 만드는 방식은 크게 둘로 나눌 수 있다. 줄어드는 구성 요소가 음운 차원의 것으로, 음운의 축약이나 탈락을 통해서 축소어형을 만드는 방식이다. 축약의 과정을 통해 만들어진 축소어형은 몇몇의 예외를 제외하고는 대부분 음운 규칙의 적용으로 설명이 가능하다. 이에 비하여 음운의 탈락으로 만들어진 축소어형은 그 탈락의 과정이 음운 규칙으로 설명되기 어려운 경우가 많다. 둘째는 음절 차원에서 줄어듦이 일어나는 것으로, 여러 음절로 이루어진 말 가운데서 일부의 음절을 잘라 버리고 나머지 일부를 취하는 방식이다. 이 방식도 다시 두 가지로 나눌 수 있는데, 첫째는 단어나 단어군을 이루는 단어들의 앞 또는 뒤 음절 일부를 잘라 내는 방식이고, 둘째는 단어나 구의 각 구성 요소에서 일부 음절을 가려 취하는 방식이다. 이와 같이 볼 때, 축소어형은 음운 차원의 줄이기로 '축약'과 '탈락', 음절 차원의 줄이기로 '절단'과 '선택'의 네 가지 형성 방식을 가진다.

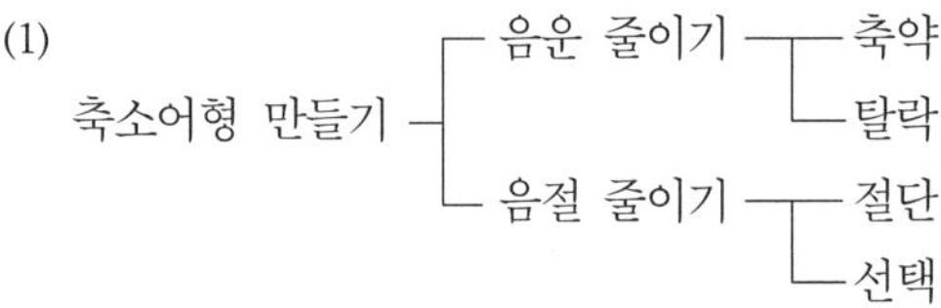

(1) 축소어형 만들기 ── 음운 줄이기 ── 축약 / 탈락 / 음절 줄이기 ── 절단 / 선택

　축소어형을 이처럼 네 가지의 형성 방식으로 분류하는 것은 다음과 같은 의의를 가진다.

　첫째로, 줄어드는 단위가 음운 차원인가 음절 차원인가 하는 것은 음운 규칙의 적용 여부를 가늠하게 해 준다. 구성 요소의 줄어듦이 음운 차원에서 일어나는 줄이기의 방식은 음운 규칙과 관련이 있는 것들이다. 즉 '축약'에 의한 축소어형은 몇몇 예외를 빼면 모두 음운 규칙으로 설명이 가능하고, '탈락'의 경우는 음운 규칙으로 설명이 가능한 것과 그렇지 않은 것으로 나누어진다. 다시 말해 '탈락'은 음운의 탈락이 규칙적으로 이루어지는 것도 있고 그렇지 않은 것도 있다는 것이다.

　그러나 음절 단위의 줄어듦이라는 차원으로 넘어가면 음운 규칙과 관련을 지을 수 없다. '절단'과 '선택'의 방식은 음운규칙으로 설명이 되지 않는다. 따라서 이들은 음운론의 차원에서는 다루어지기 힘든 축소어형의 형성 방식이며, 줄어 없어지거나 남는 부분에서 어떠한 음운 규칙의 적용도 불가능하다. 이러한 분류는 축소어형의 규칙성을 찾거나 판별할 기준을 세우는 데에 유용하다.

　둘째로, 본어형이 어떠한 구성을 이루고 있는지에 따라, 즉 본어형이 단일어인지 복합어인지, 아니면 구나 절 구성을 이루는지에 따라서 형성 방식을 달리하는 경향을 알 수 있다. 물론 문법 단위에 따라서 축소어형을 만드는 방식이 일 대 일로 대응이 되는 것은 아니다. 그렇지만 '축약'은 어떤 어형에서 많이 일어나고 '탈락'은 어떤 어형에서 많이 일어나는지 그 경향성은 파악하기에는 충분하다. '축약'과 '탈락'은 주로 한 형태소 내부나 형태소의 연결에서 줄어드는 현상을 보여주는데 비해, '절단'은 한 형태소 안에서 일어나는 경우도 없지는 않지만 대부분은 몇 개의 형태소나 단어가 결합된 복합어 구조를 줄이는 방식이다. '선택'은 단일어에서는 나타나지 않는 방식이라는 것도 이러한 분류를 통해 확인을 할 수 있다.

　셋째로, 본어형이 순우리말인가 한자어인가에 따라서 축소어형을 만드는 방법도 달라짐을 확인할 수 있다. 즉, '축약'이나 '탈락'은 순우리말에서만 보이는 형성 방식이고, '절단'과 '선택'은 순우리말 단어를 줄이는 방식으로도 쓰이지만 주로 한자어 복합어나 구 구성의 형태를 줄일 때 사용되는 방식이다.

1.1. 축약

　어형이 줄어들기 위해서는 음운의 축약이나 탈락이 일어나야 한다. 그런데 본어형을 구성하고 있는 음운들 사이의 축약은 현대 국어의 반

모음화 규칙이나 단모음화 현상을 적용함으로써 설명이 가능하다.[1]

> (2) 괭이(고양이), 눼(누에), 뉘(누이), 도려(도리어), 둼(두엄), 똬리(또아
> 리), 뭐 / 뭣(무어 / 무엇), 붴(부엌), 새(사이),[2] 애(아이), 얘기(이야기),
> 외(오이)[3]

> (3) 계집애(계집아이), 그새(그사이), 새참(사이참), 시뉘(시누이), 외씨(오
> 이씨)

> (4) ㄱ. 괴춤(고의춤), 션하다(시원하다), 계밥(지에밥)[4]
>   ㄴ. 꾀다(꼬이다), 뀌다(꾸이다), 뉘다(누이다), 뵈다(보이다), 죄다(조
>   이다)
>   ㄷ. 긔(그이), 새삼스레(새삼스러이)

(2)~(4)는 하나의 단어 안에서 음운의 축약이 일어나 만들어진 축소
어형들이다. (2)는 단일어, (3)~(4)는 복합어의 축소어형이다. 이러한
방식을 '축약'의 축소어형 형성 방식이라고 부르기로 한다. 예들에서

---

1) 반모음화는 활음화 현상과 관련을 가진다. 반모음화가 통시적 현상과 공시적 현상을 모
  두 보여준다고 한다면, 활음화는 공시적 현상을 보여준다.
2) '가히>가이>개'와 같이 단모음화 과정을 거쳐 완전히 굳어진 경우는 통시적으로는 축소
  어형이 만들어지는 과정을 거쳤다고 할 수 있지만, 축소되기 이전의 어형이 함께 나타나
  지 않으므로 공시적으로는 축소어형이 되지 않는다. 한편, '사이→새'의 경우는 'ㅏ+
  ㅣ>ㅐ'라는 모음의 단모음화 과정과 함께 '새'라는 축소어형이 만들어졌지만 본어형도
  함께 공존하므로, '새'는 '사이'의 축소어형이 된다.
3) 5장에서 제시되는 축소어형의 예는 8,306개의 축소어형이 수록된 <말뭉치용 축소어형
  목록>이 아닌 13,467개의 축소어형이 수록된 <국어의 축소어형 목록>에서 뽑았다. 따
  라서 <말뭉치용 축소어형 목록>에서 제외시켰던 통시성 축소어형이나 단일 사전에만
  수록되어 있는 축소어형도 포함되어 있다. 이는 다양한 축소어형의 모습을 살피기 위한
  방편이다.
4) 예로 제시되어 있는 것들 가운데 '눼, 둼, 붴, 계밥'과 같은 말은 실생활에서 잘 사용되지
  않는다. 하지만 이러한 예들은 기존 사전에 「준말」로 등재되어 있고 또 우리의 일상생활
  과 가깝지 않기 때문에 잘 사용되지 않는 것이지, 전혀 쓰이지 않는 것은 아니다.

보는 바와 같이 축소어형을 만드는 축약은 모음끼리의 축약이며, 이들은 모두 음운 규칙으로 설명이 된다. 복합어의 구성 요소 하나가 단일어의 축소어형과 동일한 (3)과 같은 경우는 복합어의 축소어형을 다시 설명할 필요가 없다. 그러나 (4ㄱ)~(4ㄷ)은 경우가 다르다. 복합어를 이루는 구성 요소 낱낱은 축소어형을 만들지 않는다. 즉 (4ㄱ)의 '*괴, *션, *제'는 단독으로 나타나지 않는다. (4ㄴ)은 용언의 어간에 피·사동 접사가 붙은 것들이다. (4ㄷ)의 '긔, 새삼스레'는 복합어의 구성 요소끼리 축약이 일어난 경우이다.

(2)의 '뉘, 새, 애, 애기, 외', (4ㄷ)의 '새삼스레'와 같은 축소어형은 단모음화의 과정을 통해 형성된 것이고, (2)의 '괭이, 눼, 도려, 똬리', 그리고 (4ㄱ)의 '션하다, 제밥' 등은 반모음화 또는 활음화의 과정을 거쳐 형성된 것으로 같은 축약이라고 하더라도 축약이 되는 방식은 차이를 보이고 있다.

(5) ㄱ. 게(거기), 제(저기)
　　ㄴ. 관두다(고만두다), 쏘대다(쏘다니다), 없애다(없이하다)

(6) 않다(아니하다), 어떻다(어떠하다)

(5)는 자음의 탈락이 일어난 후 모음의 축약이 일어난 것이고, (6)는 모음의 탈락이 일어난 후 자음의 축약이 일어난 것이다. (5ㄱ)은 단일어인데 자음탈락 후에 모음의 축약이 일어나는 것은 단일어로는 이 두 예 밖에 찾아지지 않는다. (5ㄴ)은 복합어의 축소어형이다. 역시 자음이 먼저 탈락하고 모음의 축약이 일어난 것들로 단일어와 마찬가지로 그 수가 흔치 않다. (6)의 '않다, 어떻다'는 모음의 탈락과 더불어 자음의 축

약이 일어난 것이다. 표기상으로는 자음 'ㄴ'과 'ㅎ'이 모두 나타나고 있지만 발음상으로는 'ㅎ'이 뒷소리 'ㄷ'과 결합하여 거센소리가 된다. 이러한 축약은 '-하-/-ㅎ-' 관련 단어에서밖에는 보이지 않는다. (5)와 (6)의 보기들은 '축약'과 함께 다음 절에서 보이는 유형인 '탈락'과도 관련을 가지는 축소어형이다.

> (7) ㄱ. 걔(그 애 ← 그 아이), 얘(이 애 ← 이 아이)
> ㄴ. 같잖다(같지 않다), 깨끗잖다(깨끗하지 않다), 대단찮다(대단하
> 지 않다), 아무래도(아무리 하여도)

(7)에 나타난 예들은 구를 이루고 있는 단어들 가운데 둘 또는 그 이상의 음운이 하나로 합쳐지면서 줄어들어 생긴 형태들이다. (6ㄱ)의 '걔, 얘'는 '아이'가 '애'로 먼저 줄어든 다음에 축약의 과정을 다시 한 번 더 겪으면서 생겨난 형태로 구를 이루는 두 어절에서만 보이는 현상이다. 한자어로 이루어진 구의 경우는 이러한 '축약'과 같은 방식이 보이지 않는다.

(7ㄴ)의 예 가운데 '같잖다, 깨끗잖다'에서 보이는 '-잖-'의 경우는 표기상으로 보면 단순히 모음이 탈락되어 만들어진 것처럼 보인다. 그러나 실제로는 '-지'와 '않-'이 줄어들면서 'ㅣ'가 바로 탈락하는 것이 아니라 'ㅣ'와 'ㅏ'가 축약되어 'ㅑ[ja]'와 같이 반모음화된다. 그런데 'ㅈ[tʃ]'가 경구개음이기 때문에 'ㅑ[ja]'가 표면적으로 실현되지 않아 '잖'과 같은 꼴로 나타나는 것이다.[5] 이 '-잖-축소어형'은 모음의 축약 뿐 아니라, (6)의 예에서 설명한 바와 같이 발음상으로는 자음의 축약도

---

5) 1988년 이전의 맞춤법(통일안)에서는 'ㅣ'와 'ㅏ'의 축약형이 'ㅑ'가 된다는 점을 들어 '-지 않-'의 축소어형을 '-쟎-'으로 보았던 것이다.

함께 일어난다. 따라서 '-잖-'이 들어간 형태는 '축약'에 의해 만들어
진 것으로 분류하는 것이 타당하다.

    (8) 인내(이리 내), 인다오(이리 다오), 인줘(이리 줘)

  (8)의 '인-'은 앞서 설명한 것들과는 다른 특이한 것이다. '인내'는
두 개의 어절로 이루어진 '이리 내'가 줄어서 된 것이다. 그런데 '이리'
가 '인-'으로 줄어드는 과정을 음운 규칙으로는 설명이 되지 않는다.
'이리내'의 경우, '이리'가 '인-'으로 된다 가정하면 '이리내 → 일내 →
인내'가 되는 과정을 모음탈락과 자음동화[6]로 설명할 수도 있다. 그러
나 '이리'가 '인-'이 되는 것은 뒤에 '내'가 올 때뿐만 아니라 '다오, 주
게, 주오, 줘' 등이 올 때도 마찬가지이다. 따라서 '인-' 관련 축소어형
은 음운 규칙을 적용하기 힘든 '축약'의 예외적인 현상으로 본다.[7]
  지금까지 음운의 축약에 의해 축소어형을 살펴보았다. 이러한 형태들
을 만드는 형성 방식을 '축약'의 방식이라고 부르기로 하였다. '축약'에
의한 축소어형은 둘 또는 그 이상의 음운이 합쳐지면서 어느 음운을 탈
락시켜 음절을 줄이는 데 그치지 않고 본어형에는 없던 새로운 음운을
만든다는 특징을 가진다. 또 이들은 모두 국어 음운 규칙으로 설명할

---

6) 그러나 이러한 설명도 구차하다. 뒤음절의 첫음 [ㄴ]이 앞음절 말음 [ㄹ]을 닮아 [ㄹㄹ]
  이 되는 순행동화는 자연스럽지만, 앞음절 말음 [ㄹ]이 뒤음절의 첫음 [ㄴ]을 닮아 [ㄴ
  ㄴ]이 된다고 하는 설명은 구차하고 어색하다.

7) '인내, 인다오, 인줘'와 같은 축소어형을 『큰사전』에서는 「준말」이라고 하지 않고 "'~'
  의 줄어 변한 말"이라고 설명하고 있으며, 『새사전』에서는 '인내'는 어간, '인주, 인주게,
  인줘'는 「준말」이라는 부호를 주고 설명에서 다시 "'~'의 줄어 변한 말"이라고 하였다.
  그런데 '인다오'는 감탄사라고 하고 설명에서 '이리 다오'로 가라는 표시를 하였지만 '이
  리 다오'는 사전에 나타나지도 않는다. 한편, 『약어 목록』에서는 '인내, 인다오, 인주'를
  '이리 내, 이리 다오, 이리 주'의 약어로 다루고 있다.

수 있는 것들로 '축약'의 방식은 축소어형을 만드는 비교적 규칙적인 방법임을 보여주는 것이다. 물론 '축약'에 적용되는 음운 규칙은 수의 적인 규칙이다. '축약'의 방식으로 만들어지는 축소어형은 한자어에서 는 나타나지 않고 순우리말에서만 나타난다. 한자어 축소어형도 몇 개 보이지만 이것도 온전한 한자어라기보다는 순우리말화한 것이다.[8]

1.2. 탈락

축소어형을 만드는 음운의 축약이 몇 개의 예외를 빼고는 음운규칙 으로 설명이 되는 데 비하여, 음운의 탈락을 통해 축소어형을 만드는 경우는 탈락 현상이 규칙으로 설명이 되는 것이 있기도 하지만 규칙의 적용이 어려운 것들도 많이 있다.

> (9) 갈(가을), 게르다(게으르다), 골(고을), 낼(내일), 담(다음), 맘(마음), 밈(미음), 밸(배알), 빔(비음), 쌈(싸움), 샘(새암), 뺏다(빼앗다), 머 (무어),[9] 멱(미역), 즘(즈음),

> (10) 골짝(골짜기), 건들다(건드리다), 갖다(가지다), 맞다(마치다), 머물 다(머무르다), 서둘다(서두르다), 서툴다(서투르다), 잡숫다(잡수시다)

> (11) 결(겨를), 골(고랑), 땜(때문), 숲(수풀), 줌(주먹),[10] 아무렴(아무려면)

---

8) '소인>쉰', '주인>쥔, 제일>젤'과 같은 것들이 그것이다. 한자어 축약의 더 많은 예는 156쪽 (48)의 예들을 참고할 것.

9) 이것은 '무엇→무어→뭐→머'의 단계를 거친다. 그런데 '머'가 '무어'에서 바로 줄어 들었다고 보거나 '뭐'의 과정을 한 단계 더 거쳐서 줄어들었다고 보거나 '탈락' 방식을 취하기는 마찬가지이다.

10) 통시적으로 보면, '골'은 '고랑'에서 줄어든 것이 아니라 '골'에 접미사 '-앙'이 붙어서 '고랑'으로 확장된 것으로 볼 수 있고, '숲'과 '줌'도 각각 '숲+울', '줌+억'으로 분석

(12) 멈(머슴), 좀(조금), 진디(진드기)

(13) 미꾸리(미꾸라지), cf) 메추리(메추라기)

(9)~(13)에서 보이는 예들은 모두 한 개 이상의 음운이 탈락되어 형성된 것들이다. 음절을 이루는 음운 일부를 덜어 내었기 때문에 이러한 방식을 '탈락'의 형성 방식이라고 부른다. (9)는 이어 나는 두 모음 중 하나가 탈락되어 만들어진 축소어형이다. 모음이 이어 날 때 그 중 한 모음을 탈락시키는 현상은 모음충돌 회피현상이라는 음운 규칙으로 설명이 가능하다. '게르다'의 경우는 단어를 이루고 있는 음절 가운데 한 음절 '으' 전체가 탈락하였지만 이것도 모음충돌 회피현상이라는 음운 규칙의 적용을 받는 것이다. (10)과 (11)도 음절을 이루는 음운의 일부를 덜어낸 것들이다. 그러나 이들에서는 특별한 음운 규칙을 찾기 힘들다. 공통점을 찾는다면, (10)은 '자음+모음'의 음절 가운데 자음은 앞 모음의 받침이 되고 모음은 탈락하는 것들이고 (11)은 뒤 음절의 첫 자음이 앞 음절의 받침으로 내려와 붙고 모음을 포함한 음절의 나머지 부분이 탈락한다는 점이다. (12)의 '머슴, 조금'은 '자음+모음+자음'의 음절에서 받침을 뺀 '자음+모음'이 탈락하고 받침이 앞 음절의 받침으로 올라붙어 '멈, 좀'이 되었다. '진디'는 뒤의 한 음절을 그대로 잘라낸 것이다.

(13)의 '미꾸리'는 '탈락'에 의해 형성된 축소어형이다. 사전에서는

될 수 있다. 그렇다면 '골, 숲, 줌'은 본어형에서 축소어형이 된 것이 아니라 1음절로 된 본어형에 접사가 붙어 확장된 것이다. 하지만, 공시적으로는 두 형태가 함께 나타나면서 일반인들이 이 둘을 본어형과 축소어형의 관계로 의식하고 있다고 판단된다. 『표준사전』과 『큰사전』, 그리고 『약어 목록』과 『준말 목록』 모두 이러한 공시적 관점에서 이 둘의 관계를 「준말」 또는 '약어'와 '본말'로 보고 있다.

미꾸라지의 「준말」로 처리하고 있다. 그런데 ‘미꾸리’의 「준말」 처리는 그리 간단하게 넘어갈 문제가 아니다. 현재는 ‘미꾸리’와 ‘미꾸라지’의 관계를 ‘메추리’와 ‘메추라기’의 관계와 비슷한 것으로 보고 있지만 중세 국어에서는 그렇지 않다. 중세 국어에는 짧은 꼴인 ‘미ᄭᆞ리(>미꾸리)’가 먼저 나타나고 긴 꼴인 ‘미꾸라지’는 후대로 넘어오면서 발견된다. 이는 ‘미꾸리’가 본어형이고 ‘미꾸라지’는 ‘미꾸리’로부터 생긴 것이라는 설명을 가능하게 한다.[11] 그러나 ‘메추라기’의 경우는 ‘모츠라기>뫼츠라기>뫼초라기>몯ᄎᆞᆯ기>뫼초리>뫼초락이>뫼촐이’의 변화 과정을 겪는다.[12] 따라서 ‘미꾸라지’의 「준말」이 ‘미꾸리’라는 것은 잘못된 유추 해석이 된다. 그러나 공시적인 관점에서 본다면, 일반 언중들에게

---

11) 옛 문헌에 보이고 있는 ‘미꾸리’와 ‘미꾸라지’는 다음과 같다.

    鰍 밋구리 츄 俗呼泥鰍<訓蒙字會 初刊本 上：11>
    鰍 今俗呼泥鰍 밋구리<四聲通解 重刊本 下：69>
    鰍魚 믜ᄭᆞ리 …… 形短小常在泥中一名鰍魚<東醫寶鑑 湯液編 2：4>
    泥鰍魚 밋그리<譯語類解 下：37>
    泥鰍 鰌 鰡 믹굴이<物譜, 鱗蟲>
    鰡 似鱓而小 滑疾難握 밋그라지 泥鰍, 鰡魚 仝<物名考 2：4> (이상 『큰사전』 참조)

『큰사전』에서는 ‘밋구리>믜ᄭᆞ리>밋그리>믹굴이>밋그라지’와 같이 변천과정을 재구하여 ‘미꾸리’가 ‘미꾸라지’로 변화한 것으로 설명하고 있다.
한편, 미꾸리와 미꾸라지를 서로 이들을 다루는 상인들 사이에서는 다른 물고기로 취급되기도 한다. 즉 미꾸리는 ‘동글이’라 하여 머리가 둥근 것을 이르고 미꾸라지는 ‘납작이’라 하여 머리가 갸름한 것을 지칭한다는 것이다.

12) ‘메추라기’에 관한 기록으로는 다음과 같은 것들이 있다.

    오시 눌ᄀᆞ니 모츠라기 ᄃᆞ론 ᄃᆞᆺ 호미 잇도다(衣故有懸鶉)<杜詩諺解 初刊本 20：26>
    구워렌 태티기 ᄒᆞ며 모츠라기로 노롯ᄒᆞ기 ᄒᆞ며(九月裏打攙要鵪鶉)<飜譯朴通事, 上：18>
    鶉肉 뫼츠라기 … 蛙變爲鶉 田鼠化爲鴽 鴽卽鶉也<東醫寶鑑 湯液編 1：38-39>
    뫼초라기 노롯 ᄒᆞ고(要鵪鶉)<朴通事諺解 上：17>
    鶉 몯ᄎᆞᆯ기 슌<倭語類解 下：21>
    鵪鶉 뫼초리<漢淸文鑑 13：56>
    鶉 뫼초락이<物譜, 羽蟲>
    鶉 南方宿精 或曰蝦蟆所化 雄高雌卑 毛有斑點 뫼촐이<物名攷 1：2>(이상 『큰사전』 참조)

‘미꾸리’와 ‘미꾸라지’가 같은 것으로 인식이 되고 있고, ‘미꾸라지’가 줄어 ‘미꾸리’가 되었다고 보는 것은 이와 비슷한 관계에 있는 ‘메추리 – 메추라기’와의 동형성 측면에서도 일정 부분 설명력을 가진다. 따라서 통시적으로는 ‘미꾸리’라는 원형에서 ‘미꾸라지’가 파생되었다고 하더라도, 그리고 ‘미꾸리’와 ‘미꾸라지’가 다른 종류의 물고기라고 하더라도 여기서는 공시적 관점에서 ‘미꾸리’는 ‘미꾸라지’가 ‘탈락’의 방식으로 줄어든 것으로 보기로 한다.[13]

‘탈락’의 방식을 통해 만들어지는 축소어형은 모음충돌 회피현상이라는 음운 규칙 외에는 뚜렷한 규칙성을 찾기 힘들다. 이러한 경향은 (9)~(13)에서 보인 단일어뿐만 아니라, 복합어의 경우에도 마찬가지이다.

(14) 갈맷(가리맛), 갖가지(가지가지), 건하다(거나하다), 검잡다(거머잡다), 글밭(그루밭), 누덕옷(누더기옷), 다림질(다리미질), 돋보이다(도두보이다), 맞들다(마주들다), 숟갈(숟가락), 슻다(스치다), 슬몃(슬며시), 실올(실오리), 반짇고리(바느질고리), 앰하다(애매하다)

(15) 갖신(가죽신), 거운하다(거우듬하다), 머리칼(머리카락), 빅(비김)

(16) 고깟(고까짓), 맥질(매흙질), 박장기(바둑장기), 밭사돈(바깥사돈), 뵙다(뵈옵다), 삽짝(사립짝), 삿대(상앗대), 앗줄(아딧줄)

(17) 일여덟(일고여덟 ← 일곱여덟), 다다음(다음다음)

(18) 것(그것), 간두다(그만두다)[14]

---

13) 그렇지만, 이러한 처리는 문제의 소지가 적지 않음을 인정한다. 축소어형의 통시적 관점과 공시적인 관점에서의 접근 방법에 대해서는 더 많은 논의가 필요하다.

14) 사전에는 ‘간두다’는 ‘관두다’의 큰말이라고 되어 있다. 그러나 실제 쓰임에서는 큰말과 작은말이라는 인식이 거의 없이 이 둘이 서로 넘나들면서 쓰인다. 본말이 어떠한 방식

(14)~(18)은 모두 '탈락'을 통해 만들어진 복합어의 축소어형이다. (14)는 '자음+모음'의 음절에서 모음이 탈락하고 자음이 앞 음절의 받침이 된 것이고, (15)는 '자음+모음+자음' 음절에서 '모음+자음'이 탈락하고 젓 자음이 앞 음설의 받침이 된 것이다. (16)은 '자음+모음+자음'의 음절에서 받침을 뺀 '자음+모음'이 탈락하고 받침이 앞 음절의 받침으로 올라붙은 것이다. (17)은 한 음절 전체가 탈락한 것이고, (18)은 앞 음절의 모음과 뒤 음절의 자음이 탈락하고 만들어진 특이한 형태이다. '그것'의 축소어형인 '것'은 첫음절 '그'가 탈락하였다고 볼 수도 있지만, 첫음절 '그'의 모음 'ㅡ'와 두 번째 음절 '것'의 첫소리 'ㄱ'이 줄어들었다고 보는 것이 더 합리적이다. 그 까닭은 "것(거) 봐, 내가 하지 말라고 그랬잖아"와 같은 문장에서 '것(또는 '거')'는 '*그엇(그어)'와 비슷하게 길게 발음하는 현상을 통해 볼 때, 중간의 소리들이 줄어들었다고 보는 것이 더 설명력 있기 때문이다. 또한 "거 좀 조용히 합시다"라는 문장에서 '거'가 앞 음절이 줄어 만들어진 것이라고 한다면 다시 '이, 그, 저' 가운데 어느 것이 줄었는가 하는 데 대한 설명을 필요로 한다.15) 그러나 '그거'에서 '그'의 'ㅡ'와 '거'의 'ㄱ'이 줄어들었다고 보면 설명의 간결성과 합리성을 가지게 된다.16)

'탈락'은 (9)~(18)에서 보이는 예와 같이 다양한 음운 탈락의 방식을

으로 줄어들었는가에 따라서 '간두다'가 될 수도 있고 '관두다'가 될 수도 있다. 이들은 '탈락'과 '축약'라는 서로 다른 방식으로 축소어형이 되었다는 차이를 가지고 있는 것이다.

15) 물론 이 때의 '거'는 '거기'의 축소어형도 된다. '거기'의 축소어형인 '거'는 '탈락'이 아닌 '절단'의 방식으로 만들어진 것이다.

16) '그것'이 '것'으로 줄어드는 과정을 다음과 같이 설명할 수 있다.

그것[kɨgət] → ([kɨɣət]) → 그엇[kɨət] → 것[kət]

　　마찰음화　　　자음탈락　　모음탈락

　　　　　　　　（ɣ음탈락）

보인다. 그러나 어떠한 음운을 탈락시키건 탈락되는 음운에는 반드시 모음이 포함되어 음절수를 줄인다는 공통점을 가진다. '탈락'의 방식은 음운을 줄인다는 점에서 (2)~(8)에서 보인 '축약'의 방식과 같지만, '탈락'을 통해서 만들어지는 축소어형은 본어형이 가지고 있지 않은 새로운 음운을 만들지 않는다는 데 특징이 있다.

> (19) 까막까치(까마귀 까치 / 까마귀와 까치), 암말(아무 말), 언놈(어느 놈), 울엄마(우리 엄마), 인마(이 놈아), 재밌다(재미 있다), 한둘(하나 둘)17)

(19)는 구가 줄어든 것이다.18) 구의 경우도 단어의 경우와 마찬가지로 '탈락'의 양상이 다양하다. 이러한 '탈락'의 방식은 '축약'의 방식과 더불어 순우리말 단어나 구, 절 등을 축소어형으로 만드는 중요한 방식이 된다. '탈락'의 방식 모두가 음운 규칙의 지배를 받지는 않지만 모음 탈락의 경우는 음운 규칙으로 설명이 가능한 것도 있다. 이 때 적용되는 음운 규칙도 수의적이다. '탈락'에 의해 만들어지는 축소어형도 '축약'의 그것과 함께 순우리말에서만 보이며, 한자어에 기반을 둔 것도 순우리말화한 것이다.

1.3. 절단

음운의 축약이나 탈락을 통해 축소어형을 만드는 '축약'과 '탈락'이

---

17) '한둘'은 '하나 (또는) 둘'에서 줄어든 것으로, 이와 유사한 형식의 축소어형에는 '너댓, 대엿(대여섯), 예닐곱'이 있다.

18) 구가 줄어들어서 만들어진 단어로 '오살년, 육시랄'과 같은 것들이 있다. '오살년'은 '오사할 년', '육시랄'은 '육시를 할'에서 온 것이다. 그러나 이들은 현대 국어에서 본어형으로의 교체나 환원이 가능하지 않다.

순우리말에만 해당하는 것이라면 본래 형태의 앞 또는 뒷부분 일부를 잘라서 축소어형을 만드는 방식은 순우리말와 한자어 모두 해당한다. 이를 '절단'[19)의 형성 방식이라고 한다.

절단의 방식으로 만들어진 축소어형은 현대에 들어와서 급속히 늘어난 현대 국어의 특징적 현상의 하나이다. 인구어에서도 절단의 방식에 의한 축소어형은 근대(현대) 이전에는 거의 나타나지 않고 있는 것으로 보인다. Marchant(1969)은 영어의 경우 절단의 예를 15세기 이전에는 찾아 볼 수 없는 것 같다고 추정하고 짧은 단어를 요구하는 신문 기사의 제목(헤드라인) 스타일이 절단 방식의 발전을 가져왔다고 진단하였다 (Marchand, 1969 : 448~449).

절단과 선택의 방식으로 축소어형을 만드는 방법은 뚜렷한 규칙성을 찾을 수 없기 때문에 이를 예외적인 현상으로 제쳐두려는 경향이 있다. Aronoff(1976 : 20)에서는 절단으로 만들어진 축소어형들은 다소간 철자법에 의존하고 있고, 철자법(정자법)이 언어학적 행위(작용)에 있어서 필요조건은 아니기 때문에, 일반적인 것이 될 수는 없다고 지적했다. 그렇지만 Bauer(1983 : 232)에서는 영어에 관한 한 이러한 형성은 너무나 일반적이어서 그들을 정상적인 것에서 제쳐놓는 것은 옳은 태도가 아니라고 주장한다. 이러한 주장은 한국어의 경우에도 적용될 수 있다. 국어에서 드물게 보이던 단어의 절단이 현대에 들어서서 신문과 방송을 비롯한 언론 매체의 발달을 통해서 급속히 늘어나고 있고 이에 대한

---

19) 영어에서는 이와 같은 방식을 'clipping'라고 한다. 국어로는 '절단'으로 번역되기도 하는데, 이것은 단어에서 하나 또는 그 이상의 음절을 잘라 내고 남은 일부로서 전체 의미를 나타내게 하는 것을 이른다(Bauer, 1983 : 233과 김영석, 1998 : 173 참조). 한편, 이렇게 해서 만들어진 말을 김석득(1992)에서는 '가위질말'이라고 하였다. 그런데 '가위질말'은 앞이나 뒤뿐만 아니라 가운데를 잘라 내는 경우도 다 포함하고 있으므로 여기서의 '절단'과는 차이가 있다.

언어학적인 설명을 하여야 할 필요성이 있기 때문이다.

이제 '절단'의 방식으로 만들어진 축소어형들을 살펴보기로 하자.

(20) ㄱ. 명(무명), 부바(어부바), 새(억새), 절로(저절로), 망구(할망구)

ㄴ. 가마(가마니), 거(거기), 골(골짜기), 끼(끼니), 나(나이), 대(대야), 배래(배래기), 서(서까래), 소래(소래기), 울(울타리), 채(채찍)

(21) ㄱ. 걸먹다(언걸먹다), 둔패기(아둔패기), 뚝발이(절뚝발이), 마빡(이마빡), 붐하다(희붐하다), 양아치(동냥아치)

ㄴ. 감복숭(감복숭아), 갓양(갓양태), 구렁텅(구렁텅이), 구태(구태여), 대낚(대낚시), 말채(말채찍), 못서(못서까래), 시누(시누이), 여남(여남은), 적이(적이나),[20] 콧잔등(콧잔등이)

(22) ㄱ. 갈잎(떡갈잎), 고대(깃고대), 고랑(쇠고랑), 고름(옷고름), 깃(옷깃), 꼬다(비꼬다), 나들다(드나들다), 놀(낫놀), 대(담뱃대), 따귀(뺨따귀), 밀어(통밀어), 볕(햇볕), 살(화살), 쏘시개(불쏘시개), 잉걸(불잉걸), 잘랑(개잘랑), 춤(허리춤), 치기(날치기), 판(말판), 펄(개펄)

ㄴ. 가리(가리새), 가마(가마솥), 가을(가을걷이), 거란지(거란지뼈), 겨릅(겨릅대), 구김(구김살), 굿거리(굿거리장단), 그(그것), 널(널빤지), 노루발(노루발장도리), 도투락(도투락댕기), 뚜(뚜쟁이), 머리(머리털), 밑(밑구멍, 밑동, 밑바닥), 상사(상사밀이), 새삼(새삼스레), 섶(섶나무), 아침(아침밥), 채마(채마밭), 테(테두리), 토(토씨)

---

20) '적이' 또는 '적이나'는 모두 형용사 '적다'에서 접사 '-이'가 붙어 만들어진 파생 부사이다. 이 때 '적이나'를 '적이'에 보조사 '나'가 붙어 만들어진 말로 보면 본래 어형과 축소어형의 관계가 성립하지 않는다. 그러나 이 연구에서는 공시적 관점에서 이 두 어형은 서로가 의미차이를 거의 보이지 않으며 넘나들고 쓰이기 때문에 '적이나'를 본어형으로 간주하고 이 어형에서 뒤음절 절단을 통해 '적이'가 만들어진 것으로 보아 (21)의 예들과 함께 묶어 처리하였다.

(20)은 순우리말 단일어, (21), (22)는 순우리말 복합어의 축소어형들이다. '절단'에는 단어의 앞쪽을 잘라 버리는 '앞음절 절단'과 뒤쪽을 잘라 버리는 '뒤음절 절단'으로 나눌 수 있다. (20)~(22)의 (ㄱ)이 '앞음절 절단'으로 만들어진 축소어형이고 (ㄴ)이 '뒤음절 절단'으로 만들어진 축소어형이다. '절단'에는 구성요소를 어떻게 잘라 내는가에 따라 다시 둘로 나누어진다. 단일어의 경우는 그 구성상 단일어를 이루는 몇 개의 음절 가운데 일부를 잘라 내는 것밖에는 없다. 그러나 복합어의 경우는 (21)과 같이 복합어를 이루는 한 구성요소의 일부를 잘라 버리는 것과 (22)에서 보는 바와 같이 복합어의 한 구성요소 전부를 잘라 버리는 것이 있다.

어떠한 요소를 버리고 어떠한 요소를 남기는가를 명확히 밝히기는 어렵지만 다음과 같은 경향은 파악할 수 있다. 단일어나 복합어의 한 구성요소의 일부를 잘라 버리는 경우는 의미와 상관없이 앞뒤의 한 음절을 잘라 버리는 것이 대부분이다. 이에 비하여 복합어의 한 구성요소 전체를 잘라 버리는 경우는 복합어에서 그것이 앞쪽이건 뒤쪽이건 의미의 파악에 있어서 중요성이 덜하거나 잘라 내어도 복합어 전체의 의미 파악이 가능한 한 부분을 잘라 버린다.[21] 이러한 의미의 중요성에 따른 '절단'의 경향은 동식물의 이름이 줄여 부를 때에 곧잘 활용된다.[22]

---

21) 이것은 다음 절에서 다룰 '선택'과 차이를 보이는 점이기도 하다.

22) 친근하고 자주 불리는 동식물의 이름이 길 때는 줄어들 가능성이 많이 있지만, '노랑나비집게벌레, 노랑점박이하늘소'와 같이 특수한 동식물의 이름은 그 길이가 길더라도 줄어들지 않고 그대로 다 쓰인다. 이러한 긴 이름은 동식물의 특징을 설명하고 나타내려는 의도를 담고 있다고 보인다. 그런데 어느 한 부분을 줄이게 되면 이름의 설명력이 약화된다. 따라서 축소어형의 언어 경제성이 설명력을 약화시킬 경우에는 어형을 줄이지 않는다.

(23) ㄱ. 갈나무(떡갈나무), 개지(버들개지), 방개(물방개), 벌(꿀벌), 비꾹
　　　 새(후루룩비꾹새), 새(참새), 쐐기(풀쐐기), 지바퀴(개똥지바퀴)

　　 ㄴ. 가지고비(가지고비고사리), 나나니(나나니벌), 다다기(다다기
　　　 찰), 댕댕이(댕댕이덩굴), 모시(모시풀), 목매기(목매기송아지),
　　　 물푸레(물푸레나무), 쇠무릎(쇠무릎지기), 쥐다래(쥐다래나무)

(23)은 동식물의 이름들이다. 앞부분을 잘라 버리는 (23ㄱ)은 주로 꾸
며 주는 의미를 가진 부분이 줄어들고, 뒷부분을 잘라 버리는 (23ㄴ)은
‘벌, 풀, 나무’ 등과 일반적인 동식물의 명칭을 잘라 내고 특정 의미를
가지는 부분을 남겨 둔다.

　제시된 예에서 볼 수 있듯이 ‘절단’의 방법은 ‘축약’이나 ‘탈락’과는
달리 한자어의 축소어형을 만드는 주된 방식이다.

(24) ㄱ. 각(누각), 간도(북간도), 계관(월계관), 고료(원고료), 괘(점괘),
　　　 구공탄(십구공탄), 균(세균), 다반사(항다반사), 대사(신진대사),
　　　 사(회사), 세부득이(사세부득이), 수도(상수도), 술어(학술어),
　　　 앙금(원앙금), 양력(태양력), 양풍(서양풍), 어학(언어학), 욕탕
　　　 (목욕탕), 용(녹용), 작물(농작물), 정음(훈민정음), 지사(도지
　　　 사), 찬(반찬), 총리(국무총리), 탈태(환골탈태), 풍지(문풍지),
　　　 행원(은행원)

　　 ㄴ. 갱(갱도), 경위(경위도), 계엄사(계엄사령부), 고속철(고속철도),
　　　 공(공력, 공로), 구약(구약성서), 급행(급행열차), 난(난리), 단편
　　　 (단편소설), 대검(대검찰청), 등기(등기우편), 맥(맥박), 북구(북
　　　 구라파), 분(분수), 불(불타), 사령(사령장), 서(서문), 석간(석간
　　　 신문), 손(손해), 영작(영작문), 재(재액), 재고(재고품), 재선(재
　　　 선거), 저임(저임금), 전무(전무이사), 조석(조석반), 주(주문),
　　　 중학(중학교), 직(직업, 직책), 청상(청상과부), 초(초록), 총책
　　　 (총책임자), 특종(특종기사), 환골(환골탈태)

(25) 가정법률상담소(한국가정법률상담소), 가정의학회(대한가정의학회),
　　　기무처(국군기무처), 방위군(국민방위군), 병기학교(육군병기학교)

(24)~(25)는 한자어의 축소어형이다. (24ㄱ)은 '앞음절 절단', (24ㄴ)은 '뒤음절 절단'의 방식이 적용된 것들이다. 한자어 복합어도 순우리말 복합어의 경우와 마찬가지로, 복합어의 한 구성요소 전체를 잘라 버리는 것과 한 구성요소의 음절 일부만을 잘라 버리는 것이 있다. 그러나 한자어의 특성상 이러한 구별은 순우리말의 경우와는 달리 큰 의미를 가지지 않고, 다만 한자어가 가지는 표의적 기능이 작용하고 있는 것으로 보인다. (25)와 같은 단체의 이름은 '한국, 대한, 국군, 국민' 등과 같이 우리나라를 지칭하거나 보편성을 띠기 때문에 생략하여도 의미 전달에 큰 영향을 끼치지 않는 구성요소를 '앞음절 절단'을 통해서 잘라 버리는 것이 일반적이다.

'절단' 방식으로 만들어진 말들은 새로운 음운의 생성이 없이 음절들을 덜어냈다는 점에서 '탈락'에 의해 만들어진 것들과 비슷한 면이 있다. 그러나 '탈락'의 경우는 단어 내부의 음절 일부를 덜어내는 데 비하여, '절단'은 앞이나 뒤의 한 음절이나 몇 음절 전체를 잘라 버린다는 점에서 차이가 있다. '절단'에 의해 만들어진 축소어형들은 다음의 '선택' 방식으로 만들어진 말들과 함께 한자어 복합어를 줄일 때 많이 보이는 유형이다.

1.4. 선택

현대 국어의 축소어형 가운데 가장 높은 비율23)을 차지하고 있는 것이 단어나 구 또는 구적 구성을 보이는 단어군 등의 언어 단위를 구성하고 있는 음절들에서 몇 개를 선택적으로 취해서 만들어진 것이다.

앞에서 제시한 '절단'의 방식도 음절의 줄임이 일어나는데, '절단'의 경우는 두 음절 이상으로 이루어진 단어에서 앞이나 뒤의 몇 음절을 잘라 버린다. 이에 비하여 단일어가 아닌 복합어나 구적 구성의 단어군 또는 구의 앞 뒤, 중간에 있는 음절들을 잘라 버리는 방식이 있다. 이러한 축소어형의 형성 방식은 복합어나 단어군을 구성하고 있는 개개의 단어로 보면 앞이나 뒤의 음절을 잘라 버린다는 점에서 '절단'과 관련이 있지만, 전체의 구성으로 보면 개개의 구성 단어에서 몇 음절을 가려뽑고 이들을 합치는 방식이다. 따라서 이러한 방식을 '선택'이라고 한다.24) '선택'의 방식에 의해서 만들어진 축소어형과 유사한 인구어의 acronym 역시 20세기에 들어서 많이 늘어났으며(Adams, 1973 : 136), 현대 국어에서도 가장 특징적인 축소어형의 생성 방식이 바로 '선택'의 방식이다.

> (26) ㄱ. 거벗(거라벗어난끝바꿈), 김볶(김치볶음밥), 불낙(불고기낙지전
> 　　　　골)25)
>
> 　　ㄴ. 겹잎(겹꽃잎), 귓보(귀잡이보), 돌질(돌멩이질), 동톱(동가리톱),
> 　　　　들판(들머리판), 말꾼(말몰이꾼), 무떡(무시루떡), 숟집(숟가락
> 　　　　집), 아니까(아니나다를까), 오젓(오사리젓), 잣대(자막대 ← 자

---

23) <목록>에서 '선택'의 방식으로 만들어진 축소어형의 비율은 53.66%로 전체 목록의 절
　　반 이상을 차지하고 있다.

24) 국어에서 축소어형을 만드는 '선택'의 방식은 앞서서 '절단'으로 번역된 영어의 clipping
　　과 blending, acronyming이 함께 섞여 있는 방식이라고 할 수 있다. 이에 대해서는 이
　　장의 후반부에서 상술한다.

25) '거벗'이 일상적인 단어는 아니나 문법 용어로서 학술적으로 무리 없이 쓰이고 있다. 한
　　편, '김볶, 불낙'과 같은 것들이 완전한 단어로 정착하였다고는 보기 힘들다. 그러나 실
　　생활에서 이와 같은 형태로 많이 쓰이고 있고, 또 그러한 경향이 점차 높아 가고 있다.

막대기), 잔살(잔주름살), 품꾼(품팔이꾼)
ㄷ. 소박이(오이소박이김치), 양(갓양태)

(26)은 '선택'의 방식으로 만들어진 순우리말의 축소어형이다. '선택'에 의한 순우리말 복합어의 축소어형은 한자어에 비해 그 수가 매우 적다. (26ㄱ)의 '김볶, 불낙'처럼 속어로써 입말에서 쓰이는 것들을 제외하고는 정착된 단어로서는 (26ㄴ)에서 보는 것처럼 복합어의 가운데 부분을 잘라 내고 앞뒤의 음절을 뽑아내는 것이 많다. 또 그 숫자는 많지 않지만 (26ㄷ)의 '소박이, 양'처럼 앞뒤를 잘라 내고 가운데 부분만을 뽑아내는 것도 있다.

(27) ㄱ. 구성 요소 내부 절단 — 앞/앞 음절 따기
　　　가판(가두판매), 간명(간단명료), 간선(간접선거), 국감(국정감사), 노조(노동조합), 대선(대통령선거), 명퇴(명예퇴직), 무전(무선전화), 방산(방위산업), 부초(부속초등학교), 비대위(비상대책위원회), 사철(사설철도, 사유철도), 산금채(산업금융채권), 여전(여자전문학교), 연대(연세대학교), 우중홈(우익수중월홈런), 의총(의원총회), 전민학련(전국민주학생연맹), 조대(조선대학교), 조폭(조직폭력배), 주총(주주총회), 지검(지방검찰청), 특사(특별사면), 합섬(합성섬유)
　　ㄴ. 구성 요소 내부 절단 — 앞/앞/뒤 음절 따기
　　　갑근세(갑종근로소득세), 개도국(개발도상국), 건교부(건설교통부), 생보사(생명보험회사), 자판기(자동판매기), 정박아(정신박약아), 지자체(지방자치단체), 평민당(평화민주당)
　　ㄷ. 구성 요소 내부 절단 — 앞/뒤 음절 따기
　　　컴맹(컴퓨터문맹), 태두(태산북두)
　　ㄹ. 구성 요소 내부 절단 — 앞/중간 음절 따기
　　　시향(시립교향악단)

ㅁ. 구성 요소 내부 절단 — 뒤/뒤 음절 따기
    객차(여객열차), 국전(대한민국미술대전), 풍월(음풍농월)
ㅂ. 구성 요소 내부 절단 — 뒤/앞 음절 따기
    맹휴(동맹휴업)

(27)은 '선택'의 축소어형 생성 방식으로 만들어진 한자어의 축소어형들이다. '선택'의 방식은 음절수가 많은 한자어 복합어를 줄이는 데에 가장 많이 쓰이는 방식이다. (27ㄱ)과 같이 복합어를 구성하는 단어들의 첫 음절을 취하는 것이 '선택' 방식의 가장 일반적인 유형이다. 구성 단어의 첫 음절을 뽑았을 때에 뒤의 음절 요소들을 유추하는 것이 쉽고 따라서 본래 형태로의 환원도 쉽기 때문이다. 그러나 언제나 첫 음절만을 가려 뽑는 것은 아니다. 많지는 않지만 (27ㄴ)과 같이 복합어를 구성하는 단어들의 첫 음절과 그 복합어의 맨 끝 음절을 취하는 것도 있고, (27ㄷ)과 같이 앞 단어의 첫 음절과 뒷 단어의 중간 음절을 취하는 경우도 보인다. 또 (27ㄹ)의 경우는 복합어를 구성하고 있는 앞 단어에서는 첫 음절을, 뒷 단어에서는 중간의 어느 한 음절을 취한 것이다. (27ㄱ)의 방식과는 정반대로 (27ㅁ)과 같이 두 구성 단어의 끝 음절을 선택하는 경우도 있고, (27ㅂ)과 같이 앞 단어의 뒤 음절과 뒷 단어의 첫 음절을 취하는 것도 있다.

위에서 보는 바와 같이 '선택'의 보편적인 원리나 원칙을 찾기는 어렵다. 다만 위에서 지적한 바와 같이 본래 형태로의 유추가 쉽고, 축소어형만으로도 의미의 파악을 가능한 한 빠르게 하기 위해서 첫 음절들을 취하는 것이 좋지만, 뒤 음절이나 중간 음절을 취하는 것이 의미 파악이 쉽다고 판단되면 이러한 음절들을 취하는 것으로 보인다.

이렇게 복합어를 구성하는 단어들에서 음절을 가려 뽑을 때에 복합어의 모든 구성 단어에서 음절을 취하는 것은 아니다.

> (28) ㄱ. 가전(가정용전기기기), 공개협(공동체의식개혁국민운동협의회), 매경(매일경제신문), 민가협(민주화실천가족운동협의회), 생협(생활협동조합), 임투(임금인상투쟁), 전교조(전국교직원노동조합), 축협(축산업협동조합)
> ㄴ. 경총(한국경영자총협회), 공륜(한국공연윤리위원회), 교총(한국교원단체총연합회), 도공(한국도로공사), 문협(한국문인협회), 안보리(국제연합안전보장이사회), 예결(특)위(국회예산결산특별위원회)

(28)은 복합어를 구성하고 있는 단어 전부가 아닌 일부 단어의 첫음절을 취한 것들이다. (28ㄱ)처럼 중간의 단어를 솎아 내는 경우도 있지만 (28ㄴ)과 같이 '절단'에 의해 '한국, 국제연합, 국회'와 같은 앞 단어를 잘라 낸 뒤 다시 일부 구성 단어의 첫음절을 '선택'에 의해 취하기도 한다.

복합어의 구성 요소 단위가 아닌 음절들을 잘라 '선택'을 할 경우, 복합어를 구성하고 있는 단어의 수가 몇 개이건 그 축소어형의 음절수는 네 음절을 넘지 않는다는 특징을 가진다. (27ㄱ)의 '전민학련'은 복합어를 이루고 있는 '전국, 민주, 학생, 연맹'의 모든 단어에서 첫음절들을 취하였지만, (28ㄱ)의 '공개협(공동체의식개혁국민운동협의회), 민가협(민주화실천가족운동협의회)', (28ㄴ)의 '공륜(한국공연윤리위원회), 교총(한국교원단체총연합회)' 등은 복합어가 몇 개의 구성 요소로 이루어져 있건 둘 또는 세 음절만을 취하고 있다.

'선택'의 방식은 음절 단위로 축소어형을 가려 뽑기도 하지만, 복합어를 구성하고 있는 단어들 중에서 몇 단어를 통째로 뽑아내기도 한다.

(29) 가족협(대한가족계획협회), 대중탕(대중목욕탕), 두시언해(분류두공
　　　부시언해), 불문과(불어불문학과), 선관위원(중앙선거관리위원), 신
　　　보기금(신용보증기금), 자유금융노련(한국자유금융노동조합연맹). 팔
　　　팔도로(팔십팔올림픽고속도로), 한국노총(한국노동조합총연맹)

(30) 고속철도공단(한국고속철도건설공단), 관악산관측소(관악산기상레
　　　이더관측소), 농업지키기본부(우리농업지키기범국민운동본부), 도
　　　산기념사업회(도산안창호선생기념사업회), 서울지하철(서울특별시
　　　지하철공사), 석탄사업단(석탄산업합리화사업단), 농지조합(농지개
　　　량조합연합회), 소비자교육원(한국소비자생활교육원), 수출공단(한
　　　국수출산업공단), 시력강화협회(한국시력강화운동협회), 안보조정
　　　회의(통일안보정책조정회의), 올림픽도로(팔십팔올림픽고속도로),
　　　장애인공단(한국장애인고용촉진공단), 정의구현사제단(한국천주교
　　　정의구현전국사제단), 정책수석(청와대정책기획수석)

　(29)는 복합어를 구성하는 요소 가운데 어떤 것은 단어 전체를, 어떤
것은 음절 하나만을 가려 뽑은 경우이고, (30)은 복합어를 구성하고 있
는 단어 중 몇 단어를 가려 뽑은 경우이다. 이때 단어도 취하고 단어가
아닌 음절도 취한 (29)의 경우는 '자유금융노련'과 같이 여섯 음절로 된
것도 있기는 하지만, 보통 축소어형 전체의 음절수가 네 음절을 넘어가
지 않는다. 반면에, 복합어의 구성 단어들을 취한 (30)의 경우는 축소어
형의 음절수가 네 음절을 쉽게 넘어간다. 그런데 이들을 살펴보면 음절
수는 많지만, 가려뽑은 단어들의 수는 '농업 / 지키기 / 본부(우리농업지키
기범국민운동본부), 정의 / 구현 / 사제단(한국천주교정의구현전국사제단), 정책
/ 수석(청와대정책기획수석)' 등과 같이 두세 개를 넘어가지 않는다.

(31) ㄱ. 노사정(노동자(근로자)·사용자·정부),[26] 강온(강경파·온건
파), 공수(공격·수비), 교문(교육·문화), 구미(구라파·미국),
국영수(국어·영어·수학), 군경(군대·경찰), 도농(도시·농
촌), 마창(마산·창원), 민관군(민간인·관리·군인), 보혁(보
수·혁신), 아태(아세아·태평양), 전노(전두환·노태우), 주
상(주택·상가), 중고(중학교·고등학교), 투타(투구력·타격
력), 학연산(학교·연구소·산업체), 화생방(화학·생물·방
사능)
ㄴ. 입출(수입·지출)

(32) ㄱ. 개보수(개수·보수), 공사립(공립·사립), 근현대(근대·현대),
남북한(남한·북한), 내외신(내신·외신), 농수축산물(농산물·
수산물·축산물), 농어민(농민·어민), 동서양(동양·서양), 민
형사(민사·형사), 선후배(선배·후배), 신구약(신약·구약), 유
무선(유선·무선), 인허가(인가·허가), 전후반(전반·후반), 장
차관(장관·차관), 초재선(초선·재선), 총학장(총장·학장) /
강남북(강남·강북), 국내외(국내·국외)
ㄴ. 검경(검찰·경찰), 농상(농업·상업), 산학관(산업계·학계·
관계), 송수(송신·수신), 여야(여권·야권, 여당·야당), 연고
(연세대학교·고려대학교), 영한(영어·한국어), 예결(예산·
결산), 육해공(육군·해군·공군), 이공(이학·공학), 좌우(좌
익·우익, 좌파·우파), 한미(한국·미국)

(31)~(32)는 가운뎃점으로 연결된 구 구성의 형태가 '선택'에 의해
줄어든 것들이다. 이러한 형태는 복합어를 구성하는 단어들의 첫음절을
취하는 (27ㄱ)의 방법과 같이 구를 이루는 단어들의 첫음절을 취하는

---

26) 한글맞춤법(1988) 부록에는 가운뎃점(·)을 '열거된 여러 단위가 대등하거나 밀접한 관
계임을 나타낸다'고 규정하고 있다. 여기서는 가운뎃점을 조사 '와'의 의미를 가진 것
으로 해석한다. 즉, '노동자·사용자·정부'를 '노동자와 사용자와 정부'로 보아 이러한
형태를 구로 인식한다.

것이 일반적이다. (31ㄱ)은 그러한 예들을 보인 것이다. 그러나 간혹 (31ㄴ)의 '입출'처럼 끝음절을 가려 뽑은 경우도 보인다. (32)는 같은 계통의 단어들로 구성된 구가 줄어든 것이다. 이렇게 동일한 음절을 공유하고 있는 같은 계통의 단어들이 이어진 구를 줄이는 방법으로는 (32ㄱ)처럼 동일 음절을 하나만 취하거나 (32ㄴ)처럼 아예 동일 음절을 모두 잘라 내고 대조 또는 비교되는 음절들만 뽑아 취하는 두 가지 방법이 있다.

구의 축소어형 역시 복합어의 축소어형과 마찬가지로 음절수가 대부분 두 세 음절을 넘지 않는다. 이것은 구를 이루는 단어들의 숫자에서도 그 이유를 찾을 수 있지만 또 다른 이유가 내재되어 있다. 다음의 축소어형들을 살펴보면서 그 이유를 알아보자.

(33) ㄱ. 난쏘공(난장이가 쏘아 올린 작은 공), 미내사(미래를 내다보는 사람들), 아나바다운동(아껴 쓰고 나눠 쓰고 바꿔 쓰고 다시 쓰기 운동), 아우성(아름다운 우리 아이들의 성을 위하여), 야타족("야, 이 차에 타."족), 여우사이(여기서 우리 사랑을 이야기하자), 진보연합(진보정당결성을위한정치연합)[27]

ㄴ. 나이키(나에게 이쁘게 키스해 줘, 나 이쁘면 키스해 줘), 라보때(라면 보통으로 때운다), 마돈나(마시고 돈 내고 나가자), 옥

---

27) '진보정당결성을위한정치연합'과 같은 것을 복합어로 처리할 것인가 아니면 구로 처리할 것인가의 문제가 제기될 수 있다. 명사 사이에 조사가 결합되어 있고 구나 절과 같은 구성을 보이고 있지만 이러한 구성은 그 요소들 사이에 복합어와 같은 긴밀한 결합을 이루고 있다. 즉 *'진보정당을위한새정치연합'과 같이 중간에 '새'와 같은 다른 요소를 끼워 넣을 수 없다. 다른 요소를 끼워 넣는다면 이미 그것은 또 다른 단체의 이름이 되어 버린다. 따라서 이와 같은 구성을 보이는 것을 복합어로 처리할 수도 있다. 이와 같은 구성을 보이는 형태를 완전한 구나 절 또는 문장으로 보기에는 무리가 있을 수도 있고 또 이들은 '이름'으로서의 기능을 담당하기 때문에 명사로 볼 수도 있을 것이다. 그러나 본어형이 조사나 어미가 결합된 구나 절의 구성을 보이고 있으므로 여기서는 구 구성 또는 절 구성의 형태로 분류한다.

떨메(옥상에서 떨어진 메주), 우등생(우겨서 등수를 올린 학생), 진주(진흙 속의 주둥아리)

(33)은 절 또는 문장과 같은 문법 단위들을 줄인 것이다. (33ㄱ)과 같은 축소어형을 만드는 방식은 책 제목, 방송 프로그램 제목 또는 단체나 상점 이름 등으로 점점 그 사용 빈도가 높아지고 있다. 또 (33ㄴ)처럼 의도적으로 기존의 단어들과 동일한 형태로 줄이면서 의미를 달리하는 경우가 대학가의 은어나 속어 가운데 상당 부분을 차지하고 있다.

여기서도 여러 어절로 이루어진 긴 문장이 줄어들었지만 그 축소어형의 음절수는 셋 또는 네 음절을 넘어서지 않는다.

<목록>에 수록된 축소어형의 음절수 통계는 다음과 같다.

음절수	목록 개수	총음절수	비 율	누적비율	평균음절수
1	689	689	8.295%	8.295%	
2	3,772	7,544	45.413%	53.708%	
3	2,517	7,551	30.303%	84.012%	
4	779	3,116	9.379%	93.390%	
5	337	1,685	4.057%	97.448%	
6	132	792	1.589%	99.037%	
7	63	441	0.758%	99.795%	
8	15	120	0.181%	99.976%	
9	2	18	0.024%	100.000%	
합 계	8,306	21,956	100.000%		2.64339032

[표 27] <목록>에 수록된 축소어형 어휘의 음절수 통계

[표 27]에서 보듯이 축소어형은 2음절로 된 어휘가 45.4%로 가장 많

다. 이것은 본어형이 두 개의 단어나 두 개의 어절로 된 것이 많은 데
따른 것이다. 따라서 1음절부터 4음절까지의 음절수를 가지는 축소어
형은 93.4%의 절대적인 비율을 가지며, 이 중에서 2~3음절 축소어형
은 75.4%로 4개의 축소어형 가운데서 3개는 2음절 또는 3음절이라는
것을 알 수 있다. 축소어형의 음절수가 5개 이상이 되는 것은 6.6%로
2~3음절로 된 축소어형 어휘수의 1/10도 되지 않는다.

이것은 우리말의 단어나 어절이 보통 3음절 내지 4음절을 잘 넘지
않는 것과 관련을 가지는 것으로 보인다. 즉, 축소어형의 길이를 가능
하면 우리말 단어의 일반적인 음절 수에 맞추려는 무의식적인 의도가
깔려 있다는 것이다. 여기에 더하여서 일반적인 단어나 어절보다 축소
어형은 약 0.92음절이 적다.[28]

'선택'의 방식으로 만들어진 축소어형을 '두자어' 또는 '머리글자말'이
라고 부르기도 한다고 앞서 언급한 바 있다.[29] 그런데 영어의 'acronym'
에 해당하는 '두자어(머리글자말)'라는 용어를 국어에 그대로 적용하기는
어렵다. 그 까닭은 첫째로, 국어는 음소문자인 한글을 음절 단위로 모
아쓰기 때문이다. 자음만으로는 음절을 이룰 수 없을 뿐만 아니라 자음
글자들이 '기역, 니은'과 같이 각각의 이름을 가지고 있으므로 영어와
같은 식으로 국어의 머리글자말을 만들면 표기에 있어서는 축소어형을

---

[28] 김철수·김양범(2007 : 65)에 따르면 『표준국어대사전』의 표제어를 전자사전으로 구축
했을 때 전체 엔트리 수는 361,980개, 사용된 음절수는 1,289,659개로 엔트리들의 평균
길이는 3.56이었다.

[29] 김진우(1985)에서는 이런 예들을 '합성어(blend)'로 분류한 후 '두자어(acronym)'에 속한
다고 볼 수도 있을 것이라 하였다. 그러나, 이들을 blend로 보기에는 무리가 있다. 영어
의 blend는 두 단어를 뒤섞어 한 단어를 만들면서 그 의미도 원래의 것들과는 달라져
버린다. 예를 들어 breakfast와 lunch의 blend인 brunch는 아침식사도 점심식사도 아닌
아침과 점심을 겸해 먹는 오전 중의 식사를 뜻한다. 그러나 국어의 '머리글자말'은 본
어형이 가지고 있던 의미를 그대로 이어받고 있다.

가지게 되지만 이것을 읽는 방법에 있어서는 더 길어질 수도 있다. 예를 들어, '연세대학교'를 'ㅇㅅ'으로 줄일 수 있지만, 그럴 경우 읽는 방법은 '이응시옷'과 같이 될 수밖에 없어 이런 어색한 방식의 줄이기 방법을 취하지는 않는다. 따라서 국어에서는 복합어나 구를 이루는 단어들의 첫음절을 따와 '연대'와 같은 축소어형을 만들게 된다. 두 번째 이유로, (26)에서 보듯이 언제나 구성 단어들의 첫음절만을 취하지는 않기 때문이다. 물론 많은 경우 첫 번째 단어에서는 첫음절을 취하는데 두 번째 이하의 단어에서는 첫음절을 취하기도 하지만 두 번째 음절을 취하기도 한다. 또 구성 단어들의 끝음절을 취하는 경우도 있다. 따라서 이러한 방식으로 만들어진 형태를 '선택'에 의한 축소어형라고 한다.[30]

'선택'은 축소어형을 만드는 매우 생산적인 방식이다. 주로 한자어 복합어나 구 등을 줄일 때 많이 사용하는 방식이지만, 문장을 줄여 간결하게 만들 때도 유용하게 쓰인다. 그런데, 여기서 음절들을 따올 때, 무원칙적으로 아무렇게나 잘라 연결시키는 것은 아니다. 정해진 뚜렷한 규칙이 있는 것으로는 보이지 않지만, 다음의 두 경향을 '선택'에 의한 축소어형의 일반적인 특징으로 정리할 수 있다.

첫째, 본어형이 순우리말로 된 것이건 한자어로 된 것이건 주로 단어의 첫음절을 취하여 축소어형을 만든다.

둘째, 본어형이 몇 개의 음절로 이루어져 있더라도 가려뽑은 음절수나 단어의 수는 보통 네 음절 또는 네 단어를 넘지 않는다.

---

30) 현재 쓰이고 있는 용어인 '두자어'나 '머리글자말'은 '선택' 방식으로 만들어진 축소어형 가운데 일부에만 적용이 된다. 이 경우에도 굳이 이름을 부여하자면 '두자어'나 '머리글자말'보다는 '두음절어'나 '머리음절말'이라고 하는 것이 적절한 용어가 될 것이다.

1.5. 형성 방식별 축소어형의 통계적 비교

위에서 축소어형을 만드는 방식을 네 가지로 나누어 살펴보았다. 다음의 <목록>의 통계 자료를 통해 볼 때, 국어의 축소어형을 만드는 방식은 [그림 20]에서 보는 바와 같이 축약＜탈락＜절단＜선택의 순서로 생산성이 높아짐을 알 수 있다. 숫자상으로 보아 목록에 수록되어 있는 축소어형 8,306개 중 절반이 넘는 4,457개의 축소어형이 선택의 방식으로 만들어지고 있음을 알 수 있다. 즉, 현대 국어에서 축소어형을 만드는 데에 가장 생산적인 방식이 선택의 방식이라는 것이 통계상 명확히 드러나고 있다.

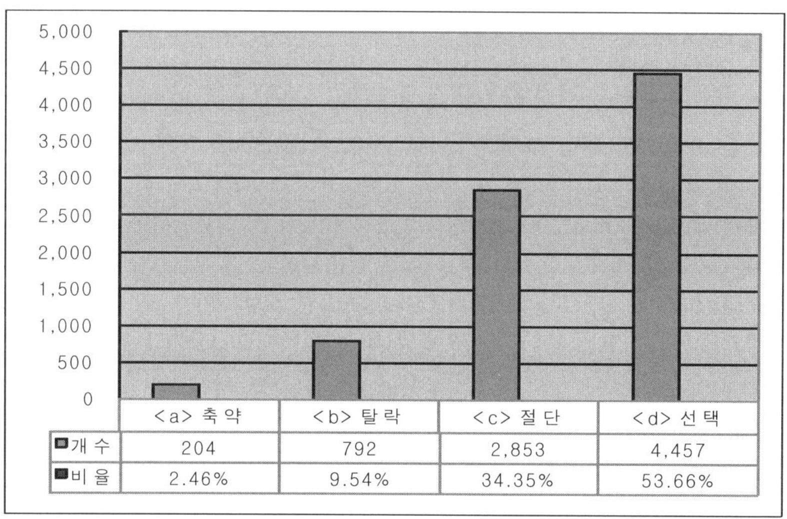

[그림 20] 축소어형의 형성 방식별 분류 그래프

2. 문법 단위에 따른 축소어형의 분류

2.1. 단어 형태의 축소어형

축소어형을 만드는 언어 단위들 가운데서 가장 많은 수를 차지하는 것이 단어이다.[31] 다음의 보기들은 단어가 줄어든 것이다.

(34) 가마(가마니), 갈(가을), 거(거기), 골(고을), 골(골짜기), 곰(곰팡이), 괭이(고양이), 끼(끼니), 담(다음), 땜(때문), 맘(마음), 머(무엇), 메추리(메추라기), 멱(미역), 뱇(배알), 뷕(부엌), 사타귀(사타구니), 새(사이), 숲(수풀), 쌈(싸움), 애(아이), 얘기(이야기)

(35) 갖다(가지다), 개다(개키다), 걷다(거두다), 게르다(게으르다), 다긏다(다그치다), 뒤다(뒤지다), 딛다(디디다), 때다(때우다), 머물다(머무르다), 메다(메우다), 밧다(바수다), 붓다(부수다), 비다(비우다), 빅다(비기다), 뺏다(빼앗다), 일다(일구다), 일다(이르다), 잡숫다(잡수시다)

(36) 닷(다섯)

(37) 구태(구태여), 더구나(더군다나), 도려 / 되레(도리어), 딥다(들입다), 따라(따라서), 살그니 / 살그미(살그머니), 슬몃(슬며시), 안(아니), 절로(저절로)

(38) 암(아무렴 / 아무려면), 애고(아이고)

---

31) 단어의 경계를 어디까지로 둘 것인가는 논란의 여지가 있다. 단일어의 경우는 별 문제가 없지만 명사 또는 명사상당어 여럿이 이어져 있는 단체의 이름이나 직업, 학술용어 등 하나의 개체 단위를 이루는 것들의 처리는 쉽지 않다. 이 연구에서는 조사나 어미가 붙거나 특별한 부호에 연결되지 않은 어휘 복합 형태인 다어기 어휘소를 단어 형태로 분류하여 여기서 같이 처리하였다.

(34)~(38)은 줄기 이전의 형태가 단일어인 것들이다. (34)는 명사, (35)는 동사와 형용사, (36)은 관형사, (37)은 부사, (38)은 감탄사가 각각 줄어든 것이다. 이때 축소어형을 만드는 단일어에는 한자어가 보이지 않는다는 특징이 있다. 한자는 원칙적으로 글자 하나하나에 각각의 의미를 가지고 있으며, 한자어의 단일어는 대부분 일음절어이기 때문이다.

일반적으로 단어로부터 만들어지는 축소어형은 줄어들기 이전의 단어의 자격을 그대로 이어받고 줄어들기 전이나 줄어든 이후나 모두 같은 품사의 자격을 유지한다.[32] 그런데 단일어의 축소어형은 본어형과 동일한 품사를 가지는 것이 일반적이지만 품사를 바꾸는 것처럼 보이는 경우도 있다. (36)이 그러한 예이다. 사전에 따라서는 '닷'을 '다섯'의 「준말」로 보기도 하고 보지 않기도 한다. 이 축소어형을 「준말」로 보지 않는 경우는 '다섯'은 수사로, '닷'은 관형사로 품사를 달리 보기 때문이다.[33] 그런데 '다섯, 여섯, 일곱, 여덟, 아홉, 열' 등의 수사는 어형의 변화가 없이 그대로 관형사로도 쓰이므로 '다섯'은 수사이면서 수

---

[32] 그런데 몇몇 예외적으로 보이는 것들이 있다. 다음의 보기가 그러한 것들이다.
　　ㄱ. 벚(버찌), 울(우리)
　　ㄴ. 찰(차례)
　'벚-, 울-'은 단일어인 명사 '버찌'와 대명사 '우리'가 줄어든 것이다. 『큰사전』이나 『약어 목록』 모두 이들을 「준말」 또는 약어로 다루고 있지만 이들이 독립적으로 쓰이는 경우는 없다. '벚꽃, 벚나무'나 '울엄마, 울오빠'처럼 다른 단어와 결합하여서만 쓰인다. '벚꽃, 벚나무'의 경우, '*버찌꽃, *버찌나무'로는 되지 않는다. '벚-'은 '버찌'의 축소어형이지만 '벚-'과 '버찌'는 같은 자리에서 나타나지 않는 상보적 분포를 보이므로 이 둘의 관계를 이형태로 보는 것이 좋을 것이다. 이에 비하여 '울-'은 '우리'의 축소어형인데, 언제나 이렇게 축소어형으로 쓰이는 것은 아니다. '*울할아버지, *울삼촌, *?울누나'와 같은 형태는 나타나지 않는다. 또 '울엄마, 울오빠'도 하나의 단어라고 볼 수 없으므로 '울-'은 축소어형 가운데서 특이한 경우라고 하겠다. '찰'은 '차례'에서 온 것인데, '두 찰, 세 찰 매를 맞기 시작했다'와 같이 특수한 쓰임으로만 제한적으로 사용될 뿐 다른 단어와의 결합도 이루어지지 않는다. 따라서 '찰'은 '차례'의 「준말」로 보기보다는 새로운 의미를 가진 새로운 단어로 보아야 할 것이다.
[33] 『큰사전』은 '닷'을 '다섯'의 「준말」로 보고 있고, 『새사전』은 「준말」이 아닌 별개의 단어로 처리하고 있다.

관형사로 처리할 수 있다. '닷'을 관형사로 쓰인 '다섯'의 「준말」로 보면, 「준말」은 품사의 변동이 없이 생성되는 것이다. (38)의 '암'은 감탄사로 '아무려면'의 축소어형이면서 '아무렴'의 축소어형이기도 하다. 또 '아무렴'은 '아무려면'의 축소어형이다. '암'은 '아무려면→아무렴→암'의 과정을 거치는 것으로 보인다.[34]

> (39) 갖가지(가지가지), 갖신(가죽신), 군만두(구운만두), 글콩(그루콩),
>   누덕옷(누더기옷), 다다음(다음다음), 맥질(매흙질), 맨재(매운재),
>   박장기(바둑장기), 반짇고리(바느질고리), 밭부모(바깥부모), 삼질
>   (삼짇날), 손살(손사래), 앗줄(아딧줄), 일여덟(일고여덟)

> (40) 거 / 것(그것), 고름(옷고름), 괴나리(괴나리봇짐), 깃(옷깃), 깨끼(깨
>   끼옷), 대(담뱃대), 쌀(입쌀), 판(말판, 윷판)

(39)~(40)은 본어형이 복합어 형태인 경우이다. 본어형이 복합어 형태인 축소어형 역시 대부분 줄어들기 이전에 가지고 있던 단어와 품사의 자격을 그대로 유지한다.

그런데 간혹 복합어의 구성 요소 일부가 완전히 없어지면서 하나의 요소만 남아 단일어처럼 되는 경우가 있다. (39)와 같은 축소어형이 그러한 것들이다. '거/것'은 축약이 일어난 것이고, '고름, 깃, 대, 쌀, 판'은 앞의 요소가, '깨끼'는 뒤의 요소가 잘라지면서 축소어형이 된 것이다.

이때 본어형이 복합어인 이들을 복합어로 보아야 하는지 아니면 축소된 형태 그대로 단일어로 보아야 하는지의 문제가 발생한다. 형태는

---

34) '아무려면'을 '아무려면'의 잘못된 사용으로 보기도 한다. 그러나 실제 언어생활에서 '아무려면'의 형태로 자주 쓰이고 있으며 이때는 '암'으로 교체가 되지 않음을 알 수 있다.

비록 줄어들었지만 본어형이 가진 의미를 그대로 유지하고 있다는 점에서 이들을 복합어로 볼 수 있을 것이다. 그러나 의미를 가지고 단일어와 복합어를 구분하는 일은 없으며, 또한 실현되는 형태가 단일어형을 지니고 있는 것들을 복합어로 보는 것은 무리가 있다.

단일어 형태를 보이는 축소어형을 복합어로 처리한다고 할 때 이들의 형태 분석에 문제가 발생한다. 단일형태소를 표면형으로 가진 것을 복합어로 보려면 결국 영형태를 설정할 수밖에 없는데, 이 영형태가 무엇의 이형태인지를 판별하는 일 또한 쉽지 않을 뿐만 아니라 영형태의 남용은 문법을 오히려 복잡하게 만드는 결과를 낳기 때문에 이러한 처리는 바람직하지 않다.

> (41) ㄱ. 간두다 / 관두다(그만두다), 검쥐다(거머쥐다), 디밀다(들이밀다),
>   맞보다(마주보다), 맞잡다(마주잡다), 않다(아니하다), 앰하다(애
>   매하다), 어떻다(어떠하다), 엇물다(어긋물다), 감쥐다(감아쥐
>   다), 걷지르다(걷어지르다), 옹차다(옹골차다), 옹하다(옹졸하다)
>   ㄴ. 꾀다(꼬이다), 나뉘다(나누이다), 뵈다(보이다)

(41ㄱ)의 '맞보다, 맞잡다'는 '마주보다, 마주잡다'의 축소어형이다. 그런데 이와 형태상 결합 양상이 비슷한 '맞두다, 맞붙다, 맞붙잡다'들은 축소어형으로 보지 않는다. 이때의 '맞-'은 접두사로서 부사 '마주'로의 형태 복원이 되지 않기 때문이다. 부사 '마주'는 동사 '맞다'의 어간에 부사파생접사 '우(<오)'가 붙어 파생부사가 된 것이고, 접두사 '맞-'은 어간에서 바로 접사화한 것으로 보인다.[35]

---

35) 15세기 국어에서 '오/우'는 부사를 만드는 매우 생산적인 접사였다. '비르소(← 비릇-), 기우루(← 기울-), 너무(← 넘-), 마조(← 맞-), 조조(← 좇-), 도로(← 돌-)' 등이 '오/우'가 동사 어간에 붙어 부사가 된 것들이다(허웅, 1975 : 248~250 참조). 현대 국어에서도

(41ㄴ)은 피·사동접사가 붙어 만들어진 파생어가 줄어든 것들이다. 다른 일반적인 용언들이 줄어드는 것은 음운론적으로 설명이 어렵기도 하고 줄어드는 규칙이나 원리를 찾기 어렵다. 그러나 피·사동사의 경우는 특정한 조건 아래서 접사가 축약되는 것을 음운론적으로 설명할 수 있다. 즉 어간이 모음으로 끝나고 피·사동접사가 '-이-' 하나로만 된 경우는 모음충돌 회피현상을 일으키어 축소어형을 생성한다. 따라서 피·사동사의 경우는 언제나 축소어형을 예측할 수 있고 규칙성을 보인다.

(42) 대엿(대여섯), 여남(여남은)

(43) ㄱ. 괜스레(공연스레), 괜히(공연히), 션히(시원히)
    ㄴ. 가끔가다(가끔가다가), 갈가리(가리가리), 더더욱(더욱더욱)

(44) 불야(불이야), 이로너라(이리오너라), 제기랄(제기랄것)

(42)는 관형사, (43)은 부사, (44)는 감탄사가 각각 줄어든 것이다.
순수한 관형사의 경우는 단일어이건 복합어이건 축소어형을 만드는 예를 찾기가 쉽지 않다. (42)의 '대엿'과 '여남'은 이러한 관형사의 몇 안 되는 축소어형이다. '대엿'은 '대여섯'의 축소어형이다. (36) '닷'의 설명에서도 지적한 바와 같이 '다섯'에서 '열'까지의 순우리말 수사는 어형의 변화가 없이 그대로 관형사로도 쓰이는데, '대여섯' 역시 수사 이자 관형사이기도 하다. '대여섯'의 축소어형인 '대엿'도 '돌아간 사람

이는 그대로 이어진다. '오/우'가 붙어 부사가 된 것들로는 '마주' 외에 '너무, 자주, 도로, 바로' 등이 있다(허웅, 1995 : 459 참조). 한편, 김석득(1992 : 314)에서는 '맞-절, 맞-먹다'를 '어찌-이름, 어찌-움직'이라 하여 '맞-'을 부사의 「준말」로 본 듯하다.

들의 수가 대엿은 되는 것 같다'처럼 조사가 결합하여 수사로 쓰이기도 하지만, '대엿 명만 보내 주십시오.'처럼 수관형사로도 쓰인다. 따라서 '대엿'은 수사로만 기능하는 단일어 '닷'과는 달리 수사이면서 수관형사인 '대여섯'의 축소어형이다. 또 '여남은'도 명사이자 관형사로도 쓰이는 이중품사어인데 그 축소어형인 '여남' 역시 명사로도 쓰이고 관형사로도 쓰인다.36)

　(44)의 예들은 감탄사로서, 그 원형은 '불+이야'처럼 한 어절로 된 문장이나 '이리 오너라'처럼 구적인 구성으로 이루어진 문장이었던 것인데, 이들이 어절이나 구에서 하나의 단어로 굳어져 복합어 구성의 감탄사가 되었다. 이들의 축소어형인 '불야, 이로너라' 역시 감탄사의 자격을 가진다.37) '불이야'의 경우는 '불이야 불이야'로 중첩되어 '*불야 불야'를 거쳐 '부랴부랴'로 줄어들기도 하는데, 이때는 감탄사가 아닌 별개의 새로운 단어인 부사가 된다.

> (45) 갑근세(갑종근로소득세), 고교(고등학교), 고법(고등법원), 국감(국
> 정감사), 기계과(기계공학과), 노조(노동조합), 농협(농업협동조합),
> 대중탕(대중목욕탕), 두시언해(분류두공부시언해), 사대(사범대학),
> 방산(방위산업), 상고(상업고등학교), 안보리(국제연합안전보장이
> 사회), 안기부(국가안전기획부), 어차피(어차어피), 여요(고려가요),
> 연대(연세대학교), 육본(육군본부), 임란(임진왜란), 입시(입학시험),

---

36) 이처럼 품사를 두 개 가지는 낱말을 품사통용어라고 부르기도 한다. 품사통용어라는 술어가 여러 품사를 넘나들며 두루 쓰이는 낱말이라는 느낌을 줄 수 있기 때문에 여기서는 품사통용어 대신 이중품사어라고 부르기로 한다. 명사(수사)와 관형사(수관형사)의 품사를 함께 가지는 것은 국어의 수사가 가지는 한 가지 특징이라고 할 수 있다.

37) '불야'와 '이로너라'는 '불이야'라는 무주어문과 '이리 오너라'라는 명령문의 문장이 줄어들었다고 할 수도 있다. 그러나 '불이야'와 '이리오너라'는 이미 감탄사로 굳어져 사전에 하나의 단어로 등재되어 있다. 따라서 이들을 복합어 형태가 줄어든 것으로 처리한다.

특사(특별사면), 학군단(학생군사훈련단)

(46) ㄱ. 고시(고등고시), 교육헌장(국민교육헌장), 도덕경(노자도덕경),
민단(거류민단), 소개소(직업소개소), 술어(학술어), 예비군(향
토예비군), 작물(농작물), 정보학교(육군정보학교), 정음(훈민
정음), 참시(부관참시), 탈태(환골탈태)
ㄴ. 목(목요일), 북구(북구라파), 소포(소포우편물), 연세대(연세대
학교), 주(주식, 주식회사), 중학(중학교), 환골(환골탈태)

한자어의 축소어형은 순우리말의 축소어형과는 달리, 만들어지는 유형
이 제한된다. (45)와 같이 본어형에서 몇몇 음절을 취하거나 (46)의 (ㄱ),
(ㄴ)과 같이 앞 또는 뒤를 잘라 내고 만들어지는 유형만이 나타난다.

줄어드는 유형은 제한적이지만 한자어 축소어형은 국어 축소어형의
66.7% 이상을 차지한다.[38] 한자어는 음절단위로 각각의 독립된 의미를
가지고 있기 때문에 몇 개의 음절을 취하거나 앞뒤를 끊어서 축소어형
을 만드는 방식은 순우리말보다 의미가독성이 높다. 따라서 복합어 형
식으로 된 긴 단체 이름 등을 줄여 쓰는 데에 효과적이기 때문에 지금
도 이러한 축소어형이 매우 생산적으로 많이 만들어지고 있다.

한자어 복합어의 경우 일음절로 된 축소어형을 만들어 내는 경우가
빈번하다.

(47) 공(公 ; 공작), 공(攻 ; 공력, 공로) 공(貢 ; 공납, 공물, 공상), 당(當 ;
당년), 당(糖 ; 자당), 당(黨 ; 붕당, 정당), 직(職 ; 직무, 직업, 직위,
직책)

---

38) <목록>에 수록된 8,306개의 축소어형 가운데 순수한 한자어 축소어형은 5,541개로
66.71%를 차지하고 있으며 '순우리말+한자어' 결합형 506개, '한자어+외국어' 결합형
281개, '순우리말+한자어+외국어' 결합형 26개를 모두 포함한다면 76.49%가 된다.

　(47)의 예들이 한자어 복합어의 축소어형이다. 이들은 분석에 있어서 두 가지 문제점을 가지고 있다. 첫 번째는 이들이 진정 축소어형인가 하는 것이다. 예를 들어 '직(職)'은 '직무, 직업, 직위, 직책' 등 각각의 단어의 축소어형으로 볼 수도 있지만 축소어형이 아니라 여러 의미를 가지고 있는 다의어로 볼 수도 있다.39) 여기서는 '직'을 다의어로 보지 않는 입장을 취한다. 그 이유는 다의어로서의 의미를 가지는 단어들이 실제로 있고, 또 그 단어들이 '직'이라는 한자를 구성 성분으로 가지고 있는 것들이기 때문이다.

　또 한 가지 문제는 이들을 축소어형이라고 할 때 이들을 단일어로 볼 것인가 복합어로 볼 것인가 하는 것이다. 이와 같은 일음절 한자어 축소어형은 순우리말과는 달리 적잖은 예를 찾을 수 있다. 더욱이 한 음절로 된 한자어는 많은 동음이의어나 다의어를 만들어 내는데, 한자어 복합어로부터 만들어지는 일음절의 축소어형은 원래 일음절 한자어가 가진 의미에다 본어형이 가지고 있는 의미를 더하여 많은 다의어와 동음이의어를 만들어 낸다. 이때 본어형에서 줄어든 한자어 일음절 형태도 순우리말의 경우와 마찬가지로 단일어로 처리하는 것이 좋을 것이다. 의미는 줄기 이전의 말과 연계하여 파악하되, 실현되는 표면형이 단일어형을 지니고 있는 것을 기준으로 삼아 단일어로 보는 것이다.

　한자어 축소어형 가운데 음절의 탈락이 아닌 음운의 축약으로 만들어지는 경우는 거의 없다. 그런데 예외적인 것들이 보인다.

---

39) 『큰사전』에서는 '직(職)'을 하나의 표제어로 설정하여 '직위, 직무, 직책, 직업'의 「준말」이라고 설명하고 있다. 하나의 표제어로 설정하였다는 것은 이들을 다의어로 본다는 것이다. 그러나 본어형은 서로 다른 표제어로 등재하면서 이들의 축소어형을 하나로 묶은 것은 모순된 처리 방식이다.

(48) ㄱ. ?*쇤(소인(小人)), 쇤네(소인(小人)네), 쥔(주인(主人)), 쥔어른(주
인(主人)어른), 바깥쥔(바깥주인(主人)), 쥔댁(주인댁(主人宅)),
쥔장(주인장(主人丈)), ?천좍(천주학(天主學)), ?천좍장이(천주학
(天主學)장이)40)

ㄴ. 광(고방(庫房)), 냉꾼(來往꾼), 샌님(생원(生員)님), 생사(서양사
(西洋紗)), 쟁(재양(載陽)), 젤(第一), 챙(차양(遮陽)), 횅누르미(화
양(華陽)누르미)

(48)은 음운의 축약으로 만들어진 한자어 축소어형이다. (48ㄱ)의
'쇤, 쥔, 천좍' 등 세 단어와 관련된 몇 개의 단어와 (48ㄴ)의 여덟 예가
전부이다. (48ㄱ) 관련 단어를 모두 합해도 20여 개 정도이다. 이렇게
한자어의 음운 축약이 거의 일어나지 않는 것은 순우리말과는 달리 한
자어는 표의성이 중요시되기 때문으로 보인다. 그런데도 (48)의 한자어
들이 축소어형을 생성하는 까닭은 이들에게서 한자어 의식이 거의 없
어졌기 때문이다.

(48ㄱ)의 '?*쇤'은 단독으로 나타나지는 않는다. 접미사 '-네'와 함께
'쇤네'라는 쓰임이 일반적이다. 이때 언중들에게 '쇤네'가 한자어라는
인식이 거의 없다고 보인다. '쥔'의 경우는 '?*쇤'과는 달리 '쥔어른, 바
깥쥔'처럼 앞뒤에 순우리말 단어가 결합되기도 하고, '쥔댁, 쥔장'처럼
한자어와 결합하기도 한다.41) 그러나 한자어 의식은 '?*쇤'의 경우와
크게 다르지 않다. '천좍'의 경우 '천주학'의 축소어형이다. '천주학'은

---

40) '천좍, 천좍장이'는 현재는 그 용례를 찾아볼 수 없다. 그러나 『큰사전』의 표제어로 실
려 <축소어형 목록>에 포함되어 있는 말이므로 여기서 함께 다룬다.

41) '쥔'은 '안쥔, 쥔마님, 쥔아씨, 쥔어른, 쥔집'처럼 '안, 마님, 아씨, 어른, 집' 등과 결합하
여 마치 순우리말 합성어와 같이 쓰이기도 한다. 한편, 기존 사전에서 '주인'의 「준말」
로 '쥔'을 싣고 있으나, '쇤'의 경우는 '소인'의 「준말」로 풀이하면서 '소인'의 항목에서
는 「준말」로 '쇤'을 제시하지 않고 있다.

'천주교'의 속된 말로, 천주교가 우리나라에 들어오던 초기에 부정적 인식 속에서 한자어 의식 없이 민간에서 '천쫙'으로 축약되어 쓰인 듯하다. (48ㄴ)의 예들도 한자어 의식이 거의 드러나지 않는다. 이렇게 (48)에서 보이는 축소어형들은 한자어에 어원을 두고 있지만, 실제 사용에 있어서 한자라는 의식을 거의 잊어버리고 우리말처럼 쓰이게 되면서 축약이 일어난 것으로 보인다.[42]

따라서 한자어 축소어형은 (48)과 같은 특수한 경우를 제외하면 몇 개의 음절을 잘라 취하고 나머지 음절들은 버리는 방식으로 만들어진다. 이때, 주로 주된 의미를 가지는 한자 음절은 남기고 수식하는 한자 음절을 잘라 버리거나, 결합된 각 단어들의 첫째 음절만을 취하는 경향이 두드러진다. 그러나 어떤 방식으로 한자어 음절을 취사선택하여 축소어형을 만드는지는 규칙화하기 어렵다.

2.2. 구와 구적 구조를 가지는 단어군의 축소어형

둘 이상의 어절로 이루어진 구나 구적인 구조를 가지는 단어군[43]이

---

[42] 그런데, 한자어의 축약을 통해 만들어지는 축소어형은 앞으로 더 늘어날 것으로 예상된다. 한자어에 대한 개념이 희박해지면서 한자어 여부에 개의치 않고 축소어형을 만드는 일들이 인터넷과 휴대전화 문자 환경에서 점점 더 늘어나고 있기 때문이다.

[43] 둘 이상의 어절로 이루어진 구성이라면 당연히 구적 구성이다. 그런데 띄어 쓴 몇 개의 단어나 어절로 구성되어 있는 단체명, 법률명과 같은 것을 하나의 단어로 보아야 할 것인가 아니면 구로 보아야 할 것인가는 문제가 있다. 이 연구에서는 이들을 조사나 어미의 결합 여부에 따라 둘로 나누었다. 띄어쓰기에 상관없이 조사나 어미 등이 결합되지 않고 명사가 연결된 것은 단어로 본다. 비록 이들이 구적인 구성을 이루는 것처럼 보이지만 그 구성 요소 간의 분리가 가능하지 않으며 전체가 하나의 의미 단위를 이루고 문법적 기능 역시 단어와 같기 때문이다. 이처럼 둘 이상의 단어가 연결되어 만들어진 어휘 단위를 1장에서 다어기 어휘소(MWLU)라는 용어로 정리하였고 이러한 것들은 단어 형태에 포함시켜 처리하였다.

줄어들어 하나의 단어처럼 보이는 축소어형이 있다. 이러한 축소어형은 본어형이 몇 개의 어절로 되어 있건 하나의 어절 형식으로 줄어들며, 이들은 마치 하나의 단어처럼 기능한다.

> (49) ㄱ. 울아빠(우리 아빠), 울엄마(우리 엄마)
>   ㄴ. 걔(그 아이), 얘(이 아이), 쟤(저 아이), 암말(아무 말)
>   ㄷ. 인마 / 임마(이 놈아), 얀마 / 얌마(야 임마<야 이 놈아)

(49)는 명사구가 줄어든 것이다. (49ㄱ)의 '우리 아빠'라는 명사구 구성에서 줄어든 부분은 첫 어절의 '우리'이다. 따라서 '울아빠'를 구 전체의 축소어형으로 보지 않고 '*울'만을 축소어형으로 처리할 수도 있다. 그러나 '*울'만으로 자립하지 못하고 항상 뒤에 '아빠, 엄마'나 '언니, 오빠' 등 가족 또는 친척을 나타내는 명사가 이어질 때에만 나타난다. 또 본어형은 구 구성의 형태를 띠고 있지만 축소어형은 하나의 어절을 이룬다. 그러므로 '울아빠' 전체를 어절화된 구의 축소어형으로 처리해야 한다.

(49ㄴ)과 같은 축소어형은 사전에서 독립된 단어로 처리하고 있는 것들이다. 그러나 이러한 처리에는 문제가 있다. 먼저 '걔'를 살펴보자. '걔, 얘, 쟤'를 사전에서는 대명사로 처리하고 있다. '걔, 얘, 쟤' 등은 '그 아이, 이 아이, 저 아이'의 준말이다. '걔, 얘, 쟤'가 대명사라면 '그 아이, 이 아이, 저 아이'도 대명사가 되어야 하는데, 이들은 두 개의 단어가 하나의 구 구성을 이루고 있는 것일 뿐이다. 단어가 아닌 구가 줄

그러나 단일한 의미를 가지고 단어적 기능을 하고 있는 것처럼 보이더라도 조사나 어미가 결합된 어절이 연결된 것은 다어기 어휘소로 보기 어렵다. 이 연구에서는 이와 같은 것들을 구적 구조를 가진 단어군이라고 하고 구 형태로 분류하였다.

어서 된 형태를 단어로 보는 것은 논리적으로 설명하기 어려운 점이 많이 있다. 우선 '그 아이, 이 아이, 저 아이'와 같은 것들을 처음에는 구의 형태였지만 그 연결이 단단하여져서 하나의 단어로 화석화되었다고 볼 수 있다. 하지만 '그 작은 아이'와 같이 중간에 얼마든지 다른 요소가 첨가될 수 있으므로 본어형이 단어가 되었다는 말은 설득력이 떨어진다. 그러나 축소어형인 '걔'의 경우는 다르다. 이미 형태적으로도 축약의 형태로 줄어들어 다른 요소를 더 이상 개입시킬 수 없을뿐더러 의미나 기능면에서 하나의 단어처럼 역할을 하고 있다. '아무 말'이 줄어서 된 '암말'도 현행 사전은 명사로 처리하고 있다. 사전에 따라서 '암말'의 본래 형태를 '아무말'로 보고 이를 명사로 보는 경우도 있는데 이렇게 본다면 '암말'은 단어의 축소어형으로 역시 단어가 되는 데에 아무런 문제가 없다. 그러나 구 구성인 '아무 말'이 준 것으로 본다면 구가 줄어서 한 단어가 되었다고 하여야 하는데 이 역시 구가 단어로 바뀐 데 대한 설명을 하기 쉽지 않다. 이와는 대조적으로 (49ㄷ)의 '인마/임마, 얀마/얌마'는 단어로 처리하고 있지 않다. '인마'는 '이 놈아'가, '얀마'는 '야 이 놈아'가 줄어서 된 형태이다. (49ㄱ)이나 (49ㄴ)의 축소어형을 단어로 본다면 '인마, 얀마'도 단어로 보아 감탄사로 설정할 수 있을 것이다. 그러나 품사 정보를 주지 않은 채 그냥 「준말」이라고만 처리를 하는 것은 구의 축소어형 가운데 어떠한 것이 단어이고 단어가 아닌가 하는 데에 대한 기준을 세우지 못한 채 그냥 던져두는 책임감 없는 사전 편찬 방향이 아닐 수 없다.[44]

---

44) 우리의 기준으로 본다면 (49)의 예들은 모두 단어로 처리하는 것이 좋겠다. 어떠한 축소어형이 단어의 자격을 가지는가는 7장에서 살펴보기로 한다.

(50) 인내(이리 내), 인다오(이리 다오), 인줘(이리 주어)

(50)은 명사구 구성이 아닌 동사구 구성을 보이는 경우이다. 이 경우는 (49)와는 처리를 달리 해야 한다. 이들은 당연히 명사나 감탄사적인 구조가 만들어지지 않는다. 따라서 '인내, 인줘'와 같이 동사구로부터 만들어진 축소어형은 준말이 되지 못하고 축소어형으로만 존재한다고 보아야 한다.

(51) ㄱ. 깨끗잖다(깨끗하지 아니하다), 놀잖다(놀지 아니하다), 대단찮다(대단하지 아니하다), 되잖다(되지 아니하다), 마땅찮다(마땅하지 아니하다), 적잖다(적지 아니하다)
ㄴ. 같잖다(같지 아니하다), 선찮다 / 시원찮다(시원하지 아니하다), 심심찮다(심심하지 아니하다), 적잖다(적지 아니하다), 편찮다(편하지 아니하다)

(51)은 '본용언+부정보조용언'의 구성을 이루는 동사구가 줄어든 것이다. (51ㄱ)에 제시된 예들은 두 개의 어절이 축약이 일어나서 하나의 단어와 같이 되었다. 이 '-잖/찮-'형의 축소어형45)도 역시 한 단어는 아니다. 단어처럼 쓰이고 있지만 본어형과 의미적·통사적 차이를 보이지 않으면서 서로 교체되어서 쓰이는 축소어형들이다. 이에 비해 (51ㄴ)의 예들은 사전에서 독립된 단어로 처리하고 있는 것들이다. 형태만 줄어든 것이 아니라 원래의 통사 구조와 의미에서 모두 차이가 생겨났다면 새로운 단어로 볼 수 있다.

따라서 '-잖/찮-'형 축소어형은 의미와 통사 변화 유무에 따라서 새

---

45) '-지 아니하다'와 같이 본용언에 부정 보조용언이 결합하여 줄어든 말을 '-잖/찮-'형 축소어형이라고 부르기로 한다.

로운 단어로 변화되어 본어형으로 복원시킬 수 없는 축소어형과 본어형과 교체 가능한 축소어형 두 가지로 나눌 수 있다.

(49)~(51)은 모두 음운 축약이나 탈락에 의해서 만들어진 것으로 단어의 축소어형과 마찬가지로 한자어는 보이지 않는다. 한자어로 된 구들은 음절 전체가 생략된다.

> (52) ㄱ. 고교생(고등학교 학생), 국졸(국민학교 졸업)
>
> ㄴ. 검경(검찰과 경찰), 관혼상제(관례와 혼례와 상례와 제례), 민관군(민간인과 관리와 군대), 자타(자동사와 타동사)

> (53) ㄱ. 건비연(건전비디오 문화를 연구하는 시민의 모임), 난쏘공(난장이가 쏘아 올린 작은 공), 미내사(미래를 내다보는 사람들), 민변(민주 사회를 위한 변호사 모임), 별밤(별이 빛나는 밤에), 영사모(우리영화를 사랑하는 사람들의 모임), 아우성(아름다운 우리 아이들의 성을 위하여), 외감법(외부 감사에 관한 법률)
>
> ㄴ. 개나발(개인과 나라의 발전을 위하여), 나이키(나에게 이쁘게 키스해 줘, 나 이쁘면 키스해 줘), 우등생(우겨서 등수를 올린 학생), 옥떨메(옥상에서 떨어진 메주)

(52)는 한자어로 된 구 구성으로써, 구를 구성하는 어절에서 몇 음절을 취하여 만들어진 축소어형이고 (53)은 조사나 어미가 결합된 구 구성의 축소어형이다.

이와 같은 구의 축소어형은 몇 개의 어절이 길게 이어진 구나 절을 이루는 단체의 이름이나 책제목 등을 간략히 만든다는 점에서 많이 쓰이고 있다. 이러한 양상은 (53ㄴ)에서와 같이 은어나 속어에도 많이 적용되는 등 사용상 편의와 언어 유희적인 측면에서도 이와 같이 몇 개의 어절을 줄여 하나로 만드는 방식의 축소어형 사용은 점점 늘어나고 있다.

구적 구조를 가지는 단어군의 축소어형이 하나의 단어처럼 일상 언어 생활에 완전히 정착되게 된다면 이를 사전에 등재하여야 한다. 이때는 품사 정보와 함께 축소어형임을 나타내는 부호를 병기하여야 할 것이다. 어절이나 구를 사전에 올릴 수는 없지만 이들의 축소어형이 하나의 어절로 줄어들고 마치 단어처럼 기능한다면 이들에 대한 정보와 설명을 사전에서 보여주는 것이 필요하다. 이러한 형태는 무한정 만들어지지 않기 때문에 '애, 개, 재' 정도는 모두 실어주는 것이 바람직하다. 그런데 '울아빠, 울엄마, 울언니'의 경우는 뒤에 가족이나 친인척을 지칭하는 명사들이 많이 결합할 수 있다. 하지만 이들 이외에는 결합이 제약되기 때문에 축소어형을 모두 실어주어도 되지만 사전 편찬의 경제성 등을 고려한다면 이들 중 하나를 대표로 실어 주고 풀이에서 유사형들을 예로 들어 설명하는 것도 하나의 방법이 될 것이다.

그러나 구나 구적 구조를 지닌 단어군의 축소어형 대부분은 일상 언어 생활 가운데서 언어 경제적인 편의에 의해서 줄여 쓰는 말들이므로 그 생명력이 길지 않은 경우도 있고, 또 그 쓰임의 범위가 매우 제한적인 경우도 많다. 따라서 이들을 모두 사전에 실을 필요는 없는 것이다. 굳이 이들을 싣는다면 보편성을 획득하였다고 보여지는 것들을 가려내는 작업이 선행되어야 할 것이다. 일반 사전에 실리지 못한 것들은 '축소어형 사전'과 같은 특수사전을 만들어 함께 다루는 것도 좋은 방법이 될 것이다.

2.3. 문법 단위별 축소어형의 통계적 비교

앞 절에서는 축소어형이 형성되기 전의 본어형을 단어와 구적 구조를 지닌 다어기 어휘소의 둘로 나누어 문법 단위별 축소어형의 양상을 살펴보았다. 그 결과 축소어형을 만들기 전의 문법 형태는 단연코 단어가 많음을 알 수 있다. 단일어와 복합어를 합쳐 90.5%의 수치를 보인다. 특히 복합어의 경우는 전체 축소어형 목록 중 이는 축소어형을 「준말」이라고 부르고 단어 취급을 하는 것과 관련하여 생각할 때, 당연한 결과라고 할 수 있을 것이다. 더욱이 국어에서는 단어가 여러 개 결합하여 만들어지는 단어복합형을 구로 보지 않고 하나의 단어로 취급하려는 경향을 보아도 본어형이 단어형태를 띠는 것이 많은 것은 당연하다고 하겠다. [표 27]과 [그림 21]은 축소어형이 문법 단위별로 어떠한 구성비를 보이고 있는가를 표와 그래프로 보인 것이다.

문법 단위	개 수	비 율
〈가〉 단어 형태	7,517	90.5%
〈가ㄱ〉 단일어	261	3.14%
〈가ㄴ〉 복합어	7,256	87.36%
〈나〉 어절 형태46)	65	0.78%
〈다〉 구 형태	724	8.72%
합 계	8,306	100.00%

[표 28] 축소어형의 문법 단위별 분류

---

46) 어절 형태는 이 연구에서는 다루지 않았다. 그 까닭은 단어의 형태와 그 방식이 유사하며 전체 축소어형 가운데서 1% 미만의 비중을 가지고 있기 때문이다. 그러나 비중 여하에 관계없이 이 유형의 축소어형에 관한 연구도 앞으로 이루어져야 할 것이다.

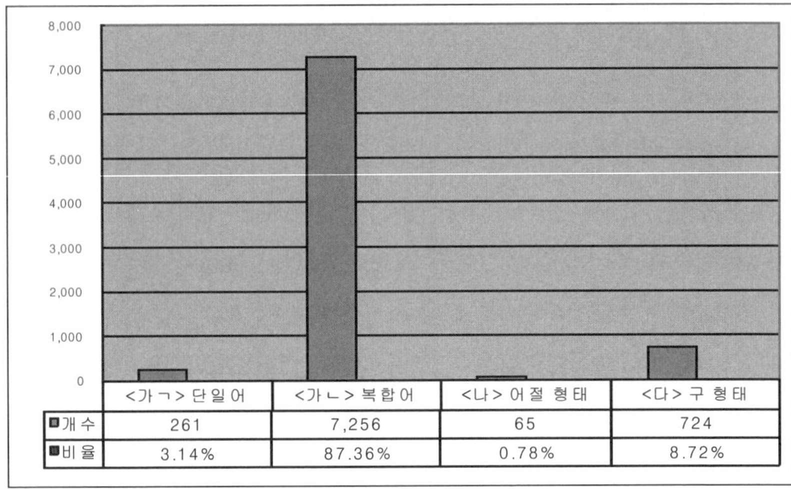

[그림 21] 축소어형의 문법 단위별 분류 그래프

제 6 장

축소어형의 형성 및 제약 현상

5장에서 살펴본 바와 같이 축소어형의 형성 방식은 크게 네 가지로 나눌 수 있다. 그런데 세부적인 내용으로 들어가면 같은 방식에도 다양하고 복잡한 형태와 형성 방식이 다시 나누어질 수 있다. 즉, 축소어형의 생성이 때로는 규칙으로 설명이 가능한 경우도 있었고 때로는 어떠한 규칙으로도 설명이 불가능한 경우도 있었다. 문법의 규칙으로 축소어형을 설명할 수 있다면 축소어형에 대한 접근과 분석은 보다 쉬워질 것이다. 그러나 축소어형 형성 규칙이라든가 원리와 같은 것을 제시하고 있는 연구 성과는 아직 발견되지 않는다. 이 장에서는 음운론적인 규칙으로 설명이 되는 일군의 축소어형들을 살펴서 축소어형 형성의 규칙성 여부를 알아보기로 한다. 또한 축소어형의 형성이 규칙적으로 설명은 되지 않지만, 축소어형이 만들어지는 데에 있어서 제약이 나타나는 현상들을 살펴보기로 한다.

1. 축소어형 형성에 관여하는 규칙과 경향성

1.1. 음운론적 축약·탈락과 축소어형

축소어형을 형성하는 데에 관여하는 규칙으로는 음운 규칙을 들 수 있다. 축소어형이 되기 위해서는 반드시 형태의 축소가 일어나는데, 형태의 축소는 음운이나 음절을 줄이면서 이루어지기 때문이다. 먼저 '축약'의 방식을 통해서 만들어지는 축소어형들은 모두 음운 규칙의 적용을 받으며 따라서 이들은 문법적으로 예측 가능한 것들이 된다. '탈락'의 방식으로 만들어지는 축소어형의 경우도 음운 규칙의 적용을 받는 것들이 상당수 있다.

허웅(1985 : 278~289)에서는 축약과 탈락의 현상을 '줄임'과 '없앰'이라 하여 '닮음'과 함께 발음의 편의로 일어나는 변동의 규칙으로 설명하고 있다. 이 가운데는 축소어형을 만드는 규칙들이 포함되어 있다. 자음 또는 반모음만 줄어들거나 없어지는 것은 축소어형을 만들지 못하므로, 줄임과 없앰의 변동 규칙 가운데 축소어형과 관계되는 음운 규칙으로는 '반홀소리 되기'와 '홑홀소리 되기', 'ㅡ 없애기', '고룸소리 없애기', 'ㅓ 없애기' 등이 남게 된다.

이제 이들 변동의 규칙이 어떻게 축소어형 형성에 관여하는가를 살펴보자.

(1) 띄다(← 뜨이다), 씌다(← 쓰이다), 틔다(← 트이다), 뉘다(← 누이다)
(2) 띄어 / 뜨여(← 뜨이어), 씌어 / 쓰여(← 쓰이어), 틔어 / 트여(← 트이어), 뉘어 / 누여(← 누이어)

　(1)은 '반홀소리 되기' 법칙이 적용되는 단어들이다. (1)의 예들은 어간형으로부터 축소어형이 만들어지는데, 이들은 모두 단일어가 아닌 피·사동접사가 결합된 파생어이다. (1)의 축소어형은 어간에 어미가 연결될 때 (2)와 같이 두 가지의 변동이 적용될 수 있는데, 어간(또는 어근과 접사 사이)에 먼저 반홀소리 되기 규칙이 적용되면 '씌어, 띠어, 틔어, 뉘어'와 같은 축소어형이 만들어지고, 어간과 어미 사이에 '반홀소리 되기' 규칙이 적용되면 '쓰여, 뜨여, 트여, 누여'와 같은 축소어형이 만들어진다. (1)의 단어들은 모두 본말과 축소어형이 함께 존재하며 이들이 임의로 교체가 가능하다.

　'뒤홀소리 다섯 중, 가운데·낮은 세 홀소리(ㅏ, ㅓ, ㅗ)는 /ㅣ/가 이어 나면 그 사이소리로 바뀌는 일'을 '홑홀소리 되기'라고 한다. 그 예로 다음과 같은 것을 들 수 있다.

　　(3) 뵈다(← 보이다), 패다(← 파이다)
　　(4) ㄱ. 재다(← *자이다), 태다(← *타이다), 세다(← *서이다)
　　　　ㄴ. 재우다(← *자이우다), 태우다(← *타이우다), 세우다(← *서이우다)
　　　　ㄷ. 재다(← 재우다), 태다(← 태우다), 세다(← 세우다)

　(3)과 (4)는 (1)의 예와 마찬가지로 피사동접사가 붙은 동사의 어간이 줄어들어 만들어진 단어들이다. 그런데 이들이 모두 본말과 축소어형의 관계를 가지지는 않는다. (3)은 축소어형과 본어형의 교체가 자유롭다. 그러나 (4)의 경우는 그렇지 못하다. 실제 문장에서 (4ㄱ)의 '*자이다, *타이다, *서이다'와 같은 형태가 나타나지 않음은 물론 (4ㄴ)의 '*자이우다, *타이우다, *서이우다'의 형태도 나타나지 않는다. 따라서 '재다'나 '재우다'를 '*자이다'나 '*자이우다'의 축소어형이 아닌 '자다'의 사

동사로 보아야 한다. 한편 (4ㄷ)에서 보는 바와 같이, '재다, 태다, 세다'
는 '*자이다, *타이다, *서이다'의 축소어형이 아닌 '재우다, 태우다, 세
우다'와 같은 이른바 이중사동형의 축소어형으로만 보아야 한다.

　허웅(1985)에서 보이고 있는 음운 규칙들은 모두 어간과 어미의 결합
을 대상으로 하고 있다. 이러한 규칙은 한 단어 내부의 축약과 탈락이
나 어절 구의 축약과 탈락의 경우에도 적용시킬 수 있다.

> (5) ㄱ. 뉘(누이), 똬리(또아리), 뭐(무어), 붴(부엌)
> 　　ㄴ. 시뉘(시누이), 괴춤(고의춤), 션하다(시원하다)
>
> (6) ㄱ. 새(사이), 애(아이), 얘기(이야기), 외(오이)
> 　　ㄴ. 그새(그사이), 계집애(계집아이), 외씨(오이씨)
> 　　ㄷ. 걔(그 아이), 얘(이 아이)

　(5)는 반모음화 규칙의 적용을 받는 축소어형들로 (ㄱ)은 단일어, (ㄴ)
은 복합어의 예들이고 (6)은 단모음화 규칙의 적용을 받는 축소어형들
로 (ㄱ)은 단일어, (ㄴ)은 복합어, (ㄷ)은 구가 줄어든 것들이다.

> (7) 관두다(고만두다)
> (8) 게(거기), 제(저기), 쏘대다(쏘다니다), 없애다(없이하다)

　(7)과 (8)도 반모음화 규칙과 단모음화 규칙의 적용을 받는 축소어형
들이다. (5), (6)에서의 규칙 적용이 인접한 두 모음 사이에서 일어나는
데 비하여 (7), (8)은 모음 축약의 규칙이 적용되기 앞서 두 모음 사이에
있는 자음의 탈락이 일어난다는 점이 다르다.

　(5)~(8)에 제시된 예들은 모두 '축약' 방식에 의한 축소어형들이다.

‘축약’에서 보이는 모음의 축약은 이처럼 반모음화 규칙이나 단모음화 규칙의 적용을 받는다. 그러나 (7)과 (8)에서 보는 것처럼 축약되는 두 모음 사이에 있는 자음이 어떻게 또는 왜 탈락하는가에 대하여는 규칙적인 설명을 보이기가 어렵다.

‘축약’에 의한 축소어형이 모음의 축약이라는 방법에서 규칙의 적용을 받는다면 ‘탈락’에 의한 축소어형은 모음의 탈락에 의해 만들어지는 축소어형이다. 여기에는 모음충돌 회피현상에 의한 탈락의 규칙을 들 수 있다.

   (9) 갈(가을), 골(고을), 낼(내일), 담(다음), 맘(마음), 밈(미음), 밸(배알), 빔(비음), 쌈(싸움), 샘(새암), 뺏다(빼앗다), 머(무어), 멱(미역), 즘 (즈음),

  (10) 골짝(골짜기), 건들다(건드리다), 갖다(가지다), 서둘다(서두르다), 잡숫다(잡수시다), 결(겨를), 골(고랑), 숲(수풀), 줌(주먹), 좀(조금)

그러나 ‘축약’에 의한 축소어형이 대부분 규칙의 적용을 받는데 비해 ‘탈락’에 의한 축소어형은 규칙의 적용이 제한적이다. (9)와 같이 모음 두 개가 연달아 나올 때에만 이 규칙이 적용될 수 있고, (10)의 예와 같이 연속하지 않는 모음의 탈락, 즉 자음을 포함한 음절의 탈락에 대하여는 규칙으로서의 설명이 불가능하다.

이상에서 축소어형과 관련된 음운론적 규칙을 살펴보았다. ‘축약’과 ‘탈락’의 변동 규칙 가운데서 공시적으로 축소어형과 줄기 이전의 형태가 함께 나타날 수 없는 필연적인 규칙들은 축소어형을 만들지 못하였다. 즉 모음이 줄어든다는 사실 하나만으로 모두 축소어형이 되는 것은 아니다. 축소어형은 공시적으로 본말이 존재할 것을 전제로 한다. 따라서 변동의 규칙 가운데서 필연적인 규칙은 축소어형을 만들어 내지 못하고 수의적인 규칙은 축소어형을 만들어 낼 수 있다. 결론적으로 말하자면, 축소어형을 형성하는 데 관여하는 음운 변동 규칙을 내세울 수는 있지만 그 규칙은 필연적인 것이 아니라 수의적인 성격만을 띤다. 이러한 반모음화, 단모음화와 같은 축약의 규칙은 모음충돌을 회피하려는 노력에서 만들어지는 것이고 모음탈락의 규칙 역시 모음충돌을 피하기 위한 방법에서 나타나는 규칙이다.

1.2. 축소어형 형성의 임의성

앞의 1.1절에서 축소어형을 만드는 데 관여하는 음운적인 규칙을 살펴보았다. 그렇지만 모든 축소어형에 대하여 이러한 규칙들이 관여하거나 적용되지는 않는다. 음운 규칙이 적용되는 것은 '축약'과 '탈락'의 방식으로 만들어지는 일부 축소어형들이다. 그러나 '절단'과 '선택'에 의한 축소어형은 어떠한 음운론적 규칙도 적용이 되지 않는다. 단지 경향성만을 찾을 수 있을 뿐이다. 축소어형의 형성에는 절대적인 규칙이 있을 수는 없다. 규칙이 있다 하더라도 그 규칙은 필연적인 것이 아니라 수의적인 규칙이 된다.

축소어형은 화자가 말을 줄여 쓰고자 하는 의도가 개입되어 있는 말이다. 따라서 본래의 어떤 말이 존재하는 상황에서 화자의 의도에 따라 본어형 그대로 나타나기도 하고 축소어형의 형태를 띠고 나타나기도 하는 것이다. 줄여 쓴다는 화자의 의도가 개입되지 않은 채 항상 축소어형만 존재하고 본말의 어형이 존재하지 않는다면 그것은 진정한 의미에서 축소어형이 아니다. 혹 줄기 이전의 형태가 존재하였더라도 현재 그 형태가 사용되지 않는다면 통시적인 관점에서는 '줄어든 말'이 된다고 하더라도 공시적으로는 더 이상 축소어형으로 볼 수 없다.

2. 축소어형 형성의 제약 현상

'축약'과 '탈락'의 방식에서는 축소어형 형성의 규칙성을 제한적이지만 찾을 수 있다. 그러나 '절단'과 '선택' 방식의 축소어형은 그것을 만드는 언어 사용자의 임의의 의도만이 개입될 뿐 규칙을 찾을 수 없다. 그런데 축소어형을 만들려는 의도를 제약하여 축소어형을 만들지 못하게 하는 저지 현상이 나타나기도 한다. 그것은 축소어형을 만들었을 때 형태의 축소와 함께 의미의 현저한 변화를 가져오거나 줄기 이전의 본어형은 서로 다르지만 그 다른 형태로부터 줄어든 말이 하나의 형태를 갖게 됨으로써 의미의 혼란 또는 중의성을 만드는 결과를 가져올 경우 축소어형을 만드는 데에 제약이 가해진다.

이럴 경우는 본말은 있는데 축소어형은 없거나 여러 본어형 가운데서 어느 하나만 축소어형을 만들고 그 나머지는 축소어형을 가지지 못하는 현상이 나타난다. 본어형이 축소어형 형성의 조건을 갖추고 있음에도 축소어형을 만들지 못하는 경우를 '-잖/찮-'형 축소어형에서 찾아볼 수 있다. 또 축소어형과 본말의 대응 관계가 일 대 다의 관계에 있는 '절단' 또는 '선택' 방식에서는 일단 하나의 본말이 축소어형을 만들었을 경우 나머지 본말은 축소어형을 만들지 않거나 아예 모든 본말이 축소어형을 만들지 않는 것을 볼 수 있다.

2.1. '-잖/찮-'형 축소어형의 빈자리

부정을 나타내는 보조용언 '아니하다'는 본용언과 결합하여 '-지 아니하다'의 꼴을 띠는데 '-지 아니하-'는 '-지 않-'의 과정을 거쳐 '-잖-'으로 줄어든다. 그런데 이 복합형태는 형태소끼리 긴밀한 결합을 이루어 마치 하나의 형태소처럼 기능하며 '용언의 부정'이라는 단일한 의미를 보이는 것을 많이 볼 수 있다.

먼저 '-잖-'이 어떻게 이루어지는가 그 형성 과정을 살펴보자. 국어의 음운 법칙상 모음 'ㅣ'와 'ㅏ'가 축약되어 한 음절을 이루게 되면 'ㅣ'가 반모음화하여 [j]가 된 뒤 'ㅏ'와 결합하여 'ㅑ'가 된다.

    (11) ㅣ + ㅏ → ㅑ
        [i] + [a] → [ja] : i → j 반모음화

따라서 '-지 않-'이 줄어들면 그 형태는 '-쟎-'이 되어야 한다. 그러나 현대 국어의 'ㅈ, ㅊ'은 일반적으로는 센입천장소리인 [ʧ, ʧh]이므로 이 소리의 바로 뒤에는 반모음 [j]가 나올 수 없다.[1] 그러므로 이때는 '-지'의 'ㅣ'와 '않-'의 'ㅏ'가 축약되어 'ㅑ'가 만들어진 다음 센입천장소리 'ㅈ[ʧ]'의 영향으로 반모음 [j]가 탈락하여 '-잖-'이 만들어진다고 보아야 한다.[2]

---

1) 15세기의 'ㅈ, ㅊ'음은 현대 국어와는 달리 [ʦ, ʦh]이었고, 현재도 'ㅈ, ㅊ'음을 [ʦ, ʦh]로 발음하는 경우가 있다(허웅, 1985 : 382~388 참조).

2) 1988년에 개정된 <한글 맞춤법> 제39항에는 이를 반영하여 '-지 않-'이 줄 적에는 '-잖-'으로, '-하지 않-'이 줄 적에는 '-찮-'으로 적기로 하였지만, 그 이전에 한글학회에서 제시한 <한글 맞춤법 통일안>에는 각각 '-쟎-, -챦-'으로 적고 있다. <통일안>이 표기를 중시한 데 비하여 새 <한글 맞춤법>은 현실 발음을 중시한 것이다.

(12)   -지않-   →   -쟎-   →   -잖-
      [ʧi+anh]   →   [ʧjanh]   →   [ʧanh]
      └─반모음화(축약)┘ └─ j탈락 ──┘

이 '-잖-'형태는 모든 종류의 용언과 결합할 수 있다. 다음의 예들은 '-잖-'이 붙을 수 있는 용언을 종류별로 나누어 본 것이다.

(13) ㄱ. 가다－가지 아니하다－가지 않다－가잖다＜자동사＞
     ㄴ. 잡히다－잡히지 아니하다－잡히지 않다－잡히잖다, 안기다－
        안기지 아니하다－안기지 않다－안기잖다＜자동사 ; 피동사＞
     ㄷ. 읽어지다－읽어지지 아니하다－읽어지지 않다－읽어지잖다,
        영글어지다－영글어지지 아니하다－영글어지지 않다－영글
        어지잖다＜자동사 ; '-어지-'결합피동사＞

(14) ㄱ. 먹다－먹지 아니하다－먹지 않다－먹잖다＜타동사＞
     ㄴ. 올리다－올리지 아니하다－올리지 않다－올리잖다＜타동사 ;
        사동사＞
     ㄷ. 하다－하지 아니하다－하지 않다－하잖다, 일하다－일하지
        아니하다－일하지 않다－일하잖다＜타동사 ; '-하-'결합동사＞

(15) ㄱ. 예쁘다－예쁘지 아니하다－예쁘지 않다－예쁘잖다＜형용사＞
     ㄴ. 깨끗하다－깨끗하지 아니하다－깨끗하지 않다－깨끗하잖다－
        깨끗잖다, 수월하다－수월하지 아니하다－수월하지 않다－수
        월하잖다(－수월찮다), 대단하다－대단하지 아니하다－대단하
        지 않다－대단하잖다(－대단찮다)＜형용사 ; '-하-'결합형용사＞
     ㄷ. 아름답다－아름답지 아니하다－아름답지 않다－아름답잖다,
        예사롭다－예사롭지 아니하다－예사롭지 않다－예사롭잖다
        ＜형용사 ; 접사결합형용사＞

(16) 이다–이지 아니하다–이지 않다–이잖다<지정사>

(17) 있다–있지 아니하다–있지 않다–있잖다<존재사>[3]

부정문은 긍정문에 부정소(否定素)가 첨가되어 만들어지는 것인데, '부정(否定)'이라는 진술 행위는 어떠한 문장에서도 나타날 수 있으며, 부정문을 다시 부정하는 이중부정문 또는 다중부정문도 나타난다. 국어에서 기본이 되는 부정소는 '아니'이다. 부정소 '아니/안'은 부사의 자격으로 문장에 나타날 때는 제약이 있지만,[4] '하다'와 결합하여 부정보조용언 '아니하다'의 형태를 가지고 부정문을 형성할 때는 아무런 제약이 없다. 따라서 '-지 아니하'가 줄어든 '-잖-'이 모든 용언에 붙는 것은 당연하다. 이처럼 '-잖-'이 용언과 자유롭게 결합하는 양상은 마치 선어말어미가 모든 용언에 거의 아무런 제약이 없이 자유롭게 붙을 수 있는 것과 유사하다.[5]

(18) ㄱ. 심한 감기 몸살 때문에 그는 오늘 아침 약수터에 가지 아니하였다(않았다).
     ㄴ. 심한 감기 몸살 때문에 그는 오늘 아침 약수터에 가잖았다.

(19) ㄱ. 이번 것은 별로 흔하지 아니한(않은) 물건입니다.

---

3) 용언을 어떻게 분류하는가에 따라 지정사나 존재사를 형용사에 넣기도 하지만 여기서는 다양한 형태의 용언에 모두 '-잖/찮-'이 붙을 수 있음을 보이기 위해 나누어 보았다.
4) 부정부사 '아니/안'은 복합동사, 다음절이 상태동사, 모음 '아'로 시작되는 용언들에서는 잘 안 어울리는 제약이 있고(김동식, 1980), '알다, 있다'와 같이 부정형태가 있는 동사, '생기다, 견디다'와 같은 동사, 약속문에서의 '알다, 모르다, 없다' 등의 용언 앞에 나타나지 않는다. '아니/안'의 쓰임의 제약에 대하여는 서정수(1994 : 848~849) 참조.
5) '-잖/찮-'은 단일한 형태소는 아니지만 마치 선어말어미처럼 기능한다고 보아 이를 '부정 또는 확인의 유사 선어말어미'로 취급하기도 한다. 졸고(1998) 참고.

　　　ㄴ. 이번 것은 별로 흔찮은 물건입니다.

(20)　ㄱ. 그 여자는 얼굴은 그리 예쁘지 아니하여도(않아도) 마음씨는
　　　　　비단결 같아.
　　　ㄴ. 그 여자는 얼굴은 그리 예쁘잖아도 마음씨는 비단결 같아.

(18)～(20)에서는 '-(하)지 아니하/않-'이 '-잖(찮)-'으로 줄어들면서
본말과 아무런 의미의 변화가 없이 축소어형을 만들어내고 있으며, 본
말과 축소어형이 서로 넘나들며 쓰일 수 있다. 그러나 다음의 경우는
축소어형이 만들어지지 않는다.

(21)　ㄱ. 그 물건은 별로 귀하지 아니해(않아).
　　　ㄴ. *그 물건은 별로 귀찮아.

(22)　ㄱ. 제 자식 귀하지 아니한(않은) 사람이 어디 있겠나.
　　　ㄴ. *제 자식 귀찮은 사람이 어디 있겠나.

(23) 그 사람은 귀찮은 존재야.

(24)　ㄱ. 어머니는 너와 이야기하는 것이 편치 아니하신(않으신) 모양
　　　　　이야.
　　　ㄴ. *어머니는 너와 이야기하는 것이 편찮으신 모양이야.

(25) 어머니는 지금 편찮으신 모양이야.

'귀하지 아니하다, 편하지 아니하다'의 축소어형으로써의 '*귀찮다,
편찮다'는 나타나지 않는다. 모든 종류의 용언이 '-지 아니하(않)-'과
결합될 수 있음에도 이들이 축소어형을 만들지 않는 이유는 '귀찮다,

편찮다'는 '귀하지 않다, 편하지 않다'의 축소어형이 아닌 새로운 단어이기 때문이다. 물론 이들이 역사적으로는 '귀하지 아니하다, 편하지 아니하다'로부터 만들어졌다고는 하지만 줄어들기 이전의 형태로의 복원은 일어날 수 없다. 형태두 의미도 전혀 다른 새로운 단어인 것이나. 이들 단어의 존재가 '귀하지 않다, 편하지 않다'의 축소어형을 만들어 내는 데에 저지 작용을 하여 (21ㄴ), (22ㄴ), (24ㄴ)과 같은 '*귀찮다, *편찮다'가 만들어지지 않는다. (23)의 '귀찮다'는 '마음에 들지 않고 성가시다'라는 뜻으로 '귀하지 않다'의 의미가 아니고, (25)의 '편찮다' 역시 '몸이 불편하다, 아프다'라는 뜻을 가질 때에만 적격문이 된다. 따라서 새로운 단어가 된 '귀찮다, 편찮다'의 영향으로 '귀하지 않다, 편하지 않다'의 축소어형으로서의 '귀찮다, 편찮다'는 나타날 수 없고 '-잖(찮)-'형 축소어형의 빈자리를 만들게 된다.

2.2. '선택'의 방식으로 형성된 축소어형의 빈자리

축소어형 가운데서 40퍼센트[6] 가까이를 차지하는 '선택'의 형성 방식으로 만들어진 축소어형은 그 중요 의미를 가진 음절을 남긴다는 점 이외에는 남는 음절들을 가려내는 뚜렷한 원리나 규칙을 찾을 수 없다. '선택' 축소어형은 주로 단체나 조직의 긴 이름이 그 사용자들의 불편을 덜기 위해 줄여 쓰려는 의도로 많이 만들어진다. 이때 그 이름을 사용하는 언어 사용자의 의도만이 어떠한 음절을 남기고 어떠한 음절을

---

6) 이 비율은 <축소어형 목록>에 근거한 것이다. 현재 목록에 실린 축소어형 중에서 차지하는 비율은 38.69%이지만 이 '선택'에 의한 축소어형은 지금도 계속 만들어지고 있으며 이 비율은 더욱 높아질 것이다. 물론 이러한 '선택'에 의한 축소어형이 얼마만큼의 생명력을 지닐 수 있는가는 얼마만큼의 일반성을 획득하는가에 달려 있다.

덜어낼 것인가를 정하는 기준이 된다.

그런데 줄이고자 하는 의도를 가지고 있더라도 ‘선택’에 의한 축소어형이 아무 제약 없이 만들어지지는 않는다. 다음의 예들을 보자.

(26)　가대(가톨릭대학교), 강대(강원대학교), 고대(고려대학교), 단대(단국대학교), 동대(동국대학교), 영대(영남대학교), 원대(원광대학교)

(27)　ㄱ. 숙대 / 숙명여대(숙명여자대학교), 이대 / 이화여대(이화여자대학교), 덕대 / 덕성여대(덕성여자대학교)
　　　ㄴ. 동덕여대 / *동대(동덕여자대학교), 서울여대 / *서대(서울여자대학교)

(28)　ㄱ. *서대(서울대학교), *서대(서강대학교)
　　　ㄴ. *경대(경희대학교), *경대(경기대학교)
　　　ㄷ. 한대(한양대학교), *한대(한남대학교)

(26)～(28)은 대학명을 줄여 쓰는 예들을 보인 것이다. 대부분의 대학 이름들은 그 구성원들 사이에서나 일반인들에게서 「준말」로 불리는 것이 자연스러운 현상이지만 모든 대학의 이름이 축소어형을 만들지는 않는다.

여자대학의 명칭은 학교 이름에 ‘여대’를 붙이거나 그냥 첫글자에 ‘대’를 붙이는 두 경우가 있다. 그러나 (27ㄴ)의 경우는 학교이름의 첫글자만으로는 축소어형이름이 만들어지지 않는다. ‘동덕여대’를 ‘*동대’로 줄일 경우 ‘동국대학교’의 축소어형인 ‘동대’와 혼동이 되고 ‘서울여대’를 ‘*서대’로 줄일 경우 ‘서울대, 서강대’와 혼동이 되기 때문에 이를 피한 결과 축소어형이 만들어지지 않는다.

(28)에서 ‘서울대’가 ‘*서대’로 되지 않는 까닭은 ‘서울’이 순우리말이기 때문으로 보인다. ‘선택’의 경우는 순우리말에는 잘 적용이 되지 않던 것이다. 이에 대해 ‘서강대’는 ‘*서대’로 될 만한 조건을 갖추고 있다. 그러나 ‘*서대’라는 축소어형이 비록 한자어와 순우리말라는 차이가 있다고는 하지만 발음상에서는 ‘서울대’를 줄인 ‘서대’와의 혼동을 가져오기 때문에 이를 만들지 않는 것으로 보인다.

(28ㄴ)은 둘 다 한자어로 된 이름이지만 같은 지역인 서울에 위치하고 있어서 서로 혼동을 피하려는 의식이 두 학교 모두 축소어형을 가지지 못하게 만들었다. 이에 비해 (28ㄷ)은 줄였을 때 모두 ‘한대’가 된다. 두 학교가 다른 지역에 자리 잡고 있기 때문에 모두 축소어형 이름을 가질 개연성이 있지만, 서울에 있는 ‘한양대학교’가 축소어형 이름을 선점하여 인지도를 높이고 따라서 더욱 보편성을 획득하자 ‘한남대학교’는 ‘*한대’라는 축소어형을 만들지 못하게 되었다.

> (29) ㄱ. 충대(충북대학교, 충남대학교), 경대(경북대학교, 경남대학교)
>   ㄴ. 전대(전남대학교), 북대(전북대학교)

서로 다른 두 학교가 같은 축소어형을 사용하는 경우도 있다. (29ㄱ)이 그러하다. ‘충대’의 경우 충청남도에서는 ‘충남대학교’를, 충청북도에서는 ‘충북대학교’를 가리킨다. ‘경대’의 경우도 마찬가지인데, 이들은 모두 그 지역에서 사용될 때만 축소어형이름이 용인되고 자기 지역을 벗어나면 보편성을 얻지 못한다. (29ㄴ)의 ‘전남대학교’와 ‘전북대학교’도 ‘충대’나 ‘경대’와 마찬가지로 각각 ‘전대’라는 축소어형으로 불릴 수 있다. 그런데 ‘전남대학교’만 ‘전대’가 되고 ‘전북대학교’는 ‘북대’라는 축소어형을 가진다. 이는 ‘전남’이 가지는 이미지의 영향력이 전라북도에까지 미치기 때문에 ‘전대’를 ‘전남대학교’만이 독점하게 되고 전북대학교는 대신에 ‘북대’라는 이름을 취하게 된다.

한편, 고등학교의 이름은 대학교의 이름과 달리 지방의 일부 학교명을 제외하고는 일반적으로 축소어형이 잘 만들어지지 않는다.

(30) ㄱ. 경기고(*경고), 고려고(*고고), 상문고(*상고), 서울고(*서고)
　　 ㄴ. 숙명여고(*숙여고, *숙고), 수도여고(*수여고, *수고), 이화여고
　　　　(*이여고, *이고), 서울여고(*서여고, *서고)

(31) 전고(전주고), 일고(광주일고), 온여고(온양여고), 여종고(온양여종고)

(30ㄱ)의 ‘고려고’ (30ㄴ)의 ‘숙명여고, 이화여고’ 등은 ‘고려대, 숙명여대, 이화여대’와 대학교와 고등학교라는 차이밖에는 가지지 않지만, 축소어형을 만들지 않는다. 이는 같은 음절로 시작되는 학교가 한 지역에 여럿이 있기 때문으로 보인다. 예를 들어, ‘*경고’의 경우 ‘경기고’ 외에 ‘경문고, 경성고’ 등과 같이 ‘경-’으로 시작되는 이름을 가진 고등학교가 같은 서울이라는 지역 안에 여럿 있기 때문에 혼동을 피하기 위해 어느 학교도 축소어형을 만들지 않는다. 그러나 (31)과 같이 지방의 고등학교 이름에 축소어형이 나타나는 이유는 그 지역 학교의 숫자가 적고 대학과는 달리 지역 한정성을 가지기 때문에 이름을 줄여도 큰 혼란을 일으키지 않기 때문인 듯하다.[7]

축소어형을 만들어 쓰는 가장 큰 이유로 언어 경제적인 효과를 들

---

7) 초등학교나 중학교의 이름도 고등학교와 마찬가지로 축소어형을 잘 만들어내지 않는 것으로 보인다.

수 있다. 그런데 축소어형을 만들었을 때에 혼란이 일어난다면 그것은 오히려 비경제적이 된다. 따라서 사용 집단이 다를 경우는 형태가 같은 축소어형이 여럿이라도 문제가 없지만 사용 집단이 같다면 같은 축소어형의 사용은 누가 먼저 만들어 썼는가에 따라서 똑같은 형태가 나타나는 것이 저지되기도 하고 또 때로는 아예 혼란의 가능성을 배제하기 위해 모두 축소어형을 만들지 않기도 한다.8)

---

8) 이와 관련하여 임지룡(1992 : 193)에서는 지명(地名)의 혼성이 이루어지는 데에는 '힘의 원리'와 '나먼저 원리'라는 두 원리가 작용한다고 하였다. 그러나 이 연구에서 지적한 것처럼 반드시 힘(또는 영향력)이 있는 것이 축소어형을 만든다고는 볼 수 없다. 학교의 이름과 같이 선택의 방법으로 축소어형이 만들어지는 데에는 같은 지역 안에서 동어를 만드는 것을 회피하려고 하는 심리적인 요인이 더 크게 작용하고 있다.

제7장

축소어형과 〈준말〉

1. 축소어형과 〈준말〉의 관계

2장에서 살펴본 바와 같이 국어에서 축소어형과 관련된 연구가 적지 않고 이와 관련된 용어들이 다양함에도 불구하고, 이들 용어들 가운데 어느 것도 국어의 다양한 유형으로 만들어지는 축소어형 전반을 포괄하기에 충분하지 못하다. 그나마 언중들에게 일반적으로 쓰이고 있는 것이 「준말」이지만 이에 대한 정의도 제각각이고 「준말」에 포함되는 유형들 역시 제각각이기는 마찬가지이다. 여기서 굳이 「준말」이라는 용어를 사용하지 않고 '축소어형'이라는 용어를 사용하는 것은 「준말」보다는 '축소어형'이라는 용어가 본어형에서 형태가 줄어든 어형들 전반을 가리키는 데에 있어서 가치중립적이라고 여기기 때문이다.

이제 다양한 방식으로 만들어지는 축소어형 가운데서 새로운 단어의 자격을 가지는 것을 추출하여 내고, 이 새 축소어형의 단어에 〈준말〉[1]

---

1) 7장에서는 사용하는 용어 〈준말〉은 6장까지의 「준말」과는 다른 개념으로 쓴다는 뜻에

이라는 용어를 부여하고, <준말>의 문법적 위상을 정립해 보기로 한
다. 「준말」은 이미 한국어를 사용하고 있는 언중들뿐 아니라 연구자들
사이에서도 학술적 용어처럼 사용되고 있다. 따라서 보다 분명히 「준말」
에 대한 개념 정의를 할 필요가 있다. 모든 축소어형이 「준말」이 되지
는 않는다. 물론 단순히 어형이 줄어든 말이 「준말」이라고 정의를 내린
다면 모든 축소어형은 곧 「준말」이 된다. 그러나 광범위하고 다양한 축
소어형을 모두 「준말」이라는 한 용어 안에 포함시켜 다루는 것은 「준
말」에 대한 명확한 개념을 세우거나 정의를 하지 않고 연구를 진행시
킨 기존 논의의 오류를 그대로 따르는 것이다. 따라서 현대 국어에서
문법 형태의 하나로 확고한 자리를 차지하고 있는 「준말」에 대한 정의
를 명확히 하고 축소어형 가운데서 새롭게 정의된 <준말>을 가려내는
일은 준말을 문법의 영역 안으로 보다 분명하게 자리매김할 수 있게 만
드는 중요한 작업이 된다.

1.1. 새로운 단어로서의 <준말>의 형태적 조건

먼저 축소어형 가운데서 형태적 조건을 살펴 이제 새롭게 <준말>의
범위를 한정하고 <준말>이 되는 자격을 제시하기로 한다.

첫째, <준말>이 되기 위해서는 본어형에서 음운이 하나 이상 줄어
들어야 한다. 그 음운이 자음이건 모음이건 관계가 없다.

기존의 연구에서는 한 음절 이상이 줄어들어야 「준말」이 된다고 보
고 있다. 송철의(1993), 강병학(1996), 이지양(2003), 정희창(2005)이 모두

서 낫표(「 」)를 지우고 꺾쇠표(< >)를 쓰기로 한다.

이러한 입장을 취하고 있다.2) 이는 「준말」과 더불어 축소어형의 보편적 양상을 다룬 우민섭(1974), 이석주(1988), 김영석·이상억(1992) 등의 약어(형)의 정의 역시 음절 줄이기를 전제로 하고 있다.3)

　그러나 이렇게 「준말」이 되기 위해서는 반드시 음절이 줄어들어야 한다는 조건은 다음과 같은 것들은 「준말」의 목록에서 제거시키는 결과를 가져 온다.

　　　(1) 거(것), 이거(이것), 그거(그것), 저거(저것), 고거(고것), 요거(요것)

　실제로 ‘것, 이것, 그것’에서 받침 ‘ㅅ’이 줄어든 ‘거, 이거, 그거’를 사전에서는 「준말」로 처리하고 있다.4) 그런데 이때, 음절수는 그대로 유지한 채 ‘ㅅ’ 음운 하나만 줄어든 ‘거, 이거, 그거’를 〈준말〉로 본다면 또 다른 문제점이 발생한다. 즉 자음 ‘ㄹ’ 하나만 탈락되는 다음과

---

2) 이희자(1997)에서는 「준말」을 ‘단어에서 그 구성 성분의 일부를 줄여서 간략하게 만든 형태’로 정의하여 음절이 줄어든다는 표현은 쓰고 있지 않지만 용례에서 볼 때, 음절이 줄어드는 것을 전제하고 있음을 알 수 있다.

3) 이러한 입장은 사전에서도 그대로 수용되고 있다. 표준국어대사전에서는 “준말은 형태소 이하의 음운 단위 — 엄밀히 말하면 어휘적·문법적 기능을 하지 못하는 음운 단위 — 가 탈락 또는 축약하여 이루어지며, 그 결과 음절의 수가 줄어든다.”라고 하여 음절수의 축소를 「준말」의 전제 조건을 보고 있다(《표준국어대사전》 편찬지침 Ⅱ, 166쪽).

4) 『새우리말큰사전』(1986, 신기철·신용철 편 — 앞으로는 『새사전』으로 줄여 부르기로 한다)과 『큰사전』(1992)이 모두 이러한 처리를 하고 있다. 『연세사전』(1998)에도 ‘거, 이거, 그거, 저거, 요거’가 모두 표제어로 올라와 있는데, 이 가운데 ‘그거’만 ‘그것’의 입말로 처리하여 「준말」로 보지 않고 있다. 그러나 나머지 것들을 모두 「준말」로 처리하고 있음을 볼 때 ‘그거’를 「준말」로 처리하지 않은 것은 편찬 과정에서의 실수로 보인다.
　한편 『표준사전』(2002)에서는 (1)의 모든 ‘~거’형들을 본어형인 ‘~것’의 구어적 말이라고 하여 「준말」로 보지 않고 있다. 또한, 『준말 목록』(2003)에는 ‘거’는 포함되어 있지 않고, ‘그걸(그것을), 그게(그것이), 이건(이것은), 이걸(이것을), 이걸로(이것으로), 이게(이것이), 저건(저것은), 저걸(저것을), 저걸로(저것으로), 저게(저것이)’와 같이 단어형이 아닌 어절형이 「준말」로 실려 있다. 아마도 그 까닭은 ‘거, 이거, 저거, 그거, 요거’와 같이 음절 수가 줄지 않은 것들을 「준말」로 보지 않고 있기 때문이 아닌가 한다.

같이 말들을 모두 <준말>로 처리해야 한다는 논란이 일 수 있다.

(2) 소나무(*솔나무), 싸전(*쌀전), 마소(*말소), 따님(*딸님)

(2)의 예들은 모두 '르' 하나만이 탈락한 것이다. 그러나 이들은 모두 탈락된 형태로만 쓰일 뿐 본어형이 쓰이는 경우는 없다. 기저어형으로는 상정할 수 있지만 본어형이 실제로 존재하지 않는 상황에서 <준말> 여부를 가릴 수는 없는 일이다. 뒤에서 자세히 언급하겠지만, <준말>은 공시적으로 본말과 함께 나타날 수 있을 때 <준말>로서의 자격을 가지기 때문이다. 따라서 (2)의 예들은 축소어형이 될 수는 있을지도 모르나 <준말>이 될 수는 없다.5)

둘째, <준말>을 만들기 위해서는 본어형이 한 음절 이상으로 된 단어 또는 단어군이어야 하며, <준말>이 만들어내는 가장 작은 문법 단위는 단어이다. 단어를 구성하고 있는 형태가 줄어들었을 때, 그 줄어든 형태는 축소어형으로 <준말>을 형성하는 구성 요소는 될 수 있지만 그 자체가 <준말>이 될 수는 없다. 본말이 단어이더라도 그 단어가 줄어들었을 때, 자립할 수 없으면 줄어든 말은 <준말>이 아닌 <준말>의 구성 요소가 될 뿐이다. <준말>은 홀로 설 수 있는, 즉 자립할 수 있는 단어 차원의 축소어형이다.

(3) 글콩(그루콩), 글밭(그루밭), 맞보다(마주보다), 맞잡다(마주잡다), 엊
     저녁(어제저녁)

---

5) '솔방울, 쌀주머니, 말수레' 등과 같이 (2)와 비슷한 조건에서 '르'이 탈락하지 않은 단어
   들이 있기 때문에 '소나무'를 '*솔나무'의 축소어형으로 볼 가능성도 있을 수 있으나, 본
   어형이 실제하지 않은 가운데 축소어형을 상정하는 것도 무리가 있다.

(4) *글(그루), *맞(마주), *엊(어제)

(3)의 예에서 보는 것처럼, 자립하는 단어 형태를 가지고 있는 '콩, 맞보다, 엊저녁'은 '그루콩, 마주보다, 어제저녁'의 〈준말〉이다. 그러나 '그루, 마주, 어제'가 줄어들어서 된 (4)의 '*글, *맞, *엊'은 자립적으로 쓰이지 않고 언제나 다른 단어와 결합하여서만 나타나는 구성요소로만 쓰이기 때문에 축소어형이 될 수는 있지만 〈준말〉이 될 수는 없다.6)

그러나 조사의 경우는 좀 다르다. 조사는 자립하지 못하지만 국어에서는 단어의 지위를 가지고 있다.

(5) ㄴ(는), ㄹ(를)

(6) 우린(우리는), 널(너를)

〈준말〉을 만들 수 있는 본어형은 최소한 한 음절 이상으로 이루어진 것이어야 한다.7) 그런데 (5)와 같은 단음절로 된 조사가 축소어형이 될 때는 음절을 이루지 못하고 하나의 음운으로만 존재하게 된다. 이때 (5)의 'ㄴ, ㄹ'은 조사의 〈준말〉이 되며, (6)의 '우린, 널'은 어절 '우리

---

6) '*글-, *맞-, *엊-'과 같은 축소어형들을 따로 구분하여 '준말형성소'라고 부를 수 있을 것이다. 준말형성소는 그 자체로는 〈준말〉이 되지 않지만 〈준말〉을 형성하는 구성 요소라는 의미를 가진다.

7) 송철의(1993)에서는 「준말」을 "단어(파생어나 복합어 포함)나 혹은 하나의 기식군(氣息群)으로 묶일 수 있는 구에서 인접한 두 음절이 의미 변화를 초래하지 않으면서 한 음절로 줄어들어 형성된 언어형식(단, 본말도 표면음성형으로 실현될 수 있어야 함)"이라고 하였다. 이 정의에 따르면 「준말」이 되려면 본딧말은 최소한 두 음절 이상으로 되어 있어야 하지만, 이럴 경우 (5)의 조사들은 〈준말〉을 만들지 못한다. 그러나 '는, 를'은 'ㄴ, ㄹ'과 같은 〈준말〉을 가지고 있다.

는, 너를'의 축소어형이 된다.

셋째, <준말>은 단어 내부에서뿐만이 아니라, 단어와 단어의 연결, 또는 몇 개의 어절이 이어진 구의 형태를 보이는 언어 단위로부터 만들어지기도 한다.

> (7) 개(←그 아이), 깨끗잖다(← 깨끗하지 않다), 암말(← 아무 말), 울엄마(← 우리 엄마), 한둘(← 하나 둘)

> (8) 노찾사(← 노래를 찾는 사람들), 민가협(← 민주화실천가족운동협의회), 공륜(← 한국공연윤리위원회)

이때 (7)처럼 그 구성 요소 일부가 음운의 탈락이나 축약의 방법을 통해 줄어들어 만들어지는 것도 있고, (8)처럼 구적 구조를 이루는 단어군들에서 몇 개의 음절을 가려 뽑아 만들어지는 것들도 있다.[8] 여기서 '개, 깨끗잖다, 암말'과 '노찾사, 민가협'과 같은 말이 과연 단어가 될 수 있는가에 대하여 문제의 소지가 있을 수 있다. 본어형이 하나의 단어가 아님에도 불구하고 이들을 단어로 보는 까닭은 이들이 문장에서 한 단어처럼 단단히 결합한 형태로 쓰이고, 단어와 같은 기능과 역할을 가지기 때문이다.

지금까지 살펴본 <준말>의 조건을 정리하면 다음과 같다.

> (9) <준말>의 형태적 조건
> ① <준말>이 되기 위해서는 본어형에서 음운이 하나 이상 줄어들어야 한다. 그 음운이 자음이건 모음이건 관계가 없다.

---

8) 지금까지는 '노찾사, 민가협, 교총'과 같이 단어나 어절이 이어진 단어군에서 몇 개의 음절들을 가려 취한 형태를 '약어'라는 포괄적인 개념으로 많이 불러 오고 있다.

    ② 〈준말〉을 만들기 위해서는 본어형이 한 음절 이상으로 된 단
어 또는 단어군이어야 하며, 〈준말〉이 만들어내는 가장 작은
문법 단위는 단어이다.

    ③ 〈준말〉은 단어 내부에서뿐만이 아니라, 단어와 단어의 연결,
또는 몇 개의 어절이 이어진 구의 형태를 보이는 언어 단위로
부터 만들어지기도 한다.

이상과 같이 축소어형에서 〈준말〉이 될 수 있는 조건들을 한정할
때 〈준말〉을 형태와 음운을 고려하여 다음과 같이 정의할 수 있다.

    (10) 〈준말〉의 형태적 정의
    〈준말〉이란, 한 음절 이상으로 이루어진 단어[9]나 구적 구조를 가지는
단어군에서 음운이 하나 이상 줄거나 두 개 이상의 음운이 합쳐지면서,
본어형보다 줄어들어 한 단어의 형태로 꼴이 바뀐 말이다.[10]

1.2. 새로운 단어로서의 〈준말〉의 통사·의미적 조건

축소어형이 생성될 때 본어형이 가지고 있는 의미를 그대로 유지하
는 것도 있고, 의미의 변화를 겪는 것도 있다. 의미의 문제는 축소어형
가운데 어떤 것이 〈준말〉이 될 수 있는가를 가리는 데에 또 하나의 중
요한 기준이 된다.

본말과 〈준말〉 사이의 의미의 동일성 여부는 지금까지의 「준말」에
관한 논의에서 빼어 놓을 수 없는 문제 중의 하나가 되어 왔다. 기존의

---

9) 여기서의 단어는, 단일어나 합성어를 모두 포함한다. 단어의 정의에 대하여는 많은 논의
가 있지만 여기서는 '휴지(pause)와 분리성(isolability)을 가지는 최소의 자립형식(minimal
free form)'이라는 일반적인 정의를 취하기로 한다.
10) 이와 같이 〈준말〉을 정의하게 되면 '-단다'와 같은 어미의 축소어형은 제외가 된다.
이때 어미의 축소어형은 '준꼴'로 처리할 수 있을 것이다.

「준말」에 대한 정의는 대부분 어떤 단어나 어절 또는 통사적 구성에서 형태가 줄어들었을 때 그 의미의 변화가 없는 것을 「준말」이라고 보고 있다. '협의의 약어는 같은 시대에 원어와 항시 같이 쓰여질 수 있어야 하며, 원어와 약어는 상호 교체가 가능해야 한다'는 우민섭(1974 : 69)의 제약은 통사적으로나 의미적으로 본딧말과 「준말」이 차이가 없어야 함을 전제하고 있다. 송철의(1993 : 47)에서 '단어(파생어와 복합어 포함)나 혹은 하나의 기식군으로 묶일 수 있는 구에서 인접한 두 음절이 의미 변화를 초래하지 않으면서 한 음절로 줄어들어 형성된 언어형식(단, 본말도 표면 음성형으로 실현될 수 있어야 함)'을 「준말」이라고 한 정의에서도 역시 본말과 「준말」이 통사적으로 그리고 의미적으로 차이가 있어서는 안 된다고 보고 있다. 「준말」에 대한 개념 정의를 하고 있지 않은 「준말」 관련 연구들에서도 대부분 본말과 「준말」의 통사적, 의미적 동일성을 전제로 하고 논의를 전개하고 있다.

축소어형은 본어형으로부터 만들어진다. 본어형이 없이는 축소어형이 있을 수 없다. 따라서 축소어형이 가지고 있는 의미는 원칙적으로 본어형이 가지는 의미와 같아야 하며 문장 안에서의 통사적 기능과 역할 역시 동일하여야 한다. 그러나 단순히 언어 경제적인 이유로 인해 본어형으로부터 만들어진 축소어형은 처음에는 의미와 통사 기능이 같았을 것이다. 그러나 똑같은 의미와 통사 기능을 가진 두 언어 형태를 동시에 가지고 있을 필요가 없다는 또 다른 언어 경제적인 이유 등으로 해서, 시간의 경과에 따라 두 언어 형태는 의미와 통사 기능이 달라지는 경우가 나타난다. 어형의 축소라는 형태의 변동·변화가 의미와 통사 구조를 바꾸는 것이다.

본어형과 축소어형의 통사·의미 관계를 다음과 같이 나누어 생각해 볼 수 있다.

    (11) ㄱ. 본어형의 통사·의미≠축소어형의 통사·의미
        ㄴ. 본어형의 통사·의미≒축소어형의 통사·의미

    (12) 귀찮다(≠귀하지 아니하다), 여보(≠여기 보오)

    (11ㄱ)은 본어형과 축소어형이 통사 구조나 의미에 있어 다른 경우이다. 그러나 이런 경우라고 하더라도 통사적 기능이나 의미의 관련성이 전혀 없는 것은 아니다. 원래 가지고 있던 의미와 많이 달라진 경우라고 할지라도 축소어형의 생성 자체가 줄기 이전의 말을 전제로 하기 때문이다. 따라서 만약 '본어형의 통사·의미≠축소어형의 통사·의미'라는 부등식이 성립한다면, 이 둘은 역사적으로는 관계가 있지만 공시적으로는 통사나 의미적으로는 관계가 없는 별개의 형태가 된다.

    그러한 예를 (12)에서 찾을 수 있다. '귀찮다'는 어원적으로는 '귀하지 아니하다'에서 온 것이다. 그러나 현대 국어에서 '귀찮'은 존재가 '귀하지 않'은 존재를 의미하지는 않는다. 또 '여보'는 '여기 보오'라는 통사적 구성으로부터 만들어진 것이지만, 의미나 통사적 기능이 완전히 달라져서 부부 간의 호칭으로 쓰이는 감탄사가 되었다.

    이렇게 볼 때 결국 축소어형이 〈준말〉이 되는 경우는 본어형과 축소어형이 (11ㄴ)의 통사·의미 관계를 가질 때이다. (11ㄴ)의 '≒' 기호는 본말이 가지고 있는 어휘 의미와 〈준말〉이 가지고 있는 어휘 의미가 일 대 일의 대응 관계를 가지며 완전히 일치하거나, 혹은 기본적으로는 본말과 〈준말〉이 같은 어휘 의미를 가지지만, 화용적 상황이나 문맥 상황에 따라서 본말의 의미보다 〈준말〉의 의미가 축소·확대 또

는 변화되거나 통사 구조의 변화를 가져오는 경우를 포함한다.

> (13) ㄱ. <준말>₁ : 형태가 줄어든 뒤에도 본말이 가지고 있는 통사 구
> 　　　　　조와 의미를 그대로 유지하고 있는 <준말>
> 　　　ㄴ. <준말>₂ : 형태가 줄어들면서 기본적인 어휘 의미는 유지를
> 　　　　　하지만 상황적 의미와 통사 구조는 변화를 입어 본말이 가지
> 　　　　　고 있던 의미와 차이를 보이는 <준말>

<준말>을 의미나 통사 구조를 고려하여 (13)처럼 둘로 나눌 수 있을 것이다. 의미동일성이라는 엄밀한 기준으로 보면 <준말>₁만이 <준말>이 된다고 할 수 있다. 그러나 실제 쓰임에서는 어휘 의미를 그대로 가지고 있는 경우라도 통사 구조가 본말과 일치하지 않는 경우가 나타나고, 본말과 <준말>이 어휘적 의미를 같이 할 수는 있지만 <준말>이 쓰이는 상황에 따라 화용적 의미가 달라지거나 최소한 뉘앙스의 차이를 보이기도 하기 때문에 <준말>₂를 <준말>로 보아야 할 것이다. 따라서 <준말>의 통사・의미적 요건을 다음과 같이 제시할 수 있을 것이다.

> (14) <준말>의 통사・의미적 조건
> 　본말로부터 어형이 축소되어 만들어진 <준말>은 원칙적으로 의미의 변화나 통사 구조의 변화를 일으키지 않는다. 그러나 <준말>은 본말과 동일한 의미를 유지하면서 통사 구조에 변동이 일어나거나, 본말과 동일한 통사적 구성과 기능을 담당하면서 본말의 기본적 어휘 의미는 유지한 채 상황적 의미의 변화가 일어나기도 한다.

1.3. 〈준말〉과 언어 단위의 관계

축소어형 가운데 많은 것들은, 단어가 줄어든 것은 물론이고 구적 구성을 보이는 단어군이 줄어든 것이라도, 대부분 하나의 단어와 같은 형태를 유지하며 단어처럼 기능한다. 지금까지 다양한 축소어형을 「준말」이라고 부르고 이러한 「준말」을 단어처럼 취급한 까닭이 여기에 있다. 그런데 이희자(1997)에서는 다양한 차원과 범주에 걸쳐 있는 축소어형을 「준말」과 '준 꼴', '줄인 꼴'로 나누고, 또 이들과 범주를 달리한 것으로 '줄어서 된 말, 줄여서 만든 말' 등을 구별하였다. 이 가운데 범주를 달리하는 '줄어서 된 말, 줄여서 만든 말'과 「준말」만이 단어의 자격을 가지는 것으로 보았다.[11] 이에 따르면 '본디말'이 단어가 아닌 것은 「준말」이 될 수 없다. 일반적으로 사용되는 「준말」이라는 용어가 반드시 단어임을 가리키지는 않으며, 「준말」이 반드시 단어이어야 한다는 근거를 밝히지 않고 있는 가운데 축소어형 중에서 단어의 자격을 가지는 것을 뽑아낸 것은 새로운 시도라 하겠다.[12]

여기에서 축소어형과 〈준말〉, 〈준말〉과 단어의 관계를 다시 정립하여야 할 필요가 있다. 단어로부터 만들어진 축소어형은 줄어들기 이전의 단어의 자격을 그대로 유지하는 것이 일반적이다. 또한 단어보다

---

11) 이희자(1997 : 37)에서는 "단어에서 그 구성 성분의 일부를 줄여서 간략하게 만든 형태를 이르는 말"을 「준말」이라고 하여 이러한 것들에 단어의 자격을 부여하고 있지만, '준 꼴, 줄인 꼴'은 "하나의 형태의 꼴을 하고 있지만 단어의 자격을 가지는 것은 아니다."라고 하였다.

12) 지금까지 축소어형에 대하여 연구한 기존의 논의에서나 언어학 사전들에서도 「준말」을 단어로 한정시키고 있지 않음에 주목할 필요가 있다. 하지만 언어 단위들을 넘나들면서 모호하게 사용되어 오던 「준말」을 단어의 차원으로 제한하고 단어의 자격을 가지는 것과 그렇지 않은 것을 구분하여 「준말」과 「준말」이 아닌 것의 기준을 제시한 것은 의미 있는 작업이다.

큰 언어 단위들로부터 만들어진 축소어형들도 단어와 같은 기능을 발휘하는 것들이 일반적이다. 구나 절과 같은 언어 단위가 축소어형을 형성하면서 문장 내에서 띄어쓰기를 하거나 발화상에서 휴지를 두는 것이 아니라 마치 하나의 단어처럼 기능하며 내부적으로 공고한 결합을 보인다.

본어형이 하나의 단어인 축소어형은 1.1절에서 언급한 '*글, *맞, *엊'과 같은 일부 <준말>형성소를 제외하면 물론 완전한 단어이다. 그러나 본어형이 비록 단어가 아니더라도 축소어형이 문장 내에서 단어와 같은 기능을 담당한다면 이들 축소어형을 '유사단어'(pseude-word)라고 할 수 있을 것이다. 그리고 유사단어와 같이 단어의 기능과 작용을 하는 축소어형은 <준말>이 될 수 있다.

앞서 <준말>의 형태적 정의를 '단어나 구적 구조를 가지는 단어군에서 음운이 하나 이상 줄거나 두 개 이상의 음운이 합쳐지면서, 본어형보다 최소한 한 음절 이상 줄어들어 한 단어의 형태로 꼴이 바뀐 말'이라고 하였다. 이렇게 볼 때 <준말>이 되기 전의 본어형은 단어이거나 단어보다는 큰 단위이지만, <준말>은 그 자체가 하나의 단어이거나 단어와 같은 기능과 역할을 하는 유사단어이다. 따라서 언어 단위와 관련하여서 <준말>이 가지는 위상을 다음과 같이 설정할 수 있다.

    (15) <준말>과 언어 단위와의 관계
       ㄱ. <준말>과 형태소와의 관계 : <준말> > 형태소
       ㄴ. <준말>과 단어와의 관계 : <준말> ⊂ 단어

(15)에서 보인 <준말>과 언어 단위의 관계를 풀어 설명하면 다음과

같다. 〈준말〉은 형태소보다는 큰 단위이다. 줄어들었을 때 자립할 수 없으면 〈준말〉이 되지 못한다. 자립할 수 있는 최소의 언어 단위가 단어라고 할 때, 〈준말〉은 단어에 포함된다. 즉, 본어형이 단어보다 큰 단위일 수 있지만 일단 〈준말〉로 형성이 되면 그것은 단어적인 기능을 가지게 된다. 따라서 단어가 줄어든 〈준말〉은 당연히 단어가 되지만, 단어보다 큰 단위에서 줄어든 축소어형도 단어와 같은 기능을 담당하면 〈준말〉이 되고 이 역시 단어에 포함된다.

2. 〈준말〉과 조어법

축소어형은 본어형으로부터 형태가 달라진 새로운 형식의 말이다. 따라서 축소어형 만들기는 신어(new word, neologism)를 만드는 매우 생산적인 방식이 된다. 더욱이 축소어형 가운데서 〈준말〉로 분류할 수 있는 것은 단어의 자격을 가지게 되므로 〈준말〉을 만드는 방법은 단어 만들기와 필연적인 관계를 가지게 된다. 이것은 〈준말〉을 만드는 방식이 새 말을 만드는 방식의 한 가지라는 사실을 말해 주며, 〈준말〉의 형성 방식을 조어론의 관점에서 살피는 것이 필요함을 말해 준다. 다시 말해 〈준말〉 만들기 방법을 조어법의 하나로 볼 수 있다면 조어론의 영역도 확장될 것이다.

국어의 조어법은 크게 합성법과 파생법으로 나누어진다. 그런데 새로운 형태의 단어인 〈준말〉을 만드는 방법은 합성이나 파생으로 설명할 수 없다. 합성이라고 한다면 복합어(좁게는 합성어)를 만드는 방법이고 복합어의 구성 성분은 자립형태 또는 단어이거나 어근 또는 어간이어야 한다.[13) 그러나 <준말>은 본어형에 또 다른 단어나 어근, 어간과 같은 다른 구성 성분이 결합하여 만들어지는 것이 아니다. 또한 <준말>은 파생접사가 결합하여 만들어지는 것도 아니므로 <준말>을 만드는 방법은 파생의 방법으로도 설명이 되지 않는다. 그러나 분명히 단어의 지위를 갖는다. 김동찬(1987)에서는 새말을 만드는 방법 가운데 「준말」을 만드는 '줄임법'을 설정하고 이를 파생법의 하위에 놓고 있지만, 이는 일반적인 파생법의 개념과는 상당한 차이가 있다.[14)

<준말>은 새로운 단어이고 따라서 <준말>을 만드는 방법은 합성법과 파생법이 아닌 새로운 단어 조성법으로서 조어법의 테두리 안에서 설명을 하여야 한다. 김석득(1992)에서 이러한 시도를 볼 수 있다.[15) 김

---

13) 복합어의 구성 성분을 최현배(1937)에서는 자립형태 또는 낱말로 보고 있고, 이익섭(1965), 김규선(1970b), 허웅(1995)에서는 어근 또는 어간으로 보고 있다. 물론 여기에는 합성의 방법으로 만들어지는 말이 단어가 됨을 전제로 하고 있다.

14) 김동찬(1987)에서는 '합침법'을 "뜻이 다른 의미부들이 하나의 단어조성적말줄기에 통합됨으로써 새말을 조성"하는 것으로, '파생법'을 "바탕말로부터 다른 자립적의미부가 첨가됨이 없이 새말이 조성"되는 것으로 보고 있다. '파생법'의 하위 범주에 '덧붙임법, 바꿈법, 되풀이법, 줄임법, 분립법'을 각각 설정하였는데, 이로 보아 '합침법'은 남한에서의 합성법에 해당하지만 '파생법'은 남한에서의 파생법과는 많은 차이가 있다.

15) 김석득(1992)에서는 특수한 형태론적 대상으로 자름법과 줄임법을 나누고 다시 자름법에 의해서 만들어진 말을 '머리글자말'과 '가위질말'로 나눈 다음, '가위질말'을 「준말」₁로, 줄임법에 의해 만들어진 말을 「준말」₂로 설정하여 다음과 같이 분류하고 있다.

　ㄱ. 머리글자말 : 낱말의 머리의 닿소리나 홀소리글자를 잘라서 만든 말.
　　예) KAL, KBS, SALT, Y대(학), S대,…
　　　ㅇ·ㅅ←연세 / ㄱ·ㄴ·ㄷ(특정한 사람의 이름)
　ㄴ. 가위질말-「준말」₁ : 이은말이나 합성어에서 첫부분, 때로는 가운데 부분, 흔히는 끝부분을 잘라 내어 만드는 말.
　　예) 첫부분 가위질 : 판←놀음판, 싸움판 / 치기←날치기, 들치기 / 벌이←돈벌이
　　　끝부분 가위질 : 육사←육군 사관학교 / 주←주식(회사) / 불백←불고기백반
　ㄷ. 「준말」₂ : 월이나 이음말의 일부분(혹은 상당한 부분)을 줄여서 낱말처럼 만들어진 말.
　　예) 봄 가을←봄과 가을 / 앞 뒤←앞과 뒤
　　　말만듦법←말을 만드는 방법 / 끝남법←말을 끝내는 방법

김석득(1992)에서는 '머리글자말'은 「준말」에 포함시키지 않고 있다. 머리글자말 역시 본래의 단어가 줄어들어 생긴 말이지만 「준말」로 보지 않은 것은, '머리글자'를 음절글

석득(1992)에서는 자름법과 줄임법을 나누어 보고 있지만, 이 두 방법은 모두 본어형보다 어형을 줄이는 방법이라는 공통점을 가진다. 이 방법을 '축소법'이라고 부르기로 한다.

축소법은 기존의 조어법의 두 하위 방법인 합성법·파생법과 큰 차이를 보인다. 그 차이점을 살펴보면 다음과 같다.

첫째, 말의 재료를 다루는 방법에서 차이를 보인다. 합성법과 파생법은 형태소나 단어와 같이 이미 있던 말의 재료를 가지고 그것들을 결합하고 확대시켜 새로운 말을 만드는 방법이다. 그러나 축소법은 이미 있던 말의 재료를 줄이거나 없애는 방법으로 새로운 말을 만드는 방식이다. 즉, 합성법과 파생법이 결합 및 확대의 조어 방법이라면, 축소법은 축소의 조어 방법이다.

둘째, 합성법이나 파생법은 형태소부터 단어의 차원에서 말만들기가 이루어지며 그 과정에서 형태소의 변화를 가져 오지는 않는다.[16] 이에 비하여 축소법은 하나의 형태소나 단어 전체가 탈락하기도 하지만 형태소나 단어 경계를 넘어서 음절이나 음운을 축약시키거나 탈락시키는 과정을 거치면서 형태소나 단어의 내부 구조를 깨뜨리기도 한다.

셋째, 합성과 파생의 방법은 단일어로부터 복합어를 만들거나 이미 만들어진 복합어로부터 새로운 복합어를 만드는 방법이다. 그러나 축소는 단일어와 복합어의 단어 내부나 단어의 차원을 넘어서 구적 구성에서도 일어나는데, 이렇게 만들어진 새로운 말은 본어형이 가지고 있던 단일어나 복합어의 자격을 그대로 유지하며, 단일어를 복합어로 만들거

자로서가 아닌 음운이나 음운을 나타내는 글자(alphabet)의 개념으로 받아들인 데에서 비롯된 결과이다.

16) 물론 합성과 파생의 과정에서 '싫증→[실쯩], 옥니→[옹니], 앉히다→[안치다], 먹히다→[머키다]'와 같은 형태음운적인 변동은 나타난다

나 복합어를 단일어로 만들지는 않는다.[17]

넷째, 합성이나 파생에 의해 만들어지는 새 말은 모두 새로운 단어가 된다. 그러나 축소의 방법을 통해 만들어지는 새 말이 모두 다 새로운 단어로 정착하는 것은 아니다. 조어법으로서의 축소법에 의해 만들어지는 축소어형이, 본어형과 동일한 의미를 가지게 될 때 새로운 단어인 <준말>이 된다. 이때 동일한 의미라는 것은 100퍼센트 의미가 같다는 말은 아니다. 원래의 형태와 다른 새로운 형태의 말이 만들어지게 되면 어느 정도 두 말이 쓰이게 되는 화용적 의미의 차이는 발생할 수 있기 때문이다. 축소가 되면서 본어형과 전혀 다른 의미를 가지게 되는 경우가 있다. 이러한 경우는 축소어형 가운데서도 특수한 예이고 일반적인 것은 아니다.[18]

다섯째, 합성이나 파생에 의해 만들어지는 새 말은 합성이나 파생의 재료가 되는 형태소 또는 단어가 가지고 있는 의미들의 단순한 더하기가 아니다. 합성이나 파생을 통해서 만들어지는 복합어는 구성요소의 의미들의 합이 아니라, 그 의미들이 녹아서 만들어진 새로운 의미를 가진다. 그러나 축소법에 의해 만들어지는 말은 새로운 의미를 가지기도 하지만 대부분은 본어형이 가진 의미를 그대로 유지한다.[19]

여섯째, 합성이나 파생은 기존의 단어에 새로운 형태소나 단어를 결합시킴으로써 새 단어를 만들며 만들어진 새 단어 역시 단어의 차원에

---

17) 그러나 복합어의 <준말>이 단일어처럼 보이는 경우는 있다. 순우리말 '것(그것), 깃(옷깃), 판(말판)' 등과 한자어 '공(공로), 서(경찰서), 손(손해)' 등이 그러한 예이다. 이러한 <준말>을 단일어로 볼 것인가 복합어로 볼 것인가는 논란의 여지가 많다. 이에 대해서는 5장에서 다룬 바 있다.

18) '귀찮다'가 본어형과는 다른 새로운 단어로 정착한 대표적인 예라고 할 수 있는데, 이때 '귀찮다'는 '귀하지 아니하다'와 '준말 : 본말'의 관계를 상실한다.

19) 새로운 의미를 가지게 되는 경우는 동일한 의미를 가지는 본말와 <준말> 사이에 충돌을 일으켜 둘 중의 하나가 다른 의미로 바뀌기 때문에 일어난다.

한정된다. 그러나 축소법은 형태소나 단어, 구적 구성 등 여러 문법 단위의 차원에서부터 축소가 이루어진다. 그렇지만 축소법에 의해 만들어진 새로운 결과물은 이전의 형태가 어떤 단위이건 관계 없이 언제나 단어가 된다. 즉 축소법은 여러 문법 형태 차원에서 시작하여 단어의 차원으로 귀결된다.[20]

이상의 축소법과 합성 및 파생법의 차이점을 도표로 정리하면 다음과 같다.

차이점	합성/파생법	축소법(〈준말〉 만드는 법)
조어의 재료를 다루는 방법	이미 있던 말 재료의 결합과 확대	이미 있던 말의 재료를 줄이거나 없앰
문법 단위의 보존 여부	기존의 형태소나 단어 의 내부 변화 없음	형태소나 단어의 내부 구조를 깨뜨릴 수 있음
문법단위의 영역	단일어로부터 복합어를 만들거나 이미 만들어진 복합어로부터 새로운 복합어를 만듦	단일어와 복합어의 단어 내부나 단어의 차원을 넘어서 구적 구성에서도 일어남
단어의 자격	새로운 복합어	본어형의 자격 유지
새 단어 형성 여부	반드시 새로운 단어 형성	새 단어 만들기도 하고 만들지 못하기도 함
의미의 변화	새로운 의미	본어형의 의미 유지[21]
새 단어의 문법 범주 방향성	기존 단어에 새 형태소나 단어를 결합시켜 새 단어 만듦(단어에서 시작 단어로 끝남)	형태소나 단어, 구적 구성 등 여러 문법 단위 차원에서 시작하여 단어의 차원으로 귀결

[표 29] 합성 / 파생법과 축소법의 차이

---

20) 축소의 방법으로 만들어진 축소어형 가운데 〈준말〉이 되는 것은 합성이나 파생의 경우와는 달리 완전한 새 단어로 인정받기 위해서는 정착의 과정을 거쳐야 한다. 따라서 여기서 '단어의 차원'으로 귀결된다는 것은 축소법으로 만들어진 새 형태가 단어와 같은 모습을 띠며 단어처럼 기능한다는 것을 의미하는 것이다.
21) 본어형의 의미를 유지한다는 것은 의미 변화가 일어나지 않는다는 것이 되는데 이때

　　이처럼 축소법은 말만들기 방식에 있어서 합성법이나 파생법과는 뚜렷한 차이를 보인다. 그러나 축소법이 새 말을 만들어 내고 있다는 점은 합성법이나 파생법과 더불어 조어법의 한 가지로 설정될 수 있음을 보여준다.22) 따라서 조어법을 다음과 같이 다시 정리할 수 있다.

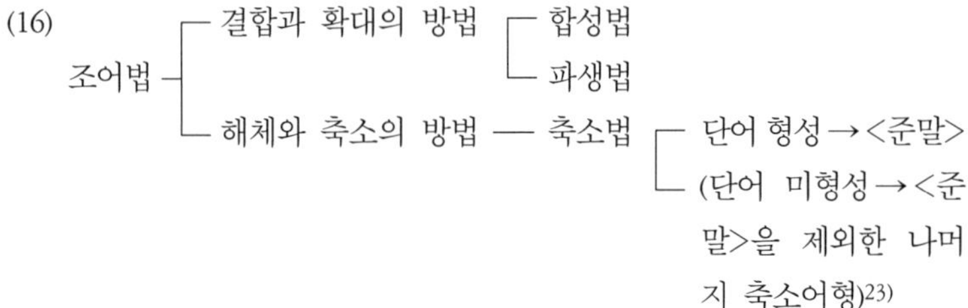

　　의미 변화가 없는 말을 새로운 단어 또는 새말(신어)이라고 할 수 있는가 하는 문제를 제기할 수 있다. 새로운 어형이 만들어지면 그것이 이전 어형과 완전하게 동일한 의미를 가질 수는 없다. 이러한 점에서 <준말>은 새말 또는 새로운 단어가 될 수 있다.

22) 그럼에도 불구하고 국어의 연구에서는 「준말」을 만드는 방식을 조어법의 테두리 안에 넣으려는 김석득(1992) 등의 시도가 제언 수준에 머무르고 주목을 받고 있지 못한 듯한 경향은 극복되어야 할 것이다.
　　그러나 해외의 연구는 축소의 방법을 조어법의 하나로 넣어 조어법을 정립하고 있음을 알 수 있다. 독일어의 경우는 조어의 방법을 결합 Kombination(특히 합성 Zusammensetzung과 파생 Ableitung), 전환 Konversion, 축소 Kürzung의 세 가지 범주로 나누어 보고 있다 (Polenz, 1973 : 145~163, 김원, 2003 : 25에서 재인용).

23) 축소법으로 만들어지지만 <준말>을 형성하지 못하는 축소어형을 하나의 범주로 묶어 주는 일도 필요하다. <준말>을 형성하지 못하는 나머지 축소어형을 '준꼴'이라는 명명하면 축소어형 전체는 <준말>과 준꼴의 두 범주로 나눌 수 있을 것이다. 이희자(1997) 에서는 '준 꼴'에 대하여 "'준 꼴'이란 '나는'이 '난'으로, '-다고 해'가 '-대'로 되는 것과 같이 서로 다른 범주에 속하는 형태들이 하나의 형태로 줄어든 결과물을 칭하는 것으로 형태론의 언어 단위를 중심으로 하는 개념이다."라고 풀이하고 있다. 우리가 말하는 '준꼴'은 단어 자격 유무에 초점을 두고 있고 이희자(1997)에서 말하는 '준 꼴'은 범주의 넘나듦에 초점을 두고 있다는 점에서 차이가 있다. 그렇지만 이희자(1997)에서의 '준 꼴'도 사전의 표기 방식에 있어서 「준말」과 형식을 달리한다는 점에서 우리의 '준말 : 축소어형' 관계와 닮은 점이 있다.

제 8 장

맺음말

1. 요약과 정리

어형이 줄어드는 현상은 한 단어 안의 음운의 생략이나 축약에서부터 시작하여 한 문장 전체의 생략에 이르기까지 광범위한 언어 현상이다. 문장 안에서의 성분 생략이나 문장 전체의 생략과 같은 언어 현상에 관한 연구는 통사론이나 화용론 등에서 많이 다루어져 왔으며, 또한 음운의 생략이나 축약과 같은 것은 음운론에서 다루어지고 있다. 따라서 어형이 줄어드는 현상에 대한 연구는 언어학의 모든 분야에 걸쳐 이루어지고 있다고 볼 수 있다.

이렇게 여러 차원의 어형이 줄어드는 것 가운데 특히 단어와 관련되어 축소어형을 만들어 내는 것은 조어론에서 깊이 있게 논의되어야 한다. 이 연구에서는 여러 차원의 축소어형 가운데에서 단어와 관련을 가지는 '준말'을 가려내고 '준말'의 조어법을 밝혀 보았다. 또한 '준말'을 형성하는 방식과 '준말' 형성에 관여하는 규칙, 그리고 '준말' 형성을 제약하는 현상에 대해 알아보고, '준말'이 통사 / 의미적으로 어떠한 양상을 보이는가를 살펴, 현대 국어의 '준말'에 관한 전반적인 모습을 고찰하고자 하였다.

제1장에서는 연구의 목적과 범위, 그리고 방법을 기술하고, 제2장에서는 축소어형의 연구사적 검토를 하였다. 「준말」에 대한 정의가 제각각이고 「준말」의 여러 양상에 대한 분류와 연구가 제대로 이루어지지 않았음을 확인하고 축소어형 관련 연구의 필요성을 확인하였다.

제3장에서는 국어에서 축소어형이 얼마나 사용되고 있는가를 구체적 자료로 살펴보기 위해 연구 말뭉치를 설계하고 이를 실제로 구축하였다. 먼저, 기존의 축소어형 관련 목록들을 통합·정리하여 <말뭉치용 축소어형 목록> 8,306개를 선정한 후, 구어 말뭉치 자료 13.1%, 구어체 자료 34.0%, 문어 자료 52.95%의 구성 비율로 약 2,765만 어절 규모의 축소어형 용례 추출용 말뭉치를 구축하여 <목록>에 수록된 어휘를 말뭉치에 넣고 그 출현어휘수와 빈도를 조사하도록 하였다.

제4장에서는 축소어형 목록에 나오는 어휘를 각 특성별 단위 말뭉치에 넣어 이에 대한 용례를 추출하는 방식으로 개별 말뭉치에서의 사용 양상을 살펴본 후 6개 말뭉치에서의 축소어형 사용 양상을 비교 분석하여 보았다. 구어 자료는 단일한 말뭉치를 사용하였고, 구어체 자료는 구술전사 말뭉치와 준구어 말뭉치로 나눈 다음 다시 준구어를 대본 말뭉치와 뉴스 말뭉치로 나누어 총 3개의 범주가 되도록 하였다. 또 문어 자료는 잡지와 신문 말뭉치의 둘로 나누어 살펴보았다. 이렇게 하여 모두 6개의 말뭉치를 분석의 대상으로 삼아 사용 양상을 살펴본 결과 구술전사 말뭉치에서 축소어형이 가장 적게 사용되고 있음을 보았고, 신문 말뭉치에서 축소어형의 사용이 가장 두드러짐을 확인할 수 있었다.

이는 지금까지 간행된 축소어형 또는 ‘준말’ 목록이 문어 자료에 의존하여 만들어졌음을 확인시켜줌과 동시에 대부분의 축소어형이 주로 지면 절약의 목적을 띠고 있음을 알려준다.

제5장에서는 축소어형의 유형을 분류하고 분석을 시도하였다. 축소어형을 만드는 방식은 음운 차원의 줄이기로 ‘축약’과 ‘탈락’, 음절 차원의 줄이기로 ‘절단’과 ‘선택’의 네 가지로 구분할 수 있었다. 그 가운데 가장 생산적인 형성 방식은 ‘선택’의 방법임을 목록의 분석을 통해 확인할 수 있었다. 또한 문법 단위에 따라 축소어형이 어떠한 사용 양상을 보이는가를 살펴보았다. 그 결과 단어 중 복합어 형태의 축소어형이 가장 많이 만들어지고 사용되고 있음을 알 수 있었다.

제6장에서는 축소어형 형성에 관련된 규칙 또는 경향성과 함께 축소어형의 형성을 제약하는 현상들에 대하여 살펴보았다. 축소어형이 만들어지는 가장 큰 원인으로 언어 경제적인 효과를 들 수 있다. 그러나 축소어형을 만들었을 때에 혼동이나 혼란이 일어난다면 언어 경제적인 효과에 역행하는 결과를 낳는다. 따라서 이러한 혼란의 가능성을 배제하기 위해 축소어형을 만들지 않기도 한다.

제7장에서는 축소어형 가운데서 어떠한 것이 ‘준말’이 될 수 있는가를 밝혔다. ‘준말’을 ‘한 음절 이상으로 이루어진 단어나 구적 구조를 가지는 단어군에서 음운이 하나 이상 줄거나 두 개 이상의 음운이 합쳐지면서, 본어형보다 줄어들어 한 단어의 형태로 꼴이 바뀐 말’로 정의하고, ‘준말’과 단어와의 관계를 살폈다. 이를 토대로 ‘준말’을 만들어 내는 방법으로서 축소법을 설정하고 이를 조어법의 하위에 두어야 한다는 주장을 제기하였다.

2. 축소어형 연구의 전망

이 연구에서는 공시적인 입장에서 축소어형이 현대 국어에서 어떠한 사용 양상을 보이고 있는가를 말뭉치를 통해서 밝혀보려고 하였다. 기존의 축소어형 관련 목록들이 가지고 있는 근원적인 한계가 있었지만, 구어와 문어의 각 영역에서 축소어형의 사용 양상을 파악하는 작업은 소기의 성과를 거두었다고 여겨진다. 하지만 축소어형이 많이 만들어지고 사용되는 인터넷, 휴대전화와 같은 영역에서의 사용 양상에 대한 접근은 미처 시도되지 못한 아쉬움이 남는다. 이것은 추후에 말뭉치 자료의 수집과 동시에 분석이 이루어질 수 있으리라 생각한다. 또한, 더욱 진전된 축소어형의 논의를 위해서는 축소어형과 본어형의 형태 변이와 더불어 의미 변화의 양상과 추이를 살필 필요성이 있다. 즉 축소어형의 논의에서는 공시적 관점과 통시적 관점을 모두 고려하여야 한다는 것이다. 따라서 앞으로의 연구에서는 이 두 관점을 씨줄과 날줄로 삼아서 축소어형 문제를 깊이 파고들어야 하리라고 본다. 이렇게 할 때 현대 국어의 축소어형 연구는 제대로 된 체계를 갖추고 더 나은 결과를 얻을 수 있을 것으로 기대한다.

참고문헌

강병학(1995), 현대 국어 준말에 관한 연구, 연세대학교 대학원 석사학위논문.

강영석(1984), “국어의 음절구조와 음운현상”, 국어학 13, 국어학회.

고광진(1999), “현대 불어 축소어의 유형과 발전경향 연구”, 한국프랑스학논집 제26집, 한국프랑스학회.

고광진(2001), “불어 축소어의 표기법에 관한 소고”, 한국프랑스학논집 제36집, 한국프랑스학회.

고광진·이정원(2001), “불어 축소어의 음소화 연구”, 음성과학 제8권 3호, 한국음성과학회.

구종남(1992), “국어융합형의 부가의문문의 구조와 의미”, 언어 17-2, 한국언어학회.

권경희(1997), “일본어 학습에 있어서의 축약 표현”, 일본어문학 제4집, 일본어문학회.

권순열(1975), “약어에 대하여”, 국어국문학 2, 조선대학교 국어국문학과.

권영을(2003), “단축어의 유형과 구조”, 독일언어문학 22, 한국독일언어문학회.

권영을(2004), “단어군 단축어의 유형 분석－전자신문에서 사용된 단축어를 중심으로－”, 독일문학, Vol.89, 한국독어독문학회.

권재일(1988), “문법기술에서의 ‘정도성’에 대하여”, 국어국문학 100, 국어국문학회.

김　원(2003), “독일어 단축어의 유형과 기능”, 독일언어문학 22, 한국독일언어문학회.

김　원(2003), “독일어 축소어의 표기법 문제”, 언어과학연구 27, 언어과학회.

김광해(1993), 국어 어휘론 개설, 집문당.

김규선(1969), “國語의 形態 混淆에 대하여－준말의 形態分析 試案－”, 어문학 20, 한국어문학회.

김규선(1970a), “국어 조어법의 유형에 대한 연구”, 대구교대 논문집 6, 대구교육대학.

김규선(1970b), “국어의 복합어에 대한 연구”, 어문학 23, 한국어문학회.

김규철(1981), “단어형성규칙의 정밀화－방해현상을 중심으로－”, 언어 6-1, 한국언어학회.

김동언(1986), “국어 준말의 음운론적 고찰”, 국어학신연구, 탑출판사.

김동찬(1987), 조선어리론문법(단어조성론), 북한 고등교육도서출판사(1990, 탑출판사 영인).

김민수(1981), 국어의미론, 일조각.

김석득(1992), 우리말 형태론-말본론-, 탑출판사.

김선희(1995a), "약어 사정에 관한 연구", 새국어교육 51, 한국국어교육학회.

김선희(1995b), "약어 유형에 관한 연구(Ⅰ)", 새국어교육 51, 한국국어교육학회.

김성규(1987), "어휘소 설정과 음운현상", 국어연구 77.

김승호(1992), "어휘화", 부산한글 11, 한글학회 부산지회.

김영석(1998), 영어형태론, 신영어학총서 7, 한국문화사.

김영석·이상억(1992), 현대형태론, 학연사.

김완진(1971), "국어 어휘마멸의 연구", 진단학보 35, 진단학회.

김윤학(1983), "낱말 만들기의 관점에서 본 특수어 연구", 한글 181, 한글학회.

김종수(2004), "단축조어 유형과 사용맥락", 독일문학 제89집, 한국독어독문학회.

김종택(1968), "의미단축의 현상에 대하여", 행정 이상헌 선생 회갑기념 논문집, 형설
　　　　출판사.

김종택(1992), 국어어휘론, 탑출판사.

김진우(1985), 언어, 탑출판사.

김철수·김양범(2007), "전자사전 구축을 위한 국어 대사전의 통계 정보", 한국콘텐츠
　　　　학회논문지 제7권 제6호, 한국콘텐츠학회.

김희진(1995), "간접인용구문의 '녹아붙은꼴' 연구", 연세대학교 대학원 석사학위논문.

남기심(1968), "구조 언어학의 형태소 분석 방법론에 대하여", 행정 이상헌 선생 회갑
　　　　기념 논문집, 형설출판사.

남기심(1973), 국어 완형보문법 연구, 국어학 총서 7, 탑출판사.

남기심(1982), "국어의 공시적 기술과 형태소분석", 배달말 7, 배달말학회(국어학강좌
　　　　3, 형태, 태학사, 1993 재수록).

남기심(1983), "새말의 생성과 사멸", 한국 어문의 제문제, 일지사.

노대규(1989), "국어의 구어와 문어의 특성", 매지 논총 6, 연세대학교 매지학술연구
　　　　소.

노대규(1992), "국어의 입말과 글말의 의미론적 특성에 관한 연구", 매지 논총 9, 연세
　　　　대학교 매지학술연구소

려춘연(1998), "조선어준말의 민족적특성", 중국조선어문 1998년 04호, 길림성민족사
　　　　무위원회.

려춘연(1999), "준말의 발생과 발전", 중국조선어문 1999년 06호, 길림성민족사무위원
　　　　회.

리억철(1995), "한조번역에서의 축약법에 대하여", 중국조선어문 1995년 03호, 길림성
　　　　민족사무위원회.

목정수(2001), "{좀}의 기능과 문법화", 언어학 제28호, 한국언어학회.

박영환(1990), "국어의 단축 현상", 한국어학 신연구, 한국어학연구회 편, 한신문화사.
박용찬(2003), "준말의 형성", 현대 국어의 준말 목록, 국립국어연구원.
박철주(2006), "PC 통신언어 명사의 음운론적 연구", 국어교육 119호, 한국어교육학회.
박홍길(1986), "홀소리 줄임에 관한 연구-준말의 추세와 관련하여-", 세얼어문논집 2, 세얼어문학회.
서재극(1959), "慶北 方言 '칸다'에 대한 宿題", 어문학 5, 한국어문학회.
성광수(1988), "국어어휘구조와 어형성규칙", 사대논총 13, 고려대학교 사범대학.
손세모돌(1988), "좀"의 상황적 의미", 한국학논집 제14집, 한양대학교 한국학 연구소.
송민규(2000), PC 통신 언어에 나타나는 음절 수 감소 현상에 대한 고찰, 고려대학교 대학원 석사학위 논문.
송철의(1988), "파생어형성에 있어서의 제약현상에 대하여", 국어국문학 99, 국어국문학회.
송철의(1992), 국어의 파생어형성 연구, 태학사.
송철의(1993), "언어 변화와 언어의 화석", 국어사의 자료와 국어학의 연구, 문학과 지성사.
송철의(1993), "준말에 대한 형태·음운론적 고찰", 동양학 23, 단국대학교 동양학연구소
시정곤·송민규(2002), "사이버 언어와 경제성의 원리", 국제어문 25, 국제어문학회.
심재기(1982), 국어어휘론, 집문당.
안동환(1984), "영어 낱말형성에 있어서 축약과정의 특징", 영어교육 제28호, 한국영어교육학회.
안명철(1990), "국어의 융합현상", 국어국문학 103, 국어국문학회.
안명철(1991), "인용구문의 융합의 특성", 김완진선생 회갑기념논총, 민음사.
안명철(1992), 현대 국어의 보문 연구, 서울대학교 대학원 박사학위논문.
엄태수(1996), "현대 국어의 이중모음화 현상에 대하여", 언어 21-1·2, 한국언어학회.
여상필(1998), "영어 절단어의 형성", 영미어문학(TEAGU REVIEW) 제54호, 한국영미어문학회.
우민섭(1974), "약어의 한 고찰", 중앙대 어문논집 9, 중앙대학교 국어국문학과.
유목상(1976), "통사론적 구성에 의한 어형성에 관한 연구", 성곡논총 5.
유재원(1985), "현대 국어의 모음충돌 회피현상에 대하여", 한글 189, 한글학회.
유창돈(1971), 어휘사 연구, 선명문화사.
이기갑(1989), "전남 방언의 간접인용문 축약현상", 정연찬선생 회갑기념논총, 탑출판사.

이덕호(1985), "약어 연구서설", 독어독문학 통권 31호, 한국독어교육학회.

이병근(1978), "국어의 장모음화와 보상성", 국어학 6, 국어학회.

이석주(1988), "국어약어형에 대한 연구", 한성대학 논문집 12, 한성대학교.

이석주(2005), "현대 국어의 단형화 현상―음절의 생략과 축약을 중심으로―", 이중언어학 제28호, 이중언어학회.

이승명(1987), "국어 준말의 형태와 구조", 장태진박사 회갑기념 국어국문학논총, 삼영사.

이승재(1982), "형태소 경계의 음운론적 기능에 대하여", 국어학연구(정병욱선생 환갑기념논총 1), 신구문화사.

이승재(1983), "혼효형 형성에 대한 문법론적 고찰", 어학연구 19-1, 서울대학교 어학연구소.

이승재(1992), "융합형의 형태분석과 형태의 화석", 주시경학보 10, 탑출판사.

이은정(1988), 개정한 한글맞춤법·표준어 해설, 대제각.

이익섭(1965), "국어 복합명사의 IC 분석", 국어국문학 30, 국어국문학회.

이익환(1985), 의미론 개론, 한신문화사.

이익환(1988), "어휘의 의미 변천과 사전", 사전편찬학연구 제2집, 탑출판사.

이익환(2002), 기본어휘 선정 및 사용 실태 조사를 위한 기초 연구, 국립국어원.

이재현(1990), "우리말 지움법(부정법)의 형태통어론적 연구―지움앞가지와 지움어찌씨를 중심으로―", 연세대학교 대학원 석사학위 논문.

이재현(1997), "현대 국어 준말의 유형과 정의에 대하여", 연세학술논집 제26집, 연세대학교 대학원 총학생회.

이재현(1998), "부정축약형 '-잖/찮-'의 형성과 기능에 대하여", 한국문화연구 제2집, 경희대학교 민속학연구소.

이지양(1985), "융합형 '래도'에 대하여", 관악어문연구 10, 서울대학교 국어국문학과.

이지양(1993), 국어의 융합현상과 융합형식, 서울대학교 대학원 박사학위논문.

이지양(2003), "국어 준말의 성격", 성심어문연구 25집, 성심어문학회.

이태영(1988), 국어동사의 문법화 연구, 한신문화사.

이필영(1995), "통사적 구성에서의 축약에 대하여―'다―, 이라―, 더라―, 려―, 노라―' 형을 중심으로", 국어학 26, 국어학회.

이현희(2004), "'-잖-'은 단지 '-지 않'의 음운론적 축약형인가", 한국어학 23, 한국어학회.

이희자(1996), "어미 및 어미형태류의 하위 범주 문제", 국어학 28집, 국어학회.

이희자(1997), "'준말'과 '준 꼴'과 '줄인 꼴'", 사전편찬학연구 7, 한국문화사.

임유종(1995), "좀/조금"에 대하여", 한양어문연구 13, 한양대학교 한양어문연구회.

임지룡(1992), 국어의미론, 탑출판사.

장광군(2003), "한자어략어에 대한 고찰", 중국조선어문 2003년 02호, 길림성민족사무위원회.

장광군(2005), "한자어 약어에 대한 고찰", 선청어문 제33집, 서울대학교 사범대학 국어교육과.

전명길(1991), "사전의 뜻풀이에서 준말과 동의어 처리에 대한 계선문제", 중국조선어문 1991년 06호, 길림성민족사무위원회.

정 철(1980), "경북지방의 언어축약 현상–의성방언을 중심으로–", 어문논총 13, 한국문학언어학회(구 경북어문학회).

정근용(1998), "현대 국어의 약어 연구–자른말을 중심으로–", 청람어문학 20, 청람어문교육학회.

정원수(1988), "부정형태 '잖(찮)'에 대하여", 국어국문학 100, 국어국문학회.

정원수(1992), 국어의 단어 형성론, 한신문화사.

정희창(2003), "준말의 형성 조건", 현대 국어의 준말 목록, 국립국어연구원.

정희창(2005), 국어 준말의 연구–유형과 제약을 중심으로, 성균관대학교 대학원 박사학위 논문

조재수(1989), "국어사전에서의 비자립어 다루기 문제", 애산학보 7, 애산학회.

조활웅(1985), 현대독어의 축소어휘에 관한 연구, 서강대학교 대학원 박사학위 논문.

주경희(2000), "'좀'과 '조금'", 국어학 36집, 국어학회.

주경희(2004), "'좀' 문법화의 의미·화용론적 연구", 국어교육 115호, 한국어교육학회.

주상대(1992), "경북 북부 방언의 음운 축약", 수련어문논집 19, 수련어문학회.

최규일(1989), "한국어 어휘형성에 관한 연구", 성균관대학교 대학원 박사학위 논문.

최영숙(2001), "일본어 회화문에 나타난 축약형의 음운론적 해석과 음향음성학적 분석", 음성과학 제8권 4호, 한국음성과학회.

최영숙(2005), "한·일 양언어의 음운축약현상의 음성학적 해석", 일어교육 32, 한국일본어교육학회.

최현배(1937/1982), 우리말본, 정음사.

허 웅(1985), 국어음운학–우리말 소리의 오늘·어제–, 샘문화사.

허 웅(1995), 20세기 우리말의 형태론, 샘문화사.

Adams, V(1973), An Introduction to Modern English Word-Formation, Longman.

Bauer, L.(1983), English Word-Formation, Cambridge Univ. Press.

Bybee, J. L.(1985), Morphology, John Benjamins Publishing Company.

Dressler, W. U.(1985), Morphology, Ann Arbor : Karoma Publishers.

John T. Jensen(1989), Morphology—Word Structure in the Generative Grammar—(한영목·정원수·류현미 옮김(1994), 형태론—생성문법에서의 단어 구조, 태학사).

Kiparsky, P.(1982), "lexical Morphology and Phonology", in The Linguistic Society of Korea ed. Linguistics in the Morning Calm, Seoul, Hanshin Publishing Co.

Marchand, H.(1969), The Categories and Types of Present-Day English Word-Formation. 2nd edn. München : C. H. Beck.

Matthews, D. H.(1974), Morphology, Cambridge Univ. Press.

Nida, E. A.(1978), Morphology, Ann Arbor : University of Michigan Press.

Scalise, S.(1984), Generative Morphology, Foris Publication(전상범 역(1987), 생성형태론, 한신문화사).

〈사전 및 자료〉

새우리말큰사전(1986), 신기철·신용철 편, 삼성출판사.

언어학사전(1982), 이정민·배영남 공편, 한신문화사.

연세한국어사전(1998), 연세대 언어정보개발연구원 펴냄, 두산동아.

영어학사전(1990), 조성식 외편, 신아사.

우리말 큰사전(1992), 한글학회 펴냄, 어문각.

이조어사전(1964), 유창돈 저, 연세대학교 출판부.

표준국어대사전(2002, 전자사전), 국립국어원 펴냄.

≪표준국어대사전≫ 편찬 지침 Ⅰ, Ⅱ(2000), 국립국어연구원.

현대 국어의 약어 목록(1994), 국립국어연구원.

현대 국어의 준말 목록(2003), 국립국어연구원.

국어의 축소어형 목록(2008), 이재현 엮음, 미간행본.

말뭉치용 축소어형 목록(2008), 이재현 엮음, 미간행본.

찾아보기

[부록 1] 축소어형 예문 추출 말뭉치 구성 민중자서전 목록*

번 호	제 목
1	뿌리깊은나무, 민중자서전01 전동례
2	뿌리깊은나무, 민중자서전02 배회한
3	뿌리깊은나무, 민중자서전03 신기남
4	뿌리깊은나무, 민중자서전04 이규숙
5	뿌리깊은나무, 민중자서전05 유진룡
6	뿌리깊은나무, 민중자서전06 김정호
7	뿌리깊은나무, 민중자서전07 박나섭
8	뿌리깊은나무, 민중자서전08 성춘식
9	뿌리깊은나무, 민중자서전09 최소심
10	뿌리깊은나무, 민중자서전10 서영옥
11	뿌리깊은나무, 민중자서전11 김명환
12	뿌리깊은나무, 민중자서전12 이봉원
13	뿌리깊은나무, 민중자서전13 송문옥
14	뿌리깊은나무, 민중자서전14 김승운
15	뿌리깊은나무, 민중자서전15 함동정월
16	뿌리깊은나무, 민중자서전16 이광용
17	뿌리깊은나무, 민중자서전17 문장원
18	뿌리깊은나무, 민중자서전18 한상숙
19	뿌리깊은나무, 민중자서전19 김우식

* 민중자서전 출전의 서지 사항은 생략한다.

[부록 2] 축소어형 예문 추출 말뭉치 구성 시나리오 목록*

번 호	제 목	번 호	제 목
1	8월의 크리스마스	26	며느리밥풀꽃에 대한 보고서
2	YMCA	27	목포는 항구다
3	가족	28	무사
4	간첩 리철진	29	물 위의 하룻밤
5	결혼은 미친 짓이다	30	미술관 옆 동물원
6	고양이를 부탁해	31	바람난 가족
7	공공의 적	32	박봉곤 가출 사건
8	공동경비구역 JSA	33	박하사탕
9	귀신이 산다	34	버스 정류장
10	귀천도	35	번지 점프를 하다
11	그놈은 멋있었다	36	범죄의 재구성
12	꽃을 든 남자	37	복수는 나의 것
13	나도 아내가 있었으면 좋겠다	38	봄날은 간다
14	내 여자 친구를 소개합니다	39	불후의 명작
15	넘버3	40	사랑따윈 필요 없어
16	누구에게나 비밀은 있다	41	사랑하기 좋은 날
17	다찌마와리	42	살인의 추억
18	닥터 봉	43	생과부 위자료 청구 소송
19	단적비연수	44	서편제
20	달마야 놀자	45	선물
21	동갑내기 과외하기	46	선생 김봉두
22	돼지가 우물에 빠진날	47	수취인 불명
23	로드무비	48	쉬리
24	리베라메	49	슈퍼스타 감사용
25	말죽거리 잔혹사	50	시월애

* 시나리오 또는 영화의 제작 연도는 밝히지 않는다.

번 호	제 목	번 호	제 목
51	신라의 달밤	76	주홍글씨
52	신장개업	77	지구를 지켜라
53	싱글즈	78	처녀들의 저녁식사
54	아라한 장풍 대작전	79	초록 물고기
55	아름다운 시절	80	친구
56	약속	81	클래식
57	어린 신부	82	클럽 버터플라이
58	엄마에게 애인이 생겼어요	83	키스할까요
59	여고괴담3	84	킬러들의 수다
60	연애소설	85	태극기 휘날리며
61	엽기적인 그녀	86	태양은 없다
62	영어 완전 정복	87	텔미썸씽
63	예스터데이	88	투캅스3
64	오버 더 레인보우	89	파란 대문
65	오 수정	90	파업 전야
66	오아시스	91	파이란
67	올드 보이	92	편지
68	우리들의 일그러진 영웅	93	품행 제로
69	위대한 유산	94	피도 눈물도 없이
70	은행나무 침대	95	학생부군신위
71	인디안 썸머	96	해안선
72	인샬라	97	해적 디스코왕 되다
73	접속	98	해피엔드
74	조용한 가족	99	황산벌
75	주유소 습격 사건	100	효자동 이발사

[부록 3] 축소어형 예문 추출 말뭉치 구성 드라마 목록*

번 호	제 목	번 호	제 목
1	가을 동화	21	옥탑방 고양이
2	건빵 선생과 별사탕	22	올인
3	겨울연가	23	외과의사 봉달희
4	굳세어라 금순아	24	우리가 정말 사랑했을까
5	궁	25	12월의 열대야
6	귀여운 여인	26	이 죽일 놈의 사랑
7	꽃보다 아름다워	27	이브의 모든 것
8	내 이름은 김삼순	28	장밋빛 인생
9	내 생애 마지막 스캔들	29	쩐의 전쟁
10	다모	10	천국의 계단
11	대장금	31	첫사랑
12	메리대구 공방전	32	커피 프린스
13	모래시계	33	쾌걸춘향
14	미안하다 사랑한다	34	파리의 연인
15	보디가드	35	풀하우스
16	상도	36	프렌즈
17	에어시티	37	피아노
18	여우야 뭐하니	38	하얀 거탑
19	연애시대	39	해바라기
20	오필승 봉순영	40	호텔리어

* 드라마의 제작 방송국과 연도는 밝히지 않는다.

[부록 4] 말뭉치용 축소어형 목록*

no	축소어형	본어형	no	축소어형	본어형
1	가	加那陀	2	가	加州
3	가격카르텔	價格 協定 kartell	4	가공치	架工 義齒
5	가끔가다	가끔가다가	6	가노	家內 奴婢
7	가농	韓國 Catholic 農民會	8	가느닫다	가느다랗다
9	가다들다	가드라들다	10	가대	家政 大學
11	가대	Catholic 大學敎	12	가뜩	가뜩이나
13	가뜩이	가뜩이나	14	가람	僧伽藍摩
15	가랒	가라지	16	가래꾼	가래질꾼
17	가리	가리새	18	가리	아가리
19	가마	가마니	20	가마	가마솥
21	가마득하다	가마아득하다	22	가마때기	가마니때기
23	가뭄지	가뭄 被害 地域	24	가뭇하다	가무스름하다
25	가방	加地坊	26	가보	假登記擔保
27	가부	跏趺坐	28	가산	石假山
29	가살이	가살쟁이	30	가서	가설랑은
31	가서는	가설랑은	32	가수	假需要
33	가스공사	韓國 gas 公社	34	가스보	gas boiler
35	가스석유협회	韓國 gas 石油 機器 協會	36	가스안전공사	韓國 gas 安全 公社
37	가스연	家族 stress 硏究會	38	가스탄	毒gas彈
39	가슴숨	가슴숨쉬기	40	가슴팍	가슴파기
41	가시관	가시 冕旒冠	42	가시선	可視光線
43	가양	家釀酒	44	가이거계수기	Geiger・Müler 計數器
45	가전	家庭用 電氣 機器	46	가전사	家庭用 電氣 機器 製造 會社
47	가전품	家庭用 電氣 用品	48	가정법률상담소	韓國 家庭 法律 相談所
49	가정의학회	大韓 家庭 醫學會	50	가족협	大韓 家族 計劃 協會
51	가주	假株券	52	가직다	가직하다
53	가집	家藏什物	54	가짓불	가짓부리

* 축소어형은 모두 한글로 적되, 본어형은 한자어의 경우는 한자로, 영어나 기타 외국어가 섞인 경우
는 외국어 철자를 밝혀 적는다.

no	축소어형	본어형	no	축소어형	본어형
55	가판	街頭販賣	56	가풀지다	가풀막지다
57	가현설	基督 假現說	58	가협	大韓 家族 計劃 協會
59	각	角度	60	각	漏刻
61	각대	角錘臺	62	각본	映畫 脚本
63	각의	內閣 會議	64	각존	自覺 存在
65	각층	角質層	66	각판	刻版本
67	각행	各銀行	68	간간	간간이
69	간대	간짓대	70	간대	看護 大學
71	간도	北間島	72	간두	百尺竿頭
73	간두다	그만두다	74	간본	刊行本
75	간생검	肝 生體 檢査	76	간선	間接 選擧
77	간세	間接稅	78	간작	間接 小作
79	간전	看護 專門大學	80	간협	大韓 看護 協會
81	갈	가래	82	갈	가을
83	갈	갈보	84	갈	갈잎
85	갈갈이	가을갈이	86	갈걷이	가을걷이
87	갈겹	갈겹살	88	갈겹살	갈비와 삼겹살
89	갈고리	갈고랑이	90	갈고지	갈고쟁이
91	갈꽃	갈대꽃	92	갈만	羯磨 曼茶羅
93	갈맛	가리맛	94	갈밀	가을밀
95	갈바람	가수알바람	96	갈바람	가을바람
97	갈밭	갈대밭	98	갈보리	가을보리
99	갈봄	가을봄	100	갈비	갈목비
101	갈앉다	가라앉다	102	갈앉히다	가라앉히다
103	갈일	가을일	104	갈잎	가랑잎
105	갈잎	떡갈잎	106	갈증	渴急症
107	갈청	갈대청	108	갈치다	가르치다
109	갈하다	가을걷이하다	110	감	감돌
111	감	감흙	112	감하다	減算하다
113	감고	밀監考	114	감공	象嵌 細工
115	감독청	監督官廳	116	감똑	감또개
117	감리신대	監理敎 神學 大學校	118	감리종목	監理 對象 種目
119	감바리	감발쩌귀	120	감사일	秋收 感謝日
121	감사절	秋收 感謝節	122	감신대	監理敎 神學 大學校
123	감정애	감정아이	124	감정원	韓國 鑑定院

no	축소어형	본어형	no	축소어형	본어형
125	감투	복주감투	126	갑계	同甲契
127	갑골	肩胛骨	128	갑근세	甲種 勤勞 所得稅
129	갑배세	甲種 配當 利益 所得稅	130	갑연	回甲宴
131	값가다	값나가다	132	갓	말림갓
133	갓난애	갓난아이	134	갓난이	갓난아이
135	강골	强骨漢	136	강남북	江南 · 江北
137	강달	강다리	138	강민련	江原 民族 民主 運動 聯合
139	강변로	江邊道路	140	강사모	康錦實 法務部 長官을 사랑 하는 사람들의 모임
141	강사모	강원도를 사랑하는 사람들 의 모임	142	강심	江 中心
143	강압기	降壓 變壓器	144	강옥	鋼玉石
145	강온	强硬派 · 穩健派	146	강온파	强硬派 · 穩健派
147	강요주	乾江瑤珠	148	강원	江原道
149	강절도	强盜 · 竊盜	150	강절도범	强盜犯과 竊盜犯
151	강쥐	강아지	152	강진	降眞香
153	강짱	强盜 얼짱	154	강추	强力 推薦
155	강퇴	强制 退場	156	강퇴	强制 退職
157	갖가지	가지가지	158	갖가지로	가지가지로
159	갖갖	가지가지	160	갖다	가지다
161	갖춰지다	갖추어지다	162	개	개으름
163	개가	凱旋歌	164	개결	開結 二經
165	개국당	改革 國民黨	166	개기	皆旣蝕
167	개나발	個人과 나라의 發展을 爲하여	168	개다	개키다
169	개도국	開發途上國	170	개르다	개으르다
171	개름	개으름	172	개름뱅이	개으름뱅이
173	개름장이	개으름장이	174	개름쟁이	개으름쟁이
175	개법	開方法	176	개보수	改修 · 補修
177	개산	開山祖師	178	개음	開口音
179	개음	개음절	180	개조	開山祖師
181	개조	開宗祖	182	개좃불	개좃부리
183	개집표기	改票機 · 集票機	184	개집표기	開票機 · 集票機
185	개콘	Gag Concert	186	개탕	開錫대패
187	개편	開片裂	188	개평	開平方
189	개평법	開平方法	190	개폐장	開場 · 閉場

no	축소어형	본어형	no	축소어형	본어형
191	개항	開港場	192	개혁당	改革 國民黨
193	개혁특위	改革 特別 委員會	194	객공	客工잡이
195	객숟갈	客숟가락	196	객술	客숟가락
197	객주	客主집	198	객화차	客車·火車
199	갤러빠지다	개을러빠지다	200	갤러터지다	개을러터지다
201	갤럽조사연구소	韓國 Gallup 調査 硏究所	202	갤리	개을리
203	갯골	갯고랑	204	갱	坑道
205	갱기	신갱기	206	갱생회	更生 保護會
207	걔	그 아이	208	거	거기
209	거	것	210	거	그것
211	거간	居間꾼	212	거년방	건넌房
213	거둬들이다	거두어들이다	214	거란지	거란지뼈
215	거래법	公正 去來法	216	거래위	公正 去來 委員會
217	거루	거룻배	218	거류민단	在日本 大韓民國 居留民團
219	거리	길거리	220	거멀	거멀장
221	거뭇하다	거무스름하다	222	거반	居之半
223	거스름	거스름돈	224	거웃하다	거우듬하다
225	거저	日居月諸	226	거적	섬거적
227	거족	巨家大族	228	거주다	그어주다
229	거지	行動擧止	230	거짓부렁	거짓부렁이
231	거짓불	거짓부리	232	거참	그것참
233	거피떡	거피팥떡	234	건	建坪
235	건	頭巾	236	건강관리협	韓國 健康管理 協會
237	건강협	健康 社會 實踐 運動 住民 協議會	238	건공과	建築 工學科
239	건과	乾燥果	240	건교	建設 交通部
241	건교	建設 交通部 長官	242	건교부	建設 交通部
243	건기	乾燥期	244	건기공협	建設 機械 工業 協會
245	건기원	韓國 建設 技術 硏究院	246	건너보다	건너다보다
247	건단련	大韓 建設 團體 總聯合會	248	건대	建國 大學校
249	건데	그런데	250	건들다	건드리다
251	건련	建設業 團體 聯合會	252	건법	乾式分析法
253	건보	建康 保險	254	건보료	健康保險料
255	건복	乾全鰒	256	건비연	健全 video 文化를 硏究하는 市民의 모임

no	축소어형	본어형	no	축소어형	본어형
257	건산연	韓國 建設 産業 研究員	258	건설	建設部
259	건설	建設部 長官	260	건설경영연구소	韓國 建設 經營 研究所
261	건설경제협	韓國 建設 經濟 協會	262	건설계획심의회	國土 建設 綜合 計劃 審議會
263	건설교통	建設 交通部	264	건설교통	建設 交通部 長官
265	건설련	建設業 團體 聯合會	266	건설본부	서울 特別市 綜合 建設 本部
267	건설부	建設 交通部	268	건설시험소	國立 建設 試驗所
269	건설연	韓國 建設 技術 研究院	270	건설연구원	韓國 建設 技術 研究院
271	건설조합	建設 共濟 組合	272	건설종합심의회	國土 建設 綜合 計劃 審議會
273	건설중흥회	大韓 建設 中興會	274	건설협회	大韓 建設 協會
275	건습계	乾濕球 濕度計	276	건약	健康 社會 實現 藥師 協議會
277	건어	乾魚物	278	건업	建設業
279	건업	建設業體	280	건유	乾性油
281	건자재전	建築 機資材 展示會	282	건재	建築 用材
283	건재국	乾材藥局	284	건준	朝鮮 建國 準備 委員會
285	건중지성용	乾性用·中性用·脂性用	286	건지황	生乾地黃
287	건추위	建設 推進 委員會	288	건축가협	韓國 建築家 協會
289	건축사협	大韓 建築士 協會	290	건축사협회	大韓 建築士 協會
291	건축폐협	建築物 廢棄 協會	292	건치	健康 社會를 爲한 齒科 醫師會
293	건테크	健康 technology	294	건하다	거나하다
295	건하다	旱乾하다	296	건하다	흥건하다
297	건해	乾性 咳嗽	298	건협	大韓 建設 協會
299	건협	韓國 健康管理 協會	300	걷다	거두다
301	걷어채다	걷어차이다	302	걷어치다	걷어치우다
303	걷지르다	걷어지르다	304	걸럼프	gallop triumph
305	걸레	걸레不淨	306	걸먹다	언걸먹다
307	걸스카우트	韓國 girl scouts 聯盟	308	걸스카우트연맹	韓國 girl scouts 聯盟
309	걸앉다	걸어앉다	310	걸음걸음	걸음걸음이
311	걸입다	언걸입다	312	검경	檢察·警察
313	검수	劍樹地獄	314	검역소	國立 動物 檢疫所
315	검역소	國立 植物 檢疫所	316	검은자	검은자위
317	검잡다	거머잡다	318	검정	檢定考試
319	검쥐다	거머쥐다	320	겉고름	겉옷고름
321	겉곡	겉穀食	322	겉띄다	겉뜨이다
323	게	거기	324	게나예나	거기나 여기나
325	게다	게우다	326	게라	*ゲラ* 刷

no	축소어형	본어형	no	축소어형	본어형
327	게르다	게으르다	328	게름	게으름
329	게름뱅이	게으름뱅이	330	게름쟁이	게으름쟁이
331	게백	게醬 白飯	332	게임머니깡	gamemoney わりかん
333	겔러빠지다	게을러빠지다	334	겔러터지다	게을러터지다
335	겔리	게을리	336	겜	game
337	겜방	game房	338	겜소모	game 消費者 連帶 모임
339	겜티즌	game citizen	340	겨드랑	겨드랑이
341	겨릅	겨릅대	342	격막	橫隔膜
343	격상	擊節嘆賞	344	격치	格物致知
345	견	絹本	346	견골	肩胛骨
347	견방	絹絲 紡績	348	견우	牽牛星
349	견전	遣奠祭	350	견직	絹織物
351	견진	堅振 聖事	352	결	겨를
353	결	겨울	354	결	缺勤
355	결	결氣	356	결	缺席
357	결	性결	358	결가	結跏趺坐
359	결대위	結婚 對策 委員會	360	결련태	結連 태견
361	결승	決勝戰	362	결제원	金融 決濟院
363	결추위	結婚 推進 委員會	364	결핵협	大韓 結核 協會
365	겸장	兼將軍	366	겹잎	겹꽃잎
367	경	經度	368	경	經書
369	경	經線	370	경	警察
371	경	景致	372	경	景況
373	경	佛經	374	경과위	國會 經濟 科學 委員會
375	경관	警察官	376	경관	子宮 頸管
377	경관실	經營 管理室	378	경관폴립	子宮 頸管 polyp
379	경구	驚人句	380	경국	傾國之色
381	경귀	驚人句	382	경기	輕機關銃
383	경기	京畿道	384	경기	輕騎兵
385	경남	慶尙南道	386	경남북	慶尙南道·慶尙北道
387	경남총련	京畿 南部 地區 總學生會 聯合	388	경단련	經濟 團體 聯合會
389	경단협	經濟 團體 協議會	390	경답	京人沓
391	경도	傾困倒稟	392	경막	硬腦膜
393	경매팅	競賣 meeting	394	경박	經營學 博士
395	경박	經濟學 博士	396	경범	輕犯罪

no	축소어형	본어형	no	축소어형	본어형
397	경법	大經大法	398	경보통제소	民防空 警報 統制所
399	경북	慶尙北道	400	경불련	經濟 正義 實踐 佛敎 聯合
401	경비대	國防警備隊	402	경비협회	韓國 警備 協會
403	경사연	現代 經濟 社會 研究院	404	경상	經常 收支
405	경상	慶尙道	406	경상남북도	慶尙南道·慶尙北道
407	경석	經營學 碩士	408	경석	經濟學 碩士
409	경성	傾城之色	410	경순	輕巡洋艦
411	경실련	經濟 正義 實踐 市民 聯合	412	경영박	經營學 博士
413	경영인사권	經營權·人事權	414	경원	經濟援助
415	경위	經緯度	416	경위	經緯線
417	경위도	經度·緯度	418	경위선	經線·緯線
419	경인로	京仁 高速道路	420	경인총련	京畿·仁川 總學生會 聯合
421	경쟁력강화위	國家 競爭力 强化 民間 委員會	422	경쟁력특위	國家 競爭力 强化 特別 委員會
423	경전	京人田	424	경전	輕電機
425	경전	警察 專門學校	426	경전	聖經賢傳
427	경정	警察 行政	428	경제	經題目
429	경제연구원	韓國 住宅 經濟 研究院	430	경조	京造治
431	경조	輕佻浮薄	432	경주차	競走用 自動車
433	경지	耕作地	434	경찰	警察官
435	경철	輕便鐵道	436	경청	警察廳
437	경총	韓國 經營者 總協會	438	경추위	經濟 協力 推進 委員會
439	경편	輕便 鐵道	440	경평위	經營 評價 委員會
441	경폐기	月經 閉鎖期	442	경폭기	輕爆擊機
443	경행	街衢經行	444	경행	經所行修
445	경행	徑情直行	446	경협	經營者 協會
447	경협	經濟 協力	448	경협	經濟 協力體
449	계관	月桂冠	450	계면	界面調
451	계명	鷄鳴丑時	452	계명	啓明星
453	계모	階級 矛盾	454	계바라밀	持戒波羅蜜
455	계안	鷄眼瘡	456	계약금	契約 保證金
457	계약설	社會 契約說	458	계엄사	戒嚴 司令部
459	계열학과별	系列別·學科別	460	계좌	計定 計座
461	계좌	預金 計座	462	계주	繫船柱
463	계중대	軌道 計重臺	464	계집애	계집아이
465	고	高等學校	466	고	股本

no	축소어형	본어형	no	축소어형	본어형
467	고가	高校生 觀覽 可能	468	고거	고것
469	고검	高等 檢察廳	470	고게	고기에
471	고공	高等 工業學校	472	고교	高等學校
473	고교생	高等學校 學生	474	고교생	高等學生
475	고기	물고기	476	고깃덩이	고깃덩어리
477	고깟	고까짓	478	고녀	高等 女學校
479	고농	高等 農林學校	480	고담	고다음
481	고당기념사업회	古堂 曺晩植 先生 紀念 事業會	482	고대	高麗 大學校
483	고대	깃고대	484	고두리	고두리살
485	고드래	고드랫돌	486	고라	고라말
487	고라리	시골 고라리	488	고랑	쇠고랑
489	고래	房고래	490	고래	自古以來
491	고량	膏粱珍味	492	고량주	高粱燒酒
493	고러다	고러하게 하다	494	고렇다	고러하다
495	고료	原稿料	496	고르비	Gorbachev
497	고름	옷고름	498	고리	燒酒고리
499	고리대	高利貸金	500	고막이	고막이돌
501	고목	枯木나무	502	고무	gomme 지우개
503	고무락	고무라기	504	고무황	gomme狀 黃
505	고문	高等 文官 試驗	506	고법	高等 法院
507	고보	高等 普通學校	508	고부	姑母夫
509	고부슴하다	고부스름하다	510	고붙	고부탕이
511	고사	高等 師範學校	512	고삼	高等學校 三 學年
513	고상	高等 商業學校	514	고상	十字苦像
515	고샅	고샅길	516	고새	고사이
517	고생모	文化 都市 高陽을 생각하는 文化 藝術人 모임	518	고속	고속 도로
519	고속	高速度	520	고속강	高速度鋼
521	고속도관리공	高速道路 管理 公團	522	고속도로	高速度道路
523	고속철	高速 鐵道	524	고속철도공단	韓國 高速 鐵道 建設 公團
525	고속터미널	高速Bus Terminal	526	고시	高等 考試
527	고시	古體詩	528	고신대학	高麗 神學 大學校
529	고압선	高壓 電線	530	고육책	苦肉之策
531	고이	高等學校 二 學年	532	고인	雇傭人
533	고일	高等學校 一 學年	534	고입	高等學校 入學

no	축소어형	본어형	no	축소어형	본어형
535	고입검정	高等學校 入學 資格 檢定考試	536	고입시	高等學校 入學試驗
537	고자	고자잎	538	고자	활고자
539	고전	고린도 前書	540	고전졸	高等學校 卒業·專門大學 卒業
541	고제	高足弟子	542	고조	高祖父
543	고족	高足弟子	544	고졸	高等學校 卒業
545	고종	姑從 四寸	546	고주	雇用主
547	고주	고주망태	548	고침	高枕安眠
549	고타분하다	고리타분하다	550	고탑탑하다	고리탑탑하다
551	고터	高速Bus Terminal	552	고팅	GoGo Meeting
553	고판	古版本	554	고패낚	고패낚시
555	고평법	男女 雇傭 平等法	556	고폭실험	高性能 爆彈 實驗
557	고한	報告 期限	558	고합	高麗 合纖
559	고합	高麗 合纖 Group	560	고해	告解 聖事
561	고후	고린도 後書	562	곡곡	坊坊曲曲
563	곡상	穀物商	564	곤강	崑山腔
565	곤대	고운대	566	곤댓국	고운댓국
567	곧듣다	곧이듣다	568	골	고랑
569	골	고을	570	골	골목
571	골	머릿골	572	골고루	고루고루
573	골골	고을고을	574	골근	骨格筋
575	골기	骨角器	576	골로	고리로
577	골모둠	고을모둠	578	골비	骨粉 肥料
579	골살이	고을살이	580	골속	왕골속
581	골짝	골짜기	582	골창	고랑창
583	골타분하다	고리타분하다	584	골탑탑하다	고리탑탑하다
585	골통	골통이	586	골프장협	韓國 golf場 事業 協會
587	골프텔	golf hotel	588	골프협	大韓 golf 協會
589	곰	곰팡이	590	곰곰	곰곰이
591	곰배	곰배팔이	592	곰팡	곰팡이
593	곰팡내	곰팡 냄새	594	곱	곱절
595	곱끼다	곱살끼다	596	곱닿다	곱다랗다
597	곱사	곱사등	598	곱사	곱사등이
599	곱솔	곱소리	600	공	功力
601	공	功勞	602	공	公社
603	공	共産主義	604	공	工業 高等學校

no	축소어형	본어형	no	축소어형	본어형
605	공	工業學校	606	공	工業
607	공	公爵	608	공	共和國
609	공감단	公明選擧 監視團	610	공개주의	公開 審理主義
611	공개협	共同體 意識 改革 國民運動 協議會	612	공거위	公正 去來 委員會
613	공경제	公共經濟	614	공고	工業 高等學校
615	공과금제	統合 公課金 制度	616	공관	在外 公館
617	공관복음	共觀 福音書	618	공구	共同 購買
619	공국	共和國	620	공군	共産軍
621	공근	公益 勤務 要員	622	공기	工事 期間
623	공기단	共同 記者團	624	공기원	國立 工業 技術院
625	공기원	韓國 工業 技術院	626	공노협	全國 公務員 勞動組合 協議會
627	공단	工業 團地	628	공당	共産黨
629	공대	工科 大學	630	공대위	共同 對策 委員會
631	공덕천	功德天女	632	공도	工業 都市
633	공동	共同 運動	634	공랭	空氣 冷却
635	공로	航空路	636	공로련	大韓民國 公務員 勞動組合 總聯盟
637	공로협	全國 公務員 勞動組合 協議會	638	공뢰	空中 魚雷
639	공륜	公演 倫理	640	공륜	公演 倫理 委員會
641	공륜	韓國 公演 倫理 委員會	642	공륜위	公演 倫理 委員會
643	공립교	公立學校	644	공모	共同 謀議
645	공모	航空母艦	646	공모가	公募 豫定價
647	공모범	共謀·共犯	648	공문	公文書
649	공박	工學 博士	650	공발기금	工業 發展 基金
651	공발법	工業 發展法	652	공발연	公營 放送 發展 方案 研究 報告書
653	공발연	公營 放送 發展 研究 委員會	654	공배법	工業 再配置 및 工場 設立에 關한 法律
655	공배제	共同 配達制	656	공범	共同 正犯
657	공범	共犯者	658	공병	工兵 支援團
659	공병학교	陸軍 工兵 學校	660	공보	公報部
661	공보	公報部 長官	662	공보	公報處
663	공보	公報處 長官	664	공보	文化 公報部
665	공보	文化 公報部 長官	666	공보수석	靑瓦臺 公報 首席

no	축소어형	본어형	no	축소어형	본어형
667	공비	工事費	668	공사	空軍 士官學校
669	공사립	公立·私立	670	공사예시제	工事 發注 豫示制
671	공사조직	公組織·私組織	672	공사직	公職·私職
673	공사채	公債·社債	674	공사천	公薦·私薦
675	공산	工産物	676	공산	共産主義
677	공서	公文書	678	공석	工學 碩士
679	공선위	公明選擧 管理 委員會	680	공선협	公明選擧 實踐 市民運動 協議會
681	공수	攻擊·守備	682	공수	航空 輸送
683	공수주	攻擊·守備·走壘	684	공습	空中 襲擊
685	공시족	公務員試驗準備族	686	공실위	民主 勞動 共同 實踐 委員會
687	공업기술원	國立 工業 技術院	688	공업학교	工業 高等學校
689	공연매	公務員 年金 賣場	690	공연예술협	國際 公演 藝術 協會
691	공예식	工藝 作物式	692	공위	共同 委員
693	공위	共同 委員會	694	공익	公益 勤務 要員
695	공익연구원	韓國 公益 問題 硏究院	696	공익요원	公益 勤務 要員
697	공인수	共通 因數	698	공자위	公的 資金 管理 委員會
699	공작사	空軍 作戰 司令官	700	공작사	空軍 作戰 司令部
701	공전	工業 專門大學	702	공전	公電 妨害
703	공전	空中 電氣	704	공전	空中戰
705	공전식	共同 電池式	706	공정	公判廷
707	공정가	公正 價格	708	공정경쟁협	韓國 公正 競爭 協會
709	공정법	公正 去來法	710	공정위	公正 去來 委員會
711	공주	恐怖의 주둥아리	712	공직협	公務員 職場 協議會
713	공진청	工業 振興廳	714	공참	空軍 參謀 總長
715	공채	公開 採用	716	공채	公債 證券
717	공청	朝鮮 共産主義 靑年 同盟	718	공청단	共産主義 靑年團
719	공추련	公害 追放 運動 聯合	720	공투본	共同 鬪爭 本部
721	공판	共同 販賣	722	공판장	共同 販賣場
723	공폭	空中 爆擊	724	공화	共和黨
725	공화당	民主 共和黨	726	공화당	新民主 共和黨
727	공황	經濟 恐慌	728	공훈사발간회	大韓民國 功勳史 發刊 委員會
729	공휴	公休日	730	과거사	過去之事
731	과고	科學 高等學校	732	과교총	韓國 科學 敎育 團體 總聯合會
733	과기	科學 技術	734	과기	科學 技術部

no	축소어형	본어형	no	축소어형	본어형
735	과기	科學 技術部 長官	736	과기고	科學 技術 高等學校
737	과기대	科學 技術 大學校	738	과기대	韓國 科學 技術 大學校
739	과기부	科學 技術部	740	과기심	綜合 科學 技術 審議會
741	과기연	韓國 科學 技術 研究院	742	과기원	韓國 科學 技術院
743	과기인	科學 技術人	744	과기자문회의	國家 科學 技術 諮問 會議
745	과기정보연	韓國 科學 技術 情報 研究院	746	과기정통위	國會 科學 技術 情報 通信 委員會
747	과기처	科學 技術處 長官	748	과기처	科學 技術處
749	과기청	科學 技術廳	750	과기총	韓國 科學 技術 團體 總聯合會
751	과대	學科 代表	752	과댁	寡守宅
753	과문	過門不入	754	과반	過半數
755	과보	果報土	756	과보	因果應報
757	과사	科 事務室	758	과석	過燐酸 石灰
759	과오납	過納과 誤納	760	과외	課外 工夫
761	과외	課外 授業	762	과원	果樹園
763	과율	課稅率	764	과정	過渡 政府
765	과정	學科 課程	766	과총	韓國 科學 技術 團體 總聯合會
767	과탐	科學 探究 領域	768	과특	課稅 特例
769	과특자	課稅 特例者	770	과파라치	課外 paparazzi
771	과표	課稅 標準	772	과표	課稅 標準率
773	과학고	科學 高等學校	774	과학교육원	서울 科學 敎育院
775	과학재단	韓國 科學 財團	776	과협	韓國 科學 技術者 協會
777	관	本貫	778	관경과	觀光 經營學科
779	관계학	關係 社會學	780	관공리	官吏・公吏
781	관공립	官立・公立	782	관공사립	官立・公立・私立
783	관공서	官署・公署	784	관공직	官職・公職
785	관공청	官廳・公廳	786	관광개발원	韓國 觀光 開發 研究院
787	관광공	韓國 觀光 公社	788	관광공사	韓國 觀光 公社
789	관광협회	韓國 觀光 協會	790	관구	管轄 區域
791	관동북	關東・關北	792	관두다	고만두다
793	관리공단	施設 管理 公團	794	관불	灌佛會
795	관산	官廳・産業體	796	관악산관측소	冠岳山 氣象 radar 觀測所
797	관전	寬大之典	798	관치	官治行政
799	관화	明若觀火	800	괄하다	괄괄하다
801	광공업	鑛業・工業	802	광교파	廣敎會派

no	축소어형	본어형	no	축소어형	본어형
803	광민항쟁	光州 民主 抗爭	804	광속	光速度
805	광유	鑛物油	806	광제	光風霽月
807	광진공	大韓 鑛業 振興 公社	808	광학	鑛物學
809	광학기기협회	韓國 光學 機器 協會	810	광학특위	光州 虐殺者 處斷을 爲한 特別 委員會
811	괘	占卦	812	패패떼다	패패이떼다
813	괜스럽다	空然스럽다	814	괜하다	空然하다
815	괭이	고양이	816	괴나리	괴나리봇짐
817	괴롬	괴로움	818	괴몽	槐安夢
819	괴불	괴불주머니	820	괴찮다	괴이찮다
821	괴춤	고의춤	822	교	驕慢
823	교	絞首刑	824	교	敎育
825	교	交換	826	교	宗敎
827	교강사	敎授와 講師	828	교개심	敎育 改革 審議會
829	교개연	交通 開發 硏究院	830	교개연	交通 開發 硏究院 Consortium
831	교개원	交通 開發 硏究院	832	교개위	敎育 改革 推進 委員會
833	교군	轎軍꾼	834	교대	絞首臺
835	교대	敎育 大學校	836	교련	大韓 敎育 聯合會
837	교무처장협	全國 大學 敎務處長 協議會	838	교문	敎育·文化
839	교문연	交通 問題 硏究院	840	교문연	交通 問題 硏究院 Consortium
841	교박	敎育學 博士	842	교보	敎保 文庫
843	교보	敎保 building	844	교보	大韓 敎育 保險
845	교부모	敎父·敎母	846	교부세	地方 交付稅
847	교불련	韓國 敎授 佛子 聯合會	848	교생	敎育 實習生
849	교석	敎育學 碩士	850	교선	敎養 選擇
851	교수	狡猾한 守衛	852	교수협	敎授 協議會
853	교시련	敎育 共同體 市民 聯合	854	교심과	敎育 心理學科
855	교원검정	敎員 資格 檢定考試	856	교원공제회	大韓 敎員 共濟會
857	교원대	韓國 敎員 大學校	858	교위	敎育 委員會
859	교육	敎育 人的 資原部	860	교육	敎育 人的 資原部 長官
861	교육	敎育部	862	교육	敎育部 長官
863	교육민회	敎育 改革과 敎育 自治를 爲한 市民 會議	864	교육부	敎育 人的 資原部
865	교육연구원	韓國 敎育 硏究院	866	교육연합회	大韓 敎育 聯合會
867	교육위	敎育 委員會	868	교육친선협회	國際 敎育 親善 協會

no	축소어형	본어형	no	축소어형	본어형
869	교육협약	研究 및 敎育에 關한 協約	870	교장협	韓國 國公私立 高等學校校長 會長 協議會
871	교체	交通・遞信	872	교체매	交替・賣買
873	교체위	國會 交通 遞信 委員會	874	교총	韓國 敎員 團體 總聯合會
875	교통	交通巡警	876	교통	交通部
877	교통	交通部 長官	878	교통안전공단	交通安全 振興 公團
879	교통안전협회	道路 交通安全 協會	880	교통영향평가위	中央 交通 影響 評價 審議 委員會
881	교통회관	서울 特別市 새마을 交通 會館	882	교판	敎相判釋
883	교편련	校誌 編輯人 聯合	884	교편위	校誌 編輯 委員會
885	교평	敎授 評議會	886	교필	敎養 必修
887	교학협	敎授 學生 協議會	888	교학협의회	敎授 學生 協議會
889	교협	敎員 勞動 組合 協議會	890	교형	絞首刑
891	교환원	電話 交換員	892	교회여성련	韓國 敎會 女性 聯合會
893	교회협	韓國 基督敎 敎會 協議會	894	구	區廳
895	구강연	國民 口腔 保健 硏究所	896	구계	具足戒
897	구공탄	十九孔炭	898	구구	九九法
899	구국위	救國 戰線 委員會	900	구귀법	九歸除法
901	구극	舊派 演劇	902	구극	白駒過隙
903	구김	구김살	904	구두	句讀法
905	구두	구두쇠	906	구들	방구들
907	구렁텅	구렁텅이	908	구미	歐羅巴・美國
909	구미수출공단	龜尾 輸出 産業 工團	910	구박	舊制 博士
911	구박지르다	구기박지르다	912	구변	具本邊
913	구부슴하다	구부스름하다	914	구사	俱舍論
915	구사	俱舍宗	916	구새	구새통
917	구생	俱生起	918	구소	舊蘇聯
919	구소권	舊蘇聯圈	920	구시월	九月・十月
921	구야	舊野圈	922	구야	舊野黨
923	구야	舊野黨圈	924	구약	舊約 聖書
925	구여	舊與圈	926	구여	舊與黨
927	구여	舊與黨圈	928	구의원	區 議會 議員
929	구자	悅口子	930	구자탕	悅口子湯
931	구적	求積法	932	구조	九條袈裟
933	구주	歐羅巴 洲	934	구촉법	構造 調整 促進法

no	축소어형	본어형	no	축소어형	본어형
935	구축대	驅逐艦隊	936	구태	구태여
937	구터분하다	구리터분하다	938	구텁텁하다	구리텁텁하다
939	구파극	舊派 演劇	940	구학	구학문
941	구학동	救國 學生 同盟	942	구학련	救國 學生 聯盟
943	국	국물	944	국	國民學校
945	국가발전위	國家 均衡 發展 委員會	946	국가인권위	國家 人權 委員會
947	국감	國政 監査	948	국개연	國土 開發 研究院
949	국개연	國土 開發 研究院 Consortium	950	국공립	國立·公立
951	국공사립	國立·公立·私立	952	국공유지	國有地·公有地
953	국공채	國債·公債	954	국과수	國立 科學 搜査 研究所
955	국과영수	國語·科學·英語·數學	956	국과위	國家 科學 技術 委員會
957	국교	國民學校	958	국교생	國民學校 學生
959	국교협	國公立 大學校 敎授 協議會	960	국내외	國內·國外
961	국대	國家 代表	962	국대	國立 大學校
963	국대	國防 大學	964	국련	國際 聯合
965	국련군	國際 聯合軍	966	국련기	國際 聯合旗
967	국립극장	國立 中央 劇場	968	국마차	國民의 政府 마지막 次官
969	국문과	國語 國文學科	970	국문법	國語 文法
971	국민	統一 國民黨	972	국민교	國民學校
973	국민당	統一 國民黨	974	국민디시스템	國民 data system
975	국민연금공단	國民 年金 管理 公團	976	국박	國立 博物館
977	국반	菊半截	978	국발안	國立 大學校 發展 方案
979	국방	國防部	980	국방	國防部 長官
981	국방망	國防 電算網	982	국배법	國家 賠償法
983	국번	局番號	984	국변	國土 利用 計劃 變更
985	국보법	國家 保安法	986	국보위	國家 保衛 非常 對策 委員會
987	국본	우리 農業 지키기 汎國民 運動 本部	988	국부	國民黨 政府
989	국부	國民 政府	990	국사내용준거안	國史 敎育 內容 展開 準據案
991	국사립	國立·私立	992	국산	國産品
993	국산사자	國語·算數·社會·自然	994	국숫분	국수粉桶
995	국악원	國立 國樂院	996	국악협	韓國 國樂 協會
997	국어연구원	國立 國語 研究院	998	국영문	國文·英文
999	국영수	國語·英語·數學	1000	국영수과	國語·英語·數學·科學
1001	국자위	國有 資産 管理 委員會	1002	국작	國語 作文

no	축소어형	본어형	no	축소어형	본어형
1003	국적	國際 赤十字	1004	국적위	國際 赤十字 委員會
1005	국전	大韓民國 美術 展覽會	1006	국정원	國家 情報院
1007	국제유선방송전	國際 綜合 有線 放送 展示會	1008	국제전략연	國際 戰略 問題 研究所
1009	국제제이테니스	國際 Junior Tennis 大會	1010	국조	國政 調査
1011	국조소위	國政 調査 計劃書 作成 小委員會	1012	국조실	國務 調整室
1013	국졸	國民學校 卒業	1014	국책	國家 政策
1015	국철	國有 鐵道	1016	국체	全國 體典
1017	국체협	國民 生活 體育 協議會	1018	국토연	國土 開發 研究院
1019	국투	國民 投資 信託	1020	국편	國史 編纂 委員會
1021	국품소	國防 品質 管理所	1022	국한문	國文·漢文
1023	국홍원	國防 弘報院	1024	국화동	菊花 童子못
1025	국회윤리위	國會 公職者 倫理 委員會	1026	군	軍隊
1027	군	軍部	1028	군	軍司令部
1029	군	郡廳	1030	군견	軍用犬
1031	군경	軍隊·警察	1032	군경검	軍隊·警察·檢察
1033	군경미망인회	大韓民國 戰歿軍警 未亡人會	1034	군경원	軍事 經濟 援助
1035	군경유족회	大韓民國 戰歿軍警 遺族會	1036	군관	軍人·官吏
1037	군관민	軍人·官吏·民間人	1038	군대	軍部大臣
1039	군대스리가	軍隊 Bundesliga	1040	군도	軍用 道路
1041	군두	군두새끼	1042	군략	軍事 戰略
1043	군목	從軍 牧師	1044	군민	軍人·民間人
1045	군비	軍事費	1046	군심	群衆 心理
1047	군악장	軍樂隊長	1048	군우	軍事 郵便
1049	군우	軍事 郵遞局	1050	군원	軍事 援助
1051	군의	軍醫官	1052	군입질	군입정질
1053	군자	군글子	1054	군자	軍資金
1055	군재	軍事 裁判	1056	군정위	軍事 停戰 委員會
1057	군지럽다	군던지럽다	1058	군축	軍備 縮小
1059	군축파	軍備 縮小派	1060	군향	軍餉米
1061	군협	軍部協辦	1062	군협	軍事 協定
1063	군확	軍備 擴張	1064	굴	巢窟
1065	굴다	구르다	1066	굴터분하다	구리터분하다
1067	굴텁텁하다	구리텁텁하다	1068	굼일	구움일
1069	굼판	구움판	1070	굿거리	굿거리 장단

no	축소어형	본어형	no	축소어형	본어형
1071	권	權利金	1072	권가	權門勢家
1073	권계면	對流圈 界面	1074	권대승	權大乘敎
1075	권면	券面額	1076	권문	權門勢家
1077	권방	權力層과 放送界	1078	권술	權謀術數
1079	권언	權力·言論	1080	권지	勸善紙
1081	권징	勸善懲惡	1082	궐	厥者
1083	귀	귀때	1084	귀	귓바퀴
1085	귀	불귀	1086	귀걸이	귀걸이眼鏡
1087	귀곡사	귀曲四宮	1088	귀모	鬼子母神
1089	귀밝이	귀밝이술	1090	귀법	九歸除法
1091	귀재	歸屬 財産	1092	귀제	九歸除法
1093	귓기슭	귓기스락	1094	규개위	規制 改革 委員會
1095	규구	規矩準繩	1096	균	菌類
1097	균	病菌	1098	균	細菌
1099	그거	그것	1100	그걸	그것을
1101	그게	그것이	1102	그깟	그까짓
1103	그끄제	그끄저께	1104	그나저나	그러나저러나
1105	그네	그네들	1106	그담	그 다음
1107	그럭하다	그렇게 하다	1108	그렇다	그러하다
1109	그렇잖다	그러하지 아니하다	1110	그레코	Greco-Roman型
1111	그믐	그믐날	1112	그새	그 사이
1113	그제	그저께	1114	그제야	그제서야
1115	극독약	劇藥·毒藥	1116	극복	克己復禮
1117	극비	極秘密	1118	극비리	極秘密裡
1119	극품	極上品	1120	극협	全國 民族劇 運動 協議會
1121	근각	筋肉 感覺	1122	근기법	勤勞 基準法
1123	근데	그런데	1124	근량	斤兩重
1125	근복공	勤勞 福祉 公社	1126	근소세	勤勞 所得稅
1127	근안	近視眼	1128	근엽	根生葉
1129	근운동	筋肉 運動	1130	근장	勤勞 奬學生
1131	근점	近日點	1132	근점	近地點
1133	근현대	近代·現代	1134	글다	그을다
1135	글로	그리로	1136	글로컬	global local
1137	글로컬리제이션	globalization localization	1138	글로컬리즘	globalism localism
1139	글리다	그을리다	1140	글리콜	ethylene glycol

no	축소어형	본어형	no	축소어형	본어형
1141	글밭	그루밭	1142	글음	그을음
1143	글콩	그루콩	1144	금	金medal
1145	금	金曜日	1146	금감	金融 監督
1147	금감원	金融 監督院	1148	금감위	金融 監督 委員會
1149	금결원	金融 決濟院	1150	금고	禁錮刑
1151	금고련	새마을 金庫 聯合會	1152	금고문	今文·古文
1153	금공과	金屬 工藝科	1154	금관	金梁冠
1155	금관	黃金 寶冠	1156	금명	今明間
1157	금문	金石文	1158	금발심	金融 發展 審議會
1159	금본위	金 本位 制度	1160	금석	金石文字
1161	금석문	金石文字	1162	금석제	金石之劑
1163	금세	금시에	1164	금속노련	全國 金屬 産業 勞動組合 聯盟
1165	금신	金色身	1166	금연협	韓國 禁煙 運動 協議會
1167	금요	金曜日	1168	금융연수원	韓國 金融 硏修院
1169	금융제도개편소위	金融 制度 改編 硏究 小委員會	1170	금은붙이	金붙이·銀붙이
1171	금은화	金貨·銀貨	1172	금통	金融 通貨
1173	금통	金融 通貨 運營 委員會	1174	금통위	金融 通貨 運營 委員會
1175	금통위원	金融 通貨 運營 委員	1176	금환	錦衣還鄉
1177	급원	供給源	1178	급행	急行列車
1179	긔	그이	1180	기갑학교	陸軍 機甲 學校
1181	기계공단	機械 工業 團地	1182	기계과	機械 工學科
1183	기계기	機械 織機	1184	기고	技術 高等學校
1185	기공	機械 工業	1186	기공	機械 工業 高等學校
1187	기관차협	全國 機關車 協議會	1188	기관협	機關長 協議會
1189	기꺼하다	기꺼워하다	1190	기년	耆年服
1191	기농	韓國 基督敎 農民會	1192	기다	기이다
1193	기다맗다	기다마하다	1194	기닿다	기다랗다
1195	기닿다	기다마하다	1196	기대	騎兵隊
1197	기도문	主祈禱文	1198	기동	起居動作
1199	기동대	警察 機動隊	1200	기동대	機動 部隊
1201	기뢰	機械 水雷	1202	기륜실	基督敎 倫理 實踐 運動
1203	기름채	기름챗날	1204	기마대	騎馬警察隊
1205	기말	學期末	1206	기모	基本 矛盾
1207	기무사	國軍 機務 司令部	1208	기무처	國軍機務處
1209	기물	妓生退物	1210	기민	基督敎 民主黨

no	축소어형	본어형	no	축소어형	본어형
1211	기민당	基督敎 民主黨	1212	기변	機器 變更
1213	기복	舃年服	1214	기사연	韓國 基督敎 社會 問題 硏究所
1215	기생	寄宿舍生	1216	기선	發動機船
1217	기속	對氣 速度	1218	기송관	空氣 輸送管
1219	기술신보	技術 信用 保證 基金	1220	기술연구원	韓國 情報 管理 技術 硏究院
1221	기술진흥금융	韓國 技術 振興 金融	1222	기슭	기스락
1223	기아	기아 産業	1224	기업연	企業 附設 硏究所
1225	기연	技術 硏究所	1226	기연	韓國 機器 乳化 試驗 硏究院
1227	기연미연하다	其然가未然가하다	1228	기예능자	技能者·藝能者
1229	기예처	企劃 豫算處	1230	기왓골	기왓고랑
1231	기은	企業 銀行	1232	기은	中小 企業 銀行
1233	기장	紀念章	1234	기정원	産業 技術 情報院
1235	기제	忌祭祀	1236	기조실	企劃 調整室
1237	기종점	起點·終點	1238	기지협	韓國 基督敎 指導者 協議會
1239	기초단체	基礎 地方 自治 團體	1240	기초의원	基礎 議會 議員
1241	기총	機關銃	1242	기통장	汽車 通學 班長
1243	기편	欺人騙財	1244	기하	記下生
1245	기하	幾何學	1246	기협	中小企業 協同組合
1247	기협	中小企業 協同組合 中央會	1248	기협	韓國 記者 協會
1249	기협중앙회	中小企業 協同組合 中央會	1250	기획원	經濟 企劃院
1251	기획위	企劃 委員會	1252	긴가민가하다	其然가未然가하다
1253	긴간	緊幹事	1254	긴살	볼기긴살
1255	길굴	佶屈牙	1256	길목	길목버선
1257	길상천	吉祥天女	1258	김모스탈린	金日成·毛澤東·Stalin
1259	김볶	김치 볶음밥	1260	김일성대	金日成 綜合 大學
1261	김치우드	김치 Hollywood	1262	깁스	Gips繃帶
1263	깃	부싯깃	1264	깃	옷깃
1265	까마득하다	까마아득하다	1266	까물치다	까무러치다
1267	까불다	까부르다	1268	까짓	그까짓
1269	까짓	이까짓	1270	까짓	저까짓
1271	깜부기	깜부기숯	1272	깜작이	눈깜작이
1273	깜짝야	깜짝이야	1274	깜짝이	눈깜짝이
1275	깜찌기	깜찌기실	1276	깡	깡다구
1277	깡	깡桶	1278	깨끼	깨끼옷
1279	깨나다	깨어나다	1280	깨다	깨우다

no	축소어형	본어형	no	축소어형	본어형
1281	깨뜰다	깨뜨리다	1282	깨지다	깨어지다
1283	꺼둘다	꺼두르다	1284	껏다리	키껏다리
1285	껴들다	끼어들다	1286	꼬다	비꼬다
1287	꼬마	꼬마둥이	1288	꼬부슴하다	꼬부스름하다
1289	꼬치	꼬챙이	1290	꼬치	꼬치안주
1291	꼬투리	담배꼬투리	1292	꼭지숟갈	꼭지숟가락
1293	꽂다	뒤꽂다	1294	꽃봉	꽃봉오리
1295	꽃쌈	꽃싸움	1296	꽃자리	꽃돗자리
1297	패기	새패기	1298	피다	꼬이다
1299	꾐등불	벌레꾐燈불	1300	꾸부슴하다	꾸부스름하다
1301	꾼	낚시꾼	1302	꿇앉다	꿇어앉다
1303	꿍꿍이	꿍꿍이셈	1304	뀌다	꾸이다
1305	끄트럭	끄트러기	1306	끌다	이끌다
1307	끔적이	눈끔적이	1308	끔쩍이	눈끔쩍이
1309	끼다	끼우다	1310	끼다	끼이다
1311	낀각	끼인角	1312	낄끼리	끼리끼리
1313	나	螺角	1314	나	나이
1315	나가다	나아가다	1316	나계	螺旋 階段
1317	나노테크	nano technology	1318	나노팹	nano fabrication
1319	나눠주다	나누어주다	1320	나뉘다	나누이다
1321	나대접	나이접접	1322	나돌다	나돌아다니다
1323	나동그라지다	나가동그라지다	1324	나둥그러지다	나가둥그러지다
1325	나들다	드나들다	1326	나떡	나이떡
1327	나라연	나라 政策 硏究會	1328	나무	땔나무
1329	나방	나방이	1330	나방	나홀로 떴다房
1331	나배기	나이배기	1332	나사	螺絲못
1333	나사본	나라 사랑 實踐 運動 本部	1334	나상	裸體像
1335	나이키	나 이쁘면 kiss해 줘	1336	나이키	나에게 이쁘게 kiss해 줘
1337	나이트	nightclub	1338	나자빠지다	나가자빠지다
1339	나치	Nazis	1340	나치	nazist
1341	나치스	nazist	1342	나타족	"나, 타도 돼?"族
1343	나한	阿羅漢	1344	나협	大韓 癩 管理 協會
1345	나흗날	初나흗날	1346	나흘	나흗날
1347	낙바생	酪駝가 바늘구멍 通過하듯 就業에 成功한 學生	1348	낙선전	落選 畵家들의 展示會

no	축소어형	본어형	no	축소어형	본어형
1349	낙타	駱駝地	1350	낚거루	낚싯거루
1351	낚대	낚싯대	1352	낚배	낚싯배
1353	낚시	낚시질	1354	난	亂離
1355	난거지	난거지든富者	1356	난든벌	난벌·든벌
1357	난문	難問題	1358	난부자	난富者든거지
1359	난쏘공	난장이가 쏘아올린 작은 공	1360	난의	爛商討議
1361	난장	亂場판	1362	날	날씨
1363	날	날짜	1364	날라리	찌날라리
1365	날새	날사이	1366	날수	날星數
1367	날치	날치꾼	1368	날품팔이	날품팔이꾼
1369	남	男爵	1370	남	南쪽
1371	남	南韓	1372	남고	男子 高等學校
1373	남고부	男子 高等學生部	1374	남구	南歐羅巴
1375	남국	男子 國民學生	1376	남국부	男子 國民學生部
1377	남단	男子 單式 競技	1378	남단식	男子 單式 競技
1379	남단체	男子 團體 競技	1380	남대부	男子 大學生部
1381	남대협	光州 全南 地域 大學生 代表者 協議會	1382	남로당	南朝鮮 勞動黨
1383	남만	南滿洲	1384	남방	南方shirt
1385	남복	男子 複式 競技	1386	남복식	男子 複式 競技
1387	남북	南韓·北韓	1388	남북경추위	南北 經濟 協力 推進 委員會
1389	남북경협위	南北 經濟 協力 推進 委員會	1390	남북적	南北 赤十字
1391	남북조선	南朝鮮·北朝鮮	1392	남북평통	南北 平和 統一 研究所
1393	남북한	南韓·北韓	1394	남색	藍色짜리
1395	남성	天南星	1396	남세	남우세
1397	남세스럽다	남우세스럽다	1398	남실업	男子 實業 팀
1399	남아	南阿弗利加	1400	남아공	南阿弗利加 共和國
1401	남아연방	南阿弗利加 聯邦	1402	남우	男俳優
1403	남중부	男子 中學生部	1404	남지	南支那
1405	남총련	光州 全南 地域 總學生會 聯合	1406	남친	男子 親舊
1407	납	땜납	1408	납대대하다	나부대대하다
1409	납액	納稅額	1410	납월북	拉北·越北
1411	납팔	臘月 八日	1412	낫낫하다	나긋나긋하다
1413	낫살	나잇살	1414	낮보다	낮추보다
1415	내	나의	1416	내감	內部 感覺

no	축소어형	본어형	no	축소어형	본어형
1417	내감각	內部 感覺	1418	내공	內供木
1419	내과	內科 病院	1420	내다뵈다	내다보이다
1421	내디내만식	내가 design해서 내가 直接 만드는 方式	1422	내딛다	내디디다
1423	내려딛다	내려디디다	1424	내로라	나이로라
1425	내륙빙	內陸 氷河	1426	내리쬐다	내리쪼이다
1427	내무	內務部	1428	내무	內務部 長官
1429	내무	內務行政	1430	내부거래	民族 內部 去來
1431	내부경제	內部 不經濟	1432	내붙치다	내부딪치다
1433	내상	東萊商人	1434	내신	內申 成績
1435	내야	內野手	1436	내외과	內科·外科
1437	내외과의	內科醫師·外科醫師	1438	내외국	內國·外國
1439	내외국인	內國人·外國人	1440	내외순환로	內部 循環路·外部 循環路
1441	내외신	內信·外信	1442	내외연	內外 問題 研究所
1443	내외연	內外 問題 研究會	1444	내외전	內典·外典
1445	내외종	內從·外從	1446	내유	內胚乳
1447	내장	內部 修粧	1448	내장	內障眼
1449	내종	內從 四寸	1450	내채	內國 公債
1451	내치락들치락	내치락들이치락	1452	낼	내일
1453	낼모레	내일모레	1454	냉난방	冷房·暖房
1455	냉난방기	冷房機·暖房機	1456	냉연	冷間 壓延
1457	냉온수기	冷水機·溫水機	1458	냉온탕	冷湯·溫湯
1459	넌덜	넌더리	1460	넌짓	넌지시
1461	널	널빤지	1462	넘에	너머에
1463	네	너의	1464	네	너희
1465	네멋	네 멋대로 해라	1466	네미	네 어미
1467	네온	neon sign	1468	네카시즘	netizen McCarthyism
1469	네티즌	network citizen	1470	네티켓	network étiquette
1471	네파라치	netizen paparazzi	1472	넥	necktie
1473	넨장	넨장맞을	1474	넨장	넨장칠
1475	넷	network	1476	넷맹	net 文盲
1477	넷심	network 心	1478	넷키즈	network 어린이
1479	넷파이	network spy	1480	넷포터	netizen reporter
1481	노	勤勞者	1482	노	勞動者
1483	노	노상	1484	노	露西亞

no	축소어형	본어형	no	축소어형	본어형
1485	노	露西亞語	1486	노	盧武鉉
1487	노개위	勞使 關係 改革 委員會	1488	노개추	勞使 關係 改革 推進 委員會
1489	노건련	勞動 健康 連帶	1490	노경	勤勞者·經營者
1491	노경	勞動者와 經營者	1492	노경총	勞總·經塚
1493	노구	노구솥	1494	노노	勤勞者·勤勞者
1495	노노	勞動者와 勞動者	1496	노농	勤勞者·農民
1497	노농학	勤勞者·農民·學生	1498	노늬다	노느이다
1499	노동	勞動部	1500	노동	勞動部 長官
1501	노동	勞動 環境 委員長	1502	노동교육협	韓國 勞動 敎育 機關 協議會
1503	노련	勞動者 聯盟	1504	노련	勞動組合聯盟
1505	노련	勞動組合 聯合會	1506	노련	勞動組合 總聯合
1507	노련투	勞動者 連帶 鬪爭 委員會	1508	노른자	노른자위
1509	노망태	노網태기	1510	노모	no mosaic
1511	노문모	盧武鉉을 支持하는 文化 藝術人 모임	1512	노민추	勞組 民主化 推進 委員會
1513	노변모	盧武鉉을 사랑하는 辯護士 모임	1514	노빠	盧武鉉 오빠
1515	노빠당	盧武鉉 오빠 當	1516	노사	勤勞者·使用者
1517	노사공	勤勞者·使用者·公務員	1518	노사모	盧武鉉을 사랑하는 사람들의 모임
1519	노사정	勤勞者·使用者·政府	1520	노사정위	勞使政 委員會
1521	노소장층	老壯層·少壯層	1522	노스텔지어	north nostalgia
1523	노어	露西亞語	1524	노연	韓國 勞動 硏究員
1525	노염	노여움	1526	노예팅	奴隷 meeting
1527	노오리	노오라기	1528	노운협	全國 勞動 運動 團體 協議會
1529	노인성	南極老人星	1530	노임	勞動 賃金
1531	노자	老子 道德經	1532	노자근하다	노작지근하다
1533	노장	老年·壯年	1534	노장	老子·莊子
1535	노장	老長중	1536	노장청	老年·壯年·靑年
1537	노쟁	勞動爭議	1538	노정	勤勞者·政府
1539	노조	勞動組合	1540	노조련	勞動組合 (總)聯盟
1541	노조원	勞動組合員	1542	노조위장	勞動組合 委員長
1543	노조총연맹	韓國 勞動組合 總聯盟	1544	노조협	勞動組合 協議會
1545	노직	老人職	1546	노짱	盧武鉉 짱
1547	노착지근하다	노리착지근하다	1548	노찾사	노래를 찾는 사람들
1549	노총	韓國 勞動組合 總聯盟	1550	노총	韓國 勞動組合 總聯會

no	축소어형	본어형	no	축소어형	본어형
1551	노통	盧武鉉 大統領	1552	노투	勞使 鬪爭
1553	노트	notebook	1554	노트북	notebook 電算機
1555	노트북	notebook computer	1556	노티즌	老人 netizen
1557	노파라치	노래방 paparazzi	1558	노피아	盧武鉉 mafia
1559	노해투사	勞動者 解放 鬪爭 社會主義者	1560	녹	銅綠
1561	녹니	綠泥石	1562	녹다운	knockdown 輸出
1563	녹색연대	綠色 消費者 連帶	1564	녹원	綠野苑
1565	녹채	綠地彩	1566	녹취	錄音 採取
1567	논다	노느다	1568	논리	論理學
1569	논맹	論語・孟子	1570	논틀	논틀길
1571	놀	낫놀	1572	놀	노을
1573	놀람	놀라움	1574	놀음	놀음놀이
1575	놀음판	놀음놀이판	1576	놀이판	놀음놀이판
1577	놈현스럽다	盧武鉉스럽다	1578	놋	놋쇠
1579	놋숟갈	놋숟가락	1580	놋젓갈	놋젓가락
1581	농	農業	1582	농	農業 高等學校
1583	농	農業學校	1584	농	檻籠
1585	농가	農夫歌	1586	농기품품	農産物 加工品
1587	농경실	農村 經濟 發展 實踐을 爲한 市民의 모임	1588	농경연	韓國 農村 經濟 研究院
1589	농고	農業高等學校	1590	농공	農業・工業
1591	농공업	農業・工業	1592	농근맹	朝鮮 農業 勤勞者 同盟
1593	농기협	全國 農業 技術者 協會	1594	농대	農科大學
1595	농림	農林部	1596	농림	農林部 長官
1597	농림어업	農業・林業・漁業	1598	농림업	農業・林業
1599	농립	農笠帽	1600	농맹아	聾兒・盲兒
1601	농무	農樂舞	1602	농박	農學博士
1603	농반진반	弄談 半 眞談 半	1604	농발	農漁村 發展
1605	농발대	農漁村 發展 綜合 對策	1606	농발법	農漁村 發展法
1607	농발위	農漁村 發展 委員會	1608	농발특법	農漁村 發展 特別 措置法
1609	농산	農産物	1610	농산고	農業 生産高
1611	농산과	農業 生産課	1612	농산물유통협	農産物 流通 發展 協議會
1613	농상	農業・商業	1614	농상공부	農業部・商業部・工業部
1615	농석	農學 碩士	1616	농수림축산물	農産物・水産物・林産物・畜産物

no	축소어형	본어형	no	축소어형	본어형
1617	농수산	農林水産部	1618	농수산	農林水産部 長官
1619	농수산	農産·水産	1620	농수산물	農産物·畜産物
1621	농수산물공사	農水産物流通公社	1622	농수산업	農業·水産業
1623	농수산품	農産品·水産品	1624	농수축림협	農業 協同組合·水産業 協同組合·畜産業 協同組合·林業 協同組合
1625	농수축산물	農産物·水産物·畜産物	1626	농수축협	農業 協同組合·水産業 協同組合·畜産業 協同組合
1627	농안	農業 安定	1628	농안	農業 安定 基金
1629	농안법	農水産物 流通 및 價格 安定에 關한 法律	1630	농어가	農家·漁家
1631	농어민	農民·漁民	1632	농어촌	農村·漁村
1633	농어촌세	農漁村 發展 目的稅	1634	농업지키기본부	우리 農業 지키기 汎國民 運動 本部
1635	농업지키기운동본부	우리 農業 지키기 汎國民運動 本部	1636	농업특위	農業 協商 特別 委員會
1637	농업학교	農業 高等學校	1638	농의약품	農藥品·醫藥品
1639	농의회	農村 出身 議員會	1640	농자	農業 資本
1641	농작	內農作	1642	농정	農業 行政
1643	농조	弄談調	1644	농조	籠中鳥
1645	농조련	農地 改良 組合 聯合會	1646	농지법안	農地法 制定案
1647	농지임대차법	農地 賃貸借 管理法	1648	농지조합	農地 改良 組合 聯合會
1649	농진	農業 振興	1650	농진공	農漁村 振興 公社
1651	농진청	農村 振興廳	1652	농철	農事철
1653	농촌경제연	韓國 農村 經濟 研究院	1654	농축산	農産·畜産
1655	농축수산물	農産物·畜産物·水産物	1656	농특	農漁村 發展 特別稅
1657	농특세	農漁村 發展 特別稅	1658	농특위	農漁村 特別 對策 委員會
1659	농파라치	農地 paparazzi	1660	농협	農業 協同組合
1661	농협	農業 協同組合 中央會	1662	농협회	農業 協同組合 中央會
1663	농활	農漁村 地域 奉仕 活動	1664	농활대	農村 奉仕 活動帶
1665	뇌개	腦頭蓋骨	1666	뇌개골	腦頭蓋骨
1667	뇌다	놓이다	1668	뇌두개	腦頭蓋骨
1669	뇌명	雷聲大名	1670	누	刻漏
1671	누	樓閣	1672	누	漏水
1673	누가	누구가	1674	누르미	華陽누르미

no	축소어형	본어형	no	축소어형	본어형
1675	누브라	nude brassiere	1676	누차	累積 誤差
1677	누하다	陋醜하다	1678	눈단	누운단
1679	눈매	눈맵시	1680	눈목	누운木
1681	눈변	누운변	1682	눈석이	눈석임물
1683	눈쌈	눈싸움(雪-)	1684	눈쌈	눈싸움(眼-)
1685	눈외	누운根	1686	눌	누구를
1687	눌외	누울根	1688	눼	누에
1689	뉘	누구	1690	뉘	누이
1691	뉘다	누이다	1692	뉘동생	누이동생
1693	뉘웇다	뉘우치다	1694	뉘지근하다	뉘척지근하다
1695	뉨	누임	1696	뉴욕필	New York Philhamonic Symphony society
1697	늑하다	느긋하다	1698	늙마	늘그막
1699	능꾼	能手꾼	1700	능률협	韓國 能率 協會
1701	능변	能辯家	1702	늦마	늦장마
1703	늪지	늪지대	1704	니	너의
1705	니콜	Nicol prism	1706	니혼뽀해	니 혼자 뽀뽀해라
1707	다	音聲 多重	1708	다각농	多角農業
1709	다국적의약협	韓國 多國籍 醫藥 産業 協會	1710	다긋다	다그치다
1711	다년	多年間	1712	다년초	多年生 草本
1713	다다	dadaisme(프)	1714	다듬이	다듬이질
1715	다듬질	다듬이질	1716	다림질	다리미질
1717	다림판	다리미板	1718	다면적	多方面的
1719	다미씌우다	안다미씌우다	1720	다반	恒茶飯
1721	다반사	恒茶飯事	1722	다보	多寶如來
1723	다복이	다보록이	1724	다세대	多世帶 住宅
1725	다이아	diagram	1726	다이아	diamond
1727	다이어	diagram	1728	다이어	diamond
1729	다자기금	多者的 基金	1730	다좇다	다조지다
1731	다좇다	다좇치다	1732	다지점제어장치	多地點 畵像 會議 制御 裝置
1733	다큐	documentary	1734	다큐물	documentary 製作物
1735	다탄두미사일	多彈頭 各個 誘導 missile	1736	닥	닥나무
1737	닦다	훌닦다	1738	닦이다	훌닦이다
1739	단	短篇 小說	1740	단	緋緞
1741	단	옷단	1742	단각	象角果

no	축소어형	본어형	no	축소어형	본어형
1743	단골	단골巫堂	1744	단골	단골집
1745	단관	團體 觀覽	1746	단권	單卷册
1747	단궤	單線軌道	1748	단기	檀君紀元
1749	단기	單記 投票	1750	단기	單一機械
1751	단대	單科 大學	1752	단대	檀國 大學校
1753	단대	短期 大學	1754	단명	單純 名詞
1755	단목	單대목	1756	단발	單發銃
1757	단방	單方文	1758	단방	單方藥
1759	단복식	單式·複式	1760	단본위	單本位制
1761	단사	單舍利別	1762	단산	産業別 單一 勞動組合
1763	단상	單相 交流	1764	단선	單獨 選擧
1765	단선	單線軌道	1766	단성설	Kristos(基督) 單性說
1767	단수주	端數 株式	1768	단승	單勝式
1769	단시	短時占	1770	단시	短時間
1771	단시조	單形 時調	1772	단식	單勝式
1773	단식	單式 印刷	1774	단식	單式競技
1775	단식	單式簿記	1776	단아	單乳蛾
1777	단연	端溪硯	1778	단오부	端午籍
1779	단위조합	單位 勞動組合	1780	단일노동조합	産業別 單一 勞動組合
1781	단전	三丹田	1782	단전	下丹田
1783	단정	單獨 政府	1784	단정	丹頂鶴
1785	단족국	單一 民族 國家	1786	단주	端數 株式
1787	단주권	端數 株券	1788	단철	單線鐵道
1789	단추	누름단추	1790	단편	短篇小說
1791	단표	簞食瓢飮	1792	단풍	丹楓나무
1793	단현운동	單一 弦運動	1794	단협	團體 協商
1795	달갑잖은	달갑지 않은	1796	달음질	달음박질
1797	달제	獺祭魚	1798	닭쌈	닭싸움
1799	담	다음	1800	담	膽力
1801	담	痰病	1802	담관	輸膽管
1803	담날	다음날	1804	담담	다음다음
1805	담박질	달음박질	1806	담배인삼공사	韓國 담배 人蔘 公社
1807	담배자판기	韓國 담배 自販機 株式會社	1808	담뿍	담뿍이
1809	담장이	土담장이	1810	담쟁이	담쟁이덩굴
1811	담파라치	담배 parazzi	1812	담회	談話會

no	축소어형	본어형	no	축소어형	본어형
1813	닷	다섯	1814	닷새	닷샛날
1815	닷새	初닷새	1816	닷새	初닷샛날
1817	닷샛날	初닷샛날	1818	당	堂집
1819	당	糖類	1820	당	網巾당
1821	당게낭인	黨 揭示板에 批判하는 글을 많이 남기는 사람	1822	당굿	都堂굿
1823	당나발	당신과 나라의 발전을 위하여	1824	당로	當路者
1825	당수	當座手票	1826	당일거래	當日 決濟 去來
1827	당전원회의	黨 中央委員會 全員會議	1828	당전원회의	黨 中央委 全員會議
1829	당정	(執權)黨·政府	1830	당정군	政黨·政府·軍
1831	당좌	當座預金	1832	당줄	網巾당줄
1833	당직	黨職者	1834	당찮다	當치 않다
1835	당초	唐草文/唐草紋	1836	당최	當初에
1837	당한	當月限	1838	당화소	澱粉糖化素
1839	닷다	다지다	1840	대	낚시帶
1841	대	臺灣	1842	대	代身
1843	대	隊伍	1844	대	垈地
1845	대	代表	1846	대	代表 電話
1847	대	大學	1848	대	大學校
1849	대	자막대기	1850	대검	大檢察廳
1851	대결	大法院 判決	1852	대경원	對外 經濟 政策 研究院
1853	대경총련	大邱 慶北 總學生會 聯合	1854	대공련	大韓民國 公務員 勞動組合 總聯盟
1855	대교심	大韓 敎育 審議會	1856	대교협	韓國 大學 敎育 協議會
1857	대구탕	大邱湯飯	1858	대금교환	代金 交換 郵便
1859	대기련	全國 大學生 新聞 記者 聯合會	1860	대꾸	말대꾸
1861	대낚	대낚시	1862	대대	大代表 電話
1863	대대표	大代表 電話	1864	대덕단지	大德 研究 團地
1865	대로협	大邱 勞動者 協議會	1866	대로협	大宇 group 勞動組合 協議會
1867	대론	大智度論	1868	대륙간유도탄	大陸 間 彈道 誘導彈
1869	대림	待臨節	1870	대마루	대마루판
1871	대명	待機 命令	1872	대모	玳瑁甲
1873	대문련	서울 地域 大學生 文化 藝術 運動 聯合	1874	대반야	大般若經
1875	대번	대번에	1876	대법	大法院

no	축소어형	본어형	no	축소어형	본어형
1877	대법판	大法院 判決	1878	대보름	大보름날
1879	대보탕	十全大補湯	1880	대불련	韓國 大學生 佛敎 聯合會
1881	대불청	大韓 佛敎 靑年會	1882	대사	新陳代謝
1883	대생	大韓 生命 保險	1884	대선	大統領 選擧
1885	대선법	大統領 選擧法	1886	대세지	大勢至菩薩
1887	대소렴	大殮·小殮	1888	대송	大韓 送油管 公社
1889	대수	大樹將軍	1890	대수능	大學 修學 能力 試驗
1891	대식	大食家	1892	대식	日帶蝕·月帶蝕
1893	대엿	대여섯	1894	대우자판	大宇 自動車 販賣
1895	대울	대울타리	1896	대월	當座貸越
1897	대위	對策 委員會	1898	대인	大人君子
1899	대입	大學 入學	1900	대입검정	大學 入學 資格 檢定考試
1901	대입시	大學 入學試驗	1902	대입제	大學 入學 制度
1903	대자	代赭石	1904	대장	대장장이
1905	대재	大學 在學	1906	대점	貸店鋪
1907	대정	大正字	1908	대졸	大學校 卒業
1909	대졸자	大學 卒業者	1910	대중견기업	大企業·中堅企業
1911	대중음악연	韓國 大衆音樂 硏究院	1912	대중탕	大衆沐浴湯
1913	대집경	大方等大集經	1914	대차	大車輪
1915	대처	帶妻僧	1916	대천계	大千世界
1917	대천지원수	不共戴天之怨讐	1918	대청	大同 靑年團
1919	대체계좌	對替 預金 計座	1920	대추포	대추片脯
1921	대출	代理 出席	1922	대칭형	對稱 圖形
1923	대투	大韓 投資 信託	1924	대파라치	大選 paparazzi
1925	대판	大판거리	1926	대판	大法院 判決
1927	대포	대폿술	1928	대포	大學 抛棄 學生
1929	대학	大學校	1930	대학법인협의회	韓國 大學 法人 協議會
1931	대학씨름연맹	韓國 大學 씨름 聯盟	1932	대학출판협	韓國 大學 出版 協會
1933	대학평가제	大學 綜合 評價 認定制	1934	대한	大韓民國
1935	대한	大韓 帝國	1936	대한결협	大韓 結核 協會
1937	대한노총	大韓 獨立 促成 勞動 總聯盟	1938	대한변협	大韓 辯護士 協會
1939	대한상의	大韓 商工 會議所	1940	대한출협	大韓 出版 文化 協會
1941	대협	地域 大學生 代表者 協議會	1942	대형	大型 乘用車
1943	대화의광장	靑少年 對話의 廣場	1944	대회신	大會 新記錄
1945	대훈	大勳勞	1946	댄커스	dance circus

no	축소어형	본어형	no	축소어형	본어형
1947	댑쌀비	댑싸리비	1948	더구나	더군다나
1949	더더나나	더더군다나	1950	더듬이	말더듬이
1951	더듬질	더듬이질	1952	더럼	더러움
1953	더레다	더럽히다	1954	더북이	더부룩이
1955	더블엘족	Double　L(=Leports+Luxury)族	1956	덕	더기
1957	덕대	굿덕대	1958	덕대	德成 女子 大學校
1959	덕육	道德 敎育	1960	덜걱	덜거덕
1961	덜미	뒷덜미	1962	덧붙이	덧붙이기
1963	덮씌우다	덮어씌우다	1964	데다	데우다
1965	데배	Davis盃	1966	데이터	data processing system
1967	데이트팅	date meeting	1968	데콜테	robe decollete(프)
1969	델	Dell Computer Corporation	1970	도가니	무릎도가니
1971	도감청	盜聽·監聽	1972	도개공	都市 開發 公社
1973	도경	道 警察廳	1974	도공	韓國 道路 公社
1975	도교법	道路 交通法	1976	도농	都市·農村
1977	도덕경	老子道德經	1978	도두뵈다	도두보이다
1979	도둑괭이	도둑고양이	1980	도랑하다	跳浪放恣하다
1981	도랒	도라지	1982	도래	낚시도래
1983	도략	六韜三略	1984	도람직하다	도리암직하다
1985	도로공사	韓國 道路 公社	1986	도료협	塗料 工業 協會
1987	도리	忉利天	1988	도리깨	쇠도리깨
1989	도매인협	指定 都賣人 協會	1990	도법	作圖法
1991	도산기념사업회	島山 安昌浩 先生 紀念 事業會	1992	도산매상	都賣商·散賣商
1993	도산선생기념회	島山 安昌浩 先生 紀念 事業會	1994	도산아카데미	島山 Academy 硏究院
1995	도소매	都賣·小賣	1996	도솔	兜率天
1997	도시개발공	都市 開發 公社	1998	도시계획위	都市 計劃 審議 委員會
1999	도시계획학회	大韓 國土 都市 計劃 學會	2000	도시연대	걷고 싶은 都市 만들기 市民 連帶
2001	도예	陶瓷器 工藝	2002	도예품	陶瓷器 工藝品
2003	도원	武陵桃源	2004	도은	都市 銀行
2005	도의	道議會	2006	도자위	圖書館 自治 委員會
2007	도장	屠獸場	2008	도장	屠畜場
2009	도정법	都市 및 住居 環境 整備法	2010	도제	塗擦制
2011	도투락	도투락댕기	2012	도회	都會地

no	축소어형	본어형	no	축소어형	본어형
2013	독	毒氣	2014	독	毒藥
2015	독	獨逸	2016	독	獨逸語
2017	독	人間dock	2018	독	主犢
2019	독	害毒	2020	독감	獨居 監房
2021	독그릇	도깨그릇	2022	독금법	獨占禁止法
2023	독다방	독수리 茶房	2024	독담	獨擔當
2025	독당	獨擔當	2026	독립국련	獨立 國家 聯合
2027	독문과	獨語 獨文學科	2028	독방	獨居 監房
2029	독어	獨逸語	2030	독재	獨裁 政治
2031	독청	獨立 促成 中央 靑年會	2032	독촉	獨立 促成 國民會
2033	독풀이	毒煞풀이	2034	독한	獨逸·韓國
2035	독한	獨逸語·韓國語	2036	돈	頓首
2037	돈돌라리	돈돌라리춤	2038	돈변	돈邊利
2039	돋다	돋우다	2040	돋들리다	도두들리다
2041	돋보기	돋보기眼鏡	2042	돋보다	도두보다
2043	돋보이다	도두보이다	2044	돋뵈다	도두보이다
2045	돌	lighter 돌	2046	돌	바둑돌
2047	돌라치다	돌라방치다	2048	돌솥	돌솥비빔밥
2049	돌쌈	돌싸움	2050	돌쌈질	돌싸움질
2051	돌앉다	돌아앉다	2052	돌질	돌멩이질
2053	돌창	도랑창	2054	돔	도미
2055	동	銅medal	2056	동	洞事務所
2057	동계체전	全國 冬季 體育 祭典	2058	동구	東歐羅巴
2059	동구래	동구래저고리	2060	동극	兒童劇
2061	동기	同期生	2062	동남아	東南亞細亞
2063	동냥치	동냥아치	2064	동대	東國 大學校
2065	동동	동실동실	2066	동량	棟梁之材
2067	동레이	東洋 rayon	2068	동련	동아리 聯合會
2069	동류회	東Europe 留學生會	2070	동류회	東Europe 留學生 모임
2071	동면사무소	洞事務所·面事務所	2072	동문	同文電報
2073	동물구	動物地理區	2074	동발	동바리
2075	동방	洞房華燭	2076	동방	동아리房
2077	동복협	동아리 復學生 協議會	2078	동북아	東北亞世亞
2079	동사모	童僧을 사랑하는 사람들의 모임	2080	동삼	童子參

no	축소어형	본어형	no	축소어형	본어형
2081	동생	同居 生活	2082	동서남문	東門·西門·南門
2083	동서남해	東海·西海·南海	2084	동서독	東獨·西獨
2085	동서양	東洋·西洋	2086	동서연	東西 問題 研究院
2087	동서해	東海·西海	2088	동선	冬扇夏爐
2089	동식물	動物·植物	2090	동아	東亞細亞
2091	동아국	東亞細亞 國家	2092	동아태	東亞細亞·太平洋
2093	동아투위	東亞 自由 言論 守護 鬪爭 委員會	2094	동양신	東洋 新記錄
2095	동인도	東印度 諸島	2096	동인전	同人 展覽會
2097	동자	눈동자	2098	동자	動力資源
2099	동자	動力資源部	2100	동자	動力資源部 長官
2101	동자부	動力資源部	2102	동자연	韓國 動力資源 研究所
2103	동자치	동자아치	2104	동중서코스	東course·中course·西course
2105	동지섣달	동짓달·섣달	2106	동척	東洋 拓植 株式會社
2107	동철	東洋 哲學	2108	동태	凍明太
2109	동톱	동가리톱	2110	동퇴	冬季에 하는 名譽退職
2111	동투	冬季 鬪爭	2112	동화	同化 作用
2113	되럄직하다	도리암직하다	2114	되레	도리어
2115	되뺏다	되빼앗다	2116	된마	된마파람
2117	된새	된새바람	2118	두구리	藥두구리
2119	두길보기	두길마보기	2120	두렴	두려움
2121	두목	頭節木	2122	두벌대	두벌長臺
2123	두산중	斗山 重工業	2124	두절	頭切木
2125	두타	Doosan tower	2126	둔술	遁甲術
2127	둔테	門둔테	2128	둔패기	아둔패기
2129	둥구미	멱둥구미	2130	둥둥	둥실둥실
2131	둬	두어	2132	둬두다	두어두다
2133	둬서	두어서	2134	**둠**	두엄
2135	**둿**	두엇	2136	뒈쓰다	뒤어쓰다
2137	뒤	뒷밭	2138	뒤	網巾 뒤
2139	뒤까불다	뒤까부르다	2140	뒤꾸머리	발뒤꾸머리
2141	뒤꿈치	발뒤꿈치	2142	뒤다	뒤지다
2143	뒤두다	두어두다	2144	뒤바뀌다	뒤바꾸이다
2145	뒤보다	뒤보아주다	2146	뒤축	발뒤축

no	축소어형	본어형	no	축소어형	본어형
2147	뒷구정동	뒷 狎鷗亭洞	2148	드라이	drier
2149	드라이	drier 손질	2150	드라이	dry cleaning
2151	드라툰	drama cartoon	2152	드러쌔다	드러쌓이다
2153	드럼	drum桶	2154	드롭	drop curve
2155	드리다	드리우다	2156	드림	기드림
2157	득	得點	2158	든거지	든거지 난富者
2159	든부자	든富者 난거지	2160	들까불다	들까부르다
2161	들뛰다	들이뛰다	2162	들뜨리다	들이뜨리다
2163	들띄다	들뜨이다	2164	들부수다	들이부수다
2165	들붓다	들이붓다	2166	들썩하다	떠들썩하다
2167	들썰물	들물·썰물	2168	들쑤시다	들이쑤시다
2169	들앉다	들어앉다	2170	들여다뵈다	들여다보이다
2171	들오다	들어오다	2172	들이	들입다
2173	들치근하다	들척지근하다	2174	들판	들머리판
2175	듬뿍	듬뿍이	2176	등	藤나무
2177	등	鄧小平	2178	등걸문	등글월文
2179	등기	登記郵便	2180	등류	等流果
2181	등림	登山臨水	2182	등방위선	等方位角線
2183	등복선	等伏角線	2184	등솔	등솔기
2185	등용	登龍門	2186	등절	燃燈節
2187	등처가	妻를 등쳐먹는 家長	2188	등투	登錄金 凍結 鬪爭
2189	등하교	登校·下校	2190	등협	登錄金 協商
2191	디밀다	들이밀다	2192	디자이너협회	大韓 服飾 designer 協會
2193	디제이	Kim Dae-jung	2194	디제이	disk jockey
2195	디제피	Kim Dae-jung · Kim Jong-pil	2196	디지툰	digital cartoon
2197	디찍병	digital camera로 찍으려는 病	2198	디카	digital camera
2199	디카짱	digital camera 짱	2200	디캠	digital camcorder
2201	디콘법	digital contents 産業 發展法	2202	디파텔	digital apartel
2203	디포	産業 design 包裝 開發院	2204	디플레	deflation
2205	딕시	Dixieland jazz	2206	딘스족	dual income, no sex couples족
2207	딘트족	double income, no time족	2208	딛다	디디다
2209	딥다	들입다	2210	딩크족	double income, no kids족
2211	딩펫족	double income, no kids pet족	2212	따귀	빰따귀

no	축소어형	본어형	no	축소어형	본어형
2213	따따따블	double double double	2214	따로따로	따로따로따따로
2215	따사모	따뜻한 사람들의 모임	2216	딱따기	딱따기꾼
2217	딱딱이	딱딱이꾼	2218	딱부리	눈딱부리
2219	딱지	卷煙딱지	2220	딱지	놀이딱지
2221	딱지	빨간딱지	2222	딴가루받이	딴꽃가루받이
2223	딸녀	딸기를 든 女子	2224	딸애	딸 아이
2225	땅	땅ball	2226	땅팅	땅 meeting
2227	땅파라치	땅 paparazzi	2228	때다	때우다
2229	땜	때문	2230	땜	땜질
2231	땜에	때문에	2232	땜인두	납땜인두
2233	땡	땡땡구리	2234	땡추	땡추중
2235	떠둥그리다	떠둥그뜨리다	2236	떼놓다	떼어놓다
2237	떼먹다	떼어먹다	2238	떼버리다	떼어버리다
2239	똑또기	똑또기자반	2240	똥	먹똥
2241	뙤창	뙤窓門	2242	뚜	뚜쟁이
2243	뚝발이	절뚝발이	2244	뚝불	뚝배기 불고기
2245	뚝하다	뚝뚝하다	2246	뚱보	뚱뚱보
2247	뛰어들다	뛰어들어오다	2248	뜀질	뜀박질
2249	뜨개	뜨개질	2250	뜨개바늘	뜨개질바늘
2251	뜸하다	뜨음하다	2252	띄다	뜨이다
2253	띄다	띄우다	2254	라보때	라면 普通으로 때운다
2255	라볶이	라면 떡볶이	2256	랙	lac漆
2257	램프	rampway	2258	러	Russia
2259	러어	Russia語	2260	러연	Russia聯邦
2261	러프	rough paper	2262	럭비	Rugby football
2263	레더	leather clothes	2264	레이저	laser printer
2265	레캉스	leisure vacance	2266	레포츠	leisure 兼 sports
2267	레포츠교회	leisure sports 敎會	2268	레포츠족	leisure sports 族
2269	렉티비즘	lack activism	2270	렙업	level up
2271	로고	logotype	2272	로또	lotto 福券
2273	로또팰리스	lotto towerpalace	2274	로스트	roast beef
2275	로얄필	Royal Philharmonic 管絃樂團	2276	로케	location
2277	로크	rock′n′roll	2278	로티즌	lotto netizen
2279	록	rock′n′roll	2280	롤러연맹	大韓 roller 競技 聯盟

no	축소어형	본어형	no	축소어형	본어형
2281	롱디커플	long distance couple	2282	뢴트겐	Röntgen 寫眞
2283	뢴트겐	Röntgen線	2284	루	Romania
2285	룰리건	rule hooligen	2286	르포	reportage
2287	르포라이터	reportage writer	2288	리권	rhythm 跆拳
2289	리모컨	remote control	2290	리버럴	liberalist
2291	리플	reply	2292	리플레	reflation
2293	릴레이	relay 競技	2294	릴레이	relay 競走
2295	릴리스	cable release	2296	마	大麻
2297	마	魔鬼	2298	마고	麻姑할미
2299	마구	馬廄間	2300	마돈나	마시고 돈 내고 나가자
2301	마동남	마누라 同窓 男便 모임	2302	마등거사	마누라 등쳐 먹는 居士
2303	마루턱	마루터기	2304	마마	別星媽媽
2305	마	손님媽媽	2306	마	疫神媽媽
2307	마무리	마무리 投手	2308	마발꾼	馬바리꾼
2309	마빡	이마빡	2310	마사회	韓國 馬事會
2311	마상	마상이	2312	마셜공	Marshall 諸島 共和國
2313	마수	마수걸이	2314	마술	乘馬術
2315	마스컨키	master control key	2316	마이신	streptomycin
2317	마이컴	microcomputer	2318	마이크	microphone
2319	마제토시	馬蹄굽토시	2320	마주협회	서울 馬主 協會
2321	마지않다	마지아니하다	2322	마창	馬山·昌原
2323	마창노련	馬山·昌原 地域 勞動組合 總聯合會	2324	마케팅개발원	韓國 marketing 開發院
2325	마켓테인먼트	market entertainment	2326	막	마구
2327	막대	막대기	2328	막역간	莫逆之間
2329	만경	慢驚風	2330	만등	萬燈會
2331	만력	萬歲曆	2332	만만찮다	만만하지 아니하다
2333	만박	萬物博士	2334	만이	晩移秧
2335	만종	晩生種	2336	만철	南滿洲 鐵道
2337	만화	千變萬化	2338	말	마을
2339	말거리	말썽거리	2340	말굽	말굽추녀
2341	말꾼	마을꾼	2342	말꾼	말몰이꾼
2343	말랭이	무말랭이	2344	말련	Malaysia 聯邦
2345	말림	말림갓	2346	말몰이	말몰이꾼
2347	말밑	말밑천	2348	말잔	年末 殘額

no	축소어형	본어형	no	축소어형	본어형
2349	말잔	月末 平均 殘額	2350	말채	말채찍
2351	말하다	作末	2352	맘	마음
2353	맘가짐	마음가짐	2354	맘결	마음결
2355	맘껏	마음껏	2356	맘눈	마음눈
2357	맘대로	마음대로	2358	맘먹다	마음먹다
2359	맘보	마음보	2360	맘성	마음性
2361	맘속	마음속	2362	맘씨	마음씨
2363	맘자리	마음자리	2364	맛섹사	맛있는 sex 그리고 사랑
2365	맛캉스	맛 vacance	2366	망	名望
2367	망	薦望	2368	망구	할망구
2369	망울	꽃망울	2370	망울	눈망울
2371	망자집	逃亡字집	2372	망조	亡徵敗兆
2373	망타	一網打盡	2374	망태	網태기
2375	맞고	맞 gostop	2376	맞바래기	맞은바래기
2377	맞수	맞敵手	2378	맞다	마치다
2379	매	매끼	2380	매	매통
2381	매	매흙	2382	매	맷돌
2383	매경	每日 經齊 新聞	2384	매경	每日 經齊 新聞社
2385	매고	賣上高	2386	매관	賣官賣職
2387	매관	賣官爵	2388	매다	매기다
2389	매매가	賣買 價格	2390	매상	賣上高
2391	매수청구권	株式 買受 請求權	2392	매스컴	mass communication
2393	매스티지	mass prestige	2394	매스티지족	mass prestige 族
2395	매죄다	매조이다	2396	매직	magic permanent wave
2397	매직	magic ink	2398	맥	鑛脈
2399	맥	Macintosh	2400	맥	McDonald′s
2401	맥	脈絡	2402	맥	脈搏
2403	맥	잎脈	2404	맥	血脈
2405	맥가이버	脈빠지고 可望없고 異常하고 버릇없는 녀석	2406	맥고모	麥藁帽子
2407	맥고자	麥藁帽子	2408	맥월드	McDonald′s world
2409	맥잡	McDonald′s job	2410	맥질	매흙질
2411	맨션	mansion apartment	2412	맨재	매운재
2413	맨지니어	magic engineer	2414	맴	매암
2415	맴맴	매암매암	2416	맷중쇠	맷돌中쇠

no	축소어형	본어형	no	축소어형	본어형
2417	맹격	猛攻擊	2418	맹공	猛攻擊
2419	맹원	同盟員	2420	맹파	同盟罷業
2421	맹휴	同盟休業	2422	맹휴	同盟休學
2423	머	무어	2424	머	무엇
2425	머리	돈머리	2426	머리	머리털
2427	머리칼	머리카락	2428	머물다	머무르다
2429	머시	무엇이	2430	머위쌈	머윗잎쌈
2431	머피아	mother Mafia	2432	먹	먹물
2433	먹개위	먹거리 改革 委員會	2434	먹자계	먹고 마시자 契
2435	먹튀	먹고 튀는 (사람)	2436	먹튀족	먹고 튀는 族
2437	멀티즌	multimedia citizen	2438	멈	머슴
2439	멈살이	머슴살이	2440	멋하다	무엇하다
2441	멍	멍군	2442	멍족	멍하니 television을 보는 族
2443	메꽂다	메어꽂다	2444	메다	메우다
2445	메다	메이다	2446	메디케어	medical care
2447	메모	memorandum	2448	메박다	메어박다
2449	메붙이다	메어붙이다	2450	메조	mezzo-soprano
2451	메치다	메어치다	2452	멕	Mexico
2453	멜	mail	2454	멜로	melodrama
2455	멜로물	melodrama物	2456	며칠	며칟날
2457	멱	멱서리	2458	멱	미역
2459	멱국	미역국	2460	면	面事務所
2461	면도	面刀칼	2462	면방	綿紡績
2463	면백	免白頭	2464	면소	面事務所
2465	면장	免許狀	2466	면장	赦免狀
2467	면접	面接試驗	2468	면제	綿製品
2469	면직	綿織物	2470	명	무명
2471	명감	明心寶鑑	2472	명궁	名弓手
2473	명기	名演技	2474	명박	名譽博士
2475	명산	名産物	2476	명실	무명실
2477	명예박	名譽博士	2478	명우	名俳優
2479	명조	名祖上	2480	명퇴	名譽 退職
2481	명퇴	名譽 退陣	2482	명판	名判官
2483	모	毛澤東	2484	모관	毛細管
2485	모교연	母國語 敎育 硏究會	2486	모군	募軍꾼

no	축소어형	본어형	no	축소어형	본어형
2487	모다	모으다	2488	모당	모砂糖
2489	모델	fashion model	2490	모란	모란꽃
2491	모맹	mobile 盲	2492	모부자	母子와 父子
2493	모블로그	mobile blog	2494	모상	母親喪
2495	모세관	毛細 血管	2496	모스크바삼상회의	Moskva 三國 外相 會議
2497	모잉	mobile English	2498	모잉족	mobile English study族
2499	모자	갓帽子	2500	모주	母酒망태
2501	모즈룩	modern's look	2502	모직	毛織物
2503	모터트라이얼	motorcycle trial	2504	모텔	motor(ist) hotel
2505	모티즌	mobile netizen	2506	모티켓	mobile etiquette
2507	모함	潛水母艦	2508	모함	航空母艦
2509	모호면	Mohorovicic 不連續面	2510	목	木曜日
2511	목각	木刻畫	2512	목각	木刻 活字
2513	목간	沐浴間	2514	목농	牧畜 農業
2515	목단	牧丹皮	2516	목두	木頭개비
2517	목매기	목매기송아지	2518	목매다	목매달다
2519	목매지	목매아지	2520	목상	木材商
2521	목상	材木商	2522	목요	木曜日
2523	목이	木耳버섯	2524	목초	木醋酸
2525	몰래바이트	몰래 Arbeit	2526	몰렴하다	沒廉恥하다
2527	몰미하다	沒趣味하다	2528	몰아세다	몰아세우다
2529	몰카	몰래 camera	2530	몰카족	몰래 camera 族
2531	몰트	malt whisky	2532	몰팅	몰래 하는 chatting
2533	몰폰카	몰래 phone camera	2534	몸	몸엣것
2535	못서	못서까래	2536	못잖다	못하지 아니하다
2537	못지않다	못하지 아니하다	2538	몽	蒙古
2539	몽	蒙古語	2540	몽	몽니
2541	몽문	蒙古 文字	2542	몽어	蒙古語
2543	뫼	모이	2544	뫼다	모이다
2545	뫼통	모이桶	2546	묘답	墓位沓
2547	묘명	墓地銘	2548	묘전	墓位田
2549	무견정	無見頂相	2550	무공	大韓 貿易 振興 公社
2551	무기	無機物	2552	무기	無期限
2553	무기	無機 化學	2554	무기	無機 化合物
2555	무기명	無記名式	2556	무기탄	無所忌憚

no	축소어형	본어형	no	축소어형	본어형
2557	무대	無代償	2558	무대지원금	舞臺 公演 作品 制作 支援金
2559	무떡	무시루떡	2560	무뜯다	물어뜯다
2561	무력흡수통일	武力 統一・吸收 統一	2562	무롸가다	무르와가다
2563	무롸내다	무르와내다	2564	무배	無配當
2565	무변	無邊利	2566	무보채	無保證 社債
2567	무봉	武裝蜂起	2568	무산당	無產 政黨
2569	무석	武石人	2570	무섬	무서움
2571	무시	無常時	2572	무심	無心筆
2573	무어	무엇	2574	무임	無任所
2575	무자	無子息	2576	무장	목무장
2577	무전	無線 電信	2578	무전	無線 電話
2579	무직하다	무지근하다	2580	무차회	無遮 大會
2581	무축농	無畜 農家	2582	무춤하다	무르춤하다
2583	무탈	無斷離脫	2584	무혐	無嫌疑
2585	무협	韓國 貿易 協會	2586	묵	墨西哥
2587	묵밭	묵정밭	2588	문	文章
2589	문공	文化 公報	2590	문공	文化 公報部
2591	문공	文化 公報部 長官	2592	문공부	文化 公報部
2593	문공위원회	文敎 公報 委員會	2594	문공위원회	文化 公報 委員會
2595	문관부	文化 觀光部	2596	문광부	文化 觀光部
2597	문광위	國會 文化 觀光 委員會	2598	문교	文敎部
2599	문교	文敎部 長官	2600	문구	文房具
2601	문구	文房諸具	2602	문다	무느다
2603	문대	文科 大學	2604	문리과	文科・理科
2605	문리대	文理科 大學	2606	문리예	文科・理科・藝能科
2607	문맥	門閥派	2608	문민	文民政府
2609	문박	文學 博士	2610	문방	文房具
2611	문비	文學 批評	2612	문비	文學 批評社
2613	문사연	文化 社會 硏究所	2614	문생	門下生
2615	문석	文石人	2616	문석	文學 碩士
2617	문선특위	文化 宣傳 特別 委員會	2618	문예작가협회	韓國 文藝 作家 協會
2619	문예진흥원	韓國 文化 藝術 振興院	2620	문장	文理 大學 學生長
2621	문장	文章家	2622	문정과	文獻 情報學科
2623	문제	門弟子	2624	문지	文學과 知性
2625	문지	文學과 知性社	2626	문진원	文藝 振興院

no	축소어형	본어형	no	축소어형	본어형
2627	문진원	韓國 文藝 振興院	2628	문진원	韓國 文化 藝術 振興院
2629	문창과	文藝 創作科	2630	문청	文學靑年
2631	문체	文化 體育	2632	문체	文化 體育部
2633	문체	文化 體育部 長官	2634	문체부	文化 體育部
2635	문체위	國會 文化 體育 公報 委員會	2636	문총	全國文化團體總聯合會
2637	문하	門下生	2638	문혁	文化 大革命
2639	문협	韓國 文人 協會	2640	문화	文化 觀光部 長官
2641	문화	文化部	2642	문화	文化部 長官
2643	문화부	文化 觀光部	2644	문화연대	文化 改革 市民 連帶
2645	문화예술인협회	韓國 文化 藝術人 協會	2646	물	物象
2647	물가정보	韓國 物價 情報	2648	물가협회	韓國 物價 協會
2649	물골	물고랑	2650	물교	物物交換
2651	물냉	물冷麵	2652	물다	물쿠다
2653	물동	物資 動員	2654	물똥	물찌똥
2655	물료과	物理治療科	2656	물류	貨物 流通
2657	물리	物理學	2658	물림	물림間
2659	물매질	무릿매질	2660	물박	물바가지
2661	물싸움	물똥싸움	2662	물쌈	물싸움
2663	물앉다	물러앉다	2664	물증	物的 證據
2665	물총	물딱銃	2666	물커지다	물크러지다
2667	물팍	무르팍	2668	뭉수리	두루뭉수리
2669	뭉우리	뭉우리돌	2670	뭐	무어
2671	뭐	무엇	2672	뭐하다	무엇하다
2673	뭣	무엇	2674	뭣하다	무엇하다
2675	뮤비	music video	2676	뮤티즌	music netizen
2677	뮤페라	musical opera	2678	미	美國
2679	미	美洲	2680	미간	兩眉間
2681	미간지	未開墾地	2682	미개지	未開拓地
2683	미결	未決監	2684	미결	未決囚
2685	미계	米穀界	2686	미계수	微分 係數
2687	미고	美術 高等學校	2688	미그	MIG 戰鬪機
2689	미그기	MIG 戰鬪機	2690	미나공	미안해, 나 公主야
2691	미나대	미안해, 나 大統領이야	2692	미나명	미안해, 나 名譽退職 당했어
2693	미나왕	미안해, 나 王子야	2694	미늘	甲옷미늘
2695	미니	miniskirt	2696	미니텔	mini officetel

no	축소어형	본어형	no	축소어형	본어형
2697	미니홈피	mini homepage	2698	미대	美術大學
2699	미디어연대	二千二 年 大選 media 公正 選擧 國民 連帶	2700	미발추	未發令 敎師 完全 發令 推進 委員會
2701	미사	美國 會社	2702	미속	微速度
2703	미수	未收金	2704	미술기자협	韓國 新聞 美術 記者 協會
2705	미시	微示其意	2706	미완	未完成
2707	미육	美的 敎育	2708	미자	未成年者
2709	미적	微積分	2710	미전	美術 展覽會
2711	미제	未濟卦	2712	미지공	미쳤어, 지가 公主래
2713	미지왕	미쳤어, 지가 王子래	2714	미추위	meeting 推進 委員會
2715	미취	未成娶	2716	미협	韓國 美術 協會
2717	민	民間	2718	민가협	民主化 實踐 家族 運動 協議會
2719	민간협	南北 民間 交流 協議會	2720	민경	民間人·警察
2721	민경관	民間人·經濟人·官吏	2722	민관군	民間人·官吏·軍人
2723	민교투	民族 民主 敎育 爭取 鬪爭 委員會	2724	민교협	民主化 實踐을 爲한 全國敎授 協議會
2725	민국당	民主 國民黨	2726	민국련	民主化를 爲한 國民 運動 連結 機構
2727	민군	民間人·軍人	2728	민노협	民主 勞組 協議會
2729	민단	在日本 大韓民國 居留民團	2730	민련	民族 自主 聯盟
2731	민련	民主 聯合	2732	민련	五一八 民衆 抗爭 聯合
2733	민련추	民主 勞組 死守 聯合 推進 委員會	2734	민련추	民主 聯合 推進 委員會
2735	민련추	民衆의 政黨 結成을 爲한 民主 聯合 推進 委員會	2736	민로당	民主 勞動黨
2737	민로총	全國 民主 勞動組合 總聯盟	2738	민로협	民主 勞組 協議會
2739	민문추	民族 文化 推進會	2740	민미련	民族 民衆 美術 運動 全國 聯合
2741	민미협	民族 美術 協議會	2742	민민	民族 民主
2743	민민운	民族 民主 運動	2744	민민전	韓國 民族 民主 戰線
2745	민민투	反帝 反fascio 民族 民主化 鬪爭 委員會	2746	민방	民間 放送
2747	민방련	民間 放送 聯盟	2748	민방위	民防衛訓練
2749	민방협회	韓國 民營 放送 協會	2750	민변	民主 社會를 爲한 辯護士 모임
2751	민불련	民衆 佛敎 運動 聯合	2752	민비연	民族主義 比較 硏究會
2753	민사고	民族 史觀 高等學校	2754	민상법	民法·商法

no	축소어형	본어형	no	축소어형	본어형
2755	민소	民事 訴訟	2756	민소법	民事 訴訟法
2757	민속씨름협	大韓 民俗 씨름 協會	2758	민실위	全國 言論 勞組 民主 言論 實踐 委員會
2759	민애청	朝鮮 民主 愛國 靑年 同盟	2760	민언련	民主 言論 運動 市民 聯合
2761	민언협	民主 言論 運動 協議會	2762	민영	民營 住宅
2763	민예총	韓國 民族 藝術人 總聯合	2764	민우회	韓國 女性 民友會
2765	민의련	民衆 醫療 聯合	2766	민의원	民議院 議員
2767	민자	民間 資本	2768	민자	民族 資本
2769	민자	民主 自由黨	2770	민자통	民族 自主 平和 統一
2771	민재	民事 裁判	2772	민전	民間 電力 會社
2773	민전	民主主義 民族 戰線	2774	민정당	民主 正義黨
2775	민정련	民衆 政治 聯合	2776	민정민주공화계	民政系·民主系·共和系
2777	민정민주공화계	民主 正義黨系·民主黨系·民主 共和黨系	2778	민족통일중앙회	民族 統一 中央 協議會
2779	민족평화체전	統一 民族 平和 體育 祝典	2780	민족협	民族의 和解와 統一을 爲한 宗敎人 協議會
2781	민족회의	自由 民主 民族 會議	2782	민주	民主黨
2783	민주	民主主義	2784	민주	統一 民主黨
2785	민주노총	全國 民主 勞動組合 總聯盟	2786	민주당	統一 民主黨
2787	민주연합	새政治와 改革을 爲한 民主 聯合	2788	민주연합청년회	民主 聯合 靑年 同志會
2789	민주평통	民主 平和 統一 諮問 會議	2790	민증	住民 登錄證
2791	민진당	民主 進步黨	2792	민청	民主 運動 靑年 聯合
2793	민청	朝鮮 民主 靑年 同盟	2794	민청련	民主化 運動 靑年 聯合
2795	민청학련	全國 民主 靑年 學生 總聯盟	2796	민총	民法 總論
2797	민추협	民主化 推進 協議會	2798	민텔	民泊 hotel
2799	민토	민들레 領土	2800	민통	民主 統一
2801	민통	民主 統一 國民會議	2802	민통련	民主 統一 民衆 運動 聯合
2803	민통선	民間人 統制線	2804	민통선	民族 統一 戰線
2805	민통연	民族 統一 硏究院	2806	민통협	民族 統一 中央 協議會
2807	민통협	民主通信을 爲한 PC 通信 團體 協議會	2808	민투위	民主 勞動者 鬪爭 委員會
2809	민학	民主 學生 同盟	2810	민학련	民主化 鬪爭 學生 聯盟
2811	민학위	民衆의 黨 結成 學生 委員會	2812	민한당	民主 韓國黨
2813	민항	民間 航空	2814	민항기	民間 航空機

no	축소어형	본어형	no	축소어형	본어형
2815	민항사	民間 航空 會社	2816	민항협약	民間 航空 協商條約
2817	민협	民主 運動 協議會	2818	민협위	民主 勞組 協力 委員會
2819	민형사	民事·刑事	2820	민형사상	民事上·刑事上
2821	민형소법	民事 訴訟法·刑事 訴訟法	2822	민화위	民主 和合 推進 委員會
2823	민화협	民族 和解 協力 凡國民 協議會	2824	밀다	미루다
2825	밀리	millimetre	2826	밀리스포츠	military sports
2827	밀반죽	밀가루 반죽	2828	밀어	통밀어
2829	밀장	밀障지	2830	밈	米歆
2831	밎다	미치다	2832	밑	밑구멍
2833	밑	밑동	2834	밑	밑바닥
2835	밑	밑절미	2836	바	참바
2837	바겐	bargain-sale	2838	바기구	Warszawa 條約 機構
2839	바뀌다	바꾸이다	2840	바끄럼	바끄러움
2841	바둑	바둑돌	2842	바라	자바라
2843	바랑	중바랑	2844	바래주다	바래다주다
2845	바르게살기	바르게 살기 運動 中央 協議會	2846	바른감리교협	바른 監理教 運動 協議會
2847	바리	바리때	2848	바보	바다의 보배
2849	바보	바라보면 볼수록 보고 싶은 사람	2850	바생	바른 生活
2851	바숨	바르게 숨쉬기	2852	바심	풋바심
2853	바이어스	bias tape	2854	바조약	Warszawa 條約
2855	바지련	바른 地域 言論 連帶	2856	바캉스팅	vacance meeting
2857	바퀴	바퀴벌레	2858	바통모	바른 通信을 위한 모임
2859	바티칸	Vatican 宮殿	2860	바티칸	Vatican 市國
2861	박	바가지	2862	박	博覽會
2863	박	拍子	2864	박보장기	博譜將棋板
2865	박사모	映畵 '薄荷沙糖'을 사랑하는 사람들의 모임	2866	박스협	朴경림 scandal 推進 協議會
2867	박장기	바둑 將棋	2868	박탄주	박카스 爆彈酒
2869	반가좌	半跏趺坐	2870	반거충이	半거들충이
2871	반군	叛亂軍	2872	반노조법	反勞動組合法
2873	반디	반딧불이	2874	반라	半裸體
2875	반면통	半面 神經痛	2876	반민법	反民族 行爲者 處斷法
2877	반민특위	反民族 行爲者 處罰을 爲한 特別委員會	2878	반사광	反射光線

no	축소어형	본어형	no	축소어형	본어형
2879	반사선	反射光線	2880	반상	飯床器
2881	반송통신	搬送式 通信 方式	2882	반수	半睡半醒
2883	반시	半 時間	2884	반절	反切本文
2885	반제	反帝國主義	2886	반체파	反體制派
2887	반투위	飯饌 鬪爭 委員會	2888	반편	半偏이
2889	반푼	半푼쭝	2890	반하다	背叛하다
2891	발	跋文	2892	발	발쇠
2893	발명메달리스트회	國際 發明 medalist會	2894	발명특허협	韓國 發明 特許 協議會
2895	발뵈다	발보이다	2896	발음기	發音器官
2897	발음부	發音符號	2898	발질	발길질
2899	발틀	발裁縫틀	2900	발행일거래	發行日 決濟 去來
2901	밝은가정회	밝은 家庭 協議會	2902	밤늦	밤느정이
2903	밤새	밤사이	2904	밤샘	밤새움
2905	밤철도	Baikal Amur 鐵道	2906	밥숟갈	밥숟가락
2907	밥터디	밥 study	2908	밥터디족	밥 study 族
2909	밧다	바수다	2910	방	紡織 會社
2911	방가	반갑다	2912	방글라	Bangladesh
2913	방금	放送 禁止	2914	방기	紡績 機械
2915	방두	房玄齡·杜如晦	2916	방륜	放送 倫理 委員會
2917	방문	藥方文	2918	방문진	放送 文化 振興會
2919	방벌	放送 財閥	2920	방산	防衛 産業體
2921	방산	防衛 産業	2922	방산업체	防衛 産業體
2923	방산진흥회	韓國 防衛 産業 振興 會議	2924	방산품	防衛用 生産品
2925	방산회의	韓國 防衛 産業 振興 會議	2926	방송개발원	韓國 放送 開發院
2927	방송대	韓國 放送 通信 大學校	2928	방송작가협회	韓國 放送 作家 協會
2929	방연과	放送 演藝學科	2930	방위	防衛兵
2931	방위군	國民 防衛軍	2932	방적기	紡績 機械
2933	방전	防禦戰	2934	방직기	紡織 機械
2935	방첩대	陸軍 防諜 部隊	2936	방추	方錐形
2937	방축	放逐鄕里	2938	방콕	房에 콕 박혀 지내는 生活
2939	방통	韓國 放送 通信 大學校	2940	방통대	韓國 放送 通信 大學校
2941	방판	訪問 販賣	2942	방폐장	放射性 廢棄物 處理場
2943	방하다	放賣하다	2944	방협	大韓 紡織 協會
2945	밭	바깥	2946	밭곡	밭穀食
2947	밭골	밭고랑	2948	밭돌	밭도랑

no	축소어형	본어형	no	축소어형	본어형
2949	배	바이	2950	배	配當落
2951	배구협	大韓 排球 協會	2952	배피다	배꼬이다
2953	배달	배달나라	2954	배때	배때기
2955	배래	배래기	2956	배미	논배미
2957	배선	配電線	2958	배세	甲種 配當 利子 所得稅
2959	배진	倍振動	2960	백	伯爵
2961	백	百貨店	2962	백강	白蠶
2963	백군	白衞軍	2964	백대	白帶下
2965	백두	白頭 將士位	2966	백비	배악비
2967	백선	頭部白癬	2968	백선본	白基玩 選擧 對策 本部
2969	백수	白手乾達	2970	백인종	白色人種
2971	백재	百日齋	2972	백중	百中날
2973	백줴	白晝에	2974	백충	寸白蟲
2975	밸	배알	2976	뱁대	뱁댕이
2977	뱃대	뱃대끈	2978	버둥질	발버둥질
2979	버들	버드나무	2980	버스	omnibus
2981	버스운송조합	서울特別市 Bus 運送 事業 組合	2982	번	煩燥
2983	번	시룻번	2984	번들하다	번드레하다
2985	번사모	映畵 'bungee jump를 하다'를 사랑하는 사람들의 모임	2986	번섹	번개 sex
2987	번역가협회	韓國 飜譯家 協會	2988	번역작가협	韓國 放送 飜譯 作家 協會
2989	번욕	繁文縟禮	2990	번팅	번개 meeting
2991	번하다	煩擾하다	2992	벋니	버드렁니
2993	벋딛다	벋디디다	2994	벌방	懲罰房
2995	벌생	벌사양	2996	범국민교육연대	WTO 敎育 開放 沮止와 敎育 公共性 實現을 爲한 凡國民 敎育 連帶
2997	범대위	凡國民 非常 對策 委員會	2998	범대회	凡民族 大會
2999	범민련	凡民族 聯合	3000	범생	模範生
3001	범왕	梵天王	3002	범종추	凡僧家 宗團 改革 推進會
3003	범청학련	祖國 統一 凡民族 靑年 學生 聯合	3004	범추	凡民族 大會 推進會
3005	범추본	凡民族 大會 推進 本部	3006	범통추	凡民主 統合 推進 委員會
3007	범투위	凡OO 共同 鬪爭 委員會	3008	법계	法曹界

no	축소어형	본어형	no	축소어형	본어형
3009	법대	法科大學	3010	법대협	法科 大學 代表者 協議會
3011	법무	法務部	3012	법무	法務部 長官
3013	법무관	軍 法務官	3014	법무사협회	大韓 法務士 協會
3015	법문학부	法學部·文學部	3016	법박	法學 博士
3017	법사	法制 司法	3018	법사위	國會 法制 司法 委員會
3019	법상	法相宗	3020	법상계	法系·商系
3021	법상대	法科 大學·商科 大學	3022	법석	法學 碩士
3023	법안	法律案	3024	법인	法人體
3025	법정	法務 行政	3026	법제처	法制處 長官
3027	법청	司法 官廳	3028	법추진위	法 制定 推進 委員會
3029	법학	法律學	3030	법화	法定 通貨
3031	벗	벗집	3032	벗가다	벗나가다
3033	벙하다	벙벙하다	3034	벛	버찌
3035	베	삼베	3036	베네룩스	Belgium Netherlands Luxembourg
3037	베니어	veneer板	3038	베니어	veneer合板
3039	베먹다	베어먹다	3040	베물다	베어물다
3041	베복	baby voxi	3042	베세토	Beijing·Seoul·Tokyo
3043	베이스	contrabass	3044	베이지	beige色
3045	벤처협회	venture 企業 協會	3046	벼까락	벼까라기
3047	벽	비역	3048	벽도	碧桃花
3049	벽로	壁煖爐	3050	벽토지	壁土拓地
3051	변	邊利	3052	변동금리채	變動 金利附 債券
3053	변론학술연구회	韓國 辯論 學術 研究會	3054	변리사회	大韓 辨理士會
3055	변문	騈儷文	3056	변시	辯護士 試驗
3057	변유	辨證法的 唯物論	3058	변짓	變態짓
3059	변태	變態 性慾	3060	변협	大韓 辯護士 協會
3061	변화율	瞬間 變化率	3062	별거	別것
3063	별건	別事件	3064	별똥	별똥별
3065	별밤	별이 빛나는 밤에	3066	별배달	別配達郵便
3067	별주	離別酒	3068	볏갈	볏가을
3069	병	倂殺	3070	병	病집
3071	병	病통	3072	병간	病看護
3073	병객	抱病客	3074	병권	兵馬之權
3075	병기단	陸軍 兵器團	3076	병기학교	陸軍 兵器 學校

no	축소어형	본어형	no	축소어형	본어형
3077	병배세	丙種 配當 利子 所得稅	3078	병원노련	全國 病院 勞動組合 聯盟
3079	병원협회	大韓 病院 協會	3080	병의원	病院·醫院
3081	병장	兵仗器	3082	병적	兵籍簿
3083	병참부	兵站 參謀部	3084	병참학교	陸軍 兵站 學校
3085	병특	兵役 特例 要員	3086	볕	햇볕
3087	보	들보	3088	보	보시기
3089	보	保證金	3090	보	洑물
3091	보감원	保險監督院	3092	보감원장	保險 監督院長
3093	보강	補充 講義	3094	보개원	保險 開發院
3095	보건복지	保健 福祉部	3096	보건복지	保健 福祉部 長官
3097	보건부	保健 福祉部	3098	보건연구원	保健 環境 硏究院
3099	보건원	國立 保健院	3100	보고	報告書
3101	보과대	保健 科學 大學	3102	보기	本보기
3103	보대련	保守 大聯合	3104	보대연	保守 大聯合
3105	보더	snow boarder	3106	보련	報道 聯盟
3107	보름	보름날	3108	보리	보리쌀
3109	보리수	菩提樹나무	3110	보만두	裸찜饅頭
3111	보물	보무라지	3112	보병	步兵木
3113	보병학교	陸軍 步兵 學校	3114	보사	保健 社會
3115	보사	保健 社會部	3116	보사	保健 社會部 長官
3117	보사부	保健 社會部	3118	보사연	韓國 保健 社會 研究院
3119	보사연구원	韓國 保健 社會 研究院	3120	보사위	國會 保健 社會 委員會
3121	보사위원회	國會 保健 社會 委員會	3122	보살	菩薩할미
3123	보살	菩薩乘	3124	보상화	寶相華紋
3125	보석금	保釋 保證金	3126	보선	補闕 選擧
3127	보선	普通 選擧	3128	보소련	保險 消費者 聯盟
3129	보수	保證 手票	3130	보수	七重寶樹
3131	보시	普通 考試	3132	보안법	國家 保安法
3133	보안사	保安 司令部	3134	보유불	政府 保有弗
3135	보이스카우트연맹	韓國 Boy Scouts 聯盟	3136	보인	保證人
3137	보전	保健 專門大學	3138	보조부	補助 帳簿
3139	보조장	補助 帳簿	3140	보조화	補助 貨幣
3141	보증기금	信用 保證 基金	3142	보태평무	保太平之舞
3143	보텔	boat hotel	3144	보파라치	補助金 paparazzi
3145	보행문화연	韓國 步行 文化 研究所	3146	보험노련	全國 保險 勞動組合 聯盟

no	축소어형	본어형	no	축소어형	본어형
3147	보험연	保險 經營 研究所	3148	보험증권대부	保險 證券 擔保 貸付
3149	보혁	保守·革新	3150	보호세	保護 關稅
3151	보훈복지공단	韓國 報勳 福祉 公團	3152	보훈의료공단	韓國 報勳 福祉 醫療 公團
3153	보훈처	國家 報勳處	3154	보훈처	國家 報勳處 長官
3155	복	伏날	3156	복	복漁
3157	복	複製	3158	복궤	複線軌道
3159	복더위	三伏더위	3160	복리비	福利 厚生費
3161	복사	복숭아	3162	복색	喪두服色
3163	복선	複線 軌道	3164	복성	福德星
3165	복승	複勝式	3166	복식	複勝式
3167	복식	複式 競技	3168	복식	複式 簿記
3169	복식	複式 學級	3170	복음	福音書
3171	복자	기름복자	3172	복자	복지網巾
3173	복족국	複數 民族 國家	3174	복지	保健 福祉部 長官
3175	복지	保健 福祉部	3176	복지	藥紙
3177	복지	洋服地	3178	복지법모금법안	社會 福祉法 共同 募金 法案
3179	복지부	保健 福祉部	3180	복철	複線 鐵道
3181	복추위	復權 推進 委員會	3182	복호	複符號
3183	복화산	複合 火山	3184	볶은장	볶은 고추醬
3185	본	本보기	3186	본	本錢
3187	본고사대	本考査 實施 大學校	3188	본곳	本고장
3189	본금	本금새	3190	본댁	本宅네
3191	본맘	本마음	3192	본문	反切本文
3193	본문	本問題	3194	본밑	本밑천
3195	본방	本 放送	3196	본보	本紙 報道
3197	본사	敎區 本寺	3198	본생	本生家
3199	본위제	本位 制度	3200	본위화	本位 貨幣
3201	본잠영월점	本店·蠶室店·永登浦店·lotte world店	3202	본적	本籍地
3203	본지점	本店·支店	3204	본토인	本土之人
3205	본회	本會議	3206	봄갈이	봄갈이팥
3207	봄사모	映畵 '봄날은 간다'를 사랑하는 사람들의 모임	3208	봇돌	洑도랑
3209	봉	봉돌	3210	봉	鳳凰
3211	봉	山봉우리	3212	봉고	bongo車

no	축소어형	본어형	no	축소어형	본어형
3213	봉노	봉놋房	3214	봉두	鳳頭고임
3215	봉방	露蜂房	3216	봉사단체협	韓國 自願 奉仕 團體 協議會
3217	봉솔	上峯下率	3218	봉오리	꽃봉오리
3219	봉우리	山봉우리	3220	봉활	奉仕 活動
3221	봉황	鳳凰새	3222	봐주다	보아주다
3223	봐하니	보아하니	3224	뵈다	보이다
3225	뵙다	뵈옵다	3226	부	부엌
3227	부가세	附加 價値稅	3228	부경총련	釜山 慶南 地域 總學生會 聯合
3229	부고	附屬 高等學校	3230	부골	附骨疽
3231	부과장	部長·課長	3232	부관	專屬 副官
3233	부관부	副官 參謀部	3234	부국	附屬 國民學校
3235	부꼬	부끄럽다	3236	부끄럼	부끄러움
3237	부녀	婦女子	3238	부녀복지회	韓國 婦女 福祉 聯合會
3239	부녀복지회	韓國 婦女 福祉회	3240	부담	負擔籠
3241	부대	釜山 大學校	3242	부동산	不動産 仲介所
3243	부등운동	不等速 運動	3244	부레	부레풀
3245	부릍다	부르트다	3246	부림사건	釜山 學林 事件
3247	부마항쟁	釜山 馬山 民主 抗爭	3248	부바	어부바
3249	부방위	腐敗 防止 委員會	3250	부서뜨리다	부스러뜨리다
3251	부서지다	부스러지다	3252	부선	浮遊 選鑛
3253	부선기	浮遊 選鑛機	3254	부속	附屬品
3255	부식	副食物	3256	부용	芙蓉帳
3257	부저	부젓가락	3258	부정칭	否定稱 代名詞
3259	부족론	不足可論	3260	부중	附屬 中學校
3261	부지	附箋紙	3262	부집	父執尊長
3263	부파라치	不動産 paparazzi	3264	부평	浮萍草
3265	부품연	電子 部品 綜合 技術 研究所	3266	북	北쪽
3267	북	北韓	3268	북구	北歐羅巴
3269	북남	北韓·南韓	3270	북대	全北 大學校
3271	북돋다	북돋우다	3272	북두	北斗七星
3273	북두성	北斗七星	3274	북만	北滿洲
3275	북선박	北韓 船舶	3276	북숭이	털북숭이
3277	북아	北阿弗利加洲	3278	북종	北宗畵
3279	북주	北拘盧洲	3280	북폭설	北韓 爆擊說
3281	북핵	北韓 核	3282	북핵	北韓 核武器 開發 計劃

no	축소어형	본어형	no	축소어형	본어형
3283	북핵문제	北韓 核武器 開發 問題	3284	북화	北宗畵
3285	분	白粉	3286	분	分數
3287	분	忿心	3288	분권주의	地方分權主義
3289	분대	분대질	3290	분대	分合帶
3291	분류	分別蒸溜	3292	분식	部分蝕
3293	분압	部分壓力	3294	분위	分科委員會
3295	분위원	分科委員	3296	분추협	醫藥 分業 推進 協議會
3297	분하다	扮裝하다	3298	불	佛蘭西
3299	불	불알	3300	불	佛語
3301	불	佛陀	3302	불간	不干涉
3303	불감	不堪當	3304	불건유	不乾性油
3305	불것	불거웃	3306	불공정제재	不公正 去來 行爲 制裁
3307	불교문화협	大韓 佛敎文化 協會	3308	불교회	佛敎 信徒會
3309	불균질로	不均質型 原子爐	3310	불그름하다	불그스름하다
3311	불낙	불고기 낙지 전골	3312	불낙곱	불고기 낙지 곱창 전골
3313	불도	佛敎徒	3314	불뚝	불고기 뚝배기
3315	불만	不滿足	3316	불문	不成文
3317	불문과	佛語 佛文學科	3318	불백	불고기 白飯
3319	불생	佛生日	3320	불서	佛家書
3321	불수	佛手柑	3322	불수근	不隨意筋
3323	불시착	不時着陸	3324	불어	佛蘭西語
3325	불어세다	불어세우다	3326	불여우	佛蘭西 女俳優
3327	불인	佛領 印度支那	3328	불인견	目不忍見
3329	불일	不日內	3330	불임협회	大韓 不姙 施術 協會
3331	불정	佛頂尊	3332	불줄	불줄기
3333	불찬	不贊成	3334	불치	不齒人類
3335	불펌	不法 퍼 옴	3336	불현듯	불현듯이
3337	붐하다	희붐하다	3338	붓다	부수다
3339	**뷕**	부엌	3340	**뷁**	brake
3341	브	Brzezinski, Zbigniew K	3342	브라	brassiere
3343	브라톱	brassiere top	3344	브이제이	video jockey
3345	블로그	web log	3346	비	比例
3347	비	比律賓	3348	비고시파	非高等 考試 準備派
3349	비꾀다	비꼬이다	3350	비냉	비빔冷麵
3351	비노조원	非勞動組合員	3352	비다	비우다

no	축소어형	본어형	no	축소어형	본어형
3353	비당	備局堂上	3354	비대위	非常 對策 委員會
3355	비됴	video	3356	비듬하다	비스듬하다
3357	비디오	video tape	3358	비디오	video tape recorder
3359	비리치근하다	비리척지근하다	3360	비만학회	大韓 肥滿 學會
3361	비문	秘密文書	3362	비발	비바리
3363	비방	video房	3364	비방	秘密 對話房
3365	비번	秘密 番號	3366	비산	悲悼酸苦
3367	비정규직교수노조	韓國 非正規職 大學敎授 勞動組合	3368	비조트	business resort
3369	비주	飛禽走獸	3370	비즈	business
3371	비취다	비추이다	3372	비컨	radio beacon
3373	비통	秘密 通信	3374	비트	秘密 agitpunkt
3375	비파	非公式 派遣	3376	빅다	비기다
3377	빅수	비김手	3378	빈지	널빈지
3379	빗가다	빗나가다	3380	빗나다	빗나가다
3381	빗서다	빗더서다	3382	빗장	門빗장
3383	빙상	氷上 競技	3384	빙인	月下氷人
3385	빙탁	氷河卓	3386	빼나다	빼어나다
3387	빼다	내빼다	3388	빼박이	自動車를 빼고 박는 이
3389	뺏기다	빼앗기다	3390	뺏다	빼앗다
3391	뺑	뺑짜	3392	뻗딛다	뻗디디다
3393	뻉	뻉짜	3394	뻥하다	뻥뻥하다
3395	뼘	長뼘	3396	뼛국	뼈다귓국
3397	뽈노	porno	3398	뽕	뽕나무
3399	뽕	뽕잎	3400	뾰주리	뾰주리감
3401	뿌다귀	뿌다구니	3402	뿔그름하다	뿔그스름하다
3403	뿔쌈	뿔싸움	3404	삐삐팅	삐삐 meeting
3405	사	社團法人	3406	사	使用者
3407	사	嗣子	3408	사	會社
3409	사가	四大詩家	3410	사가	歷史家
3411	사각	四角形	3412	사갈탕	四骨 갈비湯
3413	사감	邪惡한 監視者	3414	사개연	社會 開發 研究院
3415	사개위	司法 改革 委員會	3416	사격련	大韓 射擊 聯盟
3417	사고철	事故 地下鐵	3418	사곡	絲身穀腹
3419	사공	뱃沙工	3420	사과	사과참외

no	축소어형	본어형	no	축소어형	본어형
3421	사과	社會 科學	3422	사과대	社會 科學 大學
3423	사과연	서울 社會 科學 研究所	3424	사과연	韓國 社會 科學 研究所
3425	사관	歷史觀	3426	사교련	全國 私立大學 敎授 協議會 聯合會
3427	사구체	社會 構成體	3428	사궐	四肢 厥冷
3429	사규	聖敎四規	3430	사그릇	沙器 그릇
3431	사극관	四極 眞空管	3432	사기팅	詐欺 meeting
3433	사날	사나흘	3434	사내	사나이
3435	사내애	사내아이	3436	사노맹	南韓 社會主義 勞動者 同盟
3437	사다리	사닥다리	3438	사단	社團 法人
3439	사대	私立 大學	3440	사대	私立 大學校
3441	사대	師範 大學	3442	사대권	私立 大學圈
3443	사대부고	師範 大學 附屬 高等學校	3444	사대부국	師範 大學 附屬 國民學校
3445	사대부중	師範 大學 附屬 中學校	3446	사대재단협회	韓國 私立大學 財團 協議會
3447	사대접	沙器대접	3448	사랑쌈	사랑싸움
3449	사략언해	十九史略 諺解	3450	사령	辭令狀
3451	사로맹	南韓 社會主義 勞動者 同盟	3452	사로청	朝鮮 社會主義 勞動 靑年 同盟
3453	사륙	四六文	3454	사륙	四六版
3455	사르바이트	cyber arbeit	3456	사리	한사리
3457	사립	사립門	3458	사립	私立學校
3459	사립교	私立學校	3460	사립교원연금공단	私立學校 敎員 年金 管理 公團
3461	사말	四肢 末端	3462	사모	사랑하는 모임
3463	사무금융노련	全國 事務 金融 勞動組合 聯盟	3464	사무처	國會 事務處
3465	사문	四大門	3466	사미	沙彌僧
3467	사민	社民黨	3468	사민청	社會 民主主義 靑年 聯盟
3469	사범	師範學校	3470	사법위	司法 制度 發展 委員會
3471	사부	四部 大衆	3472	사부	四部 合奏
3473	사부	四部 合唱	3474	사비	會社 秘密
3475	사사	社會 歷史	3476	사사	會社 歷史
3477	사상사연	韓國 思想史 研究所	3478	사생	社會生活科
3479	사생과	社會生活科	3480	사서함	郵便 私書函
3481	사성	四大 聖人	3482	사손	奉祀孫
3483	사술	詐欺術	3484	사슬	쇠사슬
3485	사시	司法 高試	3486	사식	寫眞 植字
3487	사식기	寫眞 植字機	3488	사십구일	四十九日齋

no	축소어형	본어형	no	축소어형	본어형
3489	사앗대	상앗대	3490	사열	査閱式
3491	사오정	四十五 歲면 停年退職	3492	사온	四溫日
3493	사우	文房四友	3494	사우디	Saudi Arabia
3495	사위	큰사위	3496	사이	cyworld
3497	사이버팅	cyber meeting	3498	사이질	cyworld 질
3499	사이처	cyber teacher	3500	사이콤	psycho sitcom
3501	사이홀릭	cyworld holic	3502	사일구	四一九義擧
3503	사일구유족회	四一九 義擧 犧牲者 遺族會	3504	사쟁이	獄사쟁이
3505	사정	射程距離	3506	사정추	私立學校 敎育 正常化 推進 委員會
3507	사제단	天主敎 正義 具現 全國 司祭團	3508	사족	畵蛇添足
3509	사졸	士官學校 卒業	3510	사직원	辭職請願
3511	사직원	辭職請願書	3512	사진기자협회	韓國 寫眞 記者 協會
3513	사진아연판	寫眞 亞鉛 凸版	3514	사철	私設 鐵道
3515	사철	私有 鐵道	3516	사체과	社會 體育學科
3517	사칠오세대	四十代의 年齡, 七十年代 學番, 一千九百五十年代에 태어난 世代	3518	사타귀	사타구니
3519	사탐	社會 探究 領域	3520	사학	私立學校 敎員 年金 管理 工團
3521	사학	歷史學	3522	사학국본	私立學校法 改正과 腐敗私學 剔抉을 爲한 國民運動 本部
3523	사학대책위	私學 財團 株主 對策 委員會	3524	사학맹	南韓 社會主義 學生 同盟
3525	사학법	私立學校法	3526	사학법인련	韓國 私學 法人 聯合會
3527	사협	韓國 社會 福祉 協議會	3528	사회	司會者
3529	사회과학연	서울 社會 科學 硏究所	3530	사회교육원	韓國 社會 敎育院
3531	사회복지관	綜合 社會 福祉 會館	3532	사회복지회	大韓 社會 福祉會
3533	사회봉사회	韓國 社會 奉仕會	3534	사회사연	韓國 社會史 硏究會
3535	사회정책연구원	韓國 社會 政策 硏究院	3536	사회과	社會生活科
3537	사흘날	初사흗날	3538	사흘	사흗날
3539	삭	合朔	3540	삭망	朔望奠
3541	삭직	削奪官職	3542	산	山所
3543	산가	出産 休暇	3544	산감	山監督
3545	산개공	産業 開發 公社	3546	산경과	産業 經營學科
3547	산경과	産業 經濟學科	3548	산골짝	山골짜기
3549	산공과	産業 工學科	3550	산과	産婦人科

no	축소어형	본어형	no	축소어형	본어형
3551	산과	産婦人科 病院	3552	산관	産業體·官廳
3553	산굽	山굽이	3554	산금채	産業 金融 債權
3555	산기	産業 技術	3556	산기연	産業 技術 研究院
3557	산기원	産業 技術 情報院	3558	산기진흥회의	韓國 産業 技術 振興 會議
3559	산기협	韓國 産業 技術 振興 協會	3560	산당	山神堂
3561	산대	山臺놀음	3562	산대	産業 大學
3563	산두	泰山北斗	3564	산등	山등성이
3565	산등성	山등성이	3566	산디과	産業 design學科
3567	산림중앙회	山林 組合 中央會	3568	산마루	山등성마루
3569	산마루턱	山마루터기	3570	산미	産業 美術
3571	산미전	大韓民國 産業 美術 大展	3572	산미전	産業 美術 展示會
3573	산별	産業別	3574	산별노조	産業別 勞動組合
3575	산보	産業 保健	3576	산수	山水畵
3577	산심과	産業 心理學科	3578	산악연맹	大韓 山岳 聯盟
3579	산악회	韓國 山岳會	3580	산업요원	産業 機能 要員
3581	산울	山울타리	3582	산은	産業 銀行
3583	산은	韓國 産業 銀行	3584	산은노조	韓國 産業 銀行 勞動組合
3585	산의	産婦人科 醫師	3586	산자	産業 資源部 長官
3587	산자	産業 資源部	3588	산자부	産業 資源部
3589	산재	産業 災害	3590	산재권	産業 財産權
3591	산재보험	産業 災害 補償 保險	3592	산재소송	産業 災害 補償 請求 訴訟
3593	산적	사슬散炙	3594	산전	産業 電氣
3595	산전후	産前과 産後	3596	산정심	産業 政策 審議 委員會
3597	산정연	國際 産業 情報 研究所	3598	산제	山神祭
3599	산제	産兒 制限	3600	산타	Santa Claus
3601	산택	山林川澤	3602	산폐물	産業 廢棄物
3603	산포	山砲手	3604	산하연	傘下 研究 機關
3605	산학	産業體·學校	3606	산학관	産業界·學界·官界
3607	산학연	産業體·學界·研究機關	3608	산혁	産業 革命
3609	산휴	出産休暇	3610	살	魚살
3611	살	화살	3612	살그니	살그머니
3613	살그미	살그머니	3614	살대	화살대
3615	살덩이	살덩어리	3616	살살	살금살금
3617	살살	살래살래	3618	살쩍	살쩍밀이
3619	살쭈	쇠살쭈	3620	살촉	화살鏃

no	축소어형	본어형	no	축소어형	본어형
3621	살판	살板때	3622	삵	살쾡이
3623	삼각	三脚架	3624	삼각	三角法
3625	삼각	三脚椅子	3626	삼각	三角形
3627	삼거리	갖은三거리	3628	삼공	第三 共和國
3629	삼귀	三歸依	3630	삼노	삼노끈
3631	삼도	三惡道	3632	삼루	三壘手
3633	삼모	三毛作	3634	삼물	灰三物
3635	삼분기	三四 分期	3636	삼불선	三不善根
3637	삼산	三神山	3638	삼상	三年喪
3639	삼색	三色果實	3640	삼색과	三色果實
3641	삼악	三惡道	3642	삼익	三益友
3643	삼자	第三者	3644	삼장	농삼장
3645	삼종	三從兄弟	3646	삼지	下三指
3647	삼질	三짇날	3648	삼차	人蔘茶
3649	삼척	三尺劍	3650	삼척	三尺法
3651	삼천	三遷之敎	3652	삼체시	三體唐詩
3653	삼판	三板船	3654	삼팔	三八紬
3655	삼팔선	北緯 三十八度線	3656	삼팔선	三十八 歲 名退 選罷, 三十八 歲까지 일하면 선선히 물러난다
3657	삼팔육세대	三十 歲, 八十 年代 學番, 六十 年代 出生 世代	3658	삼포식	三圃式 農業
3659	삽시	雯時間	3660	삽짝	사립짝
3661	삿	삿자리	3662	삿대	상앗대
3663	삿대질	상앗대질	3664	상	居喪
3665	상	上監	3666	상	商法
3667	상	商業	3668	상	商業 高等學校
3669	상	商業學校	3670	상각	減價償却
3671	상계	商業界	3672	상계	天上界
3673	상고	商業 高等學校	3674	상공	商工 資源部
3675	상공	商工部	3676	상공	商工部 長官
3677	상공	商工業	3678	상공	商工 資源部 長官
3679	상공고생	商業 高等學校 學生·工業 高等學校 學生	3680	상공부	商工 資源部
3681	상공업	商業·工業	3682	상공회의소	大韓 商工 會議所
3683	상달	十月上달	3684	상담	臥薪嘗膽

no	축소어형	본어형	no	축소어형	본어형
3685	상답	上等畓	3686	상대	商科 大學
3687	상무	常務委員	3688	상무	常務理事
3689	상물림	큰床물림	3690	상민법	商法·民法
3691	상방	上引枋	3692	상백피	桑根 白皮
3693	상벽	桑田碧海	3694	상병	上等兵
3695	상복	常習 服用	3696	상사	商事 會社
3697	상사	상사밀이	3698	상사	例常事
3699	상사중재원	大韓 商社 仲裁院	3700	상서	觀相書
3701	상속증여세	相續稅·贈與稅	3702	상수	上水道
3703	상시	平常時	3704	상업증	商業 證券
3705	상업학교	商業 高等學校	3706	상위	常任 委員
3707	상위	常任 委員會	3708	상위장	常任 委員會 委員長
3709	상은	韓國 商業 銀行	3710	상의	大韓 商工 會議所
3711	상이군경회	大韓民國 傷痍軍警會	3712	상장협	韓國 上場社 協議會
3713	상쟁이	觀相쟁이	3714	상적토	常寂光土
3715	상제	上製本	3716	상조	時機尙早
3717	상주	常住物	3718	상중순	上旬·中旬
3719	상중하급반	上級班·中級班·下級班	3720	상집	常任 執行 委員
3721	상집	常任 執行 委員會	3722	상하동	上洞·下洞
3723	상하부	上部·下部	3724	상하부	上部와 下部
3725	상하원	上院·下院	3726	상하원안	上院案·下院案
3727	상하한선	上限線·下限線	3728	상해	桑田碧海
3729	상행	上行 列車	3730	상행	上行車
3731	상형	象形 文字	3732	상호신금	相互 信用 金庫
3733	상호신금련	全國 相互 信用 金庫 聯合會	3734	상호지보	相互 支給 保證
3735	상화	霜花떡	3736	새	사이
3737	새	샛바람	3738	새끼발	새끼발가락
3739	새끼손	새끼손가락	3740	새남	지노귀새남
3741	새다	새우다	3742	새로	새로이
3743	새마을본부	새마을 運動 本部	3744	새마을중앙협	새마을 運動 中央 協議會
3745	새벽	砂壁질	3746	새새	사이사이
3747	새아씨	새아기씨	3748	새앙	새앙머리
3749	새옹마	塞翁之馬	3750	새젓	새우젓
3751	새참	사이참	3752	새초	새초미역
3753	새치근하다	새척지근하다	3754	새침	새치미

no	축소어형	본어형	no	축소어형	본어형
3755	새침하다	새치름하다	3756	새터	새로 배움터
3757	새통체	새로운 統一 運動體 建設을 爲한 準備 모임	3758	새틀라이트	satellite studio
3759	색시	새색시	3760	색옷	무色옷
3761	색챔	色채움	3762	색티즌	色 netizen
3763	샌님	生員님	3764	샐러던트	salary man student
3765	샐심	새알심	3766	샘	샘터
3767	생	笙簧	3768	생가	本生家
3769	생갈이	홍두깨生갈이	3770	생검	生體 檢査
3771	생과	生果實	3772	생과대	生活 科學 大學
3773	생기복덕	生氣福德日	3774	생기원	生産 技術 硏究院
3775	생나무	새앙나무	3776	생단자	새앙團瓷
3777	생맥	生麥酒	3778	생머리	새앙머리
3779	생면	生面目	3780	생명공학개선위	生命 工學 技術 開發 促進 制度 改善 委員會
3781	생발	생인발	3782	생방	生放送
3783	생별	生離別	3784	생보	生命 保險
3785	생보	生命 保險 會社	3786	생보사	生命 保險 會社
3787	생보자	生活 保護 對象者	3788	생보협	生命 保險 協會
3789	생보회	生命 保險 協會	3790	생부모	本生父母
3791	생산성본부	韓國 生産性 本部	3792	생선묵	生鮮묵튀김
3793	생소	生素甲紗	3794	생손	생인손
3795	생시침	生시치미	3796	생양가	生家·養家
3797	생엿	새앙엿	3798	생유	生牛乳
3799	생주	生明紬	3800	생차	새앙茶
3801	생차	生薑茶	3802	생청통	生麥酒·靑바지·筒guitar
3803	생체과	生活 體育學科	3804	생체협	國民 生活 體育 協議會
3805	생퀴	生活 quiz	3806	생키	生食 cookie
3807	생태수연	日本 生態水 硏究所	3808	생필품	生活必需品
3809	생협	生命 保險 協會	3810	생협	生活 協同 組合
3811	생활용품연구원	韓國 生活 用品 硏究院	3812	생회	生石灰
3813	생휴	生理 休暇	3814	샤마추어	似而非 amateur 選手
3815	샤프	sharp pencil	3816	샵마	shop manager
3817	서	警察署	3818	서	서까래
3819	서	序文	3820	서	西班牙

no	축소어형	본어형	no	축소어형	본어형
3821	서	西班牙語	3822	서	西쪽
3823	서	稅務署	3824	서	消防署
3825	서건추	서울 地域 學生 聯合 建設 推進 委員會	3826	서고련	서울 地域 高等學生 聯合會
3827	서공로	서울市 公務員 勞動組合	3828	서구	西歐羅巴
3829	서국	西洋國	3830	서기	西曆紀元
3831	서남아	西南asia	3832	서남총련	서울 地域 南部 地區 總學生會 聯合
3833	서낭	서낭당	3834	서낭	서낭神
3835	서노련	서울 勞動 運動 聯合	3836	서노협	서울 勞動 運動 協議會
3837	서대협	서울 地域 大學生 代表者 協議會	3838	서둘다	서두르다
3839	서로련	서울 勞動 運動 聯合	3840	서로협	서울 勞動 運動 協議會
3841	서민련	서울 民衆 聯合	3842	서민미련	서울 民族 美術 運動 聯合
3843	서민학련	서울 地域 民主主義 學生 聯合	3844	서방	西方極樂
3845	서브에이스	service ace	3846	서비협	서울 地域 總學生會 非常 對策 協議會
3847	서사련	서울 地域 師範 大學生회 聯合	3848	서사연	서울 社會 科學 研究所
3849	서사협	서울 地域 師範 大學 學生 代表者 協議會	3850	서신은	서울 信託 銀行
3851	서신평	서울 信用 評價 情報	3852	서악	西洋音樂
3853	서울가톨릭복지회	서울 Catholic 社會 福祉會	3854	서울과학관	國立 서울 科學館
3855	서울국교	서울特別市 所在 國民學校	3856	서울농조	서울 農地 改良 組合
3857	서울대	서울 大學校	3858	서울변회	서울 辯護士會
3859	서울생체련	서울 生活 體育 聯合會	3860	서울시교위	서울特別市 敎育 委員會
3861	서울시파라치	서울市 paparazzi	3862	서울시향	서울 市立 交響樂團
3863	서울신탁	서울 信託 銀行	3864	서울의보	서울 地域 醫療 保險
3865	서울이십일세기연	서울 二十一 世紀 研究 center	3866	서울지하철	서울特別市 地下鐵 公社
3867	서인	西洋人	3868	서자협	서울 地域 自然 大學 學生會 協議會
3869	서지련	서울 겨레 사랑 地域 運動 聯合	3870	서철	西洋 哲學
3871	서청	西北 靑年會	3872	서총련	서울 地域 總學生會 聯合
3873	서출동	서울 地域 出獄者 同志會	3874	서태	西太平洋
3875	서툴다	서투르다	3876	서학련	서울 地域 大學生 聯合會

no	축소어형	본어형	no	축소어형	본어형
3877	서화작가협	韓國 書畫 作家 協會	3878	석	석동
3879	석가	釋迦牟尼	3880	석간	夕刊新聞
3881	석공	大韓 石炭 公社	3882	석공	石工業
3883	석돌	푸석돌	3884	석박사	碩士·博士
3885	석새	석새삼베	3886	석새베	석새삼베
3887	석유협회	大韓 石油 協會	3888	석이	石耳/石栮버섯
3889	석인	石版 印刷	3890	석장	鐵石 肝腸
3891	석전	釋奠祭	3892	석존	釋迦 世尊
3893	석탄사업단	石炭 産業 合理化 事業團	3894	석탄일	釋迦誕日
3895	석협	大韓 石炭 協會	3896	석황	石雄黃
3897	선	禪宗	3898	선	坐禪
3899	선각	先覺者	3900	선감련	選擧 報道 監視 連帶 會議
3901	선감위	選擧 報道 監視 委員會	3902	선견	善見天
3903	선고탈	先天性 股關節 脫臼	3904	선관위	中央 選擧 管理 委員會
3905	선관위법	中央 選擧 管理 委員會法	3906	선관위원	中央 選擧 管理 委員
3907	선관위장	中央 選擧 管理 委員長	3908	선구	先驅者
3909	선급	船舶 級數	3910	선대위	選擧 對策 委員會
3911	선물종목	先物去來 編入 種目	3912	선번	線番號
3913	선본	選擧 管理 本部	3914	선봉장	先鋒大將
3915	선뵈다	선보이다	3916	선사	船舶 會社
3917	선생	選擇받은 學生	3918	선소	選擧訴訟
3919	선소위	選擧 管理 小委員會	3920	선시	選拔試驗
3921	선심	線審判	3922	선위	選擧 管理 委員會
3923	선위	中央 選擧 管理 委員會	3924	선자	扇子추녀
3925	선장	先考丈	3926	선종	善種子
3927	선지	先知者	3928	선진개도국	先進國·開發途上國
3929	선진배	先進非後受	3930	선착	先着手
3931	선착	先着鞭	3932	선취권	先取 特權
3933	선팅	맞선 紹介팅	3934	선파라치	選擧 paparazzi
3935	선편	先着鞭	3936	선하다	서낙하다
3937	선황	先皇帝	3938	선후배	先輩·後輩
3939	선후진	先進·後進	3940	선후진국	先進國·後進國
3941	선후책	善後之策	3942	선후천	先天·後天
3943	설	서울	3944	설거지	비설거지
3945	설계사	保險 設計士	3946	설기	白설기

no	축소어형	본어형	no	축소어형	본어형
3947	설남	서울 男子	3948	설녀	서울 女子
3949	설대	담배설대	3950	설설	설레설레
3951	설주	門설柱	3952	설통	설筒발
3953	섬	섬돌	3954	섬기련	韓國 纖維 技術 研究所
3955	섬산련	韓國 纖維 産業 聯合會	3956	섭씨	攝氏溫度
3957	성대	成均館 大學校	3958	성명학회	大韓 姓名 學會
3959	성에	성엣장	3960	성인대	省 人民 代表 大會
3961	성탄	聖誕日	3962	성탄	聖誕節
3963	성파라치	性 paparazzi	3964	성파자	性格 破綻者
3965	성헌	成文憲法	3966	섶	섶나무
3967	섶	옷섶	3968	세	聖洗
3969	세	租稅	3970	세계노련	世界 勞動組合 聯盟
3971	세계신	世界 新記錄	3972	세관도	稅關 構內圖
3973	세농	細農家	3974	세대위	賃入者 對策 委員會
3975	세면구	洗面器構	3976	세면구	洗面道具
3977	세목	敎授細目	3978	세목	細節目
3979	세무사회	韓國 稅務士會	3980	세박	世界 博覽會
3981	세부득이	事勢不得已	3982	세상	世上 人心
3983	세손	王世孫	3984	세손목카래	세손목한카래
3985	세수	稅收入	3986	세율	課稅率
3987	세은	世界 銀行	3988	세종기념사업회	世宗 大王 記念 事業會
3989	세지	世界 地理	3990	세지	세로지
3991	세출입	歲入·歲出	3992	세치각	세치角木
3993	세탁	世界 卓球	3994	세탁	世界 卓球 大會
3995	세피아	세 Mafia	3996	섹티즌	sex netizen
3997	센터	center field	3998	센터	center forward
3999	센터	center fielder	4000	센터하프	center halfback
4001	센티	centimetre	4002	센티하다	sentimental하다
4003	셀로판	cellophane紙	4004	셀슈머	seller consumer
4005	셀카	self camera	4006	셀카족	self camera 族
4007	셀카폰	self camera phone	4008	셀카하다	self camera하다
4009	셈	셈평	4010	션찮다	시원찮다
4011	소	蘇聯	4012	소	訴訟
4013	소갈	消渴症	4014	소개소	職業紹介所
4015	소개팅	紹介 meeting	4016	소거	繰絲車

no	축소어형	본어형	no	축소어형	본어형
4017	소건	訴訟事件	4018	소곡	小品曲
4019	소극지역	消極的 地役權	4020	소금밥	소금엣밥
4021	소년체전	全國 少年 體育 祭典	4022	소다	苛性 soda
4023	소다	炭酸 soda	4024	소대기	小暑·大暑
4025	소대상	小祥·大祥	4026	소대한	小寒·大寒
4027	소래	소래기	4028	소리글	소리글字
4029	소맥	燒酒 麥酒를 섞어 만든 술	4030	소목	小木장이
4031	소박이	오이소박이김치	4032	소박이김치	오이소박이김치
4033	소방검정공사	韓國 消防 檢定 公社	4034	소방공제회	大韓 消防 控除會
4035	소방안전협	韓國 消防 安全 協會	4036	소방차	消防 自動車
4037	소범	所犯傷寒	4038	소보법	消費者 保護法
4039	소보원	韓國 消費者 保護院	4040	소보협	消費者 保護 團體 協議會
4041	소비에트연방	Soviet 社會主義 共和國 聯邦	4042	소비자가	消費者 價格
4043	소비자교육원	韓國 消費者 生活 敎育院	4044	소비자연맹	韓國 消費者 聯盟
4045	소산	所産物	4046	소설	小說册
4047	소시모	消費者 問題를 硏究하는 市民의 모임	4048	소쌈	소싸움
4049	소야	sausage 野菜 볶음	4050	소운송업	鐵道 小運送業
4051	소위	小委員會	4052	소정	小正字
4053	소촉법	訴訟 促進 特例法	4054	소콜	燒酒 cola
4055	소태	소태껍질	4056	소포	小包 郵便
4057	소포	小包 郵便物	4058	소포우편	小包 郵便物
4059	소폭	燒酒 爆彈	4060	소학	小學校
4061	소한	宵衣食	4062	소협	消費者 保護 團體 協議會
4063	소형	小型 乘用車	4064	속	屬官
4065	속각	罌栗殼	4066	속내	속내평
4067	속달	速達 郵便	4068	속맘	속마음
4069	속세	俗世間	4070	속수	束手無策
4071	솎음국	솎음배춧국	4072	손	損害
4073	손	後孫	4074	손님	손님媽媽
4075	손발톱	손톱·발톱	4076	손배	損害 賠償
4077	손배소	損害 賠償 請求 訴訟	4078	손보	損害 保險
4079	손보사	損害 保險社	4080	손보협	大韓 損害 保險 協會
4081	손비	損害費	4082	손살	손사래
4083	손생보	損害 保險·生命 保險	4084	손오공병	손댈 수 없는 original 公主病

no	축소어형	본어형	no	축소어형	본어형
4085	손틀	손裁縫틀	4086	솔	솔기
4087	솔다	무솔다	4088	솔불	관솔불
4089	솔빈	率土之濱	4090	솔쟁이	소루쟁이
4091	솔찜	솔찜질	4092	솔토	率土之濱
4093	솔폭	솔포기	4094	솟니다	소수나다
4095	송배전	送電·配電	4096	송변전	送電·配電
4097	송사	送別辭	4098	송수	送信·受信
4099	송수신용	送信用·受信用	4100	송영	送舊迎新
4101	송조	宋朝體	4102	송체	宋朝體
4103	쇄신	粉骨碎身	4104	쇄신위	行政 刷新 委員會
4105	쇠	소의	4106	쇠	열쇠
4107	쇠	자물쇠	4108	쇠꼬치	쇠꼬챙이
4109	쇠마구	쇠馬廐間	4110	쇠서	쇠서받침
4111	쇠술	쇠숟가락	4112	쇤	小人
4113	수	壽命	4114	수	水曜日
4115	수	數學	4116	수	運數
4117	수개공	韓國 水資源 開發 公社	4118	수갱	垂直 坑道
4119	수경	首都 警備	4120	수경	首都 警備 司令部
4121	수경	水中莖	4122	수경사	首都 警備 司令部
4123	수계	水面計	4124	수계	隨意 契約
4125	수공	韓國 水資源 公社	4126	수과원	國立 水産 科學院
4127	수괭이	수고양이	4128	수기	隨機應變
4129	수나귀	수탕나귀	4130	수내	수나이
4131	수능	大學 修學 能力 試驗	4132	수능	修學 能力
4133	수능	修學 能力 評價	4134	수대	水産 大學校
4135	수도	上水道	4136	수도권대	首都圈 所在 大學校
4137	수도연구소	韓國 水道 研究所	4138	수두	首頭者
4139	수량	隨其量	4140	수레쌈	수레싸움
4141	수력	隨其力	4142	수륙	水軍·陸軍
4143	수리	數理 領域	4144	수모	首謨者
4145	수묵	水墨畵	4146	수발주	受注·發注
4147	수방	水害 防止	4148	수방림	水害 防備林
4149	수방사	首都 防衛 司令部	4150	수병	手下親兵
4151	수불사업	水道물 弗素 濃度 調整 事業	4152	수산	水産物
4153	수산	水産業	4154	수산	海洋 水産部

no	축소어형	본어형	no	축소어형	본어형
4155	수산	海洋 水産部 長官	4156	수세	洑水稅
4157	수소탄	水素 爆彈	4158	수시	隨時 募集
4159	수영련	大韓 水泳 聯盟	4160	수요	水曜日
4161	수원	修道院	4162	수월놀이	수월래놀이
4163	수은	韓國 輸出入 銀行	4164	수은펌프	水銀 空氣 pump
4165	수의	獸醫師	4166	수의과	隨意 科目
4167	수의대	獸醫科 大學	4168	수의사회	大韓 獸醫師會
4169	수이입	輸入・移入	4170	수이출	輸出・移出
4171	수인	水原・仁川	4172	수자원공	韓國 水資源 公社
4173	수저	숟가락・젓가락	4174	수전	水力 電氣
4175	수전	水産 專門大學	4176	수주	水紬紬
4177	수준	水準器	4178	수질감시위	上水道 水質 監視 委員會
4179	수챔	數채움	4180	수출공단	韓國 輸出 産業 公團
4181	수출보험공	韓國 輸出 産業 公社	4182	수출보험공사	韓國 輸出 産業 公社
4183	수출보험자문위	輸出 保險 民間 諮問 委員會	4184	수출신보제	輸出 信用 保證 制度
4185	수출입	輸出・輸入	4186	수출입은	輸出入 銀行
4187	수출입은	韓國 輸出入 銀行	4188	수태	숱하게
4189	수투위	首都지키기 鬪爭 委員會	4190	수평	水平器
4191	수평	水平棒	4192	수평	수평아리
4193	수폭	水素 爆彈	4194	수표	量手標
4195	수협	水産業 協同組合	4196	수협	水産業 協同組合 中央會
4197	수화력	水力・火力	4198	수훈자회	大韓 武功 殊勳者會
4199	숙갑사	熟素甲紗	4200	숙과	熟實果
4201	숙대	淑明 女子 大學校	4202	숙붙다	도숙붙다
4203	숙소	熟素甲紗	4204	숙주	숙주나물
4205	숙통위	淑明 統一 基金 造成 委員會	4206	순	巡行
4207	순대렐라	淳朴 Cinderella	4208	순로	蓴羹鱸膾
4209	순리	純利益	4210	순면	純綿織物
4211	순익	純利益	4212	순전	순전히
4213	순천	順天命	4214	순편	順歸便
4215	숟갈	숟가락	4216	숟갈질	숟가락질
4217	숟갈총	숟가락총	4218	술	쟁깃술
4219	술어	學術語	4220	술파라치	술 paparazzi
4221	숨박질	숨바꼭질	4222	숲	수풀
4223	쉬	쉬이	4224	슈파라치	supermarket paparazzi

no	축소어형	본어형	no	축소어형	본어형
4225	슈퍼	supermarket	4226	슈퍼연	韓國 supermarket 協同組合 聯合會
4227	슛터링	shoot centering	4228	스냅	snap 寫眞
4229	스냅	snapshot 寫眞	4230	스리쿼터	three-quarter back
4231	스윙커페이션	swing syncopation	4232	스카우트	girl scout
4233	스카우트	boy scout	4234	스카우트연맹	girl scout 聯盟
4235	스카우트연맹	boy scout 聯盟	4236	스카치	scotch whisky
4237	스퀴즈	squeeze play	4238	스키켓	sky etiquette
4239	스타	starcraft	4240	스타크	starcraft
4241	스타팅	statring member	4242	스테이크	beefsteak
4243	스텐	stainless鋼	4244	스텐실	stencil paper
4245	스투	sports today	4246	스트레이트	straight permanent (wave)
4247	스티렌재활용협회	韓國 發泡 styrene 再活用 協會	4248	스파이크	spike shoes
4249	스포테인먼트	sports entertainment	4250	스폰남	sponsor 男
4251	스폰녀	sponsor 女	4252	스폰매니저	sponsor manager
4253	스폰카페	sponsor café	4254	스프	staple fibre
4255	스프직	staple fibre로 짠 織物	4256	스프천	staple fibre로 짠 천
4257	슬그니	슬그머니	4258	슬그미	슬그머니
4259	슬라이드조합	slide 製作業 協同組合	4260	슬생	슬기로운 生活
4261	습수	濕性 咳嗽	4262	습온도	濕度와 溫度
4263	승마협	大韓 乘馬 協會	4264	승압기	昇壓 變壓器
4265	시	市廳	4266	시	直轄市
4267	시	特別市	4268	시각장애인복지회	韓國 視覺 障碍人 福祉會
4269	시경	市 警察局	4270	시경	市 警察廳
4271	시공간적	時間的·空間的	4272	시교위	市 敎育 委員會
4273	시군세	市稅·郡稅	4274	시궁치	시궁발치
4275	시급	時間給	4276	시네마	cinematography
4277	시놉	synobsis	4278	시누	媤누이
4279	시뉘	媤누이	4280	시뉘올케	媤누이올케
4281	시도민	市民과 道民	4282	시도별	市別·道別
4283	시도청	市廳·道廳	4284	시디과	視覺 design學科
4285	시력강화협회	韓國 視力 强化 運動 協會	4286	시력표	視力 檢査表
4287	시립대	서울 市立 大學校	4288	시립대	市立 大學校
4289	시새다	시새우다	4290	시샘	시새움

no	축소어형	본어형	no	축소어형	본어형
4291	시생산	試驗 生産	4292	시설학교	社會 敎育 施設 學校
4293	시시거리다	시시덕거리다	4294	시위	활시위
4295	시은	市中 銀行	4296	시의원	市議會 議員
4297	시의회특위	市議會 地方 自治 發展 特別 委員會	4298	시청각	視覺・聽覺
4299	시축	視準軸	4300	시축	詩畵軸
4301	시치근하다	시척지근하다	4302	시침	시치미
4303	시침	시침질	4304	시침하다	시치름하다
4305	시트콤	situation comedy	4306	시판	市中 販賣
4307	시향	市立 交響樂團	4308	식공과	食品 工學科
4309	식공협	韓國 食品 工業 協會	4310	식관법	食糧 管理法
4311	식덕	食舊德	4312	식료	食事 療法
4313	식약청	食品 醫藥品 安全廳	4314	식영과	食品 營養學科
4315	식유	食用油	4316	식육	食用肉
4317	식음료품	食料品・飮料品	4318	식의학청	食品 醫藥品 安全廳
4319	식파라치	不良 食品 paparazzi	4320	식품연구소	韓國 食品 硏究所
4321	신	腎莖	4322	신	新記錄
4323	신	神明	4324	신	腎臟
4325	신개축	新築・改築	4326	신검	身體檢査
4327	신경화증	腎臟 硬化症	4328	신구간	新刊과 舊刊
4329	신구관	新官・舊官	4330	신구당직자	新黨職者・舊黨職者
4331	신구세계	新世界・舊世界	4332	신구세대	新世代・舊世代
4333	신구식	新式・舊式	4334	신구약	新約・舊約
4335	신구약	新約聖書・舊約聖書	4336	신구주	新株式・舊株式
4337	신금	相互 信用 金庫	4338	신금련	全國 相互 信用 金庫 聯合會
4339	신금연합회	全國 相互 信用 金庫 聯合會	4340	신대	神學大學
4341	신루	蜃氣樓	4342	신마돈나	신나게 마시고 돈 내고 나가자
4343	신문	新聞紙	4344	신문고시	新聞業 不公正 去來 行爲 基準 告示
4345	신문공재배	新聞 共同 配達制	4346	신문방송편집인협	韓國 新聞 放送 編輯人 協會
4347	신문윤리위	韓國 新聞 倫理 委員會	4348	신문협	韓國 新聞 協會
4349	신문협회	韓國 新聞 協會	4350	신민	新民黨
4351	신민당	新民主 聯合黨	4352	신민련	新民主 聯合
4353	신바레이션	신바람 rationalism	4354	신발연	韓國 신발 硏究所
4355	신방과	新聞 放送學科	4356	신방대학원	新聞 放送 大學院

no	축소어형	본어형	no	축소어형	본어형
4357	신방학	新聞 放送學	4358	신보	信用 保證 基金
4359	신보	信用 保險	4360	신보기관	信用 保證 機關
4361	신보기금	信用 保證 基金	4362	신보사	信用 保證 基金 會社
4363	신본관	新館·本館	4364	신불	信用 不良者
4365	신서	新書判	4366	신석	腎臟 結石
4367	신선족	新朝鮮族	4368	신설	伸冤雪恥
4369	신안특허	實用 新案 特許	4370	신야	新野黨
4371	신약	新約 聖書	4372	신용금고	相互信用金庫
4373	신용기금	信用 管理 基金	4374	신용보호법	信用 情報 利用 및 保護에 關한 法律
4375	신재생	新生·再生	4376	신전	新起田
4377	신정	新政黨	4378	신증개축	新築·增築·改築
4379	신증설	新設·增設	4380	신증축	新築·增築
4381	신탁	申申付託	4382	신탁은	서울 信託 銀行
4383	신토불이	신나는 土曜日 불타는 이 밤	4384	신파	新派 演劇
4385	신파라치	新聞 paparazzi	4386	신판	信用 販賣科
4387	신판과	信用 販賣	4388	신팬픽문화	新 fan fiction 文化
4389	신편입	新入·編入	4390	신편입생	新入生·編入生
4391	신품	神品 聖事	4392	신학	新學問
4393	신한련	新韓國 創造를 爲한 市民 聯合	4394	신협	信用 協同組合
4395	신환	新患者	4396	실	室星
4397	실	實業 高等學校	4398	실	失點
4399	실	失策	4400	실고	實業 高等學校
4401	실국장	室長·局長	4402	실대승	實大乘敎
4403	실랑이	실랑이질	4404	실링	ceiling rosette
4405	실명제	金融 實名制	4406	실수	實需要
4407	실업학교	實業 高等學校	4408	실올	실오리
4409	실용특허	實用 新案 特許	4410	실전	實業 專門大學
4411	실파라치	失業 paparazzi	4412	심	審判
4413	심떠깨	쇠심떠깨	4414	심복	心悅誠服
4415	심성	心性情	4416	심원	心猿意馬
4417	심의	審議 (小)委員會	4418	심장재단	韓國 心臟 財團
4419	심평원	健康 保險 審査 評價院	4420	심포	symposium
4421	심포니	symphony orchestra	4422	십계	十誡命
4423	십계	十善戒	4424	십계	十重禁戒

no	축소어형	본어형	no	축소어형	본어형
4425	십상	十常八九	4426	십이륙	十二六 事態
4427	십이십이	十二十二 事態	4428	싱글	single breasted
4429	싱글	single player	4430	싱글	single hit
4431	싱글맘	single 綾綾	4432	싱크족	single income no kids族
4433	싸개	갓싸개	4434	싸개	싸개통
4435	싸대다	싸다니다	4436	싸돌다	싸고돌다
4437	싸라기	싸라기눈	4438	싸락눈	싸라기눈
4439	싸락밥	싸라기밥	4440	싹	싹수
4441	쌀	입쌀	4442	쌀파라치	쌀 paparazzi
4443	쌈	싸움	4444	쌈김치	보쌈김치
4445	쌈꾼	싸움꾼	4446	쌈닭	싸움닭
4447	쌈배	싸움배	4448	쌈장	싸움長
4449	쌈질	싸움질	4450	쌈짓거리	싸움짓거리
4451	쌈터	싸움터	4452	쌈판	싸움판
4453	쌈패	싸움牌	4454	쌍관	雙關法
4455	쌍소켓	雙가지 socket	4456	쌍수	沙羅雙樹
4457	쌍승	雙勝式	4458	쌍식	雙勝式
4459	쌍철	雙線 鐵道	4460	쌔다	싸이다
4461	쌔다	쌓이다	4462	쌩이질	씨양이질
4463	써레꾼	써레질꾼	4464	쏘대다	쏘다니다
4465	쏘시개	불쏘시개	4466	쐬다	쏘이다
4467	쑥밭	쑥대밭	4468	쑥스	쑥스럽다
4469	쑬하다	쑬하다	4470	쓰파라치	쓰레기 paparazzi
4471	쓸까슬다	쓸까스르다	4472	씌다	쓰이다
4473	씨도리	씨도리배추	4474	씨름협	大韓 씨름 協會
4475	씩잖다	씨식잖다	4476	아	阿弗利加 洲
4477	아	亞細亞 洲	4478	아국	阿弗利加 洲 所在 國家
4479	아국	亞細亞 洲 所在 國家	4480	아궁	아궁이
4481	아나	announcer	4482	아나바다	아껴쓰고 나눠쓰고 바꿔쓰고 다시쓰기
4483	아낙	아낙네	4484	아냐	아니야
4485	아녀	兒女子	4486	아뇨	아니오
4487	아대	亞州 大學校	4488	아들애	아들아이
4489	아라족	avatar life 族	4490	아래뻘	손아래뻘
4491	아래채	뜰아래채	4492	아랫도리	아랫도리옷

no	축소어형	본어형	no	축소어형	본어형
4493	아랫동	아랫동아리	4494	아랫말	아랫마을
4495	아래웃말	아래웃마을	4496	아랫방	뜰아랫방
4497	아롱	아롱이	4498	아르헨	Argentina 共和國
4499	아마	amateur	4500	아메린드	American Indian
4501	아무렇다	아무러하다	4502	아무렴	아무려면
4503	아복과	兒童 福祉學科	4504	아부돕바	아끼자, 부지런히 일하자, 돕자, 바르게 살자
4505	아세아여연	亞細亞 女性 問題 硏究所	4506	아수라	阿修羅場
4507	아스랗다	아스라하다	4508	아스콘	asphalt concrete
4509	아어	俄羅斯語	4510	아연	阿片煙
4511	아연술	亞鉛版術	4512	아우트로	outdoor metro
4513	아이	아이고	4514	아이제이	Rhee In Je
4515	아이제이	internet jockey	4516	아점	아침 兼 점심 食事
4517	아주	阿弗利加洲	4518	아주	亞細亞洲
4519	아주신	亞細亞洲 新記錄	4520	아직껏	아직까지
4521	아침	아침밥	4522	아침놀	아침노을
4523	아카데미	academy賞	4524	아카시아꿀	acacia 벌꿀
4525	아크릴	acryl系 纖維	4526	아크릴	acryl酸 樹脂
4527	아태	亞細亞·太平洋	4528	아태계	亞細亞系·太平洋系
4529	아태위	朝鮮 亞細亞 太平洋 平和 委員會	4530	아태재단	亞細亞 太平洋 平和 財團
4531	아태지역	亞細亞·太平洋 地域	4532	아태지역	亞細亞 地域·太平洋 地域
4533	아태차관보	亞細亞 太平洋 擔當 次官補	4534	아태평화위	朝鮮 亞細亞 太平洋 平和 委員會
4535	아태평화재단	亞細亞 太平洋 平和 財團	4536	아티즌	아줌마 netizen
4537	아파스텔	apart officetel	4538	아파트	apartment house
4539	아프간	Afghanistan	4540	아프레	après girls
4541	아프레	aprèsguerre	4542	아흐레	아흐렛날
4543	아흐렛날	初아흐렛날	4544	악	아기
4545	악감	惡感情	4546	악견	惡見處
4547	악단	樂劇團	4548	악대	악대소
4549	악티즌	惡 netizen	4550	악플	惡 reply
4551	악플러	惡 replyer	4552	악플족	惡 reply 族
4553	악플폐인	惡 reply 廢人	4554	안	아니
4555	안	案件	4556	안	안찝

no	축소어형	본어형	no	축소어형	본어형
4557	안	安打	4558	안가	安全 家屋
4559	안경인협	大韓 眼鏡人 協議會	4560	안고름	안옷고름
4561	안과	眼科 病院	4562	안근	眼球筋
4563	안기부	安企部長	4564	안달이	안달뱅이
4565	안면통	顔面 神經痛	4566	안보	安全 保障
4567	안보리	國際 聯合 安全 保障 理事會	4568	안보리국	國際 聯合 安全 保障 理事國
4569	안보이사회	國際 聯合 安全 保障 理事會	4570	안보조정회의	統一 安保 政策 調停 會議
4571	안보협	多者間 安保 協力	4572	안사	安樂死
4573	안살림	안살림살이	4574	안식산	安息香酸
4575	안실련	安全 生活 實踐 市民 聯合	4576	안양	安養淨土
4577	안장	안겉張	4578	안전공단	交通 安全 振興 公團
4579	안전공단	韓國 産業 安全 公團	4580	안전기획부	國家 安全 企劃部
4581	안전협회	道路 交通 安全 協會	4582	안정제	神經 安靜劑
4583	안정제	精神 安靜劑	4584	안쥔	안主人
4585	안티즌	anti netizen	4586	안항라	安州亢羅
4587	않다	아니하다	4588	알로하	aloha shirt
4589	알롱	알롱이	4590	알바	Arbeit
4591	알쏭하다	아리송하다	4592	알찌근하다	알짝지근하다
4593	암	아무려면	4594	암	아무렴
4595	암나귀	암탕나귀	4596	암말	아무 말
4597	암색	暗中摸索	4598	암약	暗中飛躍
4599	암장	암벽장	4600	암커나	아무러하거나
4601	암튼	아무튼	4602	암평	암평아리
4603	압	花押	4604	압정	壓制政治
4605	앗줄	아딧줄	4606	앙금	鴛鴦衾
4607	앞뒷문	앞門·뒷門	4608	앞뒷집	앞집·뒷집
4609	앞말	앞마을	4610	애	아이
4611	애	埃及	4612	애꾸	애꾸눈
4613	애꾸	애꾸눈이	4614	애낳이	아이낳이
4615	애년	아이년	4616	애놈	아이놈
4617	애니	animation	4618	애빨래	애벌빨래
4619	애아버지	아이아버지	4620	애아범	아이아범
4621	애아비	아이아비	4622	애어머니	아이어머니
4623	애어멈	아이어멈	4624	애어미	아이어미
4625	애청회	愛國 靑年 學生會	4626	애최	애初에

no	축소어형	본어형	no	축소어형	본어형
4627	애학투	愛國 學生 鬪爭 聯合	4628	애훼	哀毀骨立
4629	액	扁額	4630	액땜	厄때움
4631	액면	額面 價格	4632	액산	液體 酸素
4633	액산폭약	液體 酸素 爆藥	4634	액원	賜額 書院
4635	액티즌	action citizen	4636	앰프	amplifier
4637	앰하다	애매하다	4638	앵커	anchor man
4639	앵커	anchor woman	4640	야	野圈
4641	야	野黨	4642	야	野黨圈
4643	야간	夜間部	4644	야간	夜間 學校
4645	야경	夜三更	4646	야공	夜間 攻擊
4647	야공단	野戰 工兵團	4648	야구협	大韓 野球 協會
4649	야권	野黨圈	4650	야근	夜間勤務
4651	야동	야한 動映像	4652	야사	야한 寫眞
4653	야살이	야살쟁이	4654	야선	野手 選擇
4655	야설	야한 小說	4656	야업	夜間 作業
4657	야자	夜間 自律 學習	4658	야전	夜間 戰鬪
4659	야제	夜啼病	4660	야타족	"야, 이 車에 타." 族
4661	야통추위	野圈 統合 推進 委員會	4662	야통추위	野黨圈 統合 推進 委員會
4663	야팅	야외 미팅	4664	야포	野戰砲
4665	야포병	野戰砲兵	4666	야표	野黨 支持票
4667	야학	夜間 學校	4668	약	省略
4669	약대	藥學 大學	4670	약료	藥材料
4671	약사회	大韓 藥師會	4672	약손	藥손가락
4673	약재	藥材料	4674	약전	大韓藥典
4675	양	갓양태	4676	양	局量
4677	양	分量	4678	양	食量
4679	양	陽極	4680	양곡가공협회	韓國 糧穀 加工 協會
4681	양국	西洋國	4682	양귀	西洋 鬼神
4683	양김	兩 金 氏	4684	양도	大洋島
4685	양도세	讓渡 所得稅	4686	양득	一擧兩得
4687	양력	太陽曆	4688	양밀	洋밀가루
4689	양배전	養正 高等學校·培材 高等 學校 rugby 定期戰	4690	양사	西洋絲
4691	양산	大量 生産	4692	양성	陽性 反應
4693	양성평등교육원	韓國 兩性 平等 敎育 振興院	4694	양성평등제	兩性 平等 採用 目標制

no	축소어형	본어형	no	축소어형	본어형
4695	양식	西洋式	4696	양아치	동냥아치
4697	양악	西洋 音樂	4698	양안	洋鞍裝
4699	양여금	地方 讓與金	4700	양요리	西洋 料理
4701	양위탕	人參養胃湯	4702	양은	洋銀錢
4703	양인	西洋人	4704	양전	陽性 轉移
4705	양전	洋銀錢	4706	양전	陽電氣
4707	양정	食糧 政策	4708	양정	糧穀 政策
4709	양증	傷寒陽症	4710	양태	갓양태
4711	양판점협	韓國 家電 量販店 協會	4712	양풍	西洋風
4713	양한방	洋方·韓方	4714	양호	羊毫筆
4715	양화	西洋畵	4716	양회공업협회	韓國 洋灰 工業 協會
4717	얘	이 아이	4718	얘	이 애
4719	얘기	이야기	4720	얘기꾼	이야기꾼
4721	얘기책	이야기冊	4722	얘기판	이야기판
4723	얘기하다	이야기하다	4724	얘깃거리	이야깃거리
4725	얘깃주머니	이야깃주머니	4726	어데	어디에
4727	어때	어떠해	4728	어떻다	어떠하다
4729	어레	어려이	4730	어뢰	魚形 水雷
4731	어룽	어룽이	4732	어르다	어우르다
4733	어르신	어르신네	4734	어리	漁父之利
4735	어린애	어린아이	4736	어린이안전협	어린이 交通安全 協會
4737	어린이육영회	韓國 어린이 育英會	4738	어린이재단	韓國 어린이 財團
4739	어마하다	어마어마하다	4740	어목	魚目燕石
4741	어문학	語學·文學	4742	어반하다	於相半하다
4743	어사	暗行御史	4744	어상하다	於相半하다
4745	어선협회	韓國 漁船 協會	4746	어시	魚市場
4747	어언	於焉間	4748	어염	어여머리
4749	어정	어정잡이	4750	어쩜	어쩌면
4751	어차피	於此於彼	4752	어탐	魚群探知機
4753	어피	鯊魚皮	4754	어학	言語學
4755	어회	魚山會	4756	언개련	言論 改革 市民 連帶
4757	언권	發言權	4758	언기법	言論 基本法
4759	언노련	全國 言論 勞動組合 聯盟	4760	언더	under par
4761	언락	言樂時調	4762	언로련	全國 言論 勞動組合 聯盟
4763	언론	言論 機關	4764	언론노련	全國 言論 勞動組合 聯盟

no	축소어형	본어형	no	축소어형	본어형
4765	언론노련	全國 言論社 勞動組合 聯盟	4766	언어	言語 領域
4767	언협	民主 言論 運動 協議會	4768	언협	言論 出版 協議會
4769	얼	언걸	4770	얼간	얼간이
4771	얼결	얼떨결	4772	얼룩지다	어루러기지다
4773	얼룽	얼룽이	4774	얼리다	어울리다
4775	얼마큼	얼마만큼	4776	얼먹다	언걸먹다
4777	얼붙다	얼어붙다	4778	얼짱	얼굴 짱
4779	얼토당토않다	얼토당토아니하다	4780	엄마	엄살 부리지 마
4781	엄부렁하다	엄범부렁하다	4782	엄지	엄지발가락
4783	엄지	엄지손가락	4784	엄지발	엄지발가락
4785	엄지손	엄지손가락	4786	업	職業
4787	업글	upgrade	4788	업글병	업그레이드 병
4789	업심	업신여김	4790	업자	當業者
4791	업종회의	全國 業種 勞動組合 會議	4792	엇매끼다	어긋매끼다
4793	엇물다	어긋물다	4794	엇물리다	어긋물리다
4795	엇바뀌다	엇바꾸이다	4796	엉키다	엉클어지다
4797	엊그제	엊그저께	4798	엊빠르다	어지빠르다
4799	엊저녁	어제저녁	4800	엎누르다	엎어누르다
4801	엎더지다	엎드러지다	4802	엎디다	엎드리다
4803	에관공	energy 管理 公團	4804	에기연	韓國 energy 技術 研究所
4805	에다	에우다	4806	에다	에이다
4807	에어로빅	aerobic dance	4808	에어컨	air conditioner
4809	에어컨옷	air conditioner 옷	4810	에어텔	air hotel
4811	에이즈	Ai, Deoreoun. Saekki	4812	에쿠	에쿠나
4813	에크	에크나	4814	엑	에기
4815	엑스게임	extreme game	4816	엔간하다	어연간하다
4817	엔세대	Network 世代	4818	엘파라치	LPG paparazzi
4819	엘피	LP盤	4820	엠제이	Jung Mongjun
4821	엠케이	Jung Mongku	4822	여	與圈
4823	여	여기	4824	여	與黨
4825	여	女性	4826	여경총	韓國 女性 經營者 總協會
4827	여경협	韓國 女性 經濟人 協會	4828	여고	女子 高等 學校
4829	여고보	女子 高等 普通 學校	4830	여고부	女子 高等學生部
4831	여공	女職工	4832	여국	女子 國民學生
4833	여국부	女子 國民學生部	4834	여권	與黨圈

no	축소어형	본어형	no	축소어형	본어형
4835	여남	여남은	4836	여노회	韓國 女性 勞動者會
4837	여단	女子 單式 競技	4838	여단식	女子 單式 競技
4839	여단체	女子 團體 競技	4840	여대	高麗 時代
4841	여대	女子 大學	4842	여대	女子 大學校
4843	여대부	女子 大學部	4844	여대생	女子 大學 學生
4845	여대협	서울 地域 女學生 代表者 協議會	4846	여드레	여드렛날
4847	여드레	初여드렛날	4848	여드렛날	初여드렛날
4849	여래	釋迦牟尼如來	4850	여련	韓國 女性 團體 聯合
4851	여로회	韓國 女性 勞動者會	4852	여맹	朝鮮 民主 女性 同盟
4853	여맹	民主 女性 同盟	4854	여물박	여물바가지
4855	여보	여기 봐요	4856	여보	女子 Rambo
4857	여복	女子 複式 競技	4858	여복식	女子 複式 競技
4859	여봅시오	여보십시오	4860	여사	女子 師範學校
4861	여사대	女子 師範 大學	4862	여상	女子 商業 高等學校
4863	여생도	女子 生徒	4864	여성	女性部
4865	여성	女性部 長官	4866	여성개발원	韓國 女性 開發院
4867	여성연합	韓國 女性 團體 聯合	4868	여성특위	女性 問題 特別 委員會
4869	여수신	與信·受信	4870	여순	麗水·順天
4871	여시	엿방망이	4872	여실	女子 實業 高等學校
4873	여실고	女子 實業 高等學校	4874	여실업	女子 實業 team
4875	여야	與圈·野圈	4876	여야	與黨·野黨
4877	여야당	與黨·野黨	4878	여야정	與黨·野黨·政府
4879	여약사회	全國 女子 藥師會	4880	여요	高麗 歌謠
4881	여우	女俳優	4882	여우사이	여기서 우리의 사랑을 이야기하자
4883	여의사회	韓國 女子 醫師會	4884	여의전	女子 醫學 專門學校
4885	여일반	女子 一般部	4886	여자애	女子아이
4887	여전	女性의 電話	4888	여전	女子 專門學校
4889	여조	高麗 王朝	4890	여종고	女子 綜合 高等學校
4891	여중	女子 中學校	4892	여중고	女子 中學校·女子 高等學校
4893	여중부	女子 中學生部	4894	여직원	女子 職員
4895	여친	女子 親舊	4896	여티즌	女子 netizen
4897	여표	與黨 支持票	4898	여협	女性 團體 協議會

no	축소어형	본어형	no	축소어형	본어형
4899	여협	女性 神學者 協議會	4900	여형사	女子 刑事
4901	역광	逆光線	4902	역도연맹	大韓 力道 聯盟
4903	역말	驛 마을	4904	역전층	氣溫 逆轉層
4905	연	硏究 center	4906	연	硏究所
4907	연	硏究員	4908	연	硏究 委員會
4909	연	硏究會	4910	연	聯盟
4911	연	聯合	4912	연	聯合會
4913	연가	年少者 觀覽 可能	4914	연경중질	軟質·硬質·中質
4915	연고	緣故者	4916	연고	延世 大學校·高麗 大學校
4917	연고	限年雇工	4918	연고대	延世 大學校·高麗 大學校
4919	연고전	延世 大學校 對 高麗 大學校 競技	4920	연공임금	年功 序列型 賃金
4921	연군	聯合軍	4922	연극협	韓國 演劇 協會
4923	연기금	國民 年金 基金	4924	연기금	年金·基金
4925	연대	延世 大學校	4926	연대	蓮花臺
4927	연립	聯立 住宅	4928	연번	一連 番號
4929	연불	年少者 觀覽 不可	4930	연비	燃料 消費率
4931	연사	練祭祀	4932	연사모	延世 사랑 작은 實踐 모임
4933	연수	延年益壽	4934	연승	連勝式
4935	연식	連勝式	4936	연신원	聯合 神學 大學院
4937	연애혼	戀愛 結婚	4938	연영과	演劇 映畫科
4939	연장	連將軍	4940	연전노협	硏究·專門 技術職 勞動組合 協會
4941	연정	聯立 政府	4942	연제	練祭祀
4943	연제협	韓國 演藝 製作者 協會	4944	연좌	蓮花座
4945	연주	聯珠詩	4946	연주	連珠瘡
4947	연준	聯邦 準備 制度 理事會	4948	연차	聯名 箚子
4949	연차	年次 休暇	4950	연차휴가	年次 有給 休暇
4951	연청	새 時代 새 政治 聯合 靑年會	4952	연학	硏究所·大學
4953	연합고사	高等學校 入學 資格 聯合考査	4954	연합사	聯合 司令部
4955	연합사	韓美 聯合 司令部	4956	연휴	年次 有給 休暇
4957	열관리협회	韓國 熱 管理 施工 協會	4958	열구자	悅口子湯
4959	열린당	열린 우리 黨	4960	열연	熱間 壓延
4961	열우당	열린 우리 黨	4962	열지	熱帶 地方
4963	열차	열중 쉬어, 차려	4964	열흘	열흘날

no	축소어형	본어형	no	축소어형	본어형
4965	열흘날	初열흘날	4966	염	殮襲
4967	염병	傳染病	4968	염집	閭閻집
4969	염토	鹽化 土壤	4970	엽기즌	獵奇 citizen
4971	엽서	그림葉書	4972	엽서	郵便葉書
4973	엽쇼	여보시오	4974	엿방망이	엿죽방망이
4975	엿새	엿샛날	4976	엿샛날	初엿샛날
4977	엿죽	엿죽방망이	4978	영	命令
4979	영	法令	4980	영	神靈
4981	영	藥令	4982	영	英國
4983	영	英語	4984	영	永永
4985	영	靈魂	4986	영	이엉
4987	영교	英才 敎育	4988	영답	影位畓
4989	영대	嶺南 大學校	4990	영등위	映像物 等級 委員會
4991	영따	永遠히 따돌림을 받는 사람	4992	영문학과	英語 英文學科
4993	영사모	우리 映畵를 사랑하는 사람들의 모임	4994	영산회상	靈山會相曲
4995	영서	靈犀一點通	4996	영양사회	大韓 營養士會
4997	영업용	營業用車	4998	영유아	嬰兒·幼兒
4999	영을선거	永登浦 乙 地區 再選擧	5000	영을재선거	永登浦 乙 地區 再選擧
5001	영자	英文字	5002	영작	英作文
5003	영장이	이엉장이	5004	영진공	映畵 振興 公社
5005	영진위	映畵 振興 委員會	5006	영평상	韓國 映畵 評論家賞
5007	영한	英語·韓國語	5008	영협	韓國 映畵人 協會
5009	영호남	嶺南·湖南	5010	예	敬禮
5011	예	여기	5012	예	禮法
5013	예	禮式	5014	예	前例
5015	예결	豫算·決算	5016	예결선	豫選·決選
5017	예결위	國會 豫算 決算 特別 委員會	5018	예결위	豫算 決算 審議 委員會
5019	예고	藝術 高等學校	5020	예금준비율	預金 支給 準備率
5021	예다제다	여기다가 저기다가	5022	예대	預金·貸出
5023	예대	藝術 大學	5024	예대출	預金·貸出
5025	예랭기	豫備 冷却機	5026	예련	豫備役 聯合 동아리
5027	예보	預金 保險 公社	5028	예보료	預金 保險料
5029	예비고사	大學 入學 豫備考査	5030	예비군	鄕土 豫備軍
5031	예산처	企劃 豫算處	5032	예서	여기서

no	축소어형	본어형	no	축소어형	본어형
5033	예술가	豫備 술집 가시내	5034	예술실연자련	韓國 藝術 實演者 團體 聯合會
5035	예술평론가협	韓國 藝術 評論家 協議會	5036	예술협	大韓民國 藝術 協會
5037	예시	豫備 試驗	5038	예연실	豫備 燃燒室
5039	예장	大韓 예수敎 長老會	5040	예적금	預金·積金
5041	예전	藝術 專門學校	5042	예전대	藝術 專門大學
5043	예종	韓國 藝術 綜合 學校	5044	예체능	藝能·體能
5045	예총	韓國 藝術 文化 團體 總聯合	5046	예탁원	證券 預託院
5047	예흥	韓國 公演 藝術 振興會	5048	오	墺地利
5049	오	올	5050	오갈	오가리
5051	오경	烏水鏡	5052	오계	烏骨鷄
5053	오공	第五 共和國	5054	오금	팔오금
5055	오금	한오금	5056	오남용	誤用·濫用
5057	오누	오누이	5058	오뉘	오누이
5059	오뉴월	五月·六月	5060	오늘	오늘날
5061	오더	batting order	5062	오도민련	以北 五 道民 聯合會
5063	오돔	오도미	5064	오동	오동나무
5065	오되다	올되다	5066	오락	誤字落書
5067	오랍	오라비	5068	오랜만	오래간만
5069	오륙도	五十 六歲까지 會社에 남아 있으면 도둑	5070	오른발목	오른쪽 발목
5071	오른엄지	오른손 엄지가락	5072	오른짝	오른便짝
5073	오름길	오르막길	5074	오막	오두幕
5075	오민련	五一八 光州 民衆 抗爭 聯合	5076	오버	overcoat
5077	오복하다	오보록하다	5078	오불덮밥	오징어·(돼지) 불고기 덮밥
5079	오삼	오징어 三겹살	5080	오삼불고기	오징어·三겹살 불고기
5081	오율	五言 律詩	5082	오일육	五一六 軍事 革命
5083	오일테크	oil technology	5084	오일팔	五一八 光州 民主化 抗爭
5085	오절	五言 絕句	5086	오젓	오사리젓
5087	오주	五大洲	5088	오지	오지 그릇
5089	오지	오짓물	5090	오지다	오달지다
5091	오출모	오늘의 出版을 생각하는 모임	5092	오토바이	auto 자전거
5093	오티	orientation	5094	오폐수	汚水·廢水
5095	오피스	office building	5096	오피스텔	office hotel
5097	오항동	五一八 光州民衆 抗爭 同志會	5098	옥고	屋塔房 고양이
5099	옥동	玉童子	5100	옥떨메	屋上에서 떨어진 메주

no	축소어형	본어형	no	축소어형	본어형
5101	옥살이	監獄살이	5102	옥소	玉洞簫
5103	옥장사	오그랑장사	5104	옥정	沃度丁幾
5105	옥제	玉皇上帝	5106	옥황	玉皇上帝
5107	온	오너라	5108	온감	溫度感覺
5109	온냉방	溫房·冷房	5110	온오프	on-line·off-line
5111	온오프라인	on-line·off-line	5112	온천	溫泉場
5113	올	올해	5114	올림픽	Olympic競技
5115	올림픽도로	八八 Olympic 高速道路	5116	올림픽위원회	大韓 Olympic 委員會
5117	올지다	오달지다	5118	옴	옴쌀
5119	옴치다	옴츠리다	5120	옹배기	옹자배기
5121	옹성	鐵甕山城	5122	옹솥	옹달솥
5123	옹시루	옹달시루	5124	옹차다	옹골차다
5125	옹하다	甕拙하다	5126	옹하다	옹종하다
5127	와사	口眼斜	5128	와사모	映畵 'Waikiki brothers'를 사랑하는 사람들의 모임
5129	와이	Y.M.C.A	5130	와이에스	Kim young sam
5131	완본	完帙本	5132	완사	完全한 사랑
5133	완행	緩行列車	5134	완행차	緩行列車
5135	왕대	王朝 時代	5136	왜	倭國
5137	왜나면	왜나하면	5138	왜밀	倭밀기름
5139	왜짠지	倭무짠지	5140	외	오이
5141	외감	外部 感覺	5142	외감	外部 監査
5143	외감법	外部監査에 관한 法律	5144	외고	外國語 高等學校
5145	외과	外科 病院	5146	외교	外交 通商部
5147	외교	外交 通商部 長官	5148	외교부	外交 通商部
5149	외교수석	靑瓦臺 外交 安保 首席	5150	외교협회	韓國 外交 協會
5151	외국어	外國語 領域	5152	외국환	外國換 어음
5153	외김치	오이김치	5154	외나물	오이나물
5155	외다	외우다	5156	외대	韓國 外國語 大學校
5157	외동	외동딸	5158	외동	외동무니
5159	외동	외동아들	5160	외동발	외동바리
5161	외등	屋外燈	5162	외래	外來 患者
5163	외려	오히려	5164	외력	外的 營力

no	축소어형	본어형	no	축소어형	본어형
5165	외로공대위	外國人 移住 勞動者 强制 追放 反對, 研修 制度 撤廢 및 人權 保障을 爲한 共同 對策 委員會	5166	외로센터	外國人 移住 勞動者 綜合 支援 center
5167	외로위	外國人 移住 勞動者 共同 對策 委員會	5168	외로협	外國人 移住 勞動者 對策 協議會
5169	외마치	외마치장단	5170	외목	외길목
5171	외목	외목장사	5172	외무	外務部
5173	외무	外務部 長官	5174	외무름	오이무름
5175	외미	外國米	5176	외사	서울 外國人 保護 事務室
5177	외사계	外國人 搜査係	5178	외사촌	外從 四寸
5179	외산	外國産	5180	외삽	外部 插入
5181	외상	外國 商社	5182	외서	外家書
5183	외서	外國 圖書	5184	외선	外國船
5185	외소박이	오이소박이	5186	외수	外國人 專用 受益 證券
5187	외시	外務 考試	5188	외식	外國式
5189	외씨	오이씨	5190	외압	外部 壓力
5191	외야	外野席	5192	외야	外野手
5193	외약	外用藥	5194	외양	畏養間
5195	외원단체	外國 民間 援助 團體	5196	외은	外國 畏養間
5197	외인	外國人	5198	외자	外國 資本
5199	외자기업	外國人 投資 多國籍 企業	5200	외접형	外接 多角形
5201	외제	外國製	5202	외조	外祖父
5203	외종	外從 四寸	5204	외지	오이지
5205	외채	外國債	5206	외출입	外出과 出入
5207	외톨	외돌토리	5208	외톨이	외돌토리
5209	외통	國會 外務 統一 委員會	5210	외통부	外交 通商部
5211	외통위	國會 外務 統一 委員會	5212	외투	外國人 投資
5213	외평	外國換 平衡 債券	5214	외평채	外國換 平衡 基金 債券
5215	외화	外國 映畫	5216	외화	外國 貨幣
5217	외화지준	外貨 預金 支給 準備	5218	외환	外國換
5219	외환	外國換 어음	5220	외환관리법	外國換 管理法
5221	욎질	외옥질	5222	왼무릎	왼쪽 무릎
5223	왼발목	왼쪽 발목	5224	왼짝	왼便짝
5225	요거	요것	5226	요게	요것이

no	축소어형	본어형	no	축소어형	본어형
5227	요구불	要求拂 預金	5228	요깟	요까짓
5229	요담	요다음	5230	요렇다	요러하다
5231	요마큼	요만큼	5232	요새	요사이
5233	요식업중앙회	大韓 料食業 中央會	5234	요즘	요즈음
5235	요차	療飢次	5236	요충	要衝地
5237	요파라치	料食業 paparazzi	5238	요해	要害處
5239	욕	辱說	5240	욕실	沐浴室
5241	욕탕	沐浴湯	5242	욕통	沐浴桶
5243	욕티즌	辱說 netizen	5244	용	鹿茸
5245	용뇌	龍腦樹	5246	용뇌	龍腦香
5247	용련균	溶血性 連鎖 球菌	5248	용달	用達車
5249	용산랜드	龍山 電子 land	5250	우	右翼手
5251	우	郵便 番號	5252	우군	右翼軍
5253	우레탄	urethane 樹脂	5254	우료	郵便 料金
5255	우리당	열린 우리 黨	5256	우마차	牛車·馬車
5257	우뭇가시	우뭇가사리	5258	우북하다	우부룩하다
5259	우비	右翼手 fly out	5260	우선	右翼手 線上
5261	우선	郵便船	5262	우수	우수리
5263	우심깜뽀	우리 심심한데 깜깜한 데서 뽀뽀나 할까?	5264	우안	右翼手 安打
5265	우익	右翼手	5266	우정진흥회	郵政 事業 振興會
5267	우제	舞雩祭	5268	우중	偶爾得中
5269	우중	右翼手 中越	5270	우중홈	右翼手 中越 home run
5271	우즈베크공	Uzbekistan 共和國	5272	우크라	Ukraina
5273	우탄	屠牛坦	5274	우호동맹조약	友好 同盟 相互 援助 條約
5275	우화	羽化登仙	5276	우희	右翼手 犧牲 fly
5277	운	運動場	5278	운	運數
5279	운	韻字	5280	운기사	運轉技士
5281	운수	雲水僧	5282	울	神鬱
5283	울	우리1	5284	울	우리2
5285	울	울타리	5286	울창	鬱鬯酒
5287	울창하다	鬱鬱蒼蒼하다	5288	움치다	움츠리다
5289	웃기	웃기떡	5290	웃삽맨	'웃으며 삽시다' men
5291	웃찾사	웃음을 찾는 사람들	5292	웅변	雄辯家
5293	웅변인협회	大韓 雄辯人 協會	5294	웅황	石雄黃

no	축소어형	본어형	no	축소어형	본어형
5295	워	우어	5296	워드	word processor
5297	워워	우어우어	5298	워크테인먼트	work entertainment
5299	원	開發院	5300	원	孤兒院
5301	원	養老院	5302	원	硏究院
5303	원	藝術院	5304	원	워낙
5305	원	怨望	5306	원	怨恨
5307	원	원貨	5308	원	幼稚園
5309	원	振興院	5310	원	學院
5311	원고지	原稿用紙	5312	원당	原料糖
5313	원대	圓光 大學校	5314	원본	原刊本
5315	원사연구원	韓國 原絲 織物 硏究院	5316	원생	學院生
5317	원수	國家 元首	5318	원안	遠視眼
5319	원자력연구소	韓國 原子力 硏究所	5320	원자력재단	韓國 原子力 文化 財團
5321	원자력협	韓國 原子力 協會	5322	원전	原子力 發電所
5323	원점	遠日點	5324	원주	原住所
5325	원진	元嗔煞	5326	원총	大學院 總學生會
5327	원폭	原子 爆彈	5328	원폭전	原子 爆彈 戰爭
5329	원항	遠洋 航海	5330	월	越南
5331	월	月曜日	5332	월계	月桂樹
5333	월남용사후원회	越南 歸順 勇士 後援會	5334	월년초	越年生 草本
5335	월드컵위	(2003 FIFA World Cup 韓國/日本) 韓國 組織 委員會	5336	월로	月下老人
5337	월맹	越南 民主 同盟	5338	월봉	月棒 chart
5339	월수	月收入	5340	월요	火曜日
5341	월차	月次 休暇	5342	월차휴가	月次 有給 休暇
5343	월화요일	月曜日·火曜日	5344	웜	Worm Virus
5345	웨이브	wave permanent	5346	웨이스트	waiste line
5347	웬만하다	偶然만하다	5348	웹동	web 同好會
5349	웹진	web magazine	5350	웹캠	web camera
5351	위	對策 委員會	5352	위	審議 委員會
5353	위	胃經	5354	위	緯度
5355	위	衛星 放送	5356	위	委員會
5357	위	執行 委員會	5358	위	推進 委員會
5359	위권	赤緯等圈	5360	위답	位土畓
5361	위문서	僞造文書	5362	위법	委員會法

no	축소어형	본어형	no	축소어형	본어형
5363	위변조	僞造·變造	5364	위서	僞造文書
5365	위선	爲先事	5366	위성	人工衛星
5367	위성국	衛星 國家	5368	위성유선방송	衛星 放送·有線 放送
5369	위수탁	委託과 受託	5370	위십이지장궤양	胃潰瘍·十二指腸潰瘍
5371	위장	對策 委員會 委員長	5372	위장	審議 委員會 委員長
5373	위장	委員長	5374	위장	委員會 委員長
5375	위장	執行 委員會 委員長	5376	위장	推進 委員會 委員長
5377	위전	位土田	5378	위토	墓位土
5379	위판	委託 販賣	5380	위판장	委託 販賣場
5381	위포	韋帶布衣	5382	윈도	show window
5383	윗동	윗동아리	5384	유	類槪念
5385	유가협	民主化 運動 遺家族 協議會	5386	유개공	韓國 石油 開發 公社
5387	유개화차	有蓋 貨物車	5388	유고	Yugoslavia
5389	유과	油蜜果	5390	유관식물	維管束 植物
5391	유관식물	有管 有胚 植物	5392	유권자연맹	韓國 女性 有權者 聯盟
5393	유기	有期限	5394	유기물	有機 化合物
5395	유년	流年四柱	5396	유독물협회	有毒物 管理 協會
5397	유라시아	Europe Asia	5398	유리	流離漂泊
5399	유무명	有名·無名	5400	유무상	有償·無償
5401	유무선	有線·無線	5402	유무해	有害·無害
5403	유무형	有形·無形	5404	유병	遊擊手 倂殺
5405	유복	有服之親	5406	유복친	有服之親
5407	유불리	有利·不利	5408	유상신청	有償 增資 申請
5409	유색인	有色 人種	5410	유선방송위	綜合 有線 放送 委員會
5411	유소년	幼年과 少年	5412	유소년	幼年·少年
5413	유스호스텔연	韓國 youth hostel 聯盟	5414	유아독존	天上天下 唯我獨尊
5415	유안	遊擊手 安打	5416	유예	遊於豫
5417	유예	執行 猶豫	5418	유유아	乳兒·幼兒
5419	유유아식	乳兒食·幼兒食	5420	유자	遊休 資本
5421	유정	有頂天	5422	유직	遊擊手 直球
5423	유통공사	農水産物 流通 公社	5424	유통소위	流通構造 改善 對策 小委員會
5425	유통정보센터	韓國 流通 情報 center	5426	유티즌	Ubiquitous netizen
5427	유포터	Ubiquitous reporter	5428	유화	石油 化學
5429	유흥세	遊興 飮食稅	5430	육	陸軍
5431	육	肉身	5432	육	肉體

no	축소어형	본어형	no	축소어형	본어형
5433	육감	第六感	5434	육갑	六十甲子
5435	육공	第六 共和國	5436	육도	大陸島
5437	육련	大韓 陸上 競技 聯盟	5438	육밀리	六 millimetre camera
5439	육본	陸軍 本部	5440	육붙이	肉味붙이
5441	육사	陸軍 士官學校	5442	육산	陸産物
5443	육상	陸上 競技	5444	육상련	大韓 陸上 競技 聯盟
5445	육상련	陸上 競技 聯盟	5446	육이오	六十二 歲까지 職場에 남아 있으면 五敵
5447	육이오	六二五 戰爭	5448	육종	陸軍 綜合 學校
5449	육참	陸軍 參謀	5450	육참	陸軍 參謀 總長
5451	육해공	陸軍・海軍・空軍	5452	육해공군	陸軍・海軍・空軍
5453	육해군	陸軍・海軍	5454	육해병	陸軍・海兵
5455	윤리위	國會 公職者 倫理 委員會	5456	윤리위	倫理 特別 委員會
5457	윤리위	韓國 刊行物 倫理 委員會	5458	윤선	火輪船
5459	윤전기	輪轉 印刷機	5460	윤필	潤筆料
5461	율	比率	5462	율	六律
5463	율	律宗	5464	율	音律
5465	율도파	栗田 圖書館派	5466	율동	律動 體操
5467	융점	融解點	5468	은	銀medal
5469	은	銀行	5470	은감원	銀行 監督院
5471	은닉죄	犯人 隱匿罪	5472	은따	隱密히 따돌림을 받는 사람
5473	은본위	銀 本位制	5474	은행연합회	全國 銀行 聯合會
5475	을배세	乙種 配當 利子 所得稅	5476	음	陰極
5477	음	太陰曆	5478	음대	音樂 大學
5479	음력	太陰曆	5480	음반협회	韓國 音盤 産業 協會
5481	음성	陰性 反應	5482	음악협	韓國 音樂 協會
5483	음자	表音 文字	5484	음제협	韓國 音源 製作者 協會
5485	음증	傷寒陰症	5486	읍	邑內
5487	응둥이	응석둥이	5488	응변	臨機應變
5489	응용통계연구소	韓國 應用 統計 研究所	5490	응지다	응어리지다
5491	의	情誼	5492	의	册衣
5493	의가	醫術家	5494	의걸이	衣걸이欌
5495	의경	義務 警察	5496	의당	宜當當
5497	의대	醫科 大學	5498	의대협	醫科 大學生會 協議會
5499	의례	依前例	5500	의료관리연구원	韓國 醫療 管理 研究院

no	축소어형	본어형	no	축소어형	본어형
5501	의문사위	疑問詞 眞想 糾明 委員會	5502	의박	醫學 博士
5503	의발특위	醫療 制度 發展 特別 委員會	5504	의법	醫療 保護法
5505	의보	醫療 保險	5506	의보공단	醫療 保險 管理 公團
5507	의보련	醫療 保險 聯合會	5508	의보료	醫療 保險料
5509	의보법	醫療 保險法	5510	의보증	醫療 保險證
5511	의사협회	大韓 醫師 協會	5512	의수족	義手・義足
5513	의약사	醫師・藥師	5514	의원	國會議員
5515	의자	表意 文字	5516	의전	醫學 專門學校
5517	의정	議會 政治	5518	의중인	意中之人
5519	의총	議員 總會	5520	의파라치	醫療 paparazzi
5521	의학연구소	韓國 醫學 研究所	5522	의협	大韓 醫學 協會
5523	이	이것	5524	이	Israel
5525	이	伊太利	5526	이거	이것
5527	이공	理學・工學	5528	이국민	Electronic 國民
5529	이급제	二級 選擧制	5530	이기자	Electronic 記者
5531	이깟	이까짓	5532	이남	北緯 三十八度線 以南
5533	이담	이 다음	5534	이대	梨花 女子 大學校
5535	이두한백	李白・杜甫・韓愈・白居易	5536	이디피에스	淫談悖說(EDPS)
5537	이따	이따가	5538	이라인	李承晩 line
5539	이락	利落 價格	5540	이락	利息落
5541	이락	利子落	5542	이럭하다	이렇게 하다
5543	이렇다	이러하다	5544	이레	이렛날
5545	이렛날	初이렛날	5546	이로너라	이리 오너라
5547	이를테면	이를터이면	5548	이리다	이리하다
5549	이리온	이리 오너라	5550	이마	이맛돌
5551	이마	이맛전	5552	이마큼	이만큼
5553	이말삼초	二 學年 末 三 學年 初	5554	이모	二毛之年
5555	이미용	理容・美容	5556	이미용료	理容料・美容料
5557	이박	理學 博士	5558	이병	二等兵
5559	이북	北緯 三十八度線 以北	5560	이비인후과	耳鼻咽喉科 病院
5561	이사주	履歷書・寫眞・住民 登錄證	5562	이산가족재회추진회	一千萬 離嫁族 再會 推進會
5563	이새	이사이	5564	이석	理學 碩士
5565	이세	二世國民	5566	이수	이수도
5567	이십사기	二十四節氣	5568	이십사번풍	二十四番花信風

no	축소어형	본어형	no	축소어형	본어형
5569	이십사절	二十四節氣	5570	이양	頤神養性
5571	이언어	Electronic 言語	5572	이업종련	全國 異業種 交流 聯合會
5573	이왕	이왕에	5574	이웃사랑회	韓國 이웃 사랑會
5575	이저리	이리저리	5576	이제	伯夷·叔齊
5577	이조	利子條	5578	이종	姨從 四寸
5579	이즘	이즈음	5580	이차피	以此以彼에
5581	이착륙	離陸·着陸	5582	이착률	利率·着率
5583	이출입	移出·移入	5584	이취임식	離任式·就任式
5585	이치다	이아치다	5586	이키	이키나
5587	이태백	二十 代 太半이 白手	5588	이터테인먼트	eat entertainment
5589	이통	移動 通信	5590	이튿날	初이튿날
5591	이틀	이튿날	5592	이팔	二八 靑春
5593	이평선	移動 平均線	5594	이학	性理學
5595	이학습	Electronic 學習	5596	이화학	物理學·化學
5597	인	結印	5598	인	印度
5599	인	inside	5600	인간개발연구원	韓國 人間 開發 研究院
5601	인간교육원	韓國 人間 教育院	5602	인간디컵	Indira Gandhi Gold Cup
5603	인간성회복협	人間性 回復 運動 推進 協議會	5604	인간처	人間 近處
5605	인감증	印鑑 證明書	5606	인감증명	印鑑 證明書
5607	인견	人造絹	5608	인견	人造 絹絲
5609	인견사	人造 絹絲	5610	인계	人間界
5611	인공	人民 共和國	5612	인공기	人民 共和國旗
5613	인구	燐鹽球	5614	인권옹호한국연맹	國際 人權 擁護 韓國 聯盟
5615	인권위	人權 委員會	5616	인내	이리 내
5617	인노협	仁川 勞動組合 協議會	5618	인니	Indonesia
5619	인다오	이리 다오	5620	인단협	韓國 人權 團體 協議會
5621	인대	人民代表	5622	인도주의의사협	人道主義 實踐 醫師 協議會
5623	인두	납땜인두	5624	인라인	inline skate
5625	인력공단	韓國 産業 人力 管理 公團	5626	인력관리공단	韓國 産業 人力 管理 公團
5627	인력정책위	人力 政策 審議 委員會	5628	인로협	仁川 勞動組合 協議會
5629	인마	이 놈아	5630	인면	印度綿
5631	인문	引用文	5632	인물	人物畵
5633	인물평	人物批評	5634	인민련	仁川 地域 民族 民主 運動 聯合
5635	인민위	中央 人民 委員會	5636	인민회의	最高 人民 會議

no	축소어형	본어형	no	축소어형	본어형
5637	인방사	仁川 海域 防禦 司令部	5638	인복위	人權 福祉 委員會
5639	인비	人事秘密	5640	인비	燐酸 肥料
5641	인비	人造 肥料	5642	인사련	仁川 地域 社會 運動 聯合
5643	인사캠	人文 社會大 campus	5644	인삼검사소	韓國 人蔘 檢査所
5645	인삼수출공사	韓國 人蔘 輸出 公社	5646	인삼연초연구소	韓國 人蔘 煙草 硏究所
5647	인성개발원	韓國 人性 開發院	5648	인쇄협	印刷 工業 協同組合 聯合會
5649	인쇄회로연	韓國 印刷 回路 基板 硏究所	5650	인수위	引受 委員會
5651	인신권	人格權·身分權	5652	인안	燐酸ammonium
5653	인의협	人道主義 實踐 醫師 協議會	5654	인조	印章 對照
5655	인주	이리 주	5656	인주	印契誦呪
5657	인증	人的 證據	5658	인지	印度支那
5659	인추협	人間性 回復 運動 推進 協議會	5660	인테나폰	in antena phone
5661	인텔리	intelligentsia	5662	인판	印刷版
5663	인판련	全國 印版業 聯合會	5664	인포테인먼트	information entertainment
5665	인플레	inflation	5666	인허가	認可·許可
5667	인혁당	人民 革命黨	5668	일	日本
5669	일	日本語	5670	일	日曜日
5671	일간	日刊 新聞	5672	일경	日本 警察
5673	일경	日本 經濟 新聞	5674	일경신문	日本 經濟 新聞
5675	일공	日工쟁이	5676	일군	第一 野戰軍
5677	일기	日記帳	5678	일기초	日記 抄錄
5679	일깨다	일깨우다	5680	일년초	一年生草本
5681	일다	이르다	5682	일람출급	一覽 出給 어음
5683	일랍	一法臘	5684	일러스트	illustration
5685	일렉트론	electron metal	5686	일로	이리로
5687	일문과	日語 日文學科	5688	일반	一般 bus
5689	일반	一般 診療	5690	일반고	一般 高等學校
5691	일발천균	一髮引千鈞	5692	일밤	日曜日 日曜日 밤에
5693	일병	一等兵	5694	일분기	一四分期
5695	일삼일팔세대	十三 歲부터 十八 歲까지 世代	5696	일석양득	一石二鳥 一擧兩得
5697	일선	第一線	5698	일수	日收入
5699	일숙직	日直·宿直	5700	일순	一瞬間
5701	일심	第一審	5702	일어	日本語
5703	일여덟	일고여덟	5704	일엽주	一葉片舟
5705	일요	日曜日	5706	일요판	日曜日版

no	축소어형	본어형	no	축소어형	본어형
5707	일월도	五峯日月圖	5708	일은	第一 銀行
5709	일음	日本 音樂	5710	일인	日本人
5711	일인자	第一人者	5712	일일극	一日 連續劇
5713	일일일오세대	十一 歲부터 十五 歲까지 世代	5714	일정	日程表
5715	일제	日本 帝國	5716	일제	日本 帝國主義
5717	일조	日朝一夕	5718	일중	日中食
5719	일차기관	一次 醫療 診療 機關	5720	일천	日天子
5721	일체중	一切衆生	5722	일취	日就月將
5723	일테면	이를테면	5724	일테백라	一 番 television에 나가는 것이 百番 radio에 出演하는 것과 같다
5725	일톱삼박	第1面 top記事와 4面 box記事	5726	일한	日本·韓國
5727	일한	日本語·韓國語	5728	임고	敎員 任用 考査
5729	임단협	賃金 團體 協商	5730	임대차	賃貸·賃借
5731	임대차인	賃貸人·賃借人	5732	임정	臨時 政府
5733	임조법	臨時 措置法	5734	임총	臨時 總會
5735	임투	賃金 引上 鬪爭	5736	임파라치	賃貸 paparazzi
5737	임학	森林學	5738	임협	賃貸 協商
5739	임협	林業 協同組合	5740	임협	林業 協同組合 中央會
5741	입방	立方體	5742	입시	入學試驗
5743	입체형	立體 圖形	5744	입초	輸入 超過
5745	입출	收入·支出	5746	입출갱	入坑·出坑
5747	입출고	入庫·出庫	5748	입출금	入金·出金
5749	입퇴원	入院·退院	5750	입퇴장	入場·退場
5751	잉걸	불잉걸	5752	잉구	仍舊貫
5753	잉크방	ink 充塡房	5754	자	自動車
5755	자	自宅	5756	자	한글 文字 放送
5757	자가용	自家用 車	5758	자가측정대행협	全國 自家 測定 代行者 協議會
5759	자강회	大韓 自强會	5760	자견	自牽馬
5761	자고	自立形 私立 高等學校	5762	자고로	自古以來로
5763	자과캠	自然 科學大 campus	5764	자구	慈救偈
5765	자구	自己 區域	5766	자귀모	自殺한 鬼神들의 모임
5767	자그맣다	자그마하다	5768	자기구조	磁氣的 結晶 構造
5769	자나	자나통신	5770	자대	自然 科學大

no	축소어형	본어형	no	축소어형	본어형
5771	자대기련	自由 言論 實踐 大學 新聞 記者 聯合會	5772	자동전화	自動式 電話
5773	자동차공협	韓國 自動車 工業 協會	5774	자래로	自古以來로
5775	자로	磁氣 回路	5776	자리	별자리
5777	자리	잠자리	5778	자리쌈	자리싸움
5779	자리품	고지자리품	5780	자막대	자막대기
5781	자맥질	무자맥질	5782	자모	子音·母音
5783	자모음	子音·母音	5784	자민	自由 民主黨
5785	자민당	自由 民主黨	5786	자민련	自由 民主 聯合
5787	자민투	反美 自由化 反fascio 民主化 鬪爭 委員會	5788	자보	自動車 保險
5789	자보	韓國 自動車 保險 會社	5790	자보료	自動車 保險料
5791	자봉	自願 奉仕	5792	자북	磁北極
5793	자비	自己批判	5794	자비	自我批判
5795	자사모	自轉車를 사랑하는 사람들의 모임	5796	자사연립정권	自民黨·社會黨聯立政權
5797	자산공사	韓國 資産 管理 公社	5798	자석	代赭石
5799	자석	紫石英	5800	자선	磁氣力 選別
5801	자소	自少時	5802	자소로	自少以來로
5803	자소서	自己 紹介書	5804	자실	自由 實踐 文人 協議會
5805	자연	自然히	5806	자연보존협	韓國 自然 保存 協會
5807	자연보호중앙회	自然保護 中央 協議會	5808	자왜	磁氣 歪曲
5809	자원봉사단협	韓國 自願 奉仕 團體 協議會	5810	자원재생공사	韓國 資源 再生 公社
5811	자유금융노련	韓國 自由 金融 勞動組合 聯盟	5812	자유노련	國際 自由 勞動組合 聯盟
5813	자유노조	國際 自由 勞動組合 聯盟	5814	자유총련	韓國 自由 總聯盟
5815	자유총연맹	韓國 自由 總聯盟	5816	자이로	gyroscope
5817	자이로	gyrocompass	5818	자장	酢醬麵
5819	자전	自敍傳	5820	자정특위	自淨 運動 實踐 特別 委員會
5821	자지레하다	자질구레하다	5822	자차	磁氣 偏差
5823	자채	紫彩벼	5824	자채논	紫彩볏논
5825	자철	磁鐵鑛	5826	자치경영협	地方 自治 經營 協會
5827	자치공	自治共和國	5828	자키	disc jocky
5829	자통협	民族 和解 自主 統一 協議會	5830	자파라치	自販機 paparazzi
5831	자판	自動車 販賣	5832	자판기	自動 販賣機
5833	자포	自暴自棄	5834	자하	自下擧行

no	축소어형	본어형	no	축소어형	본어형
5835	자활	自願 奉仕 活動	5836	작	作戰
5837	작계	作戰 計劃	5838	작단	創作壇
5839	작멍	作戰 命令	5840	작문	作者文
5841	작물	農作物	5842	작살	작사리
5843	작우	孔雀羽	5844	작은애	작은아이
5845	작인	小作人	5846	작자	著作者
5847	작전	작품 전시회	5848	작히	작히나
5849	잔	술盞	5850	잔돈	잔돈푼
5851	잔해	殘忍害物	5852	잗닳다	잗다랗다
5853	잘개질	자리개질	5854	잠닉	潛伏藏匿
5855	잠세	潛勢力	5856	잠시	暫時間
5857	잠식	稍蠶食之	5858	잠실운동장	蠶室 綜合 運動場
5859	잠업	養蠶業	5860	잠영	潛水 泳法
5861	잠적	潛踪秘跡	5862	잠종장	國立 蠶種場
5863	잠함	潛水艦	5864	잡렴	雜出斂
5865	잡매다	잡아매다	5866	잡비	雜肥料
5867	잡손	雜손질	5868	잡수	雜收入
5869	잡숫다	잡수시다	5870	잡지협	韓國 雜誌 協會
5871	잡찰	잡차래	5872	잣대	자막대기
5873	장	간醬	5874	장	된醬
5875	장	將軍	5876	장	臟物
5877	장각	長角果	5878	장경	大藏經
5879	장계	長久之計	5880	장국	맑은醬국
5881	장군	오줌장군	5882	장기협회	大韓 將棋 協會
5883	장단기	長期·短期	5884	장단기적	長期的·短期的
5885	장단점	長點·短點	5886	장대	長臺石
5887	장독소래	醬독소래기	5888	장부	大丈夫
5889	장부	五臟六腑	5890	장산채	長期 産業 債券
5891	장서협	韓國 藏書家 協會	5892	장식	葬禮式
5893	장신대	長老敎 神學 大學校	5894	장신은	長期 信用 銀行
5895	장애인고용회	障碍人 雇用 奉仕會	5896	장애인공단	韓國 障碍人 雇用 促進 公團
5897	장애인체육회	韓國 障碍人 福祉 體育會	5898	장어포	뱀長魚脯
5899	장업	化粧品業	5900	장은	長期信用銀行
5901	장죄	臟物罪	5902	장중	掌握中
5903	장지	障지門	5904	장쪽박	간醬쪽박

no	축소어형	본어형	no	축소어형	본어형
5905	장차관	長官·次官	5906	장차관실	長官室·次官室
5907	장창	長映窓	5908	장천	晝夜長川
5909	장치다	독장치다	5910	장판	장판紙
5911	장학생	長距離 通學生	5912	재	齋戒
5913	재	財團 法人	5914	재	再放送
5915	재	災傷	5916	재	災厄
5917	재감	再感染	5918	재건체조	再建 國民 體操
5919	재경	財務 經濟	5920	재경	財政 經濟部
5921	재경	財政 經濟部 長官	5922	재경부	財政 經濟部
5923	재경원	財政 經濟院	5924	재경원	財政 經濟院 長官
5925	재경위	國會 財政 經濟 委員會	5926	재고	在庫品
5927	재다	재우다	5928	재다	쟁이다
5929	재단	財團 法人	5930	재량	自由裁量
5931	재량	積載量	5932	재무	財務部
5933	재무	財務部 長官	5934	재무위	國會 財務 委員會
5935	재민	罹災民	5936	재밌다	재미있다
5937	재방	再放送	5938	재벌생보사	財閥 經營 生命 保險 會社
5939	재보	再保險	5940	재보선	再補闕 選擧
5941	재불련	佛敎를 바르게 세우기 위한 全國 在家 佛子 聯合	5942	재생	居齋儒生
5943	재선	再選擧	5944	재선위	再選擧 委員會
5945	재소	再起訴	5946	재송	再送 電報
5947	재신	財祿神	5948	재역	再服役
5949	재유	居齋 儒生	5950	재인	再認識
5951	재일민단	在日本 大韓民國 居留民團	5952	재일의용군동지회	在日 學徒 義勇軍 同志會
5953	재작	再昨日	5954	재정관	財界·政界·官界
5955	재침	再侵略	5956	재테크	財務 technology
5957	재트방하	재채기, 트림, 방귀, 하품	5958	재특	財政 融資 特別 會計
5959	재판	再販賣	5960	재편	再編成
5961	재해대책협	全國 災害 對策 協議會	5962	재해연구원	韓國 災害 問題 硏究院
5963	재향경우회	大韓民國 在鄕 警友會	5964	재향군인회	大韓民國 在鄕 軍人會
5965	재형	財産 形成	5966	재형저축	勤勞者 財産 形成 貯蓄
5967	잿물	洋잿물	5968	쟁	載陽
5969	쟁발	爭議 發生	5970	쟁조법	爭議 調停法
5971	쟁치다	載陽치다	5972	쟁틀	載陽틀

no	축소어형	본어형	no	축소어형	본어형
5973	쟁판	載陽板	5974	재	저 아이
5975	저	著述	5976	저	著作
5977	저	젓가락	5978	저거	저것
5979	저네	저네들	5980	저녁	저녁밥
5981	저녁놀	저녁노을	5982	저들	저네들
5983	저들	저이들	5984	저러다	저렇게 말하다
5985	저러다	저렇게 하다	5986	저렇다	저러하다
5987	저력	樗之材	5988	저사	抵死爲限
5989	저속	低速度	5990	저역서	著書·譯書
5991	저온	低溫度	5992	저임	低賃金
5993	저자	低利 資金	5994	저자	著作者
5995	저축추진중앙회	貯蓄 推進 中央 委員會	5996	저피수정	豬皮水晶膽
5997	적	赤色	5998	적	赤十字
5999	적	積聚	6000	적광	寂光土
6001	적꽂	炙꼬치	6002	적량	適當量
6003	적성연구소	韓國 適性 研究所	6004	적시	敵對視
6005	적십자	赤十字社	6006	적임	適任者
6007	적침	赤血球 沈降 速度	6008	전	錢基琛
6009	전	傳賣	6010	전	專賣
6011	전	煎油	6012	전	篆字
6013	전가	全跏趺坐	6014	전가좌	全跏趺坐
6015	전강로	全國 大學 講師 勞動組合	6016	전경	戰鬪 警察隊
6017	전경련	全國 經濟人 聯合會	6018	전골	全身骨
6019	전공	田結貢物	6020	전공	電氣工
6021	전공	電氣 工業	6022	전공	電氣 工學
6023	전공련	全國 公務員 職場 協議會 總聯合	6024	전공로	全國 公務員 勞動組合
6025	전공협	全國 公務員 職場 協議會 總聯合	6026	전과	專攻 學科
6027	전과의	全科 專門醫	6028	전광판	電光揭示板
6029	전교련	全國 大學 校誌 編輯人 聯合	6030	전교사	戰鬪 教育 司令部
6031	전교조	全國 教職員 勞動組合	6032	전교협	民主 教育 推進 全國 教師 協議會
6033	전국낚시련	全國 낚시 聯合會	6034	전국노운협	全國 勞動 運動 團體 協議會
6035	전국농운련	全國 農民 運動 團體 聯合	6036	전국언론노협	全國 言論 勞組 協議會

no	축소어형	본어형	no	축소어형	본어형
6037	전국여대생협	全國 女大生 代表者 協議會	6038	전국연합	民主主義 民族 統一 全國 聯合
6039	전국중기인대회	全國 中小企業人 大會	6040	전국체전	全國 體育 祭典
6041	전국투본	全國 勞動法 改定 및 賃金 引上 鬪爭 本部	6042	전국회의	地域 業種別 勞動組合 全國 會議
6043	전권	全權 委員	6044	전금련	全國 消費者 金融 聯合會
6045	전금로	全國 金屬 勞動組合	6046	전긍	戰戰兢兢
6047	전기공사협회	韓國 電氣 工事 協會	6048	전기과	電氣 工學科
6049	전기당량	電氣 化學 當量	6050	전기연	韓國 電氣 研究所
6051	전기조합	韓國 電氣 工業 協同組合	6052	전기진흥회	韓國 電氣 工業 振興會
6053	전기통신공사	韓國 電氣 通信 公社	6054	전기협	全國 機關車 勞動者 協議會
6055	전남	全羅南道	6056	전남북	全羅南道·全羅北道
6057	전녀노조	全國 女性 勞動組合	6058	전녀농	全國 女性 農民會 總聯合
6059	전녀대협	全國 女大生 代表者 協議會	6060	전노	全斗煥·盧泰愚
6061	전노대	全國 勞動組合 代表者 會議	6062	전노조	全國 勞動組合
6063	전노추	全國 勞動者 聯盟 推進 委員會	6064	전노협	全國 勞動組合 協議會
6065	전농	全國 農民會 總聯盟	6066	전농	全國 農業 協同組合 聯合會
6067	전농협	全國 農民 團體 協議會	6068	전대	全南 大學校
6069	전대	全黨 大會	6070	전대기련	全國 大學生 記者 聯合
6071	전대졸	專門大學 卒業	6072	전대졸	專門大學 卒業·大學 卒業
6073	전대협	全國 大學生 代表者 協議會	6074	전도	電氣 鍍金
6075	전도율	熱 傳導率	6076	전도율	電氣 傳導率
6077	전동대회	全體 동아리 代表者 會議	6078	전등	前等內
6079	전따	全校生이 따돌림	6080	전라	全羅道
6081	전라남북도	全羅南道·全羅北道	6082	전략	電信 略號
6083	전략연	國際 戰略 問題 研究所	6084	전략연	戰略 問題 研究所
6085	전력	電氣力	6086	전력공사	韓國電力公社
6087	전력선	電氣力線	6088	전로대	全國 勞動組合 代表者 會議
6089	전로련	全國 勞動組合 聯合會	6090	전로련	全國 露店商 聯合會
6091	전로조	全國 勞動 組合	6092	전로총련	全國 露店商 總聯合
6093	전로추	全國 勞動者 聯盟 推進 委員會	6094	전로협	全國 勞動組合 協議會
6095	전륜	轉輪王	6096	전마찰	回轉摩擦
6097	전매공사	韓國 專賣 公社	6098	전목협	全國 牧會者 正義 平和 實踐 協議會
6099	전무	專務理事	6100	전문	全家門
6101	전문	專門大學	6102	전문	電報文

no	축소어형	본어형	no	축소어형	본어형
6103	전문건설협회	大韓 專門 建設 協會	6104	전문노련	全國 專門 技術 勞動 組合
6105	전미련	全國 美術人 聯合	6106	전민노련	全國 民主 勞動者 聯盟
6107	전민련	全國 民族 民主 運動 聯合	6108	전민학련	全國 民主 學生 聯盟
6109	전민협	全國 韓國 通信 勞組 民主化 結成 協議會	6110	전발협	專門 營業職 發展 協議會
6111	전방련	全國 大學 放送局 聯合	6112	전범	戰爭 犯罪
6113	전범	戰爭 犯罪者	6114	전범자	戰爭 犯罪者
6115	전북	全羅北道	6116	전불련	全國 佛敎 運動 聯合
6117	전비	戰爭 費用	6118	전빈련	全國 貧民 聯合
6119	전사	電送 寫眞	6120	전사련	全國 國立 師範 大學 學生 聯合
6121	전사투위	全國 思想 鬪爭 委員會	6122	전산기	電子計算機
6123	전산진	韓國 電子 産業 振興會	6124	전선	專攻 選擇
6125	전세임대료	傳貰料·賃貸料	6126	전속	全速力
6127	전시협	全國 市民 權益 協會	6128	전식	電解 腐蝕
6129	전압	全體 壓力	6130	전약협	全國 藥學 大學 學生會 協議會
6131	전업농	專業農漁家	6132	전여농	全國 女性 農民會 總聯合
6133	전역	戰爭 區域	6134	전연	前生緣分
6135	전엽호르몬	腦下垂體 前葉 hormone	6136	전영기련	全國 大學 英字紙 記者 聯合
6137	전원협	全國 大學院生 代表者 協議會	6138	전월세	傳貰·月貰
6139	전위	前衞隊	6140	전인대	全國 人民 代表 會議
6141	전입학	轉學·入學	6142	전자공진회	韓國 電子 工業 振興會
6143	전자부품연	電子 部品 綜合 技術 硏究所	6144	전자부품전	電子 部品 新開發 및 國産化 對象 品目 展示會
6145	전자유기장협	韓國 電子 遊技場業 協會	6146	전자진흥회	電子 工業 振興會
6147	전자진흥회	韓國 電子 工業 振興會	6148	전정	專制 政治
6149	전졸	專門大學 卒業	6150	전졸련	全國 大學 卒業 準備 委員會 聯合
6151	전주	電氣 鑄造	6152	전주	電信柱
6153	전주영화제	全州 國際 映畵祭	6154	전중	全國 農協 中央會
6155	전지	乾電池	6156	전지	전짓다리
6157	전지	전짓대	6158	전지협	全國 地下鐵 勞組 協議會
6159	전차선	電車 線路	6160	전철	電氣 鐵道
6161	전철련	全國 撤去民 聯合	6162	전철협	全國 撤去民 協議會
6163	전청협	全國 靑年 團體 協議會	6164	전총련	全國 大學 總學生會 聯合

no	축소어형	본어형	no	축소어형	본어형
6165	전추위	全國 敎師 推進 委員會	6166	전축	電氣 蓄音機
6167	전탁	電子式 卓上 計算機	6168	전탐	電波 探知
6169	전탐	電波 探知機	6170	전통	電氣 通信
6171	전통	傳言 通信	6172	전통	傳言 通信文
6173	전통문	電話 通知文	6174	전평	全國 勞動組合 評議會
6175	전평	朝鮮 勞動組合 全國 評議會	6176	전평시	戰時·平時
6177	전포	典當鋪	6178	전폭기	戰鬪 爆擊機
6179	전필	專攻 必修	6180	전학대협	全國 學生 代表者 協議會
6181	전학대회	全體 學生 代表者 會議	6182	전학련	全國 大學生 聯合
6183	전학투련	全國 學生 鬪爭 連帶	6184	전학협	全國 學生會 協議會
6185	전해	電氣 分解	6186	전해액	電解質 溶液
6187	전해투	全國 拘束 手配 解雇 勞動者 原狀回復 鬪爭 委員會	6188	전현	前現職
6189	전현직	前職·現職	6190	전협	大韓 電氣 協會
6191	전화	電話機	6192	전화료	電話 使用料
6193	전화번호부	韓國 電話番號簿 株式會社	6194	전환주	轉換 株式
6195	전후기	前期·後期	6196	전후반	前半·後半
6197	전후방	前方·後方	6198	전후편	前篇·後篇
6199	전훈	轉地訓鍊	6200	절	節槪/節介
6201	절	癤瘍	6202	절대	絕對로
6203	절도	絕海孤島	6204	절도	抱腹絕倒
6205	절따	절따말	6206	절뚝이	절뚝발이
6207	절로	저리로	6208	절로	저절로
6209	절마	切磋琢磨	6210	절면	切斷面
6211	절병	節瓶桶	6212	절상	平價切上
6213	절하	平價切下	6214	점	支店
6215	점돔	點도미	6216	점심	點心때
6217	점제	粘稠劑	6218	점하다	점직하다
6219	접촉면	接觸平面	6220	접치다	접치이다
6221	젓갈	젓가락	6222	정	精氣
6223	정	精靈	6224	정	政府
6225	정	精水	6226	정	精髓
6227	정	政治	6228	정간물	定期 刊行物
6229	정간법	定期 刊行物 等의 登錄에 關한 法律	6230	정강뼈	정강이뼈

no	축소어형	본어형	no	축소어형	본어형
6231	정개법	政治 改革 關聯 法案	6232	정경	政治 經濟
6233	정계	政治界	6234	정공	精密 工業
6235	정관가	政街·官街	6236	정관폭력계	政界·官界·暴力界
6237	정관학	政界·官界·學界	6238	정교	政治·敎育
6239	정교	政治·宗敎	6240	정교협	正義로운 社會를 爲한 敎育 運動 協議會
6241	정균	政治 均等	6242	정기	精密 機械
6243	정기권	定期 乘車券	6244	정기물	定期 刊行物
6245	정남	正南方	6246	정대협	韓國 挺身隊 問題 對策 協議會
6247	정도	精密度	6248	정동	正東方
6249	정모	定期 모임	6250	정문연	韓國 精神文化 硏究院
6251	정물	靜物畵	6252	정미	人情味
6253	정미	精白米	6254	정박	政治學 博士
6255	정박아	精神薄弱兒	6256	정박자	精神薄弱者
6257	정박자협회	大韓 精神薄弱者 愛護 協會	6258	정발연	政治 發展 硏究會
6259	정법	正法時	6260	정보고	情報 産業 高等學校
6261	정보공개법	公共 機關의 情報 公開에 關한 法律	6262	정보사	情報 司令部
6263	정보산련	韓國 情報 産業 聯合會	6264	정보위	國會 情報 委員會
6265	정보통신	情報 通信部	6266	정보통신	情報 通信部 長官
6267	정보통신협회	情報 通信 振興 協會	6268	정부출연연	政府 出捐 硏究 機關
6269	정북	正北方	6270	정분자	精神 分裂者
6271	정불	政治·佛敎	6272	정비보급단	陸軍 工兵 整備 補給團
6273	정사	政事 結社	6274	정사	政治 結社
6275	정사복	正服·私服	6276	정사협	正義로운 社會를 爲한 市民 運動 協議會
6277	정산련	韓國 情報 産業 振興會	6278	정산진흥회	情報 處理 産業 振興會
6279	정서	正西方	6280	정석	政治學 碩士
6281	정성	昏定晨省	6282	정시	定期 試驗
6283	정시	正視眼	6284	정신지체인협회	韓國 精神 遲滯人 愛護 協會
6285	정와	井底蛙	6286	정외	政治·外交
6287	정외과	政治 外交學科	6288	정음	訓民正音
6289	정의구현사제단	韓國 天主敎 正義 具現 全國 司祭團	6290	정의평화위원회	韓國 天主敎 正義 平和 委員會
6291	정자	丁字形	6292	정재	淨齋所

no	축소어형	본어형	no	축소어형	본어형
6293	정재계	政界·財界	6294	정전	靜電氣
6295	정전위	軍事 停戰 委員會	6296	정정규	丁字 定規
6297	정조실	政策 調整室	6298	정주	鼎廚間
6299	정책수석	靑瓦臺 政策 企劃 首席	6300	정책위	政策 委員會
6301	정총	定期 總會	6302	정치관계법특위	政治 關係法 審議 特別 委員會
6303	정치범동지회	韓國 民主化 鬪爭 政治犯 同志會	6304	정치특보	靑瓦臺 政治 特別 補佐官
6305	정치특위	政治 關係法 特別 委員會	6306	정통	情報 通信
6307	정통	情報 通信部	6308	정통	情報 通信部 長官
6309	정통륜	情報 通信 倫理 委員會	6310	정통연	情報 通信 硏究 振興院
6311	정퇴	停年退職	6312	정투위	整理 解雇 沮止 鬪爭 委員會
6313	정팅	定期 chatting	6314	정팅	定例 meeting
6315	정평위	韓國 天主敎 正義 平和 委員會	6316	정학계	政界·學界
6317	정협	人民 政治 協商 會議	6318	정휴	定期 休業
6319	제	자기의	6320	제	저기
6321	제	저기에	6322	제	저의
6323	제	적에	6324	제	題目
6325	제	除法	6326	제갈량	제비族 良心·갈보 良心
6327	제강사	製鋼을 生産하는 會社	6328	제개정	制定·改定
6329	제곳	제고장	6330	제기	제기랄
6331	제기다	알제기다	6332	제날	제날짜
6333	제대	帝國大學	6334	제등	諸等數
6335	제미	제 에미	6336	제미	제미붙을
6337	제밥	지에밥	6338	제법	製造法
6339	제붙이	제살붙이	6340	제사	諸般事
6341	제상	祭祀床	6342	제석	帝釋神
6343	제석	帝釋天	6344	제약협	韓國 製藥 協會
6345	제일군	第一野戰軍	6346	제일인	第一人者
6347	제전	祭位田	6348	제정받이	제꽃精받이
6349	제주	濟州島	6350	제크	제대로 만든 크래커
6351	젠장	젠장맞을	6352	젠장	젠장칠
6353	젤	第一	6354	젤	gelatin(e)
6355	젯날	祭祀날	6356	제밥	지에밥
6357	조	曲調	6358	조	朝鮮 民主主義 人民 共和國
6359	조간	朝刊 新聞	6360	조감법	租稅 減免 規制法

no	축소어형	본어형	no	축소어형	본어형
6361	조감법	租稅 減免法	6362	조거	조것
6363	조공당	朝鮮 共産黨	6364	조그맣다	조그마하다
6365	조끄맣다	조끄마하다	6366	조닐	조닐로
6367	조단	操業 短縮	6368	조대	朝鮮 大學校
6369	조독마	朝鮮日報 讀者 마당	6370	조동이	조동아리
6371	조라	조라술	6372	조러다	조렇게 말하다
6373	조러찮다	조러하지 아니하다	6374	조렇다	조러하다
6375	조물	造物主	6376	조미음	좁쌀미음
6377	조민당	朝鮮 民主黨	6378	조방	朝鮮 紡織
6379	조삼	朝三暮四	6380	조석	朝夕飯
6381	조석	潮汐水	6382	조석간	朝刊·夕刊
6383	조석반	朝飯·夕飯	6384	조석수	潮水·汐水
6385	조선공업협	韓國 朝鮮 工業 協會	6386	조선공협	韓國 朝鮮 工業 協會
6387	조선노협	全國 朝鮮業種 勞動組合 協議會	6388	조선식	朝鮮 樣式
6389	조선투위	朝鮮 自由 言論 守護 鬪爭 委員會	6390	조세연	韓國 租稅 研究院
6391	조아세	朝鮮日報 없는 아름다운 世上	6392	조역	助役꾼
6393	조왕	竈王神	6394	조위	調査 委員會
6395	조은	朝興 銀行	6396	조절위	調節 委員會
6397	조정위	調整 委員會	6398	조조	朝鮮·朝總聯
6399	조종	早生種	6400	조중동	朝鮮日報 中央日報 東亞日報
6401	조차	造次間	6402	조총련	在日本 朝鮮人 總聯合會
6403	조치	조칫보	6404	조카애	조카아이
6405	조통	祖國 統一	6406	조통세평	祖國의 統一과 世界 平和를 爲하여
6407	조통위	祖國 統一 委員會	6408	조퇴	早期 退職
6409	조평통	祖國 平和 統一 委員會	6410	조폐공사	韓國 造幣 公社
6411	조폭	組織 暴力輩	6412	조폭수	組織 暴力 特別 搜査隊
6413	조하다	조촐하다	6414	족청	朝鮮 民族 靑年團
6415	존비속	尊屬·卑屬	6416	존심	自尊心
6417	졸로	조리로	6418	졸준위	卒業 準備 委員會
6419	좀	조금	6420	종	種概念
6421	종	종작	6422	종건	綜合 建設
6423	종경	從輕論	6424	종고	綜合 高等學校

no	축소어형	본어형	no	축소어형	본어형
6425	종구락	종구라기	6426	종금	綜合 金融
6427	종금사	綜合 金融 會社	6428	종금협	綜合 金融 協會
6429	종기	綜合 機械	6430	종기금	綜合 技術 金融
6431	종기원	綜合 技術院	6432	종단	宗敎 團體
6433	종량제	쓰레기 從量制	6434	종목추진위	跆拳道 Olympics 種目 採擇을 爲한 推進 委員會
6435	종보	綜合 保險	6436	종산	宗主山
6437	종산	宗中山	6438	종생부	綜合 生活 記錄簿
6439	종소세	綜合 所得稅	6440	종속	終速度
6441	종속	從時俗	6442	종없다	종작없다
6443	종자보급소	國立 種子 供給所	6444	종조	從祖父
6445	종찰	서울 綜合 撮影所	6446	종찰소	서울 綜合 撮影所
6447	종토	綜合 土地稅	6448	종퇴보험	從業員 退職 保險
6449	종편	(放送·映畵)綜合 編輯	6450	종편위	曹溪宗 宗敎 偏向 對策 委員會
6451	종합전시장	韓國 綜合 展示場	6452	종협	綜合 金融 協會
6453	좌	左翼手	6454	좌군	左翼軍
6455	좌비	左翼手 fly out	6456	좌석	坐席 bus
6457	좌선방	坐席 先占 防止	6458	좌안	左翼手 앞 安打
6459	좌우	左翼·右翼	6460	좌우	左之右之
6461	좌우	左派·右派	6462	좌우경	左傾·右傾
6463	좌우뇌	左腦·右腦	6464	좌우익	左翼·右翼
6465	좌우지	左之右之	6466	좌우편	左便·右便
6467	좌우협	左挾·右挾	6468	좌익	左翼軍
6469	좌익	左翼手	6470	좌중	左翼手 中越
6471	좌중홈	左翼手 中越 home run	6472	좌희	左翼手 犧牲 fly
6473	좨들다	죄어들다	6474	좨치다	죄어치다
6475	쟁이	쟁이 그물	6476	죄	죄다
6477	죄만하다	罪悚萬萬하다	6478	죄죄	죄죄반반
6479	죔죔	죄암죄암	6480	주	救世主
6481	주	株券	6482	주	株式
6483	주	株式會社	6484	주	呪文
6485	주걱	구둣주걱	6486	주걱	밥주걱
6487	주공	大韓 住宅 公社	6488	주공	主攻擊
6489	주공	住宅 公社	6490	주공아파트	大韓 住宅 公社 施工 apartment house

no	축소어형	본어형	no	축소어형	본어형
6491	주과포	酒果脯醢	6492	주단	四柱單子
6493	주대	主力 部隊	6494	주대	主力 艦隊
6495	주도문	主祈禱文	6496	주둥이	주둥아리
6497	주문	判決 主文	6498	주물다	주무르다
6499	주민등록등초본	住民 登錄 謄本·住民 登錄 抄本	6500	주민등초본	住民 登錄 謄本·住民 登錄 抄本
6501	주민증	住民 登錄證	6502	주법	演奏法
6503	주보	主保聖人	6504	주봉	主人峰
6505	주부교실중앙회	全國 主婦 敎室 中央會	6506	주부클럽	大韓 主婦 club 聯合會
6507	주비위	籌備 委員會	6508	주사	主體思想
6509	주사파	主體思想派	6510	주상	住宅·商街
6511	주상복합	住宅 商街 複合	6512	주성	天主性
6513	주소	居住所	6514	주식	主食物
6515	주식금융	株式 擔保 金融	6516	주심	主審判
6517	주안	酒案床	6518	주요부	主要 帳簿
6519	주은	韓國 住宅 銀行	6520	주자	演奏者
6521	주정차	駐車·停車	6522	주조	主調音
6523	주조연	主演·助演	6524	주총	株主 總會
6525	주총장	株主 總會長	6526	주택	單獨 住宅
6527	주택	一般 住宅	6528	주택건설사업회	大韓 住宅 建設 事業 協會
6529	주택공사	大韓 住宅 公社	6530	주택금융보증	住宅 金融 信用 保證 基金
6531	주택사업자협	韓國 住宅 事業者 協會	6532	주택은	韓國 住宅 銀行
6533	주택협	韓國 住宅 協會	6534	주택협회	韓國 住宅 協會
6535	주테크	株式 technology	6536	주테크	住宅 technology
6537	주파라치	株式 paparazzi	6538	주한미상	駐韓 美 商工 會議所
6539	주한미상의	駐韓 美 商工 會議所	6540	주혼	主婚者
6541	죽공	竹細工	6542	죽상	죽을相
6543	죽젓개	죽젓광이	6544	준결승	準決勝戰
6545	준급	準急行列車	6546	준급행	準急行列車
6547	준비위	準備 委員會	6548	준설공사	大韓 浚渫 公社
6549	줄	쇳줄	6550	줄걷다	줄밑걷다
6551	줄달음	줄달음질	6552	줄띠	목줄띠
6553	줄사다리	줄사닥다리	6554	줌	주먹
6555	줌	줌통	6556	줌마렐라	아줌마 Cinderella
6557	중	音聲 多重	6558	중	中堅手

no	축소어형	본어형	no	축소어형	본어형
6559	중	重工業	6560	중	中國
6561	중	中國語	6562	중	中級
6563	중	中等	6564	중	中學校
6565	중	中學生 以上 觀覽 可能	6566	중간불	中間 支拂
6567	중감위	中立國 監視 委員會	6568	중거리	中距離 달리기
6569	중견기업련	韓國 中堅 企業 聯合會	6570	중경	中央 經濟 新聞
6571	중경	中央 經濟 新聞社	6572	중계	中繼放送
6573	중계항	中繼 貿易港	6574	중고	中古品
6575	중고	中學校·高等學校	6576	중고가	中價·高價
6577	중고교	中學校·高等學校	6578	중고생	中學生·高等學生
6579	중고차	中古 自動車	6580	중공	中國 共産黨
6581	중공	中華 人民 共和國	6582	중공군	中國 共産軍
6583	중과	重課稅	6584	중과	重過失
6585	중교	中等 敎員 養成所	6586	중교	中學校
6587	중국인민은	中國 人民 建設 銀行	6588	중기	重機關銃
6589	중기	中小企業	6590	중기공단	中小企業 振興 公團
6591	중기국제협	中小企業 國際 協議會	6592	중기보증	中小企業 信用 保證
6593	중기은	中小企業 銀行	6594	중기인	中小企業人
6595	중기청	中小企業廳	6596	중기협	中小企業 協同組合
6597	중단거리	中距離·短距離	6598	중단기적	中期的·短期的
6599	중대	中央 大學校	6600	중대기업	中企業·大企業
6601	중대령급	中領級·大領級	6602	중대사	重大 事件
6603	중대형	中型·大型	6604	중대형차	中型車·大型車
6605	중도	二重 盜壘	6606	중도	中央 圖書館
6607	중도매상	中間 都賣商	6608	중등교육협의회	韓國 中等 敎育 協議會
6609	중로	中央 勞動	6610	중로위	中央 勞動 委員會
6611	중무역위	中國 國際 貿易 促進 委員會	6612	중문과	中語 中文學科
6613	중문연	中央 文化 硏究院	6614	중방	中引枋
6615	중부	中部 地方	6616	중부고속도	中部 高速 道路
6617	중부공단	中部 地域 工業 團地 管理 公團	6618	중비	中堅手 fly out
6619	중삼	中學校 三 學年	6620	중상위권	中位圈·上位圈
6621	중상위직	中位職·上位職	6622	중선관위	中央 選擧 管理 委員會
6623	중선위	中央 選擧 管理 委員會	6624	중세근대사	中世史·近代史
6625	중소기협	中小企業 協同組合	6626	중소진흥공단	中小企業 振興 工團

no	축소어형	본어형	no	축소어형	본어형
6627	중소특위	中小企業 特別 委員會	6628	중소형	中型·小型
6629	중쇠	맷돌中쇠	6630	중수부	中央 搜査本部
6631	중수파련	二層中水波蓮	6632	중시	重大視
6633	중시	重要視	6634	중심성망막염	中心性 脈絡 網膜炎
6635	중안	中堅手 앞 安打	6636	중앙박물관	國立 中央 博物館
6637	중앙방송국	서울 中央 放送局	6638	중앙선관위	中央 選擧 管理 委員會
6639	중앙아	中央亞細亞	6640	중앙은	中央銀行 機構
6641	중앙장치	中央 處理 裝置	6642	중어	中國語
6643	중역	二重 飜譯	6644	중음	中國 音樂
6645	중이	中學校 二 學年	6646	중일	中學校 一 學年
6647	중입	中學校 入學	6648	중입검정	中學校 入學 資格 檢定考試
6649	중장년층	中年層·壯年層	6650	중저가	重價·低價
6651	중저가주	重價 株式·低價 株式	6652	중전	中宮殿
6653	중전회	中央 委員會 全體 會議	6654	중절	妊娠 中絶
6655	중절모	中折帽子	6656	중정	中央情報部
6657	중졸	中學校 卒業	6658	중진공	中小企業 振興 工團
6659	중집	中央 執行 委員會	6660	중집위	中央 執行 委員會
6661	중추	神經 中樞	6662	중토위	中央 土地 收用 委員會
6663	중퇴	中途退學	6664	중편	中篇小說
6665	중평	中間 評價	6666	중폭	中爆擊機/重爆擊機
6667	중하순	中旬·下旬	6668	중하위권	中位圈·下位圈
6669	중하위직	中位職·下位職	6670	중학	中學校
6671	중한	中國·韓國	6672	중한	中國語·韓國語
6673	중합	衆合地獄	6674	중형	中型 乘用車
6675	중활	中小企業 現場 體驗 活動	6676	중후기	中期·後期
6677	줴뜯다	쥐어뜯다	6678	줴박다	쥐어박다
6679	줴지내다	쥐여지내다	6680	줴지르다	쥐어지르다
6681	줴흔들다	쥐어흔들다	6682	쥐죽은듯	쥐죽은 듯이
6683	쥔	主人	6684	쥔댁	主人宅
6685	쥔마누라	主人마누라	6686	쥔마님	主人마님
6687	쥔아씨	主人아씨	6688	쥔아저씨	主人아저씨
6689	쥔아주머니	主人아주머니	6690	쥔아줌마	主人아줌마
6691	쥔어른	主人어른	6692	쥔장	主人丈
6693	쥔집	主人집	6694	즉심	卽決 審判
6695	즉처	卽決 處分	6696	즐	즐겁다, 즐겁게

no	축소어형	본어형	no	축소어형	본어형
6697	즐	꺼져, 너나 즐겁게 놀아	6698	즐감	즐거운 感想
6699	즐겜	즐거운 game	6700	즐공	즐거운 共有
6701	즐낚	즐거운 낚시	6702	즐넷	즐거운 internet
6703	즐생	즐거운 生活	6704	즐섹	즐거운 sex
6705	즐통	즐거운 通信	6706	즐팅	즐거운 chatting
6707	즐포	즐거운 fortress	6708	즘	즈음
6709	증	싫症	6710	증	證券
6711	증	證明書	6712	증	證書
6713	증	症勢	6714	증	火症
6715	증가세	財産 增加稅	6716	증감원	證券 監督院
6717	증감원장	證券 監督院長	6718	증개축	增築·改築
6719	증경연	證券 經濟 研究所	6720	증권거래소	韓國 證券 去來所
6721	증권업협	韓國 證券業 協會	6722	증권투신업	證券 投資 信託業
6723	증금	證券 金融	6724	증기	水蒸氣
6725	증명	證明書	6726	증선위	證券 先物 委員會
6727	증시	證券 市場	6728	증안	證券 市場 安定
6729	증안	證券 市場 安定 基金	6730	증안기금	證券 市場 安定 基金
6731	증조	曾祖父	6732	증협	韓國 證券業 協會
6733	지	支所	6734	지	支店
6735	지감	知人之鑑	6736	지갑	돈紙匣
6737	지검	地方 檢察廳	6738	지공	大韓 地籍 公社
6739	지급	至急 電報	6740	지급	至急 電話
6741	지급전	至急 電報	6742	지기	知己之友
6743	지노위	地方 勞動 委員會	6744	지노협	地域 勞動組合 協議會
6745	지다	등지다	6746	지도안	學習 指導案
6747	지랄	지랄病	6748	지레	지렛대
6749	지로위	地方 勞動 委員會	6750	지로협	地域 勞動組合 協議會
6751	지르가슴	지르다 orgasm	6752	지리	地理學
6753	지리	風水地理	6754	지방교부세	地方 財政 交付稅
6755	지방대	地方 大學校	6756	지방신문협	韓國 地方 新聞 協會
6757	지방행정공제회	韓國 地方 行政 共濟會	6758	지방행정연구원	韓國 地方 行政 研究院
6759	지법	地方法院	6760	지보	支給 保證
6761	지사	道知事	6762	지새다	지새우다
6763	지성	知性人	6764	지에	지에밥
6765	지역난방	韓國 地域暖房 公社	6766	지역민방	地域 民放 television 放送局

no	축소어형	본어형	no	축소어형	본어형
6767	지역특성화연	地域 特性化 研究 center	6768	지옥철	地獄 地下鐵
6769	지우개	고무지우개(gomme-)	6770	지자	地方 自治制
6771	지자단체	地方 自治 團體	6772	지자법	地方 自治法
6773	지자제	地方 自治 制度	6774	지자체	地方 自治 團體
6775	지재권	知的 財産權	6776	지재권법	知的 財産權 保護法
6777	지적공사	大韓 地籍 公社	6778	지정닷다	地釘다지다
6779	지정체	遲滯와 停滯	6780	지준	支拂(支給) 準備金
6781	지준율	支拂(支給) 準備率	6782	지지	日刊紙·雜誌
6783	지질자원연	韓國 地質 資源 研究院	6784	지체인애호협회	韓國 精神 遲滯人 愛護 協會
6785	지파라치	地下鐵 paparazzi	6786	지파출소	支所·派出所
6787	지평	地平線	6788	지폐본위	紙幣 本位 制度
6789	지하철	地下鐵道	6790	지하철공	서울特別市 地下鐵 公社
6791	지하철공사	서울特別市 地下鐵 公社	6792	지하철노조	서울特別市 地下鐵 公社 勞動組合
6793	지학	地球 科學	6794	지학	地理學
6795	지학연	地緣·學緣	6796	지호간	指呼之間
6797	직	官職	6798	직	職業
6799	직	職責	6800	직	直通
6801	직간선제	直接 選擧制·間接 選擧制	6802	직간접	直接·間接
6803	직강	直接 講義	6804	직대	職務 代理
6805	직대	職務 代行	6806	직맹	職業 同盟
6807	직방	直接 紡績	6808	직배	直接 配給
6809	직보	直接 報告	6810	직불	直接 支拂
6811	직사	直接 射擊	6812	직사광	直射光線
6813	직선	直接 選擧	6814	직선제	直接 選擧 制度
6815	직세	直接稅	6816	직업능력개발원	韓國 職業 能力 開發院
6817	직장신협	職場 信用 協同 組合	6818	직장협	職場 協議會
6819	직찍사	直接 찍는 寫眞	6820	직총	朝鮮 職業 總同盟(北韓)
6821	직찰	直接 撮影	6822	직테크	職業 technology
6823	직테크족	職業 technology族	6824	직행	直行 bus
6825	직협	職場 協議會	6826	직훈	職業 訓鍊
6827	직훈원	職業 訓鍊院	6828	직훈제	職業 訓鍊 制度
6829	진경	珍風景	6830	진디	진드기
6831	진디	진딧물	6832	진범	眞犯人

no	축소어형	본어형	no	축소어형	본어형
6833	진보민청	進步 民衆 靑年 團體 協議會	6834	진보연합	進步 政黨 結成을 爲한 政治 聯合
6835	진사	珍事件	6836	진솔	진솔옷
6837	진일	盡終日	6838	진일력	盡日之力
6839	진장	진간醬	6840	진정련	進步 政治 聯合
6841	진정추	進步 政黨 推進 委員會	6842	진주	진흙 속의 주둥아리
6843	진출입	進入・出入	6844	진폐병원	塵肺 患者 專門 病院
6845	집	집사람	6846	집단보장	集團 安全 保障
6847	집배원	郵便集配員	6848	집뺌	집게뺌
6849	집시법	集會 및 示威에 關한 法律	6850	집유	執行 猶豫
6851	집전	執典者	6852	집행	强制 執行
6853	집행위	執行 委員會	6854	징위	懲戒 委員會
6855	짚	볏짚	6856	짬	짬질
6857	째다	짜이다	6858	째지다	째어지다
6859	쨈새	짜임새	6860	쩍하면	번쩍하면
6861	쩔뚝이	쩔뚝발이	6862	쪼그맣다	쪼그마하다
6863	쪼끄맣다	쪼끄마하다	6864	쪽소매	쪽소매冊床
6865	쬐다	쪼이다	6866	찌	낚시찌
6867	찌끼	찌꺼기	6868	찍팅	찍다 meeting
6869	찔레	찔레나무	6870	찡찡이	코찡찡이
6871	차가명	借名・假名	6872	차과장	次長・課長
6873	차관보	次官 補佐官	6874	차양	次養子
6875	차용증	借用 證書	6876	차인	差人꾼
6877	차조	차좁쌀	6878	차치	且置勿論
6879	차파라치	自動車 paparazzi	6880	착발신	着信・發信
6881	찬	飯饌	6882	찬송	讚頌歌
6883	참	斬首	6884	참	斬刑
6885	참땋게	참따랗게	6886	참맘	참마음
6887	참법	法華懺法	6888	참시	剖棺斬屍
6889	참의원	參議院 議員	6890	찻숟갈	찻숟가락
6891	창	窓門	6892	창	瘡病
6893	창립연	創立 紀念 宴會	6894	창무	創作 舞踊
6895	창무회	創作 舞踊會	6896	창백출	蒼朮・白朮
6897	창비	創作과 批評	6898	창비	創作과 批評社
6899	창상	滄海桑田	6900	창씨	創氏改名

no	축소어형	본어형	no	축소어형	본어형
6901	창주	創建主	6902	창투금융업	創業 投資 金融業
6903	창투사	創業 投資 會社	6904	채	債券
6905	채	채찍	6906	채다	채우다
6907	채색	彩色감	6908	채질	채찍질
6909	책시	柵門 後市	6910	책팅	冊 meeting
6911	책하다	責望하다	6912	챔프	champion
6913	챔프전	champion 決定戰	6914	챗날	기름챗날
6915	챙	遮陽	6916	처방	處方箋
6917	처분주의	處分權主義	6918	처지르다	처든지르다
6919	처치테인먼트	處置 entertainment	6920	척골	毀瘠骨立
6921	척추	脊椎骨	6922	척푼	隻分隻厘
6923	척후	斥候兵	6924	천계	天上界
6925	천릉	遷山陵	6926	천만리	千里萬里
6927	천만부당하다	千不當萬不當하다	6928	천만층	千層萬層
6929	천만파	千波萬波	6930	천문	天文學
6931	천상	天上界	6932	천섬과	天然 纖維學科
6933	천수	天上水	6934	천수	千手觀音
6935	천위	薦擧 委員會	6936	천자	千字文
6937	천재	天下의 財數 없는 사람	6938	천정련	天主敎 正義 具現 全國 聯合
6939	천제	天地에	6940	천칭	天平秤
6941	천하사	天下萬事	6942	철	製鐵
6943	철강협회	韓國 鐵鋼 協會	6944	철경	鐵道 警察
6945	철경	凸面鏡	6946	철광	鐵鑛石
6947	철대	갓철대	6948	철대위	撤去民 對策 委員會
6949	철도노조	全國 鐵道 勞動組合	6950	철둑	鐵路둑
6951	철망	鐵絛網	6952	철박	哲學 博士
6953	철부	涸轍鮒魚	6954	철옹성	鐵甕山城
6955	첨	처음	6956	첨기연	尖端 技術 硏究所
6957	첨하다	阿諂하다	6958	첩보대	陸軍 諜報 部隊
6959	첩첩하다	重重疊疊하다	6960	첫방	첫 放送
6961	첫애	첫아이	6962	청	官廳
6963	청	大廳	6964	청	목청
6965	청	靑色	6966	청	靑瓦臺
6967	청	晴天	6968	청경	請願 警察
6969	청년회의소	韓國 靑年 會議所	6970	청대	淸州 大學校

no	축소어형	본어형	no	축소어형	본어형
6971	청맹	靑盲과니	6972	청방	靑年 防衛隊
6973	청보위	靑少年 保護 委員會	6974	청상	靑孀寡婦
6975	청소년개발원	韓國 靑少年 開發院	6976	청소년대표팀	韓國 靑少年 蹴球 代表 team
6977	청소년육성회	서울 靑少年 指導 育成會	6978	청장년층	靑年層·壯年層
6979	청전련	韓國 靑年 專門家 聯合	6980	청조	淸朝體
6981	청조	淸朝 活字	6982	청피	淸溪川 被服 勞組
6983	청피	靑橘皮	6984	청한	참된 醫療 實現을 爲한 靑年 協議會
6985	청협	美洲 靑年 祖國 統一 協議會	6986	청호	淸潭洞 호루라기
6987	체고	體育 高等學校	6988	체과대	韓國 體育 科學 大學校
6989	체과연	韓國 體育 科學 研究院	6990	체대	韓國 體育 大學校
6991	체대	韓國 體育 科學 大學校	6992	체련실	體力 鍛鍊室
6993	체메다	체메우다	6994	체신	遞信部
6995	체신	遞信部 長官	6996	체신과기위	遞信 科學 技術 委員
6997	체육공단	서울 Olympics 紀念 國民 體育 振興 公團	6998	체육회	大韓 體育會
6999	체인	chain店	7000	체임	滯拂 賃金
7001	체전	體育祭典	7002	체조	體操 競技
7003	체진금	國民 體育 振興 基金	7004	체코	Czechoslovakia
7005	체테크	體力 technology	7006	첼로	violoncello
7007	초	갈草	7008	초	乾草
7009	초	草稿	7010	초	抄錄
7011	초	草書	7012	초	草案
7013	초강추	超 强力하게 推薦함	7014	초교	初等學校
7015	초교생	初等學校 學生	7016	초나흘	初나흘날
7017	초닷새	初닷샛날	7018	초당	超黨派
7019	초대	初級 大學	7020	초대	初對面
7021	초도	初度日	7022	초등	初等學校
7023	초등생	初等學校 學生	7024	초등생	初等學校 學生
7025	초료	草料狀	7026	초보	初步者
7027	초사흘	初사흗날	7028	초상미술협회	韓國 肖像 美術 協會
7029	초석	醋酸石灰	7030	초속	初速度
7031	초속	超速度	7032	초아흐레	初아흐렛날
7033	초안	硝酸ammonium	7034	초여드레	初여드렛날
7035	초열흘	初열흘날	7036	초엿새	初엿샛날

no	축소어형	본어형	no	축소어형	본어형
7037	초음	超音波	7038	초이레	初이렛날
7039	초이틀	初이튼날	7040	초재선	初選·再選
7041	초종	初終葬事	7042	초중	初級 中學校
7043	초중고	初等學校·中學校·高等學校	7044	초중등교원	初等 敎員·中等 敎員
7045	초중등학교	初等學校·中學校·高等學校	7046	초중엽	初葉·中葉
7047	초특급	超特急 列車	7048	초하루	初하룻날
7049	초호	初號 活字	7050	촉	燭光
7051	촌	村民이	7052	총	寵愛
7053	총녀	總女學生會	7054	총련	在日本 朝鮮人 總聯合會
7055	총련	總學生會 聯合	7056	총리	國務總理
7057	총리실	國務總理室	7058	총무	院內 總務
7059	총무처	總務處 長官	7060	총상	總狀꽃차례
7061	총선	總選擧	7062	총예	聰明叡智
7063	총원	總人圓	7064	총장	總學生長
7065	총책	總責任者	7066	총투련	總選 鬪爭 聯合
7067	총판	總販賣	7068	총판점	總販賣店
7069	총평	勞動組合 總評議會	7070	총학	總學生會
7071	총학건준위	總學生會 建設 準備 委員會	7072	총학장	總長·學長
7073	총협	總學生會 協議會	7074	총형	銃殺刑
7075	최선	最先等	7076	최심위	最終 審議 委員會
7077	추경	追加 更正	7078	추경안	追加 更正 豫算案
7079	추경예산	追加 更正 豫算	7080	추곡	秋穀 收買量
7081	추곡가	秋穀 收買價	7082	추공	追善 供養
7083	추기	추깃물	7084	추다르크	秋美愛 Jeanne d'Arc
7085	추대위	推戴 委員會	7086	추선	秋風扇
7087	추시	追加 試驗	7088	추진위	推進 委員會
7089	추천위	推薦 委員會	7090	추체	錐狀體
7091	추탕	鰍魚湯	7092	추투	秋季 鬪爭
7093	축	祝文	7094	축	欠縮
7095	축구련	大韓 蹴球 聯盟	7096	축구협	大韓 蹴球 協會
7097	축도	祝福 祈禱	7098	축색	軸索 突起
7099	축생	畜生道	7100	축연	祝賀宴
7101	축원	祝願文	7102	축판	祝文板
7103	축판	縮刷版	7104	축협	大韓 蹴球 協會
7105	축협	畜産業 協同組合	7106	축협	畜産業 協同組合 中央會

no	축소어형	본어형	no	축소어형	본어형
7107	춘교협	春川 敎師 協議會	7108	춘교협	春川·春城 敎師 協議會
7109	춘대협	春川 地區 大學生 代表者 協議會	7110	춘부	賣春婦
7111	춘부	春府丈	7112	춘장	春府丈
7113	춘투	春季 鬪爭	7114	춘화	春花圖
7115	출결	出缺勤	7116	출결	出缺席
7117	출결	出勤·缺勤	7118	출결	出席·缺席
7119	출결근	出勤·缺勤	7120	출결석	出席·缺席
7121	출금	出國 禁止	7122	출람	靑出於藍
7123	출반	出班奏	7124	출연연	政府 出捐 研究所
7125	출초	輸出超過	7126	출췌	出類拔萃
7127	출퇴근	出勤·退勤	7128	출판문화협	大韓 出版文化 協會
7129	출협	大韓 出版文化 協會	7130	춤	허리춤
7131	충	蛔蟲	7132	충남	忠淸南道
7133	충남북	忠淸南道·忠淸北道	7134	충문협	忠南 文化 運動 協議會
7135	충민련	大田·忠南 民族 民主 運動 聯合	7136	충방	忠南 紡績
7137	충북	忠淸北道	7138	충애	忠君愛國
7139	충지	充員 指示	7140	충청	忠淸道
7141	충청남북도	忠淸南道·忠淸北道	7142	충혼	忠魂義魄
7143	췌석	膵藏 結石	7144	취	就任
7145	취다	추이다	7146	취모	吹毛求疵
7147	취뽀	就業 뽀개기	7148	취옥	翡翠玉
7149	취집	就職 媤집	7150	취포	醉且飽
7151	측근	側近者	7152	측량협회	大韓 測量 協會
7153	측심	惻隱之心	7154	층대	層層臺
7155	층돌	層샛돌	7156	치가	妄置家
7157	치과	齒科 醫院	7158	치과교정연구회	韓國 齒科 矯正 研究會
7159	치과대학장협	韓國 齒科 大學長 協議會	7160	치기단	소매치기團
7161	치다	치우다	7162	치대	齒科 大學
7163	치대협	서울 地域 齒科 大學生會 協議會	7164	치부	置簿冊
7165	치분	齒磨粉	7166	치선	置中先手
7167	치어플	cheer placard	7168	치의사협	大韓 齒科 醫師 協會
7169	치의협	大韓 齒科 醫師 協會	7170	치재	治安 裁判

no	축소어형	본어형	no	축소어형	본어형
7171	치천	治天下	7172	치협	大韓 齒科 醫師 協會
7173	친인척	親戚·姻戚	7174	칠	옻漆
7175	칠거	七去之惡	7176	칠고	聖母 七苦
7177	칠고	七言 古詩	7178	칠교	七巧놀이
7179	칠금	七縱七擒	7180	칠기	漆木器
7181	칠률	七言 律詩	7182	칠배	七言 排律
7183	칠석	七夕날	7184	칠성	北斗七星
7185	칠성	七星閣	7186	칠성	七星堂
7187	칠성	七星板	7188	칠성	七元星君
7189	칠언율	七言 律詩	7190	칠요	七曜日
7191	칠재	七七齋	7192	칠절	七言 絶句
7193	침반	羅針盤	7194	침정	針狀 結晶
7195	카누련	大韓 canoe 聯盟	7196	카드업	信用 card業
7197	카드테크	card technology	7198	카레	curried rice
7199	카세트	cassette tape	7200	카오스모스	chaos cosmos
7201	카케팅	car marketing	7202	카테크	car technology
7203	카파라치	自動車 paparazzi	7204	카폭족	car 暴走 族
7205	칼쌈	칼싸움	7206	캄	Cambodia
7207	캄파	kampaniya	7208	캐묻다	캐어묻다
7209	캐피스룩	casual office look	7210	캔디	ice candy
7211	캔디렐라	candy Cinderella	7212	캠	camcorder
7213	캠	campus	7214	캠버전	camcorder version
7215	캠폰	camcorder phone	7216	커닿다	커다랗다
7217	커대지다	커다래지다	7218	커리	curriculum
7219	커피	coffee茶	7220	컨	container
7221	컴	communication	7222	컴	computer
7223	컴도사	computer 道士	7224	컴드라마	computer drama
7225	컴맹	computer 文盲	7226	컴맹자	computer 文盲者
7227	컴섹	computer sex	7228	컴책	computer가 있는 册床
7229	컴출협	computer 出版 協會	7230	컴터	computer
7231	컴팅	computer meeting	7232	컴파라치	computer paparazzi
7233	컴퓨토피아	computer Utopia	7234	케미슈즈	chemical shoes
7235	코등이	칼코등이	7236	코뚜레	쇠코뚜레
7237	코리아리서치	Korea Research Center	7238	코리우드	Korea Hollywood
7239	코몰족	Coex mall 族	7240	코보스	Korean bobos

no	축소어형	본어형	no	축소어형	본어형
7241	코보스족	Korean bobos 族	7242	코빼기	코쭝빼기
7243	코얼리어답터	Korean early adopter	7244	코즈메슈티컬	cosmetics pharmaceutical
7245	코피티션	corporation competition	7246	콘도	condominium
7247	콘택트	contact lens	7248	콘티북	continuity book
7249	콜드파마	cold permanent wave	7250	콧노리	콧등노리
7251	콧잔등	콧잔등이	7252	콩무리	콩버무리
7253	쾌	快感	7254	쾌정	快速艇
7255	쾨헬	Köchel番號	7256	쿠	Kuwait
7257	쿠폰깡	coupon わりかん	7258	퀸카	queen card
7259	크로스워드	crossword puzzle	7260	크롤	crawl stroke
7261	크리스틀	crystal glass	7262	크림	ice cream
7263	큰뉘	큰누이	7264	큰맘	큰마음
7265	큰애	큰아이	7266	클레이	clay 射擊 競技
7267	키다	켜이다	7268	키덜트족	kids adult 族
7269	키퍼	goalkeeper	7270	킬로	kilogram
7271	킬로	kiloliter	7272	킬로	kilometer
7273	킹카	king card	7274	타골	他고을
7275	타대생	他 大學校 學生	7276	타력	打擊力
7277	타방	他方面	7278	타방	他地方
7279	타분하다	고리타분하다	7280	타비	他人 批判
7281	타상	打撲傷	7282	타석	打席數
7283	타석기	打製 石器	7284	타선	唾液腺
7285	타수	操舵手	7286	타수	打擊數
7287	타순	打擊順	7288	타율	打擊率
7289	타율	楕圓率	7290	타이	necktie
7291	타이	tie score	7292	타이트	tight skirt
7293	타이프	typewriter	7294	타자	打字機
7295	타짜	타짜꾼	7296	타행	他 銀行
7297	탁구협	大韓 卓球 協會	7298	탁기	託孤寄命
7299	탁아특위	託兒所 設置를 爲한 特別 委員會	7300	탁은	서울 信託 銀行
7301	탁족	濯足會	7302	탁치	信託 統治
7303	탄	石炭	7304	탄	煉炭
7305	탄	爆彈	7306	탄도	彈道 誘導彈
7307	탄도탄	彈道 誘導彈	7308	탄로	坦坦大路

no	축소어형	본어형	no	축소어형	본어형
7309	탄소비	炭素 同位 元素比	7310	탄수기	炭化水素基
7311	탄일	誕生日	7312	탄재	石炭재
7313	탄주	呑舟之魚	7314	탄지	彈指頃
7315	탈박	탈바가지	7316	탈저	脫疽疔
7317	탈주	脫身逃走	7318	탈타리	빈탈타리
7319	탈태	換骨奪胎	7320	탕산	蕩盡家産
7321	탕평하다	蕩蕩平平하다	7322	태	泰國
7323	태권도협	大韓 跆拳道 協會	7324	태나다	태어나다
7325	태다	태우다	7326	태두	泰山北斗
7327	태백	太白星	7328	태보	跆拳道 boxing
7329	태보댄스	跆拳道 boxing dance	7330	태아협	太平洋·亞細亞 協會
7331	태치다	태질치다	7332	택숙자	taxi 露宿者
7333	택시운송조합	서울特別市 taxi 運送 事業 組合	7334	탤개우먼	talent gagwoman
7335	탱	幀畵	7336	탱자	탱자나무
7337	터미널	高速bus terminal	7338	터프	tough course
7339	턱거리	언턱거리	7340	털	털실
7341	털복사	털복숭아	7342	털터리	빈털터리
7343	테	테두리	7344	테러	terrorism
7345	테레비	television	7346	테메다	테메우다
7347	텍스트	textbook	7348	텍크	technology
7349	텔레밴절리즘	television evangelism	7350	텔레비	television
7351	텔레팩스	tele facsimile	7352	텔레포트	teleportation
7353	텔렌페서	talent professor	7354	토	토씨
7355	토	土曜日	7356	토	土耳其
7357	토개공	韓國 土地 開發 公社	7358	토개원	國土 開發 研究院
7359	토건	土木 建築	7360	토건업	土木 建築業
7361	토공	土公社	7362	토공	土公神
7363	토공	土木 工事	7364	토공	韓國 土地 公社
7365	토공과	土木 工學科	7366	토금속	土類 金屬
7367	토금속원소	土類 金屬 元素	7368	토너	tournament
7369	토마토	TOEIC 點數 마구 올려주는 TOEIC	7370	토마피	토마토 피망
7371	토목	土木 工事	7372	토박이	本土박이
7373	토사	上吐下瀉	7374	토산	土産物

no	축소어형	본어형	no	축소어형	본어형
7375	토스	toss batting	7376	토악	吐哺握髮
7377	토요	日曜日	7378	토일요일	土曜日·日曜日
7379	토종	本土種	7380	토지공	韓國 土地 公社
7381	토지신	土地之神	7382	토초세	土地 超過 利得稅
7383	토축	土産·畜産	7384	토토	sports toto
7385	토토즐	土曜日 土曜日은 즐거워	7386	토특	土地 管理 및 地域 均衡 開發 特別 會計
7387	토폐인	TOEIC 廢人	7388	토포	吐哺握髮
7389	통개연	通信 開發 研究院	7390	통계협회	大韓 統計 協會
7391	통관베이스	通關 base 貿易額	7392	통국당	統一 國民黨
7393	통금	通行禁止	7394	통대	通譯 大學院
7395	통대	韓國 放送 通信 大學校	7396	통독	統一 獨逸
7397	통로회	祖國 統一을 爲한 南北 勞動者 會議	7398	통메다	桶메우다
7399	통민학련	統一 民主 學生 聯盟	7400	통반장	統長·班長
7401	통불협	民族 自主 統一 佛敎 運動 協議會	7402	통산	通商 産業
7403	통산	通商 産業部	7404	통산	通商 産業部 長官
7405	통상산업	通商 産業部	7406	통상산업	通商 産業部 長官
7407	통성	通姓名	7408	통성	通有性
7409	통신공	韓國 電氣 通信 公事	7410	통신기술	韓國 通信 技術 協會
7411	통신기술협	韓國 通信 技術 協會	7412	통신단	陸軍 通信團
7413	통신법	通信 秘密 保護法	7414	통신부	通信 參謀部
7415	통신연	韓國 電子 通信 研究所	7416	통신학교	陸軍 通信 學校
7417	통안조정회의	統一 安保 政策 調停 會議	7418	통안증권	通貨 安定 證券
7419	통안채	通貨 安定 債券	7420	통외통위	統一 外交 通商 委員會
7421	통으로	온통으로	7422	통이장	統長·里長
7423	통일	統一部	7424	통일	統一部 長官
7425	통일외교위	統一 外交 通商 委員會	7426	통일원	國土 統一院
7427	통일원	統一院 長官	7428	통정	通事情
7429	통정	通心情	7430	통지표	生活 通知表
7431	통천하	統一天下	7432	통추	國民 統合 推進 委員會
7433	통추위	汎野圈 統合 推進 委員會	7434	통추회의	汎民主 統合 受權 政黨을 爲한 推進 會議
7435	통축	統一 大祝典	7436	통판	通信 販賣

no	축소어형	본어형	no	축소어형	본어형
7437	통플스테이	統一 temple stay	7438	통혁당	統一 革命黨
7439	통협	祖國 統一 北 美洲 協會	7440	통화고	通貨 發行高
7441	퇴	退間	7442	퇴	退마루
7443	퇴선	祭退膳	7444	투	投球
7445	투개표	投票·開票	7446	투금	投資 金融
7447	투금	投資 金融 會社	7448	투금	投資 基金
7449	투금사	投資 金融 會社	7450	투금주	投資 金融 株式
7451	투금협	投資 金融 協會	7452	투기갓길	쓰레기 投棄와 갓길 運行車 團束
7453	투땅	투수 앞 땅볼	7454	투본	鬪爭 本部
7455	투상스럽다	툽상스럽다	7456	투시법	透視 圖法
7457	투신	投資 信託	7458	투신	投資 信託 會社
7459	투신권	投資 信託 金融圈	7460	투신사	投資 信託 會社
7461	투신운용사	投資 信託 運用社	7462	투신협회	投資 信託 會社 協會
7463	투영법	投影 圖法	7464	투정	투정질
7465	투타	投球力·打擊力	7466	투타	投手·打者
7467	투표지	投票用紙	7468	투협	投資 金融 協會
7469	투희	投手 犧牲 fly	7470	퉁맞다	퉁바리맞다
7471	트랙	track 競技	7472	트랜스시버	transmitter receiver
7473	트랜지스터	transistor radio	7474	트롤	trawl網
7475	트롤리	trolley bus	7476	트파라치	trend paparazzi
7477	특가법	特定 犯罪 加重 處罰法	7478	특감	特別 監査
7479	특감	特別 監察	7480	특감단	特別 監査團
7481	특검	特別 檢事	7482	특검단	特別 檢閱團
7483	특검제	特別 檢事 制度	7484	특고	特別 高等係
7485	특관세	臨時 特別 關稅	7486	특근	特別 勤務
7487	특급	特別急行	7488	특급	特別 急行列車
7489	특명	特別 命令	7490	특명	特別 任命
7491	특목고	特殊 目的 高等學校	7492	특무대	陸軍 特務 部隊
7493	특배	特別 配給	7494	특배	特別 配當
7495	특별위	特別 委員會	7496	특별익	特別 利益
7497	특보	特別 補佐官	7498	특사	特別 赦免
7499	특사배달	特使 配達 電報	7500	특성화고	特性化 高等學校
7501	특소세	特別 消費稅	7502	특수	特別 搜査
7503	특수고	特殊 高等學校	7504	특수대	特別 搜査隊

no	축소어형	본어형	no	축소어형	본어형
7505	특수대	特殊 搜査隊	7506	특약	特別 契約
7507	특위	特別 委員會	7508	특융	特別 融資金
7509	특인	特別 承認	7510	특입선자	特選者·入選者
7511	특장점	特徵과 長點	7512	특장차	特殊 裝着車
7513	특전대	特別 戰鬪隊	7514	특조법	特別 措置法
7515	특종	特種 記事	7516	특지	特志家
7517	특체과	特殊 體育學科	7518	특파공사	特派 全權 公使
7519	특파대사	特派 全權 大使	7520	특판	特殊 販賣
7521	특허	特許權	7522	특허협	韓國 特許 協會
7523	특활	特別 活動	7524	특효	特殊 效果
7525	특훈	特別 訓鍊	7526	틀	裁縫틀
7527	틈바귀	틈바구니	7528	틔다	트이다
7529	티	T-shirt	7530	팀플	team play
7531	파	波蘭	7532	파과	破瓜之年
7533	파나마	Panama帽子	7534	파라핀	paraffin紙
7535	파마	permanent wave	7536	파사모	映畫 '파이란'을 사랑하는 사람들의 모임
7537	파스	pasta劑	7538	파업	同盟 罷業
7539	파이버	staple fiber	7540	파제	罷祭祀
7541	파젯날	罷祭祀날	7542	파출소	警察官 派出所
7543	파토	斬破土	7544	파편탄	破片 爆彈
7545	판	놀음판	7546	판	販賣
7547	판	活版	7548	판가	販賣 價格
7549	판금	販賣 禁止	7550	판금법	販賣 禁止法
7551	판대협	韓國 映像 音盤 販賣 貸與業 協會	7552	판례	判決例
7553	판본	板刻本	7554	판쌈	판싸움
7555	판제	共同 販賣 制度	7556	판촉	販賣 促進
7557	판촉전	販賣 促進 戰略	7558	판히	判然히
7559	팔	Palestine	7560	팔결	팔팔결
7561	팔부	八部衆	7562	팔서	八體書
7563	팔자걸음	八字 걸음	7564	팔찌	팔가락지
7565	팔체	八體書	7566	팔한	八寒 地獄
7567	팜파라치	pharmacy paparazzi	7568	패랭이	패랭이꽃
7569	패러	paragliding	7570	패미컴	family computer

no	축소어형	본어형	no	축소어형	본어형
7571	패설	稗官 小說	7572	패쇠	敗亡衰微
7573	패스	passport	7574	패쌈	牌싸움
7575	패쌈	覇싸움	7576	패장	敗軍之將
7577	팩션	fact fiction	7578	팩스	facsimile
7579	팬페이지	fan homepage	7580	퍼널리스트	fund manager analyst
7581	퍼뮤니케션션	펌 communication	7582	퍼피즌	puppy netizen
7583	펀듀랑스	fund assurance	7584	펀치	punch畵
7585	펄	개펄	7586	펌	퍼 옴
7587	펌플족	펌 reply 族	7588	페싱글족	parasite single 族
7589	페로티시즘	feminism eroticism	7590	페만	Persia灣
7591	페미나치스	feminist · Nazi	7592	페이퍼	sand paper
7593	펜클럽	國際 P.E.N. Club	7594	편	偏/便짝
7595	편도	扁桃腺	7596	편부모	偏父 · 偏母
7597	편쌈	偏싸움	7598	편쌈꾼	偏싸움꾼
7599	편쌈질	偏싸움질	7600	편저자	編者 · 著者
7601	편집인협	韓國 新聞 編輯人 協會	7602	편파방송대책위	偏頗 放送 特別 對策 委員會
7603	편협	韓國 新聞 編輯人 協會	7604	평가원	國立 教育 評價院
7605	평가원	韓國 教育 課程 評價院	7606	평가익	評價 利益
7607	평균시	平均 太陽時	7608	평남	平安南道
7609	평남북	平安南道 · 平安北道	7610	평대원	平信徒 教育 大學院
7611	평민	平和 民主黨	7612	평민당	平和 民主黨
7613	평민연	平和 民主 統一 研究會	7614	평방	平和 放送
7615	평북	平安北道	7616	평불협	祖國 平和 統一 推進 佛教人 協議會
7617	평상	平常時	7618	평수	平水位
7619	평시	平常時	7620	평심	平心舒氣
7621	평안	平安道	7622	평안남북도	平安南道 · 平安北道
7623	평온	平均 溫度	7624	평은	平和 銀行
7625	평작	平年作	7626	평잔	平均 殘高
7627	평장	平土葬	7628	평축	平壤 祝典
7629	평통	平和 統一	7630	평통강남협	民主 平和 統一 諮問 會議 江南區 協議會
7631	평통사	平和와 統一을 여는 사람들	7632	평통연	南北 平和 統一 研究所
7633	평통위원	民主 平和 統一 諮問 會議 運營 委員	7634	평통총장	民主 平和 統一 諮問 會議 事務總長

no	축소어형	본어형	no	축소어형	본어형
7635	평협	平和 協商	7636	평협	韓國 天主敎 平信徒 使徒職 協議會
7637	평화회의	萬國 平和 會義	7638	폐	弊端
7639	폐개가제	閉架制·開架制	7640	펴다	펴이다
7641	폐드럼	廢drum桶	7642	폐오수	廢水·汚水
7643	폐제	貨幣 制度	7644	포	大砲
7645	포	脯脩	7646	포	脯肉
7647	포기	自暴自棄	7648	포난	飽食暖衣
7649	포락	炮烙之刑	7650	포르노	pornography
7651	포번	捕手 앞 bunt	7652	포병학교	陸軍 砲兵 學校
7653	포차	布帳馬車	7654	포철	浦項 綜合 製鐵
7655	포켓치프	pocket handkerchief	7656	포털	portal site
7657	포토	photography	7658	포파	捕手 foul
7659	폭약	爆發藥	7660	폭주	輻輳幷臻
7661	폭포	瀑布水	7662	폰	携帶phone
7663	폰섹	phone sex	7664	폰카	cameraphone
7665	폰카	phone camera	7666	폰카족	phone camera 族
7667	폰카짱	phone camera 짱	7668	폰티즌	phone netizen
7669	폰티즌	phone citizen	7670	폰팅	phone meeting
7671	폰파라치	cameraphone paparazzi	7672	폰파라치	携帶 電話 paparazzi
7673	폰페이지	phone home page	7674	폰피	phone home page
7675	폴	Poland	7676	폴라로이드	polaroid camera
7677	폴리테인먼트	politics entertainment	7678	폼	platform
7679	표	表迹	7680	표	標識
7681	표준연	韓國 標準 科學 硏究院	7682	표준협	韓國 標準 協會
7683	표파라치	票 paparazzi	7684	푸너리	푸너리장단
7685	푼짱	푼수짱	7686	풀	갈풀
7687	풀가시	풀가사리	7688	풀떡	풀떼기
7689	풀쌈	풀싸움	7690	풀피리	풀잎피리
7691	품	品質	7692	품관소	國防 品質 管理所
7693	품꾼	품팔이꾼	7694	품마크	品質 認證 mark
7695	품보	品質 保證	7696	풋곡	穀食
7697	풋살	football salon	7698	풋살축구	football salon 蹴球
7699	풍	虛風	7700	풍경	風景畵
7701	풍급	風力 階級	7702	풍산	風飛雹散

no	축소어형	본어형	no	축소어형	본어형
7703	풍월	吟風弄月	7704	풍지	門風紙
7705	풍촉	風前燈燭	7706	프	프랑스
7707	프라스틱업협	韓國 plastic 工業 協同組合	7708	프로	program
7709	프로	process平版	7710	프로	proletariat
7711	프로세스	process平版	7712	프로연맹	professional 蹴球 聯盟
7713	프로화	professional化	7714	프리터	free Arbeiter
7715	프리터룩	free Arbeiter look	7716	플라스틱공업협	韓國 plastic 工業 協同組合
7717	플레어	flared skirt	7718	플루	influenza
7719	플몹	flash mob	7720	플스	playstation
7721	피겨	figure skating	7722	피고	被告人
7723	피다	펴이다	7724	피다	피우다
7725	피싱	private data fishing	7726	피안	到彼岸
7727	피타율	被安打率	7728	피티	presentation
7729	필반자	匹반자紙	7730	필카	film camera
7731	하계유	夏季 國際 大學生 競技 大會	7732	하계유대회	夏季 國際 大學生 競技 大會
7733	하늬	하늬바람	7734	하루	하룻날
7735	하룻날	初하룻날	7736	하방	下引枋
7737	하배	下人輩	7738	하소	하소연
7739	하이루	Hi Hello	7740	하천	下賤人
7741	하청	下請負	7742	하키	ice hockey
7743	하키	field hockey	7744	하투	夏季 鬪爭
7745	하폐수	下水·廢水	7746	하프	halfback
7747	하행	下行 bus	7748	하행	下行 列車
7749	학구파	學點을 구걸하는 派	7750	학군단	學生 軍事 教育團
7751	학군제도	學校群 制度	7752	학도대	學徒義勇隊
7753	학도대	學徒 護國隊	7754	학력고사	大學 入學 學力考査
7755	학모	學生帽	7756	학병	學徒兵
7757	학복위	學生 福祉 委員會	7758	학사만	學閥 없는 社會 만들기
7759	학사모	學校를 사랑하는 學父母 모임	7760	학선본	學生 選擧 對策 本部
7761	학술진흥재단	韓國 學術 振興 財團	7762	학연산	學校·研究所·産業體
7763	학운위	學校 運營 委員會	7764	학원	學校園
7765	학원총연합회	韓國 學員 總聯合會	7766	학자	學資金
7767	학자운동	學園 自主化 運動	7768	학자투	學園 自主化 鬪爭
7769	학적	學業 成績	7770	학제	四學合製
7771	학주	學生 主任	7772	학진	韓國 學術 振興 財團

no	축소어형	본어형	no	축소어형	본어형
7773	학진위	學生 交流 推進 委員會	7774	학추위	祖國의 平和와 自主的 統一을 爲한 學生 推進 委員會
7775	한	大韓民國	7776	한	大韓 帝國
7777	한	韓國	7778	한	韓國語
7779	한	한나라黨	7780	한강감시단	漢江 綜合 監視團
7781	한건련	韓國 建設業體 聯合會	7782	한겨레당	한겨레 民主黨
7783	한경	韓國 經濟 新聞	7784	한경	韓國 經濟 新聞社
7785	한경련	韓國 經濟 研究院	7786	한경원	韓國 經濟 研究院
7787	한교	韓國 僑胞	7788	한교여련	韓國 敎會 女性 聯合會
7789	한교조	韓國 敎員 勞動組合	7790	한교협	韓國 基督敎 敎會 協議會
7791	한교협	韓國 基督敎 協議會	7792	한교협	韓國 初中等 統合 敎師 協議會
7793	한국	大韓 帝國	7794	한국교총	韓國 敎員 團體 總聯合會
7795	한국기독교인권위	韓國 基督敎 敎會 協議會 人權 委員會	7796	한국노교협	韓國 勞動 敎育 協議會
7797	한국노총	韓國 勞動組合 總聯盟	7798	한국민단	在日本 大韓民國 居留民團
7799	한국비비에스연맹	韓國 BBS(big brothers and sisters)	7800	한국신	韓國 新記錄
7801	한국썬	韓國 SUNmicro systems	7802	한국엠에스사	韓國 microsoft 社
7803	한국여의	韓國 女子 醫師會	7804	한국역사연	韓國 歷史 研究會
7805	한국이웃사랑회	굶기 運動 本部 韓國 이웃 사랑會	7806	한국인삼연	韓國 人蔘 煙草 研究院
7807	한국종합화공	韓國 綜合 化學 工業 株式會社	7808	한국체대	韓國 體育 科學 大學校
7809	한국통신	韓國 電氣 通信 公使	7810	한글	한글 file
7811	한글	한글 program	7812	한금련	韓國 消費者 金融 聯合會
7813	한금연	韓國 金融 研究院	7814	한기	韓國 電力 技術 株式會社
7815	한기련	韓國 基督 靑年 學生 聯合	7816	한기총	韓國 基督敎 總聯合會
7817	한기평	韓國 企業 評價	7818	한껍에	한꺼번에
7819	한냉	韓國 冷藏 株式會社	7820	한노총	韓國 勞動者 總聯合
7821	한노총	韓國 勞動組合 總聯合會	7822	한농련	韓國 農業 經營人 中央 聯合會
7823	한당	不汗黨	7824	한대	漢陽 大學校
7825	한독	韓國·獨逸	7826	한독	韓國語·獨逸語
7827	한독당	韓國 獨立黨	7828	한맘	한마음
7829	한문연	韓國 文化 運動 研究所	7830	한미	韓國·美國
7831	한미	韓國語·美國語	7832	한미안보협	韓美 年例 安保 協議會
7833	한미안보협의회	韓美 年例 安保 協議會	7834	한미협협	韓國 美國 行政 協定

no	축소어형	본어형	no	축소어형	본어형
7835	한민전	韓國 民族 民主 戰線	7836	한민전	韓國 民族 民主 戰線 中央 委員會
7837	한민족체전위	世界 韓民族 體典 委員會	7838	한민통	韓國 民主 回復 統一 促進 國民 會議
7839	한밤	한밤의 TV 演藝	7840	한방협회	大韓 漢方 病院 協會
7841	한배	汗出沾背	7842	한보소위	韓寶 特惠 眞相 糾明 小委員會
7843	한불	韓國·佛蘭西	7844	한불	韓國語·佛蘭西語
7845	한비	韓國 肥料 株式會社	7846	한빛	한빛 Soft
7847	한사연	韓國 社會 科學 硏究所	7848	한삼	한삼덩굴
7849	한수원	韓國 水力 原子力	7850	한시회	韓國 視覺 障碍者 福祉會
7851	한식연	韓國 食品 開發 硏究院	7852	한신정	韓國 信用 情報
7853	한신평	韓國 信用 評價 情報	7854	한약	韓藥·洋藥
7855	한약	韓醫師·藥師	7856	한약협	大韓 韓藥 協會
7857	한어	韓國語	7858	한여노협	韓國 女性 勞動者會 協議會
7859	한영	韓國語·英語	7860	한은	韓國銀行
7861	한은특융	韓國銀行 特別 融資	7862	한의	韓方醫
7863	한의	韓方 醫學	7864	한의	韓醫師
7865	한의사협회	韓國 韓醫師 協會	7866	한의학	韓方 醫學
7867	한의학연	韓國 韓醫學 硏究所	7868	한일	韓國·日本
7869	한일	韓國語·日本語	7870	한장	韓醫科 大學 學生長
7871	한적	大韓 赤十字社	7872	한전	韓國 電力 公社
7873	한전	韓國 電力 株式會社	7874	한정연	韓國 政治 硏究所
7875	한정통	韓國 情報 通信	7876	한중	韓國·中國
7877	한중	韓國語·中國語	7878	한중	韓國 重工業 株式會社
7879	한즉	그리한즉	7880	한지	韓國 地理
7881	한지의	限地醫師	7882	한지의	限地醫生
7883	한집	한집안	7884	한청	韓國 靑年 團體 協議會
7885	한청	韓國 靑年 同盟	7886	한청련	在美 韓國 靑年 聯合
7887	한청협	韓國 民主 靑年 團體 協議會	7888	한체대	韓國 體育 科學 大學校
7889	한체위	世界 韓民族 體典 委員會	7890	한총련	韓國 大學 總學生會 聯合
7891	한출협	韓國 出版 文化 運動 協議會	7892	한카래	한카래꾼
7893	한컴	한글과 computer	7894	한통	韓國 通信
7895	한통	한통속	7896	한통련	韓國 民主 統一 聯合
7897	한투	韓國 投資 信託	7898	한학	漢文學
7899	한화	韓國 火藥 group	7900	한화	韓國 化粧品

no	축소어형	본어형	no	축소어형	본어형
7901	한훤	寒暄問	7902	한흑	在美 韓人 同胞·黑人
7903	할로겐	Halogen 元素	7904	할바	한나라黨 arbeit
7905	할인	어음 割引	7906	할판	割引 販賣
7907	함	軍艦	7908	함경	咸鏡道
7909	함경남북도	咸鏡南道·咸鏡北道	7910	함남	咸鏡南道
7911	함량	含有量	7912	함박	함박꽃
7913	함박	함지박	7914	함북	咸鏡北道
7915	함호	鹹水湖	7916	합나바고	합치고, 나누고, 바꾸고, 고치고
7917	합섬	合成 纖維	7918	합수부	合同 搜査部
7919	합심	合同 審問	7920	합조단	合同 調査團
7921	합참	合同 參謀 本部	7922	합참본부장	合同 參謀 本部長
7923	합참의장	合同 參謀 會議場	7924	합판	veneer合板
7925	합훈	合同 軍事 訓鍊	7926	합훈	合宿 訓鍊
7927	합훈	海軍·空軍 合同 訓鍊	7928	항간	閭巷間
7929	항공관제	航空 交通管制	7930	항공대학	韓國 航空 大學校
7931	항공편	航空 郵便	7932	항대	韓國 航空 大學校
7933	항도	港口 都市	7934	항만사령부	陸軍 港灣 司令部
7935	항만철도운영권	港灣 運營權·鐵道 運營權	7936	항만청	海運 港灣廳
7937	항모	航空母艦	7938	항성기	恒星 週期
7939	항세	港口稅	7940	항시	港口 都市
7941	항운업	港灣 運送 事業	7942	항작사	航空 作戰 司令部
7943	해경	海洋 警備隊	7944	해경	海洋 警察隊
7945	해골박	骸骨바가지	7946	해공	海軍·空軍
7947	해공군	海軍·空軍	7948	해공군력	海軍 兵力·空軍 兵力
7949	해권	海上權	7950	해기	海峽 交流 基金
7951	해내외	海內·海外	7952	해대	韓國 海洋 大學校
7953	해대	海軍 大學	7954	해뜨리다	해어뜨리다
7955	해륙	海軍·陸軍	7956	해륙군	海軍·陸軍
7957	해름	해거름	7958	해면	海綿動物
7959	해물	海産物	7960	해법	海上法
7961	해복투	解雇者 復職 鬪爭 委員會	7962	해본	海軍 本部
7963	해분	海蛤粉	7964	해사	海軍 士官學校
7965	해사검사소	韓國 海事 危險物 檢査所	7966	해산	海産物
7967	해석	解析 幾何學	7968	해석	解析學

no	축소어형	본어형	no	축소어형	본어형
7969	해수부	海洋 水産部	7970	해약	解毒藥
7971	해양	海洋 水産部	7972	해양	海洋 水産部 長官
7973	해양기후	海洋性 氣候	7974	해양부	海洋 水産部
7075	해양소년단	韓國 海洋 少年團 聯盟	7976	해오리	해오라기
7977	해운	海上 運送	7978	해운	海運業
7979	해운조합	韓國 海運 組合	7980	해저선	海底 電線
7981	해주다	하여주다	7982	해지다	해어지다
7983	해참	海軍 參謀	7984	해참	海軍 參謀 總長
7985	해파라치	海上 paparazzi	7986	해항청	海運 港灣廳
7987	해협회	海峽 兩岸 關係 協會	7988	핵	原子核
7989	핵	核武器	7990	핵잠	核 潛水艦
7991	핵잠함	核 潛水艦	7992	핵탄	核爆彈
7993	핵통위	核 統制 共同 委員會	7994	핵항모	核 航空母艦
7995	핵확금	核 擴散 禁止 條約	7996	핸드볼협	大韓 handball 協會
7997	핸디	handicape	7998	햇곡	햇穀食
7999	햇물	햇무리	8000	행	多幸
8001	행	hang glider	8002	행경	行政 經濟
8003	행동훈련원	韓國 行動 訓練院	8004	행망	行政 電算網
8005	행박	行政學 博士	8006	행범련	行政 首都 移轉 汎國民 連帶
8007	행불자	行方不明者	8008	행석	行政學 碩士
8009	행세	行勢道	8010	행소	行政 訴訟
8011	행쇄위	中央 行政 刷新 委員會	8012	행시	行政 考試
8013	행원	銀行員	8014	행이	行文移牒
8015	행자	杏子木	8016	행자	行政 自治部
8017	행자	行政 自治部 長官	8018	행자부	行政 自治部
8019	행자위	行政 自治 委員會	8020	행장	銀行長
8021	행정법	行政法學	8022	행정쇄신위	中央 行政 刷新 委員會
8023	행정연구원	韓國 行政 研究院	8024	행조	行政 調停
8025	행지	行動擧止	8026	행초	行書·草書
8027	행추위	銀行長 候補 推薦 委員會	8028	행형법	行政 刑事法
8029	행호령	行號施令	8030	항군	在鄕 軍人
8031	항군	鄕土 豫備軍	8032	항군회	大韓 在鄕 軍人會
8033	향낭	麝香囊	8034	향온	香醞酒
8035	향음	鄕飮酒禮	8036	허들	hurdle race
8037	허아비	허수아비	8038	허채	許採證

no	축소어형	본어형	no	축소어형	본어형
8039	허청	虛影廳	8040	허탕하다	虛浪放蕩하다
8041	헌변	憲法을 생각하는 辯護士 모임	8042	헌재	憲法 裁判
8043	헌재	憲法 裁判所	8044	헌정	立憲 政治
8045	헌정연	憲政 制度 硏究 委員會	8046	헌정회	大韓民國 憲政會
8047	헌특	憲法 改正案 作成 特別 委員會	8048	헌특위	憲法 改正案 作成 特別 委員會
8049	헗다	헐하다	8050	헤나다	헤어나다
8051	헤지다	헤어지다	8052	헬	helicopter
8053	헬기스키	helicopter機 ski	8054	헬기택시	helicopter機 taxi
8055	헬리보드	helicopter機 board	8056	헬리스키	helicopter機 ski
8057	헬스	health club	8058	헬스로빅	health aerobic
8059	헴	헤엄	8060	혀짜래기	혀짤배기
8061	혀짜래기소리	혀짤배기소리	8062	혁	말革
8063	혁사노	革命的 國際 社會主義者 勞動者 聯盟	8064	혁정	革命 政府
8065	현	現世	8066	현	絃樂器
8067	현대리서치	現代 Research 硏究所	8068	현대연	現代 經濟 社會 硏究所
8069	현대차	現代 自動車	8070	현물	現物 去來
8071	현물깡	現物 わりかん	8072	현수	懸垂 運動
8073	현임	現在의 職任	8074	현임	現地 任官
8075	현자	現代 自動車	8076	현중	現代 重工業
8077	현철동	現代 哲學 同友會	8078	현총련	現代 Group 勞動組合 總聯合
8079	현투	現代 投資 信託	8080	혈검	血液 檢査
8081	혈침	赤血球 沈降 速度	8082	협	協同組合
8083	협	協議會	8084	협	協會
8085	협력단	韓國 國際 協力團	8086	협심회	協心 中小 開發 協議會
8087	협약	協商條約	8088	형	刑罰
8089	형사정책연	韓國 刑事 政策 硏究院	8090	형사지법	刑事 地方 法院
8091	형소	刑事 訴訟	8092	형소법	刑事 訴訟法
8093	형재	刑事 裁判	8094	호	塹壕
8095	호	湖水	8096	호	濠洲
8097	호	濠太利亞洲	8098	호걸	湖떡집 걸레
8099	호담	虎毯子	8100	호빠	host bar
8101	호상	護喪次知	8102	호세	戶別稅
8103	호스팅	web hosting	8104	호악재	好材·惡材
8105	호유	湖南 精油 株式會社	8106	호유판매사	湖南 精油 販賣 株式會社

no	축소어형	본어형	no	축소어형	본어형
8107	호주	濠太利亞洲	8108	호청련	護國 靑年 聯合會
8109	호폐련	戶主制 廢止를 爲한 市民 連帶	8110	호폐모	戶主制 廢止를 爲한 市民 모임
8111	혹	或是	8112	혼	混同
8113	혼례	婚禮式	8114	혼배	婚配 聖事
8115	혼복	混合 複式	8116	혼분식	混食·粉食
8117	혼빙	婚姻 憑藉 姦淫	8118	혼빙간	婚姻 憑藉
8119	혼상	魂魄箱子	8120	혼테크	結婚 technology
8121	혼테크족	結婚 technology 族	8122	혼합세	混合 關稅
8123	혼혈	混血兒	8124	홀제	忽地에
8125	홀치기	홀치기染色	8126	홈	home base
8127	홈슈랑스	home assurance	8128	홈피	home page
8129	홍	洪牙利(=Hungary)	8130	홍가포르	홍콩 싱가포르
8131	홍대	弘益 大學校	8132	홍등롱	紅紗燈籠
8133	홍로점설	紅爐上一點雪	8134	홍문	紅살門
8135	홍백	紅軍·白軍	8136	홍백	紅白色
8137	홍백색	紅色·白色	8138	홍보처	國政 弘報處
8139	홍사롱	紅紗燈籠	8140	홍색	紅色짜리
8141	홍어채	洪魚魚菜	8142	홍예	虹霓門
8143	홍인종	紅色人種	8144	홍치마	다紅치마
8145	홑사람	홑벌사람	8146	홑잎	홑꽃잎
8147	화	華國鋒	8148	화	火氣
8149	화	和蘭	8150	화	火曜日
8151	화갑	花甲子	8152	화공	化學 工業
8153	화공	化學 工學	8154	화공과	化學 工學科
8155	화광	和光同塵	8156	화교협	漢城 華僑 協會
8157	화랑협	韓國 畵廊 協會	8158	화류	花街柳巷
8159	화물차	貨物 自動車	8160	화물환증	貨物 相換證
8161	화병	鬱火病	8162	화병	畵中之餠
8163	화비	化學 肥料	8164	화상	華僑商
8165	화생	化學·生物	8166	화선	貨物船
8167	화선	花中神仙	8168	화섬	化學 纖維
8169	화섬지	化學 纖維紙	8170	화수	畵家·歌手
8171	화씨	華氏溫度	8172	화엄	華嚴宗
8173	화요	火曜日	8174	화장세계	蓮華藏 世界
8175	화재보험협회	韓國 火災 保險 協會	8176	화전	火力 發電所

no	축소어형	본어형	no	축소어형	본어형
8177	화점	發火點	8178	화제	藥和劑
8179	화주	貨物主	8180	화차	貨物 列車
8181	화차	貨物 自動車	8182	화통	鬱火桶
8183	화학연	韓國 化學 研究所	8184	확대운위	擴大 運營 委員會
8185	확부	涸轍鮒魚	8186	확포장	擴張·鋪裝
8187	환	丸藥	8188	환	換錢
8189	환경	環境部	8190	환경	環境部 長官
8191	환경	環境處	8192	환경	環境處 長官
8193	환경노동소	環境 保護·勞動 保護·消費者 保護	8194	환경련	環境 運動 聯合
8195	환경분쟁조정위	中央 環境 紛爭 調停 委員會	8196	환경연	國立 環境 研究院
8197	환경연	保健 環境 研究院	8198	환경조정위	中央 環境 紛爭 調停 委員會
8199	환경촉진단	中小企業 環境 産業 協力 促進團	8200	환골	換骨羽化
8201	환골	換骨奪胎	8202	환금	郵便 換金
8203	환등	幻燈機	8204	환로위	環境 勞動 委員會
8205	환매채	還買條件附 債券	8206	환사협	環境 社會團體 協議會
8207	환시	外換 市場	8208	환시세	外國換 時勢
8209	환은	外國換 銀行	8210	환은	韓國 外換 銀行
8211	환은주	外換 銀行 株式	8212	환장	換心腸
8213	환태	環太平洋	8214	환테크	外換 technology
8215	환투기	換率 投機	8216	환황	煥黃海
8217	활강	滑降 競技	8218	활촉	화살鏃
8219	활판쇄	活版 印刷	8220	황	黃色
8221	황객	荒唐客	8222	황등롱	黃紗燈籠
8223	황량몽	黃粱一炊夢	8224	황민	皇國 臣民
8225	황민화	皇國 臣民化	8226	황백	黃柏皮
8227	황빈	皇帝 빈대	8228	황사롱	黃紗燈籠
8229	황인종	黃色 人種	8230	황장	黃腸木
8231	황퇴	荒唐하게 退職	8232	황필	黃毛筆
8233	황해	黃海道	8234	홰	홰대
8235	횅누르미	華陽누르미	8236	횅하다	횅댕그렁하다
8237	회	石灰	8238	회	회두리
8239	회	蛔蟲	8240	회계사	公認 會計士
8241	회로	電氣 回路	8242	회로	電子 回路

no	축소어형	본어형	no	축소어형	본어형
8243	회록	會議錄	8244	회리바람	회오리바람
8245	회리밤	회오리밤	8246	회리봉	회오리峰
8247	회수모	回收羊毛	8248	회장	會議場
8249	회질	石灰質	8250	회판	회두리판
8251	회회	回回敎	8252	횡단팀	水泳 橫斷 team
8253	횡액	橫來之厄	8254	효	效驗
8255	효대	曉星 女子 大學校	8256	효모	酵母菌
8257	후	追後	8258	후	后妃
8259	후	후유	8260	후	侯爵
8261	후기대	後期 大學	8262	후침침	産後더침
8263	후리	후릿그물	8264	후비	後備 兵役
8265	후비	後備役	8266	후오	後五百年
8267	후위	後衞隊	8268	후청	五侯鯖
8269	훈	勳功	8270	훈	勳位
8271	훈방	訓戒 放免	8272	훈병	訓練兵
8273	훈포장	勳章·褒章	8274	훼획	毁瓦劃墁
8275	휑하다	휑뎅그렁하다	8276	휘비	諱之秘之
8277	휘하다	휘휘하다	8278	휘황하다	輝皇燦爛하다
8279	휩싸다	휩싸이다	8280	휴머니언스	휴먼 사이언스
8281	휴폐업	休業·閉業	8282	흉측스럽다	凶惡罔測스럽다
8283	흉측하다	凶惡罔測하다	8284	흑	黑지
8285	흑	黑色	8286	흑당	黑砂糖
8287	흑인종	黑色 人種	8288	흑점	太陽 黑點
8289	흑토대	黑土 地帶	8290	흔정	欣求 淨土
8291	흔타	흔하다	8292	흖다	흔하다
8293	흙탕	흙湯물	8294	흥야항야	흥이야항이야
8295	흥인문	興仁之門	8296	희	希臘
8297	희	犧牲 fly out	8298	희귀질환연합회	韓國 稀貴 難治性 疾患 聯合會
8299	희다	희떱다	8300	희비극	喜劇·悲劇
8301	희혁위	希望의 革命 委員會	8302	흰골무	흰골무떡
8303	흰자	흰자위	8304	힐	high heel
8305	힙후퍼	hiphop hooper	8306	힙후프	hiphop hoop

저자 소개

이 재 현

연세대학교 국어국문학과에서 학부를 마치고 같은 대학교 대학원에서 석사와 박사 학위를 받음.
충남 한얼고등학교 국어과 교사를 시작으로, 강원대학교, 명지대학교, 서경대학교, 서원대학교, 세명
대학교, 연세대학교, 칼빈대학교 등에서 강의를 하였고, 현재 동덕여자대학교 교양교직학부 전임교수
로 재직 중

논문 및 저서
「우리말 지움법(부정법)의 형태·통어론적 연구」(연세대학교 석사학위논문), 「현대 국어의 축소어형
연구 – 말뭉치 분석을 통한 사용 양상을 중심으로 – 」(연세대학교 박사학위논문), 「부정부사와 이른바
'부정극어'에 대하여」, 「부정축약형 '잖/찮'의 형성과 기능에 대하여」, 「식민지 시대 민족 지성 최현배
의 사상과 국어 연구의 배경 – 민족주의적 낭만주의자로서의 사상을 중심으로 – 」, 「인터넷 채팅에서
의 언어 사용에 대한 어학적 고찰」, 「우리나라 대학의 사고력 및 표현력 관련 기초 교양 과목의 현황
과 발전 방안 연구 – 동덕여자대학교 1학년 기초 교양 필수 과목 운용을 중심으로 – 」, 『성과 사랑의
시대 : 성, 사랑, 섹슈얼리티』(2004, 공저, 학지사), 『열린 사고, 창의적 표현』(2007, 공저, 동덕여자대
학교출판부) 등

현대 국어 축소어형의 사용 양상 연구

초판 인쇄 2010년 3월 20일
초판 발행 2010년 3월 30일

지은이 이재현
펴낸이 이대현
편 집 이소희
펴낸곳 도서출판 역락
         서울 서초구 반포4동 577–25 문창빌딩 2층
         전화 02–3409–2058(영업부), 2060(편집부)
         팩시밀리 02–3409–2059
         이메일 youkrack@hanmail.net
         등록 1999년 4월 19일 제303–2002–000014호

ISBN 978–89–5556–813–4 93710
정 가 24,000원

* 잘못된 책은 교환해 드립니다.